# 공영방송의 모델, BBC를 읽다

이 도서의 국립중앙도서관 출판예정도서목록(CIP)은 서지정보유통지원시스템 홈페이지(http://seoji.nl.go.kr)와 국가
자료공동목록시스템(http://www.nl.go.kr/kolisnet)에서 이용하실 수 있습니다.
CIP제어번호: CIP2016013203(양장), CIP2016013205(학생판)

# 공영방송의 모델, BBC를 읽다

British Broadcasting Corporation

하라 마리코 · 시바야마 데쓰야 엮음
안창현 옮김

한울
아카데미

# 차례

# 2부 BBC의 아이덴티티 구축

# 옮긴이의 말

안창현

영어, 옥스브리지(Oxbridge), 그리고 BBC 월드서비스(BBC World Service). 영국인이 세계적으로 내세우는 자랑거리라고 한다. 정확한 보도와 고품질 프로그램을 내세운 BBC 월드서비스는 영국의 대표적인 수출 브랜드이기도 하다. 우리에게도 BBC는 부러움의 대상이다.

이 책은 일본의 미디어 연구자와 저널리스트가 BBC를 다각적으로 분석한 결과물이다. 18명이 참여해 BBC의 역사를 비롯해 제도적 규범, 조직, 거버넌스, 디지털 전략, 글로벌 전략, 왕실 보도, 저널리즘 등을 다각적으로 분석했다. 여기에 실린 글은 짧게는 5년, 길게는 10년 전에 쓰인 것이다. 자칫 유통기한이 지나버린 진부한 이야기가 아닐까 생각할 수도 있다. 그러나 읽어보면 그렇지 않음을 금세 알 수 있다. 이 책에서 다루는 공영방송의 모델, BBC의 이야기와 역사, 그리고 그 가치는 '현재형'이라고 할 수 있다.

일본에서는 BBC에 관심이 많다. 특히 NHK에 대한 실망과 불만은 BBC

에 대한 관심과 부러움으로 이어진다. 일본에서 BBC는 공영방송의 모델로 통하며, 세계적으로 가장 신뢰받는 저널리즘 기관이라는 평가를 받는다. NHK도 세계적인 공영방송으로 인정받는다. 그러나 일본인은 만족하지 않고 BBC를 바라본다. 한국에서도 공영방송에 대한 불만은 비슷한 현상으로 나타나곤 한다.

BBC는 수신료를 재원으로 한다는 점에서 NHK와 제도적으로 유사하다. 그러나 국왕(여왕)으로부터 특허장(Royal Charter)을 받으며, 국민(시청자)이 소유하는 공공재산으로 인정받는다는 점에서는 차이가 난다. 특히 이 책에서는 특허장이 BBC의 독립성과 공정성을 보장하는 중요한 장치라고 본다. 그동안 BBC는 제2차 세계대전, 수에즈 사태, 포클랜드 분쟁 등에서 당시 정권과 대결했다. 2003년에는 블레어(Tony Blair) 정권이 이라크 전쟁의 명분으로 내세운 대량살상무기(WMD: Weapons of Mass Destruction)는 거짓이라고 폭로하며 노동당 정권과 정면으로 맞섰다. 이는 공영방송의 제도적 규범 중 하나인 정치적 독립성을 보여준 대표적 사례로 꼽힌다. 결국 BBC는 옳았고 블레어 정권은 퇴진에 몰렸다. 그러나 BBC는 '영국적인(British)' 정의에서 크게 벗어나지 않으며, 영국인에게 '온건한' 내셔널리즘을 부추겨온 것도 사실이다. 특히 BBC가 영국인의 정체성, 국민 문화 형성에 기여해온 역할을 분석한 글은 흥미롭다. 공영방송은 '국경'을 뛰어넘을 수 없는 것일까?

옮긴이는 오랫동안 NHK를 연구해왔다. NHK는 고품질의 다큐멘터리, 드라마, 교육 프로그램 등을 제작해온 세계적인 공영방송 중 하나로 꼽힌다. 그러나 정치 보도에서는 BBC만큼 정치권력을 비판하려 하지 않는 것 같다. 정치학자 엘리스 크라우스(Ellis S. Krauss)는 NHK 뉴스가 관료 조직을 "국민의 이익을 적극적으로 지키는 공평무사한 수호자"로 보도한다고 지적한다. 권력을 감시하거나(watchdog) 경보를 알리기보다는(guard dog) 지배권력의 지지를 유도하거나(guide dog) 권력을 홍보해왔다(lapdog)는 것이다. 유감스럽지만 우리의 공영방송도 이러한 지적에서 자유롭지 못하다.

BBC는 공영방송의 모델로 통하지만, 제도적 모순이 없는 것은 아니다. 이는 NHK도 마찬가지다. 즉, 공영방송에는 제도적 규범(norms)과 실태(real forms) 사이에 모순이 상존한다. 중요한 것은 규범과 실태 간의 상호작용(운동)을 통해 모순을 해소하는 것이다. 이는 방송인(기자, 프로듀서, 기술자, 경영인 등)에게 주어진 책무이기도 하다. 또한 공영방송에 대한 공적(public) 논의도 필요하지 않을까 생각한다. BBC는 특허장 갱신을 앞두고 새로운 가치와 모델을 제시한다. 이는 사회적 논의로 이어진다. 이러한 논의도 BBC를 BBC답게 만들고 있다는 생각에 부러울 뿐이다.

옮긴이는 글쓴이의 의도를 최대한 옮기려고 노력했다. 그러나 잘못 옮긴 부분도 없지 않을 것이다. 읽는 분들의 날카로운 지적과 가르침을 부탁드린다. 끝으로 이 책이 공영방송과 저널리즘, BBC 연구 등에 조금이나마 도움이 되길 바란다.

서론

# BBC의 현황과 과제

하라 마리코

BBC(British Broadcasting Corporation, 영국방송협회)는 세계가 인정하는 공영방송의 모델이다. 세계 최고의 저널리즘 기관으로서 지적이고 교양 있는 방송국으로 높이 평가받고 있다. 그런데 BBC에는 보도, 문화, 예술, 스포츠 프로그램 등 일본과 유사한 프로그램만 있는 것이 아니다. 노동자계급을 대상으로 한 드라마(soap opera), 애국심과 내셔널리즘을 고양하는 프로그램도 있다. 일본에서는 BBC가 정부와 과감하게 대결하는 저널리즘 기관이라는 인식이 강하지만, BBC는 국민을 통합하는 기능도 가지고 있다. 영국에서 TV 수신기 소유자는 수신료(licence fee)를 납부해야 하는데, 이를 근거로 공중이 BBC를 소유하고 있다고 생각한다. 따라서 BBC의 미래에 대해 상당히 열린 논의가 계속되고 있다. 최근 BBC는 TV, 라디오, 웹(web), 휴대전화 등 멀티플랫폼을 통해 콘텐츠를 제공하고 있으며, 글로벌 미디어 시장에도 콘텐츠를 적극적으로 전송하는 등 글로벌 공론장(public sphere)을 구축하는 중요한 행위자가 되려 하고 있다. BBC는 NHK와 간단하게 비교할 수 없을 정도로 거대할 뿐 아니라 다양한 얼굴을 가지고 있다.

이 책을 엮기 위해 각 필자에게 각자 전문 분야에서 BBC를 논하도록 부탁했다. 이에 독자들은 BBC를 좀 더 다각적으로 이해할 수 있지 않을까 생각한다. 우선 여기에서는 현재 BBC의 현황을 간단하게 설명하기로 한다.

## BBC의 거대화

BBC의 TV 콘텐츠는 스포츠를 제외하고 영국 전체 네트워크에서 2/3, 라디오 콘텐츠는 56%를 차지하고 있다. BBC 웹사이트(bbc.co.uk)는 영국에서 최대 규모의 콘텐츠를 가지고 있다. 웹사이트에서는 뉴스와 시사 문제, 동영상, 아카이브 등을 무료로 제공한다. 매주 해외를 포함해 2200만 명이 방문하고 있으며, 영국 이용자의 방문 수는 사이트 부문 상위 6위이다. BBC는 온라인 사업에 1억 7700만 파운드[BBC 트러스트(BBC Trust) 공식 발표에 따르면, 2009년도 예산은 1억 3380만 파운드]를 쏟아붓고 있다. 이는 영국 내 온라인 콘텐츠 투자액의 1/4에 해당한다. BBC는 공공 목적의 조직 목표를 프로그램 품질에서 멀티플랫폼을 통한 콘텐츠 전송으로 전환했으며, 글로벌 미디어 시장에서 그 위상을 강화해왔다(原, 2009: 36).

현재 영국에서 공영방송(public broadcasting service)은 BBC, 채널 4(C4), 상업방송인 채널 3(ITV C3)와 Five로 구성되어 있으며, 각 방송 사업자는 프라임타임에 뉴스와 어린이 프로그램을 편성하고 있다.[1] 그러나 채널이

---

1 2009년 6월 노동당 정부는 방송·통신 백서 『디지털 브리튼 최종 보고서(Digital Britain Final Report)』를 발표했다. 이 백서는 향후 공공 서비스의 위상으로 C3와 Five(1997년 개국, 다섯 번째 전국 채널로 상업 TV)의 완전 상업화, C4의 제2 공공 서비스화, BBC 수

다양화되고 시청 행태가 변하면서 광고비가 인터넷으로 빠져나가고 있는 실정이다.[2] 더군다나 급격한 경기 침체 등으로 2009년 3월에 발표된 상업방송 ITV의 연간 매출액은 41%나 감소한 것으로 나타났으며, 주가는 최근 5년 동안 80% 이상 하락했다. 공영방송이지만 광고방송을 하는 C4의 경영도 상당히 좋지 않은 상태이다(原, 2009: 36). 영국에 거주하고 있는 사람들 가운데 TV 소유자에게 의무화되어 있는 수신료(2010년 4월 1일 현재, 컬러 TV 연간 145.5파운드)를 주요 재원으로 하는 BBC는 상업방송 사업자와 미디어 기업 등으로부터 불공정한 독점적 지위를 차지하고 있다는 비판을 받고 있다.

---

신료 배분 등을 제언했다. C4는 비영리법인이 소유한 공영방송이지만, 광고방송으로 운영된다. 최근 C4는 대중화의 길을 걷고 있으며, 우수 기획을 선정하여 제작비를 제공하는 등 대담하고 독창성을 가진 양질의 프로그램을 다수 제작하고 있다. 뉴스는 ITV 계열의 ITN(Independent Television News)이 제작하며, C4는 해설을 한다. 최근 C4는 방송에서 인터넷 전송 4iP로 사업을 확대하고 있다. 『디지털 브리튼 최종 보고서』에서는 BBC의 품질 경쟁력을 강화하기 위해 C4를 BBC와 경쟁하는 제2의 공공 서비스, 멀티미디어의 공공 서비스, 진정한 글로벌 미디어 사업자로 육성할 것이라고 했다. 그리고 경영난에 빠진 C4 구제 방안으로 BBC와 BBC 월드를 분할하고, 월드와이드와 C4의 합병 사업안을 제시했다. 그러나 합의 기한은 설정되지 않았으며, 정권 교체가 이루어져 이 사업안의 행방은 불투명한 상태이다. 한편 ITN은 ITV 계열의 상업방송과 C4를 위한 뉴스 제작과 배급을 위탁·제작해왔지만, 이 업무는 2005년 이후 스카이 뉴스(Sky News)에 위탁하고 있다. 현재 ITVplc.가 ITN의 주식 40%를 보유하고 있다. ITV 1은 ITV가 제공하는 채널 이름이다.

2  IAB UK(Internet Advertising Bureau UK), PwC(PricewaterhouseCoopers), WARC (World Advertising Research Center)의 조사에 따르면, 2009년 상반기(1~6월) 영국의 광고비 점유율은 1위가 인터넷으로 23.5%였고, 그다음으로 TV가 21.9%였다. 인터넷이 TV를 1.6% 웃돌며 1위를 차지한 것이다. 3위는 신문·잡지 등 인쇄 미디어로 18.5%, 라디오는 3.3%였다("Online Spending Passes TV in UK", *eMarketer*, 7 October, 2009). 영국의 방송업계는 광고방송을 하지 않는 BBC의 시장점유율이 대단히 높기 때문에, 광고비에 의존하는 민방이 높은 점유율을 차지하고 있는 일본과는 상황이 다소 다르다.

## 정권 교체 내다보며 사업 재편 계획 발표

BBC의 경영 감독 기관인 BBC 트러스트는 2010년 3월 『BBC 전략 개요(BBC Strategy Review)』를 발표했다. 이보다 앞서 BBC의 거대화를 비판해온 루퍼트 머독(Rupert Murdoch)의 뉴스코퍼레이션(News Corporation)이 보유한 ≪타임스(The Times)≫가 이를 흘려 화제를 불렀다. ≪타임스≫는 "이는 보수당 정권을 내다본 것이다. BBC는 광고업계의 심각한 경기 후퇴로 경쟁 중인 상업 미디어가 고전하고 있다는 사실을 알고 있다. 외부에서 BBC의 개혁에 개입할 필요가 없다는 것을 제시하려고 한 것"이라고 보도했다(Foster, 2010).[3] 『BBC 전략 개요』에서는 다음과 같이 선언했다.

BBC의 사명은 불변하고 영원하다. 즉, 고품질을 유지하고, 독립성을 지키며, 가치 있는 프로그램과 방송 서비스로 공중에게 정보를 전달하고 교육하며 오락을 제공하는 것이다. 이러한 사명은 BBC가 모든 사람을 위해 존재하고, 누구나 BBC에 자유롭게 접근할 수 있으며, 불편부당과 정확성, 탁월함, 고품질에 공헌하는 것을 통해 뒷받침되고 있다. 이를 통해 BBC는 국민 생활과 세계의 중심에 있는 신뢰할 만한 공공영역(public space)을 지탱하는 역할을 인정받고 있다(BBC Trust, 2010: 7).[4]

---

3  『BBC 전략 개요』의 초안을 작성한 사람은 BBC 정책 전략 디렉터 존 테이트(John Tate) 이다. 그는 당시 보수당 정책 조정을 책임진 데이비드 캐머런(David Cameron) 당수와 함께 2005년 총선 매니페스토를 작성한 인물이다(Foster, 2010).

4  BBC 트러스트는 2010년 6월 『품질 제일주의(Putting Quality First: The BBC's Year 2009~2010)』를 발표하면서 BBC의 사명을 다음과 같이 밝혔다. "BBC의 사명은 정보를 전달하고, 교육하며, 오락을 제공하는 것이다. BBC는 왕실 특허장(Royal Charter)과 협정서의 조항에 의거하여 다음과 같은 여섯 가지 공공적 목적을 추진한다. ① 창조 능력과 문화적 우수성을 자극하고, 활기를 불러일으킬 것, ② 영국, 영국 국민, 영국 지역, 영국

나아가 『BBC 전략 개요』에서는 BBC가 품질을 우선한다고 밝혔다(BBC Trust, 2010: 7). BBC가 말하는 '품질'이란 무엇일까? 이를 위해 동시에 발표한 『품질 제일주의(Putting Quality First)』라는 보고서를 함께 살펴보자.

① 세계 최고의 저널리즘을 지향한다(독립적이고 불편부당하며 정확한 뉴스, 시사 문제, 정보를 국내외의 시민 생활과 민주 생활에 제공한다).
② 지식, 음악, 문화를 고양하고, 개인의 생활을 풍요롭게 한다.
③ 영국의 드라마와 코미디로 시청자를 자극하고 오락을 제공한다.
④ 뛰어난 유아 대상 콘텐츠로 이들이 안전한 공공영역에서 자신의 세계를 탐구하도록 지원한다.
⑤ 획기적이고 역사적인 사건, 스포츠, 오락을 통해 위기, 이벤트, 기념식 등 중요한 순간에 공동체와 영국 국민을 통합한다. 이러한 순간에 BBC는 영국 모두를 위해 그곳에서 함께한다. BBC는 축하할 때, 기념할 때, 오락을 즐길 때 영국 국민의 집합 지점이다(BBC Trust, 2010: 8; BBC, 2010: 30).

이들 문서에서는 BBC가 영국 국민의 통합 기관이며, 국가 정체성(national identity) 구축에도 공헌한다는 것을 명시하고 있다. 그리고 BBC는 공공영역의 중요한 구축자로 행동해야 한다고 했다. BBC는 "광고방송을 하지 않기 때문에, 정치와 이데올로기에서 독립되어 있으며, 상품을 판매하는 것이 아니라 문화와 공공영역을 제공하고 있다"라고 주장했다. 또한 "BBC는 공공영역의 일부이며, 공중이 BBC를 공공영역으로 만들었다"라고 했

커뮤니티의 표상, ③ 시민권과 시민사회의 유지, ④ 교육과 학습 장려, ⑤ 영국을 세계로, 세계를 영국으로, ⑥ 대두하는 통신 기술 및 서비스의 이익 제공 지원"(http://www.bbc. co.uk/bbctrust/assets/files/pdf/review_report_research/ara2009_10/leaflet.pdf).

다. 그러면서 BBC는 공공영역과 관련해 다음의 세 가지에 주력한다고 밝혔다.

① 공공영역은 독립된 공간이며, 검열과 편견이 없는 공적 공간이다. 시민은 불편부당한 뉴스와 정확한 뉴스를 알고, 다양한 의견과 만나며, 이와 관련된 권리를 가진다(BBC, 2010: 2). BBC는 영국에서 최고의 능력 개발과 성공에 기여한다. 그리고 국내외의 시청자가 뉴스와 정보에 접근할 수 있도록 공공영역을 개방하고 기술적으로도 이를 지원한다.
② BBC는 지금까지 수행해온 것 이상으로 고품질의 크리에이터가 되기 위해 노력한다. 상업영역이 무시하거나 충분히 투자하지 않는 공공의 가치를 구축하는 콘텐츠를 제작한다.
③ BBC는 공공영역의 매개이며, 연결 통로여야 한다.

이와 같이 BBC는 고품질과 가치관[5]을 지속시키고, 공공영역을 모든 사람에게 계속해서 개방하겠다고 했다(BBC, 2010: 3).

---

5   BBC는 2004년에 발표한 『공공적 가치의 구축(Building public value)』에서 공공적 가치를 다섯 가지로 제시했다. ① 민주적 가치(시민들이 세계를 이해하도록 돕고, 세계와의 관계를 촉진한다. 신뢰할 수 있는 불편부당한 뉴스와 정보를 제공해 시민 생활과 국민적 토의를 뒷받침한다), ② 문화적·창조적 가치(문화의 새로운 지평을 개척하고, 영국의 문화유산을 고양하며, 국민적 대화를 확장하기 위해 능력을 가진 인재와 시청자를 묶어 영국의 문화적 생활을 풍요롭게 만든다), ③ 교육적 가치(모든 미디어를 이용해 지식과 기능의 측면에서 강한 사회를 만든다), ④ 사회와 공동체의 가치(영국의 많은 공동체가 공통점과 차이를 이해하고 사회 통합과 관용을 구축하도록 노력한다), ⑤ 세계적 가치(세계의 시청자에게 가장 믿을 수 있는 국제 뉴스와 정보를 제공하고, 영국의 최고 문화를 전달해 세계 사회에서 영국의 역할을 지원한다). BBC(2004: 8), 西川(2006: 41) 참조.

## 온라인

영국에서는 방송이 끝난 프로그램을 VOD나 다양한 채널을 통해 시청하는 사람이 급증하고 있다. BBC의 VOD 전송 서비스 'iPlayer'를 통해 방송 이후 일주일 동안 무료로 프로그램을 재시청하거나 다운로드도 할 수 있다. iPlayer는 크게 성공했다. 방송 사업자가 수신료 납부자에게 정해진 시간에 정보를 제공하는 일방통행의 아날로그에서 능동적인 디지털로 전환한 것이다.

2009년 6월 당시 방송·통신 정책을 담당했던 스티븐 카터(Stephen Carter) 장관이 내각에 제출한 방송·통신 백서『디지털 브리튼 최종 보고서(Digital Britain Final Report)』에서는 공영방송 시대가 끝났다면서 '공영방송(public broadcasting service)'에서 '방송(broadcasting)'을 삭제하고 '공공 서비스(public service)' 시대라고 밝혔다. BBC도『품질 제일주의』에서 BBC가 공공 목적을 충족시키기 위해 인터넷은 더욱 중요해지고 있을 뿐만 아니라 불가결한 플랫폼, 전송 시스템이 될 것이라고 했다(BBC, 2010: 9).

2009년 3월 BBC 트러스트는 온라인 예산을 3년간 27% 늘리고 연간 1억 4500만 파운드 예산 배정을 인가했다. BBC 트러스트가 발표한 공식 자료에 따르면, BBC 온라인의 예산은 2009년에 1억 3380만 파운드, 2010년에는 1억 3580만 파운드이다.

## BBC의 사업 축소 계획

『BBC 전략 개요』에서는 BBC의 거대화에 대한 비판이 높아지는 가운데 BBC의 불공정한 경쟁으로 신규 참여자나 소규모 경쟁자가 시장에서 도태

되지 않도록 BBC 사업의 재편 계획을 밝히고 있다. 특히 온라인에서 사업 규모의 축소 계획이 현저하다. 2013년까지 BBC의 온라인 관련 비용을 25% 삭감하고, 2012년까지 사이트의 섹션 수를 절반으로 줄인다고 했다. 나아가 BBC는 웹사이트에 상업 서비스의 웹사이트로 유도하는 링크를 적어도 하나는 걸어두어야 한다고 했다. 또한 온라인 콘텐츠는 『품질 제일주의』에서 제시된 5개 사항에 한정한다. 만약 이러한 계획이 시행될 경우, 상업영역에서는 환영을 받을 것이다. 그러나 온라인에 종사하는 직원 중 1/4은 직업을 잃을 것으로 보인다.

나아가 BBC는 지역신문의 분노도 가라앉히기 위한 대책을 내놓았다. 지역신문은 BBC가 영상을 중심으로 한 웹사이트 개발 계획을 중지한 뒤에도 BBC에 위협을 느끼고 있다. BBC는 '지역 밀착형' 서비스를 시작하지 않겠다고 약속했다.

또한 BBC는 복수의 채널을 폐쇄하겠다고 했다. 2011년 말까지 라디오 6 뮤직(Radio 6 Music, 평균 청취 연령 35세)과 10대를 대상으로 하는 블라스트(Blast!)와 스위치(Switch),[6] 아시아계 사람들 대상의 전국 네트워크인 아시안 네트워크(Asian Network)를 폐쇄한다고 발표했다.

BBC는 해외 드라마, 특히 미국에서 제작된 프로그램을 너무 많이 방송한다는 비판을 받고 있다. 이에 해외 프로그램 구입비를 현행 연간 100만 파운드에서 2013년까지 20% 줄인 80만 파운드로 잡았다.

---

6  '블라스트'는 13~19세를 대상으로 하는 네트워크와 온라인 서비스이다. 'BBC 블라스트 프로젝트(BBC Blast project)'라는 서비스는 18세부터 25세까지 젊은 층에게 창조 산업으로 가는 첫 직장 경험을 제공하는데, 2002년 서비스를 시작했다. '스위치'는 13~19세 대상의 라디오, TV, 온라인 서비스 이름이며, 2007년 서비스를 시작했다. ≪타임스≫에 따르면, 블라스트와 스위치는 ITV와 C4에 시장을 넘기기 위해 폐쇄한다(Foster, 2010).

BBC는 상업 부문인 월드와이드가 BBC의 프로그램과 자원을 활용해 거액의 이익을 얻고 있다는 비판도 받고 있다. 공중이 소유하는 조직이 상업시장에서 사업을 전개하는 것이 문제가 있다는 것이다. 월드와이드는 사업을 수정하고 있는데, 콘텐츠 해외 유통을 비롯해 해외 사업으로 특화하고 ≪라디오 타임스(Radio Times)≫ 등의 잡지 발행 사업을 중지하기로 했다.

한편 BBC 간부의 급여가 정부 고위 공직자보다 높다면서 『BBC 전략 개요』의 수정이 불충분하다는 의견도 있었다. 2010년 4월에는 『디지털 브리튼 최종 보고서』의 제언을 정책에 반영하기 위한 입법 조치인 '디지털 경제법(Digital Economy Act of 2010)'이 가결되었다.

## 수신료 논의

영국에서 수신기 소유자는 BBC에 수신료를 납부하기 때문에, BBC를 소유하는 것은 공중이라고 생각한다. BBC TV를 시청하지 않아도 iPlayer를 비롯한 BBC의 TV 콘텐츠를 PC나 모바일 기기를 통해 인터넷 라이브 전송으로 시청하는 것도 법적으로 수신료가 필요하다. BBC의 콘텐츠를 무료로 이용하는 것은 요금을 지불한 후에나 가능하다.

2007년 BBC가 수신료를 인상할 때도 수신료는 시대착오적이며 불공평하다는 비판을 받았다. 그러나 향후 10년간 현행 제도를 유지하기로 했으며, 2017년 이후 재검토하기로 했다. 현행 제도에서는 BBC가 수신료 36억 파운드 가운데 디지털 전환 비용(2008년 수신료 수입의 3.5%, 1억 3000만 파운드)을 제외한 금액을 독점한다. 영국에서는 2012년에 디지털 전환을 완료했다. 『디지털 브리튼 최종 보고서』는 2013년 이후에는 수신료의 상당 부분을 지역 뉴스, 10세 이상 어린이 프로그램, 온라인 콘텐츠, 시사 문제,

다큐멘터리 제작비 등에 배분하고, 2012년까지는 디지털 전환 비용에서 지역 뉴스를 지원해야 한다고 제언했다.[7]

또한 골든타임에 편성이 의무화된 지역 뉴스는 ITV가 제작해왔지만, 상황이 어려워졌다. 『디지털 브리튼 최종 보고서』에서는 시민사회와 민주주의를 위해 더욱 정확하고 신뢰할 수 있는 다양한 관점의 뉴스가 중요하기 때문에 지역 뉴스를 보장할 필요가 있다며 수신료에서 그 비용을 부담해야한다고 지적했다.

이 보고서에서는 공중이 공공 목적을 위해 콘텐츠 시장에 개입하는 것을 가장 상징적으로 보여주는 것이 수신료라고 했다. 공중은 시장이 제공하지 않는 다양성을 바라기 때문에 그 자금을 제공할 필요가 있다는 것이다. 이에 대해 BBC는 수신료가 세금의 다른 형태로 간주될 수도 있다며, 이를 계기로 수신료가 조금씩 BBC에서 빠져나가 BBC의 붕괴가 시작될 것이라며 강하게 반대하고 있다.

그러나 2009년 6월 벤 브래드쇼(Ben Bradshow) 문화·미디어·스포츠부(DCMS: Department for Culture, Media and Sport) 장관은 하원에서 BBC가수신료에 대한 '배타적 권리'를 가지고 있지 않다며 '공공 서비스의 파트너'

---

7  2009년 3월 BBC는 향후 10년간 ITV의 지역 뉴스 제작비 삭감을 위해 지원하기로 ITV와 합의했다. ITV와 BBC는 잉글랜드와 웨일스에서 지방 보도 센터와 지국을 설치해 시설과 자산, BBC의 취재 영상 자료를 공유하면서도 다양성을 유지할 것이라고 강조했다. 그러나 이는 BBC의 수신료 유지를 의도한 립서비스라고 의심하는 의견도 있다. 『디지털 브리튼 최종 보고서』에서는 공공적 가치의 최대화를 위해 방송과 신문, 통신사가 참가하는 IFNC(Independently Financed News Consortia)를 설립하고, 방송에 한정하지 않고 모든 상업 미디어의 전국 보도 서비스도 그 영상을 사용할 수 있도록 했으며, 2010년에 잉글랜드, 웨일스, 스코틀랜드 등 세 곳에 파일럿판으로 IFNC를 설치했다. 2013년 이후에 수신료에서 비용을 부담한다고 제안했다(原, 2009: 38). 그러나 보수당과 자유민주당(Liberal Democrats) 연립정권이 출범한 뒤인 2010년 6월 제러미 헌트(Jeremy Hunt) 장관은 IFNC 계획을 철폐한다고 발표했다.

로서 다른 지역방송사와 함께 발전해야 한다고 말했다. 또한 ≪파이낸셜 타임스(Financial Times)≫는 공영방송의 낡은 모델이 무너지고 있다고 주장했다. 즉, "수신료는 상업방송이 제작비가 높아 사회적 약자를 위한 프로그램 제작에 난색을 표하는 제1급의 프로그램 제작을 지원하는 기능을 수행해왔다. 그러나 이는 다채널 디지털 방송 시대에 ITV와 C 4가 골든타임에 의무화된 프로그램 제작에서 철수하기 이전, 그리고 BBC가 정보·교육·오락을 국내 시청자에게 제공하기보다는 세계적인 미디어 환경에서 거대 미디어 기업이 되기 전의 일이다. 예전에 수신료는 편리한 수단이었지만, 이제 끝났다. 수신료 재분배가 중요하다"라고 했다. 영국의 신문은 웹사이트에 기사를 무료로 게재하고 있지만, BBC가 콘텐츠를 무료로 제공하는 동안 신문사는 뉴스에 요금을 부과할 수 있을까.[8] 나아가 ≪파이낸셜 타임스≫는 "웹 시장에 대한 보장, 모든 방송국의 공공 서비스 프로그램 제공 자금 공여, 뉴스와 시사 문제에서 경쟁을 시작해야 한다. 만약 이 모델이 기능하지 않는다면, BBC는 정기 계약제나 광고 수입의 채용 등 다른 형태의 재원 확보를 검토할 필요가 있다"라고 밝혔다(Stephens, 2009).

BBC에서 사회 분야 저널리스트를 지냈던 ≪가디언(The Guardian)≫의 칼럼니스트 폴리 토인비(Polly Toynbee)는 "수신료 배분은 우리가 가진 소수의 국가적 보물 가운데 하나를 파괴하는 것이다. BBC는 마치 국영 의료 보험제도 NHS(National Health Service)와 같다. 이제 민영 의료를 담당하는 민간 건강보험 회사는 NHS가 제공할 수 없는 것을 제공하고 NHS 주변에서 헤엄치지 않으면 안 된다"라고 말했다(Toynbee, 2009). 또한 BBC 역사

---

8  현재 ≪파이낸셜 타임스≫는 일부 서비스에 요금을 부과하고 있다. 그리고 ≪타임스≫와 ≪선데이 타임스(Sunday Times)≫는 2010년 7월부터 사이트를 유료화했다.

를 연구하는 미디어 학자 진 시튼(Jean Seaton)은 "수신료 덕분에 BBC는 정부로부터 충분한 독립을 유지해왔으며, 영국의 공중이 BBC를 소유해왔다. BBC는 세계적인 경쟁에서 크게 성공했으며, 아마 영국보다도 유명할지 모른다. 수신료는 세계적으로 존경받는 BBC라는 영국주식회사를 지탱하고 있다. BBC는 세계의 재산이며, 보도와 가치는 전 세계의 가치 기준이다. 수신료는 제대로 기능하고 있으며, 그 배분은 BBC를 파괴의 길로 이끌 것"이라고 했다(Seaton, 2009).

2008년 8월 입소스모리(IpsosMORI)가 ≪가디언≫의 의뢰로 실시한 여론 조사에 따르면, BBC의 자금 제공 방법과 수신료에 관한 설문에서 응답자의 41%가 적당하고 답했으며, 37%가 부적당하다고 했다(IpsosMORI, 2008). 찬성이 가장 많은 것은 65세 이상이었다(*Economist*, 2009.6.18). 인기 채널을 묻는 설문에서는 BBC 1이 61%, ITV가 44%였다. 가장 선호하는 채널만을 선택하도록 한 설문에서는 BBC 1(38%), ITV(16%)의 순서였다. 좋아하는 프로그램 10위 중 4개, 5위 중 3개가 BBC 프로그램이었다(IpsosMORI, 2008).

## BBC의 미래

영국에서 방송은 공공재산이며, 민주주의를 지키기 위해 기능해야 한다는 생각이 강하다. 그리고 TV 수신기 소유자가 BBC에 수신료를 납부하고 있어 공중이 BBC를 소유하고 있다고 본다. 특히 『디지털 브리튼 최종 보고서』에서 주장하는 수신료는 공중이 콘텐츠 시장에 개입하는 제도라는 이념을 생각하게 만든다.

BBC는 시민으로부터 신탁을 받은 공공영역의 개방에 주력하고, 그 조정자가 되어야 한다. 이를 위해 BBC는 영국이 가진 우수한 능력을 성공적으로 개발할 수 있도록 공공영역을 개방하고, 능력주의(meritocracy) 사회를 실현하는 행위자로 공헌해야 할 것이다. 『디지털 브리튼 최종 보고서』는 BBC가 시청자와 제작진, 크리에이터 등의 기용에서 경계선을 철폐해야 한다고 주장한다.

이는 월드서비스(World Service)가 세계적으로 우수한 인재를 모아 보편적이고 초국가적인 관점을 도입해 뉴스의 품질을 높이고 있을 뿐만 아니라, 디아스포라(diaspora)의 제작진에게 다문화·다언어 속에서 새로운 것에 도전하도록 하는 것에서도 확인할 수 있다. BBC는 멀티플랫폼을 통해 영어뿐만 아니라 다양한 언어로, 영국 국내뿐만 아니라 세계적인 미디어 환경에서 적극적으로 콘텐츠를 전송하며, 지구 규모의 공론장을 구축하는 중요한 행위자가 되고 있다. 나아가 BBC는 공공 목적을 이행하기 위해 인터넷이 불가결한 플랫폼, 전송 시스템이 될 수 있다고 본다는 점도 강조하지 않을 수 없다.

필자가 만난 BBC의 유능한 제작진은 BBC를 "매우 우수한 인재가 많아 치열한 경쟁이 벌어지는 직장"이라고 이구동성으로 말한다. 이들 우수한 기자, 특파원, 프로듀서는 "세계에서 가장 좋은 보도를 제공한다", "세계에서 가장 좋은 프로그램을 만든다"라고 말한다. 여기에는 영국의 엘리트가 가진 직업의식, 영국이 능력주의를 인정하는 사회라는 점, 그리고 경계선을 철폐하겠다는 생각 등이 엿보인다. 이러한 점은 BBC가 세계 최고의 저널리즘 기관으로 추앙받고 있는 것과 무관하지 않다. 다른 한편으로 BBC가 영국과 영국 시민을 위한 방송사이고, 국민 통합 기능을 가지며, 국가 정체성 구축에도 기여하고 있다는 점도 간과할 수 없다.

현재 영국의 TV 프로그램 포맷은 세계 프로그램 포맷 시장에서 1/3을 차지하며, 영국의 창조력은 세계적으로 높이 평가받고 있다. 이것이 영국의 소프트 파워(soft power)라고도 할 수 있다. 또한 영국 정부는 월드서비스를 공공 외교(public diplomacy)의 수행 기관으로 보고 있다. 영국은 미래를 내다보며 방송과 통신의 영역에서 세계를 선도하기 위한 준비를 착착 추진하고 있다.

2010년 5월에 실시된 총선거에서 BBC에 우호적인 노동당이 패배하면서 BBC에 적대적이라는 보수당과 자유민주당의 연립정권으로 교체되었다. BBC는 노동당 장기 집권의 혜택을 누려왔다. 유일한 예외라면 블레어 총리가 대량살상무기에 관한 허위 정보를 바탕으로 이라크 전쟁을 시작했다고 보도해 BBC와 블레어 정권이 대결을 벌인 때다. 2000년 영국 정부는 물가 상승률보다 높은 수신료 인상을 인정했으며, 2007년에도 소액의 인상을 승인했다. 영국 정부와 BBC의 인사 교류는 활발하다. 벤 브래드쇼 문화·미디어·스포츠부 장관은 BBC 저널리스트 출신이며, 그 전의 장관은 BBC 기획 담당이었다. 이라크 전쟁 보도로 BBC 경영위원장을 사임한 개빈 데이비스(Gavyn Davies)는 노동당 고문이었다.

보수당의 데이비드 캐머런 당수는 야당 시절에 BBC를 강하게 비판했다. 그는 수신료를 동결하거나 삭감하겠다고 밝혔었다. 그러나 총선거 직전인 2010년 4월 캐머런은 "나는 ITV[칼턴 TV(Carlton TV)의 기업 실무 부문 디렉터]에서 7년간 일한 적이 있으며, BBC가 수행하는 대단히 중요한 역할을 존경해야 한다는 것을 배웠다. 이에 BBC를 위기에 빠뜨리지 않을 것이다. …… 나는 지금까지 보수당 당수 가운데 가장 BBC에 우호적"이라고 말했다. 이 발언은 배우와 예술인 40명이 수신료 삭감 계획을 비판하며 "BBC의 독립을 위해 기사도와 같은 태도를 가져야 한다"라고 주장하는 공개서한을 발표한 이틀 뒤에 나온 것이다(Plunkett, 2010).[9]

2010년 5월 말에 발표된 연립정권 합의문에서는 미디어 정책에 대해 다

26

음과 같이 기록되어 있다.

BBC의 독립을 지키며, 감사원이 BBC 경영의 투명성을 확보하기 위한 접근을 인정한다. 지역신문, 라디오와 TV 방송국 간의 제휴를 허용하며, 강하고 다양한 지역 미디어 산업을 촉진한다. 전국 어디서나 초고속 브로드밴드에 접속할 수 있도록 조속한 조치를 추진한다. BT와 기타 인프라 사업자가 자체 자산으로 이러한 브로드밴드를 제공하도록 한다. 비도시 지역의 초고속 브로드밴드 도입은 필요한 경우 디지털 전환을 지원하기 위해 상정한 수신료 일부를 활용하는 방안도 고려한다(HMGovernment, 2010).

제러미 헌트는 문화·미디어·스포츠부 장관에 취임한 후 첫 기자회견에서 "초고속 브로드밴드를 산간벽지까지 확대하고, 지역 미디어 서비스를 지원하며, 크로스 미디어(cross media)의 소유권 규제를 완화할 것"이라고 말했다. 그리고 수신료는 디지털 이행 자금에 사용하지만, 브로드밴드를

---

9 보수당은 총선 매니페스토에서 다음과 같은 공약을 내세웠다. ① BBC 트러스트를 폐지하고 오프컴(Ofcom)의 권력을 축소한다. ② BBC에 대해 감사원(National Audit Office)의 회계감사를 실시한다. ③ 2017년까지 영국에 초고속 브로드밴드를 설치하기 위한 비용으로 월 50펜스의 세금을 전화에 부과한다는 노동당안[이른바 '전화과세(Phone Tax)']의 폐지를 약속하고, BT(British Telecom) 등의 산업계가 부담하거나 수신료의 일부로 충당한다. 특히 시장이 형성되지 않은 지역에서는 수신료로 충당한다. ④ 노동당이 마련한 ITV가 제공해온 지역 뉴스를 대신하는 TV 뉴스 서비스 계획을 폐지하고, 지역신문이 지역 미디어의 새로운 네트워크를 만든다(Conservatives, 2010b; Sweney, 2010b). 한편 연립정권에 참여한 자유민주당은 홈페이지에 "독립된 자금을 가진 BBC가 영국에서 공영방송의 기반으로 유지할 수 있도록 노동당안의 수신료에서 일부를 다른 사업에 돌리는 것에 반대해왔다"라고 밝혔다("Culture and Media" in *Liberal Democrat Policy Briefing*, http://www.libdems.org.uk/siteFiles/resources/PDF/Election%20Policy/25%20-%20Arts%20and%20Media.pdf).

추진하는 자금에는 충당하지 않겠다며 "나는 자유 지상주의자이다. 수신료를 돌려쓰는 것이 영국 사람들에게 최고의 품질을 가진 방송을 제공하는 것이 되리라고는 생각하지 않는다"라고 말했다(Martinson, 2010b).

2010년 6월 헌트 장관은 ≪가디언≫과의 인터뷰에서 (우선 BBC의 편집권 독립을 강력하게 지지한다면서) 다음과 같이 답했다(Martinson, 2010a, 2010b). ① 영국 정부는 왕실 특허장이 종료되기 5년 전인 2011년부터 수신료가 BBC의 재원으로 정당한 방법인지 여부에 대한 논의를 시작한다고 밝혔다. 헌트 장관은 시청 행태의 변화, 온라인에서 방송 콘텐츠를 시청하는 이용자의 증가 등으로 TV 수신기 소유자에게 매년 (수신료를) 부과하는 것은 앞으로 시대착오가 될 것이라고 말했다(Martinson, 2010a). ② 연립정부는 향후 수년간 BBC의 연간 예산을 유지하고, 자금의 용도를 한정하도록 주력한다고 밝혔다. ③ BBC의 그레그 다이크(Greg Dyke) 전 사장은 보수당이 야당이었을 때에 방송업계 보고서에서 BBC의 재원으로 수신료를 폐지하고 직접세를 도입하는 방안에 이해를 표시했지만, 이는 BBC의 제작진과 노동당으로부터 반대를 받았다. 그러나 헌트 장관은 이 보고서는 결코 끝나지 않았으며 "다이크 전 사장이 이 보고서를 발표하기를 기대한다"라고 말했다. 그리고 현재로서는 수신료를 대신하는 수단에 대해 특별한 생각이 없다고 말했다.

헌트 장관은 규제 완화와 혁신에 대해 현행 규제 시스템은 "인터넷 이전 시대를 위해" 만들어진 것이라며 CRR(Contract Rights Renewal: ITV 광고 시간대 판매 가격에 관한 계약 규칙)[10]를 폐지할 것이라고 밝혔다. ITV 임원들

---

10 2004년에 그라나다(Granada Ltd.)와 칼턴 커뮤니케이션스(Carlton Communications)가 합병해 ITVplc.를 설립할 때 공정거래청(Office of Fair Trading)이 합병에 따른 문제 해결 조치로 이 회사가 업계를 지배하지 않도록 하는 규칙을 도입했다. 2010년 현재 오프

은 이를 환영하고 있다. 나아가 ≪가디언≫에 따르면, 헌트 장관은 오프컴 (Ofcom: Office of Communications)이 공영방송에 관한 논의에서 중심적인 역할을 하는 것에 불만을 표시하고, 오프컴의 실질적인 최고 책임자인 에 드 리처즈(Ed Richards, 노동당 전 정책고문)[11] 사무국장을 교체할 생각이라고 말했다. 이 계획안대로라면 오프컴은 의제를 설정하는 역할보다 법령 준수 감독관(compliance officer)이 된다. 또한 정치적으로 민감한 문제도 다루어 야 한다며 오프컴 예산을 20% 삭감할 것이라고 했다(Martinson, 2010b). 그 리고 정부는 규제 완화 법안을 통해 구글(Google)과 같은 미디어 기업에 불 필요한 부담을 없애려고 한다는 지적도 있다(Martinson, 2010b).

헌트 장관의 정책이 루퍼트 머독의 미디어 정책과 다름없다고 비판하는 사람도 있다. 그러나 헌트 장관은 예전에 보수당 정권이 도입한 케이블 TV 와 위성방송에 관한 규제 완화 개혁에 대해 "거대한 위성방송과 케이블 TV 에 대단히 건강한 경쟁이 도입되었다"며 이를 통해 "소비자는 이익을 얻었 다"고 말했다(Martinson, 2010b).

이 인터뷰 뒤에 헌트 장관의 의도와 달리 조지 오즈본(George Osborne) 재무장관은 연립정부가 지방에서 브로드밴드 인프라 정비 자금의 일부를 조달하기 위해 고정전화에 매달 50펜스의 세금을 부과한다는 노동당의 방 안을 도입하지 않겠다고 밝혔으며, BBC의 수신료 중에서 디지털 전환을 지원하는 자금을 브로드밴드 확충에 사용할 것이라고 말했다.

---

컴이 TV 광고에 관한 규칙을 완화하는 방안을 내놓았다. 2010년 6월 초에 자문회의가 종 료되고 오프컴이 이 제안에 동의한다면, 2011년 광고 시간의 거래가 시작되는 2011년 가 을에는 이러한 규칙이 적용될 것으로 보인다(Sweney, 2010a).
11 리처즈는 블레어 전 총리의 ICT 및 전자정부 관련 수석 정책고문을 지냈으며, BBC 전략 국장을 거쳐 오프컴 최고경영자(CEO)를 역임했다.

노동당 정권하에서 거대해진 BBC는 새로운 정권에서 다시 변화해갈 것으로 보인다. 그 변혁의 모습을 이해하는 데 이 책이 도움이 되었으면 한다.

## 참고문헌

BBC. 2004. *Building public value: Renewing the BBC for a digital world.* http://downloads.bbc.co.uk/aboutthebbc/policies/pdf/bpv.pdf (2010.5.4).

_____. 2010. *Putting Quality First: the BBC and public space proposals to the BBC Trust 2010.* http://bbc.co.uk/bbctrust/assets/file/pdf/review_report_research/strategic_review/strategy_review.pdf (2010.5.4).

BBC Trust. 2010. *BBC strategy review.* http://www.bbc.co.uk/bbctrust/assets/files/pdf/review_report_research/strategic_review/strategy_review.pdf (2010.5.4).

Conservatives. 2010a. "Culture, Media and Sports." in *Where we stand.* http://www.conservatives.com/Policy/Where_we_stand/Culture_Media_and_Sport.aspx (2010.5.5).

_____. 2010b. *The Conservative Manifesto 2010: Invitation to join the government of Britain.* http://media.conservatives.s3.amazonaws.com/manifesto/cpmanifesto2010_lowres.pdf (2010.5.5).

Department for Culture, Media and Sport and Department for Business, Innovation and Skills. 2009. *Digital Britain Final Report.* http://www.culture.gov.uk/images/publications/digitalbritain-finalreport-jun09.pdf (2009.8.5).

*Economist.* 2009.6.18. "The future of the BBC Auntie stumbling?" *The Economist*, print edition, 18 June 2009. http://www.economist.com/worldBritain/displayStory.cfm?story_id=13881040 (2009.7.30).

Foster, P. 2010. "BBC signals an end to era of expansion." *the Times*, 26 February, 2010. http://business.timesonline.co.uk/tol/business/industry_sectors/media/article7041944.ece (2010.5.4).

HMGovernment. 2010. "Culture, Olympics, media and sport." in *The Coalition: Our programme for government.* http://www.cabinetoffice.gov.uk/media/409088/pfg_coalition.pdf (2010.6.12).

IpsosMORI. 2008. *MediaGuardian poll on BBC licence fee.* 18 August 2008. http://www.ipsosmori.com/researchpublications/researcharchive/poll.aspx?oItemId=2297 (2009.8.10).

Liberal Democrats. 2010. "Culture and Media." in *Liberal Democrat Policy Briefing*. http://www. libdems.org.uk/siteFiles/resources/PDF/Election%20Policy/25%20-%20Arts%20and%20 Media.pdf (2010.6.18).

Martinson, J. 2010a. "BBC licence fee 'under scrutiny' next year." *Guardian*, 4 June 2010. http:// www.guardian.co.uk/media/2010/jun/14/bbc-licence-fee-jeremy-hunt (2010.7.1).

_____. 2010b. "Jeremy Hunt: 'We have a media policy, not a BBC policy'." *Guardian*, 4 June 2010. http://www.guardian.co.uk/media/2010/jun/14/jeremy-hunt-media-policy-interview (2010.7.1).

Plunkett, J. 2010. "David Cameron: I'm the most pro-BBC Tory leader ever — but it needs to cut." *Guardian*, 27 April 2010. http://www.guardian.co.uk/media/2010/apr/27/david-cameron-pro-bbcleader (2010.5.4).

Seaton, J. 2009. "An insidious attack on the jewel in our crown." *Guardian*, 16 June 2009. http://www.guardian.co.uk/commentisfree/2009/jun/16/digital-britain-bbclicence-fee (2009.8.10).

Stephens, P. 2009. "Time to rescue broadcasting from the BBC." *Financial Times*, 15 June 2009. http://www.ft.com/cms/s/0/d6d840d8-59da-11de-b687-00144feabdc0.html (2009. 8.10).

Sweney, M. 2010a. "Ofcom proposes removing 'must sell' rule around TV advertising." *Guardian*, 29 March 2010. http://www.guardian.co.uk/media/2010/mar/29/ofcom-relax-must-sell-rule (2010.7.4).

_____. 2010b. "Conservatives vow to audit BBC licence fee." *Guardian*, 13 April 2010. http://www.guardian.co.uk/media/2010/apr/13/conservative-manifesto-bbc-licence-fee (2010.4.25).

Toynbee, P. 2009. "A carve-up of the licence fee would be sheer vandalism." *Guardian*, 19 June 2009. http://www.guardian.co.uk/commentisfree/2009/jun/19/mediabusiness-bbc-licence-fee (2010.5.4).

西川克之. 2006. 「BBC『公共的価値の構築』のレトリック」. ≪国際広報メディアジャーナル≫, No.4. http://www.hokudai.ac.jp/imcts/imc-j/imc-j-4/nishikawa.pdf (2010.5.4).

原麻里子. 2009. 「『公共放送』概念の転換? — デジタル・ブリテンが示す放送の未来像」. ≪月刊民放≫, 第39巻 第9号.

## 1부

# BBC는 어떤 조직인가

1장

# BBC의 제도와 조직

## 공공 서비스로서 방송의 재구축

나카무라 요시코

## 1. 디지털 시대의 BBC

기술혁신을 배경으로 지상파, 케이블, 위성, 인터넷으로 플랫폼이 다양화되고 있고, 제공되는 채널 수가 수백을 넘는 미디어 경쟁 시대에 왜 BBC는 고만고만한 주변적 미디어로 전락하지 않고, 세계 최대이자 최첨단의 공영방송으로 살아남을 수 있는 것일까? 이러한 의문을 제도와 조직의 위상에서 생각해보는 것이 이 장의 목적이다.

방송의 디지털화가 진행되는 가운데 BBC는 TV 8채널, 전국 방송 라디오 10채널, 지역 및 로컬 라디오 42채널, 쌍방향 서비스 및 인터넷을 이용한 온라인 서비스 등을 제공하고 있다.[1] 그뿐만 아니라 2007년 12월부터 위성 디지털 방송 플랫폼을 대상으로 HDTV 방송을 시작했고, 이후 지상파 디지털 방송으로 완전히 이행하는 데 성공했다. 2008년 9월부터 스코틀랜드의 문화 보호를 목적으로 설립된 법정 기관 '게일어 미디어 서비스(The Gaelic Media Service)'와 공동으로 게일어 TV 방송인 'BBC 알바(BBC Alba)'를 제공하고 있다. 이러한 서비스는 주로 수신료로 충당되며, 그 수입은 연간 약 35억 파운드에 이른다. 나아가 프로그램의 멀티유스(multi use)를 통한 사업 수입과 라디오 국제방송 운영비로 제공되는 정부 교부금을 합친 총수입은 46억 파운드를 넘는다.[2] 단일 공영방송이 제공하는 서비스의 종류와 재원 규모에서 보면, BBC는 세계 최대 규모의 공영방송이라고 해도 과언이 아니다. 또한 많은 공영방송이 TV와 라디오 프로그램을 방송할 뿐만 아니라, 인터넷에서 보고 싶은 프로그램을 보고 싶을 때에 시청할 수 있는 온디맨드(on demand) 서비스를 실시하고 있다. BBC는 공영방송에서 공공 미디어 서비스로 전환하고 있다. BBC는 방송과 통신의 융합을 상징하는 새로운 서비스에 대한 대응에도 선구적 역할을 하고 있다. 세계의 공영방송을 이끄는 이러한 모습은 설립 이후 변함이 없다.

## 2. 공공 서비스 방송의 탄생

BBC는 1922년에 민간 기업 영국방송회사(British Broadcasting Company)

---

1   BBC는 2016년 2월부터 BBC Three의 지상파를 폐지한 뒤, 온라인으로 전환하기로 했다. − 옮긴이

2   2014년에는 수신료 수입이 37억 2600만 파운드, 기타 수입과 정부 교부금 등이 13억 4000만 파운드로 총수입은 50억 660만 파운드였다. 참고로 NHK의 사업 수입(2014년)은 6871억 엔이었으며, 이 중 수신료 수입은 6493억 엔이었다. 자회사를 포함하면 사업 수입은 7463억 엔에 이른다. − 옮긴이

로 출발했다. 영국방송회사의 방송 면허 유효기간 만료를 앞둔 1925년에 설립된 방송조사위원회의 논의를 거쳐 1927년에 공공기업체 BBC(British Broadcasting Corporation)로 개편된 이후 현재에 이르고 있다. 당시 방송조사위원회 위원장에는 맨체스터 대학 부총장이었던 크로퍼드(Crawford)가 임명되었다. 위원회는 BBC를 그대로 존속시킬지, 아니면 형태를 바꾸어 존속시킬지, 또는 정부 관할 기관으로 전환한 뒤에 존속시킬지 등 영국방송회사의 향후 위상을 검토했다. 크로퍼드 위원장은 BBC의 제도적 골격을 결정하는 권고를 다음과 같이 내놓았다(Lord Simon of Wythenshawe, 1953).

첫째, 방송은 국민의 이익을 위한 수탁자(trustee)이며 업무를 수행하는 BBC라는 공공기업체에서 추진하도록 해야 한다. 그 자격과 임무는 공공사업의 자격과 임무에 대응하는 것이어야 한다. 의회가 최종적인 지배권을 보유하고, 체신부 장관이 정책에 관한 일반적인 질문에 답변할 책임을 가진다고 하더라도, BBC는 의회가 허용할 수 있는 한 최대의 자유를 부여받아야 한다.

둘째, BBC는 국왕이 지명하는 5~7명의 비상근 경영위원으로 성립되어야 한다. 경영위원은 방송 사업과 이해관계가 대립할 우려가 있는 방송 관련 분야, 예를 들어 음악, 드라마, 교육, 제조 등과 같은 분야를 대표하는 자가 아니라 올바른 판단과 독립성을 가진 자여야 한다. 경영위원의 임기는 5년으로 한다.

셋째, BBC는 체신부 장관으로부터 방송 사업을 유지하고 발전하는 데 충분하면서도 효율적으로 확보할 수 있는 수입을 제공받아야 한다. 그리고 처음에는 무선전신 면허 발행으로 얻은 수입으로 이를 충당해야 하며, 잉여 수입은 국가가 보유해야 한다.

넷째, 특허장은 10년마다 갱신해야 한다.

이러한 권고를 바탕으로 BBC는 공공사업체로 개편되었으며, BBC는 국왕이 하사하는 특허장(Royal Charter), 정부와 체결하는 협정서를 통해 운영되게 되었다. 운영 재원은 TV 수신기를 설치하면 납부가 의무화된 수신료를 주요 재원으로 하고 있다. 또한 BBC의 방송 서비스는 '공공 서비스'로 제공된다는 기본 이념에 입각해 특허장으로 설립된 경영위원회가 시청자를 대신해 BBC의 사업 활동을 감독하는 지배구조가 확립되었다.

## 3. 특허장과 협정서

전송로의 다양화로 촉진되는 미디어 경쟁, 인터넷 보급으로 인한 시청자의 정보 입수와 시청 방법의 변화, TV 프로그램의 세계적 유통으로 인한 자국 문화 및 국내 방송산업의 기반 약화에 대한 우려는 1990년대 이후 어느 나라에서나 경험하고 있는 문제이다. 방송 사업자는 경쟁에서 살아남기 위한 수익 모델을 모색하고 있다. 공영방송의 경우, 국가의 모든 사람이 향유하는 공공 서비스로서 고품질의 '정보, 교육, 오락'을 제공한다는 이념적 전제가 있는 한, 환경 변화에 대응하고 시청자인 모든 사람과의 동시대적 관계성을 유지하려는 노력이 요구된다. 또한 모든 가구에서 납부하는 수신료 제도를 유지한다면, 그 재원의 공적 성격 때문에 서비스 요금의 타당성과 공평성에 대한 비판이 나오는 것은 당연한 일이다.

이러한 미디어 환경 속에서 2003년 말부터 2006년까지 영국 정부의 주도하에서 BBC의 위상을 규정하는 특허장 갱신 작업이 진행되었다. 2년여 동안 이루어진 논의에는 1만 명 이상의 국민이 참가한 것으로 나타났다. 이러한 '국민적 논의'를 거쳐 특허장과 수신료라는 기존 제도를 유지하는 한편, BBC가 수행해야 할 공적 목적을 명확히 하고, 시청자와 BBC의 경쟁 사업자에 대해 정책 결정의 투명성을 높이고 설명책임(accountability)을 강화하는 기업 통치의 근본적인 개혁이 이루어졌다.

BBC의 근거 법령인 특허장은 국왕이 법인 단체나 회사에 부여하는 특권과 설립 조건을 정한 것이다. 특허장에 의거해 독점적으로 사업을 추진한 선례로는 1694년에 운영을 시작한 잉글랜드 은행(Bank of England)과 엘리자베스 1세 시대에 아시아 무역을 추진한 동인도회사 등이 있다. BBC 특허장은 법인으로서 BBC의 설립과 목적을 결정한다. 현재 BBC는 제8차 특허장(2007년 1월부터 2016년 12월까지 유효)에 의거해 운영되고 있다.

방송 미디어의 최첨단을 달리는 BBC의 경우 의회민주주의가 발달한 영국에서 의회의 표결을 필요로 하지 않는 특허장으로 성립되는데, 이와 같은 형태는 다른 국가에는 없는 대단히 독특한 제도적 특징이라고 할 수 있다. 특허장을 통한 공공사업체 설립을 왜 선택했는지를 설명하는 자료를 확보하는 것은 쉽지 않다. 그러나 BBC의 역사를 연구해온 아사 브리그스(Asa Briggs)는 특허장이 선택된 경위를 다음과 같이 설명한다.

이 기관의 설립은 특별한 의회법에 의해서도 아니고, 크로퍼드 위원회가 제시한 회사법을 통한 것도 아니며, 국왕에게서 부여받은 특허장에 의해 이루어지게 되었다. 이러한 발상은 1926년 2월 새로운 기관의 기본 구성에 대한 각서를 작성한 영국방송회사의 변호사들조차 생각하지 못한 것이었다. 체신부 장관이 다른 설립 방식보다 바람직하다면서 제시한 이유는 세 가지다. 첫째, 특별법을 내세울 경우, "의회가 만들었기 때문에 정치적 활동과 연결된 것이라는 생각을 공중의 마음속에 심어줄 것이며", 이로 인해 새로운 기관의 발족에서부터 (그 역할을) 예단하게 만들었을 것이다. 둘째, 1908년 회사법을 통해 설립된다면 "지위와 위신을 적지 않게 결여한" 것이 되었을 것이다. 셋째, 회사법으로 설립된 회사는 그 정관에서 구체적으로 인정하는 것밖에 행할 수 없지만, 특허장에 의거해 설립된 법인은 특허장이 구체적으로 금지 하지 않는 것이라면 무엇이든 할 수 있기 때문이다(Briggs, 1961: 322~323).

당시 체신부 장관은 특허장을 선택함으로써, BBC가 가져야 할 정치적 독립성과 방송 서비스가 가지는 숭고한 사명에 맞을 경우, 미래 변화에 대 응하는 재량을 BBC에 부여했다고 해석할 수 있다. 이는 공공사업체로 개 편한 이후 80년이 넘은 지금도 영국 정부로부터 BBC를 영국에서 공공 서 비스 방송의 요체로 존속시키기 위해 필요한 '독립성', '확실성', '유연성'을 보장하는 제도적 방편이라는 지지를 받고 있다(DCMS, 2005).

또한 BBC의 목적에 맞는 서비스 범위나 프로그램 심의회 설치 등 시청 자에 대한 설명책임 확보 방안, 국방과 관련된 유사시 정부의 권한과 BBC 의 운영 자금 등 BBC의 업무 운영에 관한 제반 사항은 BBC와 정부 간에 체결하는 협정서에서 정해진다.


## 4. BBC의 기업 통치 시스템

이번 개혁까지 BBC는 특허장에 의거하여 BBC의 최고 의사결정 기관으 로 설치된 경영위원회(Board of Governors)와 경영위원회가 임명하는 사장 (Director General)이 이끄는 집행부를 통해 운영되어왔다. 경영위원회는 국 립병원처럼 공공 서비스로 운영되는 사업체의 이사회를 모방한 기관이기 는 하다. BBC 경영위원은 제도상 국왕이 임명하지만, 실제로는 BBC를 소관하는 장관이 임명하고 있다. 인선에서는 "공공 서비스 촉진 이외에는 관심을 가지지 않는 강한 신념을 가지고, 판단력과 독립적인 정신을 가진 자"라는 크로퍼드의 권고를 충실하게 따른다. 역대 경영위원장은 공직 경험자가 취임해왔으며, 주식회사의 사장이나 회장이 임명된 적은 지금까지 한 번도 없었다. 한편 경영위원회의 임무는 방송 사업의 설립 목적이 제대로 수행되고 있는지 감시 책임을 가지는 것으로 이해되어왔다. 그러나 이는 설립 당초에 특허장에 규정된 것이 아니었다. 또한 집행기관인 집행부에 대한 제도적 규정도 애매모호해서, 집행 조직으로 BBC 사장 임명이 명기된 것은 1964년에 만료된 특허장까지였다. 그 후에는 "그 임무의 효율적인 수행 및 업무 처리에 필요하다고 생각되는 임원과 직원을 수시로 임명한다"라는 막연한 표현으로 변경되었다. 따라서 BBC라는 조직의 기업 통치는 아직 명확하지 않아, 경영위원회는 BBC를 감독하는 입장인 것으로 이해되면서도 실제로는 집행부로부터 결정 사항을 보고받아 이를 자동적으로 승인하는 존재에 불과하다는 비판이 계속되어왔다.

## 1) 기업 통치 근대화: 이원 시스템으로 변경

이러한 BBC 기업 통치 문제는 1996년에 발효된 제7차 특허장을 통해 경영위원회의 임무를 명확하게 규정하는 형태로 개선책이 강구되었지만, 감독과 집행의 책임 분리라는 기업 통치의 근대화는 여전히 남은 과제였다. 이와 같은 기업 통치 시스템에 대한 개혁 요청은 급변하는 미디어 환경과 이에 따른 시청자와 미디어 기업 경영의 변화가 진행되는 가운데, 정부가 BBC의 운영 재원으로 수신료를 보장하고 있는 것과 밀접하게 관련된다. 최근 시청자의 미디어 이용 행태가 변하고 수신료 납부 의식이 저하되었으며, 경쟁 상대인 상업방송 사업자는 전체적으로 디지털 전환 부담과 시청 점유율 저하로 인한 광고 수입 감소 등의 과제를 안고 있다. 이러한 외부 환경에 대해 '수신료는 왜 필요하고 어떻게 사용되어야 하는가'라는 시청 자와 경쟁 기업의 의문에 답해야 한다는 요구를 강하게 받았다. 또한 임원 의 회계 부정 처리와 중요 정보의 비공개로 인해 주주에게 막대한 손해를 입힌 2001년 엔론(Enron) 사건 이후, 기업 윤리와 기업의 사회적 책임이 문 제시되기 시작했다. 상업 활동을 통한 부차 수입 등을 포함하면 BBC의 총 수입은 약 50억 파운드에 이르러 세계적인 미디어 기업과 어깨를 나란히 하는 거대 미디어 기업이라고 할 수 있다. 이러한 BBC에 일반 기업과 같은 수준의 투명한 기업 통치와 독립성이 요구되는 것도 필연적인 결과라고 할 수 있다.

정부가 실시한 조사에 따르면, "BBC라는 미디어에 투자하고 있지만, 누 가 BBC를 움직이고 있는지, 나아가 누가 BBC를 움직이는 방법을 알고 있 는지조차 알 수 없다"라는 의견이 상징하듯이 시청자에게 기업 통치에 대 한 지식은 거의 없다. 그러나 수신료를 납부하는 시청자가 BBC의 실질적 주주라는 인식은 퍼져 있다(DCMS, 2004). BBC가 기업 통치를 개혁한 배경 에는 이러한 BBC에 대한 시청자의 의식 변화와 함께 이에 부응하는 정부 의 시청자 중심주의가 도사리고 있다. 정부는 "수신료 납부자는 BBC 주주 이지만, 주식을 팔거나 의결권을 행사해 자신의 의견을 직접 표명할 수는 없다. 이에 그들의 이익을 대변할 필요가 있다"라며 지금까지 제도상·운 영상 명확하지 않던 '경영위원회'를 폐지하고 〈그림 1-1〉과 같이 감독과 규제를 담당하는 'BBC 트러스트(BBC Trust)', 그리고 이런 BBC 트러스트가 설정한 제도적 틀 속에서 업무를 집행하는 '집행이사회(Executive Board)'라 는 이원적 기업 통치 시스템으로 바꾸었다. BBC 트러스트의 역할은 공공

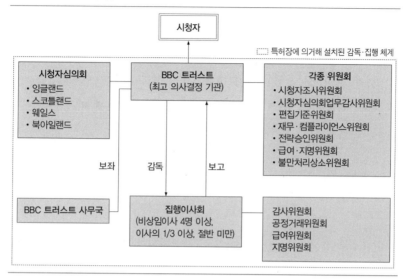

자료: 필자 작성(2010년 3월).

의 이익(특히 수신료 납부자의 이익)에 합치하도록 BBC의 전체적인 전략 방향을 결정하고 집행이사회의 활동을 종합적으로 감독하는 것이며, 집행이사회는 BBC 트러스트가 정한 우선순위에 따라 BBC가 서비스를 제공하도록 하며 운영·관리 모든 면에서 책임을 진다(DCMS, 2006b). 이리하여 BBC 트러스트가 수신료라는 재원과 공공의 이익과 관련해 BBC의 수호자이며, BBC의 재원과 공공의 이익, 공적 목적 달성의 최종 책임자라는 것이 제도적으로 비로소 명확해졌다(특허장 제22조).

한편 집행이사회는 BBC 내부에서 승진한 임원과 외부 임원(비상근 임원)으로 구성되고(특허장 제28조), 집행이사회 사장(Chairman)은 트러스트가 임명하며, 기타 임원은 집행이사회에 설치된 지명위원회에서 선임한다고 규정하고 있다. 또한 1965년 이후 특허장에서 애매모호했던 사장(Director General)에 관한 규정이 부활하여 BBC 사장은 업무 집행의 최고 책임자이자 BBC의 최고 편집 책임자라고 명시되었다. 2010년 현재, 집행이사회는 내부 이사에 사장, 저널리즘(보도, 부사장 담당), 비전(TV), 음성·음악(라디오), 미래 미디어·기술, 인사, 재무, 경영 계획 및 업무 관리, 마케팅·홍보 등 9명과 외부 이사 6명을 합친 15명으로 구성된다. 외부 이사는 각각 법무, 재무, 기술 등의 전문 분야를 가지고 BBC 업무 집행에 '비판적 동료'의 역할을 담당한다고 규정하고 있다.

## 2) BBC의 공공적 목적

이번 특허장에서는 BBC 기업 통치 시스템의 개혁과 함께 BBC에 새로운 목적이 부여되었다. BBC의 설립 목적은 'BBC의 아버지'로 불리는 초대 사장 존 리스(John Reith)가 제시한 "정보를 제공하고, 교육하며, 오락을 제공하는 것(inform, educate and entertain)"이며, BBC는 이 목적을 핵심에 두면서 기술혁신을 통해 방송 서비스를 확대해왔다고 할 수 있다. 그러나 미디어와 사회가 다양화되고 복잡해지며, 경쟁이 치열해지는 시대에 사회 전체에 적극적인 가치를 창출하기 위한 명확하면서도 다양한 목적을 가져야 한다며 다음과 같은 6대 목적을 규정했다(특허장 제6조).

① 시민성(citizenship)과 시민사회를 유지한다.
② 교육과 학습을 촉진한다.
③ 창조성과 문화적 탁월성을 촉진한다.
④ 전국, 지역·지방, 공동체를 반영한다.
⑤ 영국과 세계를 연결한다.
⑥ 디지털 전환을 완료하고, 새로운 기술에 대응한다.

그리고 이러한 목적을 추진하기 위한 방법으로 정보, 교육, 오락으로 구성된 결과물을 TV, 라디오, 온라인, 향후 등장하는 새로운 기술적 수단 등을 통해 제공하며, 방송과 통신의 융합 환경에서 모든 플랫폼을 통한 서비스 제공을 제도적으로 보장했다.

또 이러한 목적을 달성하기 위해 수행해야 할 활동에 관해서는 BBC 트러스트가 시청자와 관련자의 의견을 수렴하면서 '목적별 임무'와 임무 수행을 평가하는 방법을 명확하게 제시하도록 의무화되었다. 목적별 임무는 여섯 가지 공공적 목적을 각각 어떻게 달성할지를 시청자에게 알기 쉽게 설명하는 것을 말한다. 예를 들면, '시민성과 시민사회의 유지'라는 목적별 임무는 "BBC가 고품질 뉴스, 시사 문제, 논픽션 프로그램을 제공해 시청자가 국제적 문제와 정치적 문제에 대한 정보를 얻어 논의하는 것을 지원한다"라고 했다. 그 방법으로는 "고품질의 독립적 보도를 제공할 것", "모든 사람의 관심을 끌고 현재적 문제와 관련되는 것을 제공할 것", "뉴스와 시사 문제, 쟁점이 되는 문제에 대해 대화와 논의를 불러일으킬 것" 등이 제시되었다. '교육과 학습 촉진'의 경우, "BBC는 영국에 있는 모든 사람들의 학습을 도와준다. BBC의 중요한 역할은 학교와 대학의 커리큘럼을 바탕으로 공적 교육 지원과 함께, 폭넓은 주제 전반에 대한 지식과 기술을 얻으려는 사람들에게 그 방법을 제공할 것"이라고 규정했으며, 그 방법으로 "사람들이 얻을 수 있으며 즐겁고 도전적이라고 생각되는 방법으로 다양한 주제를 배울 수 있도록 할 것" 등이 제시되었다. 이와 같이 6대 공공적 목적에 대한 구체적인 임무가 명확하게 제시되었다.

여섯 번째로 제시된 '디지털 전환 완료와 새로운 기술에 대한 대응'은 현행 특허장 유효기간에 중요한 의미를 가진다. 영국은 2008년부터 지역별로 아날로그 방송을 종료하기 시작해 2012년에 전국에서 디지털 전환을 완료했다. 공공적 목적에서는 디지털 전환 완료라는 국가사업을 완성할 임무를 BBC에 맡긴다고 분명히 밝혔다. 2008년 9월 기준으로 이미 디지털 방송을 수신하는 가구가 90%에 이르렀다. 그러나 어느 나라든 나머지 10%를 어떻게 디지털 수신기로 교체하도록 할 것인가는 쉽게 해결되지 않는 과제이다. 정부는 집에 머무를 수밖에 없는 75세 이상의 고령자나 장애인에게 디지털 TV가 생활의 질적 향상에 공헌할 것이라며 이들이 무료로, 또는 동거 가구에 부담을 40파운드로 낮춰 디지털 TV를 수신할 수 있도록 지원하는 방안을 마련했고, 그 지원 대책을 실제로 추진하는 역할을 BBC에 부여했다. 나아가 다양한 디지털 플랫폼에서 콘텐츠와 서비스를 이용하는 등 디지털 기술의 혜택을 모든 사람이 향유할 수 있도록 하는 것도 중요한 임무로 부과되었다.

### 3) 설명책임 보장 시스템

공공적 목적에 입각한 BBC의 사업 활동은 어떻게 보장받을까? 이번 개혁에서 처음으로 '서비스 면허 발행'과 '공공적 가치 심사'가 도입되었다. 시청자와 경쟁 사업자에게 수신료를 재원으로 하는 BBC의 사업에 대한 설명책임을 이행하는 시스템이 마련된 것이다. 이는 자유로운 경제적 경쟁과 선택의 폭을 확대하면서도 BBC가 독단적으로 서비스를 확대하지 않도록 하기 위한 제동 장치라고 할 수 있다.

#### (1) 서비스 면허 발행

BBC 트러스트는 집행이사회에 BBC가 현재 실시하는 모든 서비스에 대해 개별적으로 '서비스 면허'를 발행했다. 서비스 면허는 BBC 트러스트와 수신료를 납부하는 시청자 간의 계약서와 같은 성격을 가지며, 서비스의 목적과 방송 시간, 이용 플랫폼(전송로), 예산, 그리고 이러한 서비스 목적을 달성하기 위한 임무와 산출량, 공공적 목적의 촉진 방법 및 서비스 실적의 평가 방법이 자세하게 규정되어 있다. 또한 BBC 트러스트에는 시청자 의견을 충분히 수렴한 뒤에 서비스 면허를 확정하도록 의무화되었다. 이에 1년 이상의 작업을 거쳐 2008년 4월에 대부분 서비스 면허가 발행되었다. 2010년 현재 TV에 11개 면허, 전국 방송을 하는 라디오에 10개 면허 등 모두 28개의 면허가 발행되었다.

### (2) 공공적 가치 심사

공공적 가치 심사는 특허장 기간 중에 일어날 수 있는 기술적·문화적 변화와 미디어에 대한 시청자의 이용 행태 변화에 대응해 집행이사회가 새로운 서비스 계획과 현행 서비스의 대폭적인 변경을 제안하는 경우에 실시된다. 공공적 가치 심사는 BBC 트러스트 사무국이 실시하는 '공공적 가치 평가'와 방송·통신 분야를 규제·감독하는 오프컴이 실시하는 '시장 영향 평가'의 두 가지 방법으로 구성된다. 그 결과에 따라 BBC 트러스트가 수신료를 납부하는 시청자의 이익에 합치하는지 여부를 최종적으로 결정하는 시스템이다.

협정서는 공공적 가치 평가에서 일반적인 요소로 수신료 납부자의 제안에서 찾아낸 개인적 가치, 이들 제안이 창조할 것으로 예상되는 사회 전체의 가치(시민적 가치), 수신료의 비용 대 효과 측정을 통한 자금에 걸맞은 가치 등 세 가지를 기술하고 있다. BBC 트러스트는 이러한 공공적 가치를 평가하는 측정 방법으로 고품질, 도달률, 영향력, 비용 대 효과 등 네 가지를 설정하고, 서비스를 이용하는 소비자와 시민이라는 두 가지 성격을 가진 수신료 납부자가 산출물(output)을 어떻게 받아들이는가를 나타내는 성과(outcome)를 평가하는 방법을 고안했다. 구체적으로 만족도와 신뢰도 등의 조사, 서비스로 받은 감명과 서비스 이용 이후에 적극적인 사회 참여와 같은 활동이 나타났는지 등 방송을 뛰어넘는 영향 조사 등 다양한 조사 방법을 유연하게 조합해 운영한다. 한편 오프컴이 실시한 시장 영향 평가는 BBC의 기존 서비스를 변경하거나 새로운 서비스를 제공할 경우, 특정 사항이 시민에게 혁신과 개발을 억제하거나 이용자에게 선택의 폭을 줄일 우려가 있는지 등과 같은 부정적 영향, 새로운 시장의 개척과 육성 등 긍정적 경제 효과를 검토하는 것이다.

2007년 1월 새로운 특허장 발표 이후 BBC 트러스트는 이미 복수의 공공적 가치 심사를 실시했다. 인터넷을 통해 가정의 PC로 방송 후 7일간 TV와 라디오 프로그램을 이용할 수 있는 다시 보기(catch-up) 서비스인 iPlayer, HDTV 서비스, 게일어 TV 서비스인 BBC 알바는 이러한 심사를 거쳐 실현된 서비스이다.


## 5. 수신료 제도

BBC의 주요 재원은 수신료 수입이다. 수신료의 기원은 1922년에 방송을 시작한 영국방송회사 시대로 거슬러 올라간다. 영국방송회사는 굴리엘모 마르코니(Guglielmo Marconi) 등의 라디오 제조업자로 구성된 컨소시엄이 설립한 회사다. 라디오 방송을 시작한 동기는 라디오 수신기 판매에 있었다고 한다. 정부는 라디오 수신기 소유자에게 무선전신의 실험 면허, 방송을 수신하는 면허, 영국방송회사가 제조한 라디오를 사용할 수 있는 로

열티(허가료) 등의 세 가지 면허 취득을 부과했으며, 그 면허료의 일부를 방송 서비스 운영에 충당했다. 그러나 라디오 수신 관련 면허가 신속하게 발행되지 않아 로열티를 지불하지 않고 개인이 제조한 라디오를 사용하는 사례가 끊이지 않는 등 방송 시작 당초부터 BBC는 재원 문제를 안고 있었다. 영국 정부는 이미 1923년에 프레더릭 사이크스(Frederick Sykes)를 위원장으로 하는 방송조사위원회를 설치해 영국방송회사의 라디오 방송을 수신하기 위해 필요한 세 가지 면허를 간소화하는 등 방송 재원과 조직의 위상을 검토할 것을 자문했다. 그 결과 '일반방송 수신 면허'로 통합되었고, 면허료는 10실링(50펜스 상당)으로 결정되었으며, 그 절반인 5실링을 영국방송회사의 방송 서비스 운영비에 충당하기로 했다. 이것이 현재 수신료의 기초가 되었다.

라디오에서 TV 방송으로 이행하는 과정에서 수신료는 1971년부터 TV 수신료로 일원화되었다. 현재는 2003년 방송통신법에서 TV 수신기 사용에는 텔레비전 면허를 얻는 것이 필요하다며 면허를 부여받은 자에게 수신료의 납부 의무가 생긴다고 규정하고 있다. 수신료의 법적 근거는 2003년 방송통신법과 관련 법규이며, 그 수입을 BBC의 주요 재원으로 충당한다는 것은 협정서를 근거로 한다. 협정서는 수신료 수입의 사용에 대해 TV, 라디오, 온라인의 서비스 면허가 발행된 '국내 공공 서비스(UK Public Service)'와 이러한 서비스 제공에 따른 시청각 장애자를 위한 보조 서비스 등에 한정하는 한편, 국내 공공 서비스의 수신에 광고방송이나 PPV(pay per view) 등 추가 요금 납부 부과를 금지하고 있다. 이와 같이 수신료는 국가자원인 전파의 사용에 관한 허가제에 의거한 것이며, 수신료 수입 사용 방법에 대한 판단은 정부가 결정한다는 제도적 틀을 가지고 있다.

이러한 수신료 제도를 유지하는 것에 대해서는 의견이 다양하다. 유지해야 한다는 입장에는 BBC의 예산과 결산이 의회의 심의 대상이 아니기 때문에 BBC가 정쟁의 도구가 되지 않고 정치적 독립성을 유지하기 위한 핵심이라는 주장, 빈부나 연령의 차이와 상관없이 모든 사람이 납부한다는 수신료 성격 때문에 BBC는 보편적 서비스를 제공해야 하는 의무가 발생한다는 주장이 있다. 또한 방송을 공공재로 간주하고, 공공재가 가진 '비경합성'(이용자가 늘어도 추가 비용이 따르지 않는 것)과 '비배제성'(누구나 이용할 수 있는 것)이라는 두 가지 특징이 디지털 시대에도 유효하다는 주장이 나오고 있다. 그러나 정부가 실시한 일반 의견 모집과 여론조사, 그룹 인터뷰 등에서는 반드시 시청자인 국민 모두가 수신료 제도를 긍정적으로 보는 것은 아니라는 사실이 드러났다. BBC의 재원 조달 방법에 관한 설문에서 단독 재원으로 수신료를 지지하는 사람은 29%인 데 반해, 광고방송에는 20%, 스폰서십에는 19%, 유료방송에는 9%가 찬성한 것으로 나타났다. 그렇지만 광고방송에 대해서는 편집상의 상업적 압력, 유료방송에 대해서는 납부 능력이 없는 사람을 배제한다는 우려 등 수신료 이외의 조달 방법에 대한 장단점을 지적하는 의견도 있었다. 이러한 의견을 종합적으로 판단한 결과, 수신료 제도는 BBC를 존속시키기 위해 가장 결점이 적은 '차선책'으로 유지되고 있다.


## 6. BBC의 의식 개혁과 구조 개편

이와 같이 미디어와 시청자가 다양화되고 복잡해지는 가운데, 수신료를 통한 재원 조달 보장은 BBC의 효율적인 운영과 온라인 서비스 등 새로운 미디어에 대한 대응, 고품질 콘텐츠 생산은 말할 것도 없이 조직 운영에서

의식 개혁과 구조 개편이라는 거대한 변화를 불러일으켰다. 이는 수신료로 성립되는 BBC의 위상과 기구를 사회적 자본으로 인식하고, BBC의 인적·물적 자원을 사회 전체 속에서 사회집단인 시청자 및 경쟁 사업자와 공유하며, 이를 통해 생기는 공공적 가치를 창조해간다는 이념적 전환이라고 할 수 있다. 핵심어로는 '파트너십 창출'과 '지역·지방으로의 자원 배분'을 들 수 있으며, BBC는 이를 긴밀하게 조합해가면서 외부와 새로운 관계성을 구축하기 위한 시험에 나서고 있다.

BBC의 마크 톰슨(Mark Thompson) 사장은 "BBC는 역사적으로 목표 달성을 위해 자체 자원의 대부분을 이용해 혼자 여행하는 길을 선택해왔다. …… 그러나 최근 급격한 변화 속에서 BBC는 외부 조직과 목표를 공유하면서 관계를 공식적으로 인정하고, 협동과 네트워크 구축을 통해 혼자서 추진하는 것보다 훨씬 강한 영향력을 미칠 가능성이 있다는 사실을 알게 되었다"라며, BBC가 외부 조직과 적극적인 파트너십을 구축할 것이라고 표명했다(BBC, 2004). BBC는 전국 각지의 비영리단체, 기업, 행정기관과 연계하여 방송을 뛰어넘는 부가가치를 생산할 것이라고 했다. 또한 지금까지 방송을 통해 수행해온 자선 모금 활동과 교향악단 지원, 자원봉사 단체 활동을 확대하기 위해 다른 방송 사업자와 협력하면서 비영리 커뮤니티 채널에 콘텐츠를 제공하거나 방송업계 전체의 디지털 기술 표준을 마련하는 등 파트너십도 강조했다(BBC, 2008a).

한편 BBC는 런던방송센터에서 추진해온 중앙집권적 프로그램 제작 기능을 전국의 지역 거점국으로 분산하는 정책도 추진하고 있다(BBC, 2008b). BBC는 런던 이외에 스코틀랜드의 글래스고에 건설한 미디어센터, 북아일랜드의 벨파스트, 웨일스의 카디프, 잉글랜드 북서부의 제2방송센터, 브리스틀 등의 지역 거점을 거느리고 있다. 이러한 지역 거점에서 2016년까지

BBC 프로그램의 50%를 제작한다는 목표를 내세웠고, 자금과 인적 자원의 지역 투자에도 착수했다. 런던에 있는 어린이 프로그램 제작부, 학교 프로그램 제작부, 미래 미디어·기술국, 스포츠국, 라디오 5 라이브국을 제2방송센터로 옮기는 대규모 이전 계획을 가지고 있으며, 이 외에 인기 드라마 〈캐주얼티(Casualty)〉와 소비자 프로그램 〈크라임워치(Crimewatch)〉 제작을 웨일스에서, 스튜디오 토론 프로그램 〈퀘스천 타임(Question Time)〉을 스코틀랜드에서 제작하는 등 장수 프로그램의 이전 계획을 내세우며 사업을 추진하고 있다. 이 같은 이전 계획에는 몇 가지 목적이 있다. 무엇보다 '전국, 지역·지방, 공동체를 반영한다'는 공공적 목적을 수행하는 것이다. 또한 지역 이전을 통해 지역경제를 활성화시키고 지역에 있는 독립 프로덕션의 제작 능력을 흡수하는 산업적 공헌도 들어 있다. 나아가 TV 이탈이 늘고 있는 젊은 층이 방송에 참여할 수 있는 기회를 전국 각지로 확대하는 것도 중요한 목적 중 하나로 생각된다.


## 7. 공공 서비스로 방송 재구축

영국에서 지상파방송은 '공공 서비스로 제공된다'는 이념을 바탕으로 수신료를 재원으로 하는 BBC뿐만 아니라, 광고방송으로 재원을 마련하는 상업 TV도 공공 서비스 방송으로 인정되며, 상호 보완과 경쟁을 통해 고품질 방송과 다양성을 확보할 수 있다고 생각하고 있다. 그러나 미디어 경쟁과 시청자의 변화는 공공 서비스 방송의 한 축을 담당하는 상업방송의 영향력을 저하시켜 영국의 독자적인 공공 서비스 방송 모델이 무너지는 상황을 낳고 있다. 이러한 상황에서 BBC 기업 통치 시스템의 현대화와 함께, BBC

의 사업 운영을 감독하는 서비스 면허 발행과 공공적 가치 심사 도입 등 시청자와 경쟁 사업자에 대한 설명책임을 제도적으로 도입해 공공 서비스 방송의 핵심으로 BBC의 존속을 추진하고 있다. 이러한 BBC의 제도 개혁은 유럽과 일본의 공영방송 제도에도 영향을 미치고 있다. 특히 EU위원회는 EU 가맹국 정부에 수신료와 같은 공적 자금을 재원으로 하는 공영방송의 활동이 시장 경쟁을 왜곡하지 않도록 필요한 수단을 강구하도록 지시했으며, BBC의 공공적 가치 심사가 모형이 될 수 있다고 지적했다. 한편 제도의 근본 개혁과 병행해 BBC도 수신료 독점에서 공유로 좀 더 큰 가치를 창출하려는 생각에 따라 조직구조를 개편하고 있다.

BBC 설립 당시부터 방송은 공공 서비스라는 원리를 확립했는데, 이는 BBC 초대 사장이었던 존 리스의 철학이라는 사실은 널리 알려져 있다. 리스는 공영방송의 조건으로 재원 보장과 독점적 공급을 들었으며, 전국 방송을 통한 사회적 통합 기능을 수행하고, 정보와 교육, 오락의 균형 잡힌 방송을 실시하며, 방송을 제공하는 자는 강한 도덕의식에 의거한 계몽주의에 서서 국민을 이끌 의무가 있다고 생각했다. 이러한 생각의 핵심은 공영방송의 위상이 시대에 맞게 해석되고 재정의된다는 것이다. 이러한 변천 속에서 현재 BBC의 모습을 살펴보면, 독점에서 공생으로, 중앙의 일원적 제작 시스템에서 지방의 다원적 제작 시스템으로, 계몽주의에서 시민참여 민주주의로 대전환이 일어나고 있다고 할 수 있다. 특히 영국 정부가 BBC 제도 개혁의 중심에 시청자를 설정하려는 태도는 여론조사, 질적 조사, 일반 의견 모집 등 현행 제도를 형성하기 위해 실시한 작업에서 잘 드러난다. 그리고 시청자의 의견과 평가를 수용해 시청자가 BBC 사업 운영의 방향성에 관여할 수 있는 새로운 설명책임 시스템을 구축한 것은 중요한 전환이라고 할 수 있다. 이러한 작업에서 방송이 인간다운 삶을 살기 위해 필수 불가결한 공공 서비스여야 한다는 신념과 시민이 향유할 수 있는 공공 서비스에 대해 시민적 권리 행사로서 참여를 제도적으로 보장하는 새로운 공영방송 시스템을 발견할 수 있다. 지금까지 살펴본 바와 같이, BBC 설립 이후 '특허장과 협정서로 운영된다'는 제도적 틀은 계승하고 있지만, 시대와 시청자의 변화, 그리고 사회적 요청에 민감하게 반응하고, 대담한 쇄신을 통해 BBC는 세계 최대·최첨단의 공영방송이 될 수 있었던 것이 아닐까 생각한다.

## 참고문헌

BARB. 2008. Changing Viewing Share. http://www.barb.co.uk.

BBC. 2004. *Building public value through partnerships.*

_____. 2008a. *Public service partnership Helping sustain UK PSB.*

_____. 2008b. *Beyond the M25: A BBC for all of the UK.*

Briggs, A. 1961. *The History of Broadcasting in the United Kingdom Volume1 The Birth of Broadcasting 1896~1927.* London: Oxford University Press.

DCMS(Department for Culture, Media and Sport). 2004. *Review of the BBC's Royal Charter What you said about the BBC.*

_____. 2005. *Review of the BBC's Royal Charter A strong BBC, independent of government.*

_____. 2006a. *A public service for all: the BBC in the digital age,* Cm 6753.

_____. 2006b. *Broadcasting Copy of Royal Charter for the continuance of the British Broadcasting Corporation,* Cm 6925.

_____. 2006c. *Broadcasting An Agreement Between Her Majesty's Secretary of State for Culture, Media and Sport and the British Broadcasting Corporation,* Cm 6872.

Lord Simon of Wythenshawe. 1953. *The BBC from within.* London: Victor Gollancz Ltd.

Ofcom. 2003. *review of public service broadcasting Phase 1- is television special?*

NHK. 2007. 「公共放送に関する意識」 国際比較調査. http://www.nhk.or.jp/bunken.

2장

# BBC의 설립과 이념

오쿠라 유노스케

## 1. BBC의 이념

BBC는 특허장(Royal Charter)에 의해 설립되었다. 특허장은 국왕이나 여왕의 권위를 바탕으로 특별한 법인이나 단체 또는 조직을 설립하기 위한 면허장이다. 일단 교부되면, 파산하지 않는 한, 유효기간 중에 그 내용이 변경되지 않는다. BBC 특허장은 일반적으로 10년마다 갱신되며, 2007년에 발행된 현행 특허장은 2016년까지 유효하다.

BBC의 위상은 특허장에 대부분 기술되어 있다. 그러나 문자로 나타나지 않은 이면에는 창립 이후 80년 넘게 축적된 공영방송의 전통이 감춰져 있다. 따라서 BBC의 이념을 논의하기 위해서는 그 역사를 되돌아보지 않으면 안 된다.

## 2. 라디오 방송의 등장

### 1) 무선전신의 발전

무선전신은 1896년 이탈리아의 굴리엘모 마르코니가 무선전신기를 발명한 이후에 급속하게 발전했다. 그 뒤 10년이 채 지나지 않은 1905년에는 극동에 출현한 러시아 발틱 함대를 발견한 일본 해군의 위장 순양함 시나노마루(信濃丸)가 '적함 발견!'이라는 신호를 연합함대 사령부에 타전한 바 있다. 이후 1912년 4월에는 타이타닉호가 처음으로 SOS 조난신호를 전송했다.

이러한 새로운 기술은 때로 전쟁을 계기로 발달하는데, 생각지도 않은 혜택을 무선전신도 받게 되었다. 1914년 제1차 세계대전이 발발하자, 독일은 도버 해협의 해저 전선을 절단했다. 이 때문에 유선전화를 사용할 수 없게 된 영국과 유럽 대륙은 무선에 의존하게 되었다.

채플린의 걸작 무성영화 〈어깨 총(Shoulder Arms)〉에서 보듯이, 프랑스와 독일 사이의 주요 전선은 양쪽 진영 모두 수십 킬로미터에 이르는 참호전이었다. 발밑에는 물이 몇 개월이나 가득했다. 머리가 보이기만 하면 총격을 받기 때문에 전령을 보내는 것도 위험한 일이었다. 이에 작전본부는 전선의 참호부대에 무선으로 지령을 내리게 되었다. 그러나 긴급하게 명령을 보냈을 때 무선이 도달하지 않으면 작전이 실패할 수도 있었다. 이에 회선이 연결되어 있는지 확인하기 위해 모스 신호가 아닌 음성 콜사인이나 레코드음악을 내보냈다. 이 덕분에 병사들은 지루함을 달래기 위해 번갈아가며 이어폰으로 음악을 들었다고 한다.

## 2) 미국에서 시작된 상업방송

제1차 세계대전이 끝난 대륙에서는 승자와 패자 모두 폐허를 복구하기에 여념이 없었지만, 미국에서는 여력이 남아 새로운 산업을 모색했다. 마침 레코드가 한창 보급되고 있었다. 또한 군의 무선 사용 제한이 해제되면서 무선기기 제조업자와 레코드 회사가 제휴해 사업으로 방송을 계획했다.

공식적으로는 1920년 11월 2일 펜실베이니아 주 피츠버그에서 웨스팅하우스(Westinghouse)가 워런 하딩(Warren Harding) 대통령의 당선을 보도한 것이 처음이었다. 그러나 사실은 이보다 훨씬 앞서 마니아 사이에서 소규모 방송이 시작되었다.

미국에서 방송은 수신기와 레코드의 매출로 채산이 맞을 것으로 생각되었지만, 당시 레코드는 녹음 길이가 3분 정도였기 때문에, 클래식 음악을 한 곡 방송하기 위해서는 몇 번이나 음반을 바꾸어 걸어야 했다. 음반을 바꾸어 거는 시간을 이용해 광고를 넣어 상당한 이익을 올릴 수 있었다. 나아가 미국 각지의 방송국을 연결하는 방법으로 효율적인 상업방송 네트워크를 완성했으며, 복수의 사업자 사이에서 경쟁도 벌어지게 되었다.

## 3. BBC 설립

### 1) 영국방송회사 창립과 경영 방침

영국 정부는 미국에서 방송사가 우후죽순으로 난립하는 것을 보고 뭔가 대책을 강구해야 한다고 생각했다. 즉, "방치하면 대량생산으로 값싼 미국의 수신기가 영국에 들어올 것이다. 또한 국토가 좁은 영국에서 복수의 사업체가 경쟁한다면 경영이 어려워져 필연적으로 방송 내용이 저하될 것이다. 따라서 체신부 주도하에 면허 사업으로 보호하는 것이 바람직하다"라며 체신부 간부와 하원 의원 사이에 의견이 일치했다.

마르코니 무선통신회사를 비롯한 영국의 무선기기 제조업자는 이런 제안을 수용해 1922년 3월 자본금 10만 파운드로 영국방송회사(British Broadcasting Company)를 설립하기로 합의했다. 그러나 자본 구성과 임원 선임 등에서 혼란이 일어나 사업 시작은 연말로 미루어졌다. 정부는 경영 안정을 위해 수신료 징수를 인정했다.

영국에서 방송은 아주 새로운 사업이었기 때문에 그 분야의 전문가를 경영 책임자로 채용해야 했다. 1922년 10월 총지배인, 프로그램 편성부장, 주임기사, 사무직원 등 모두 4명을 모집하는 구인 광고가 신문에 게재되었다. "지원자는 모두 제1급 자격 보유자에 한정한다"라고 했지만, '제1급 자격'이 무엇인지에 대해서는 구인하는 쪽에서도 설명하지 못했을 것이다.

모집 직종마다 몇 명이 지원했는지는 알 수 없지만, 결과적으로 상당히 우수한 인재가 확보되었다. 특히 최고 책임자가 된 존 리스(John Reith)는 BBC의 골격을 만드는 데 없어서는 안 되는 인물이었다. 리스는 채용이 확정된 날 일기에 "위대한 하나님의 능력에 감사한다"라고 적었지만, 그가 취임한 것 자체가 '위대한 하나님의 능력'이라고 해야 할 것이다. 물론 BBC는 아직 바람 불면 날아갈 것 같은 미숙한 기업이었으며, 대표로 내정된 리스는 겨우 33세의 젊은이였다.

곧 'BBC'라는 약칭으로 불리게 된 영국방송회사는 발족에 앞서 체신부 장관과 영국신문연맹 간의 각서를 체결해 독자적으로 뉴스 취재나 스포츠 중계는 하지 않기로 결정했다. 더구나 짧은 저녁 뉴스를 방송하는 데에는 신문사와 통신사에 정보 제공료를 지불할 의무마저 부과되었다.

수신료를 징수하는 특권을 부여받았기 때문에 광고방송은 금지되었지만, 수신 계약을 체결하지 않은 사람이 많아 예상한 만큼 수입을 확보하지는 못했다. 이는 리스가 말한 '방송은 공공 서비스'라는 주장에 따른 것이며, 오락 프로그램을 최소한으로 줄이고 교양 프로그램을 고집한 영향일지도 모른다. 리스는 재원을 마련하기 위해 방송하는 음악의 레코드 판매회사명을 자세하게 소개하는 방법으로 부차 수입을 챙겼다.

영국신문연맹은 정치가와 유착해 BBC를 억누르고 있었다. 그러나 방송의 인기가 조금씩 높아지는 것을 보면서 머지않아 강력한 경쟁 상대가 되지 않을까 걱정하기 시작했다. 다른 한편으로는 BBC가 광고 수입을 빼앗아가지는 않을까 우려하고 있었다. 이에 BBC가 수신료를 가지고 방송을 독점적으로 운영하는 것은 바람직하지 않다며 복수의 방송사를 도입해야한다고 주장했다. 야당인 노동당도 이에 동조했다.

## 2) 조직 개편

BBC가 사업을 시작한 지 반년 만에 사이크스 위원회는 BBC의 존속 문제를 검토했다. 존 리스는 당시 체신부 장관인 아서 네빌 체임벌린(Arthur Neville Chamberlain, 훗날 총리에 취임)에게 요청해 이 위원회 위원으로 참여했고, 보고서 작성에서 중심 역할을 했다. 심사 과정에서는 BBC에 대한 체신부의 감독 권한이 어디까지 미치는지도 논의되었다. 그러나 정부는 야당의 비판을 우려해 "BBC는 독자적으로 판단해 행동할 수 있다"는 설명으로끝냈다. 이 위원회는 ① 통신기기 제조회사의 공동 출자회사라는 BBC의 위상을 변경할 것, ② 방송 영역을 영국 전체로 확대할 것, ③ 지역국을 중앙의 관할에 두어 효율적으로 운영할 것, ④ 저속한 프로그램을 배제할 것, 즉 공공의 이익에 봉사하는 조직을 만들 것 등을 제언했다. 이 부분은 리스가 특히 강하게 주장했다. 아울러 보고서는 리스에 대한 신뢰를 표명했다.

이런 제언을 구체화하기 위해 1925년 제2차 방송조사위원회가 발족했다. 리스는 크로퍼드 위원회에는 위원으로 참가하지 못했다. 그러나 리스는 적극적으로 의견을 진술했으며, 하나의 민간회사가 방송 사업을 독점하는 것은 바람직하지 않다는 논의를 역으로 이용했다. 결국 위원회는 BBC를 공공사업체로 전환해야 한다고 권고했다. 명칭은 이미 정착된 BBC라는 약칭을 그대로 사용할 수 있도록 '영국방송협회(British Broadcasting Corporation)'로 결정되었다.

이 같은 획기적인 제안이 아무런 반대 없이 승인된 이유는 무엇일까? 다소 권위적이며 독선적일지 모르지만, 공평하고 품위 있는 리스의 프로그램 편성 방침이 국민 전반에 받아들여져 청취자가 자진해서 우체국에 나가 수신료를 납부하는 제도가 정착되었다는 점을 들 수 있지 않을까 생각한다.

### 3) '뉴스, 교육, 문화적 창조' 내세워

크로퍼드 위원회 보고서가 발표되기 직전인 1926년 5월 3일 영국노동조합회의(TUC: Trades Union Congress)가 전무후무한 총파업에 돌입했다. 전기, 가스, 수도는 파업이 금지되었지만, 그 외에 철도와 버스 등 공공 교통기관을 비롯해 거의 대부분 서비스가 정지되었다. 영국 국민은 파업이 시작되었는지 여부를 비롯해 진행 상황을 알고 싶었지만, 신문도 발행이 중단되어 정보를 얻을 수가 없었다. 앞서 이야기했듯이 BBC는 신문연맹이 지정한 것 외에는 뉴스로 방송할 수가 없었다. 그러나 리스의 결단으로 총파업 돌입 직후에 이를 '알림'으로 보도했다. 신문도 멈춘 상태였기 때문에 신문연맹도 반대할 수 없었다. 그뿐만 아니라 방치할 경우, BBC는 공보기관으로 정부에 접수될 수도 있었다. 총파업이 9일 만에 종료되었을 때 BBC는 이미 뉴스 미디어의 지위를 확립한 상태였다.

BBC의 공익법인화를 가로막는 또 다른 문제가 있었다. 새로운 법인에 일반 회사법을 적용하는 것은 피한다고 해도 특별한 제정법에 의거할 경우에는 정권 교체에 따라 법률이 개정되거나, 집권 세력이 직접적으로 간섭할 수도 있다. 행정 당국도 이를 감안해 국왕의 특허장으로 설립된 특수 공익법인으로 하는 방안이 굳어졌다. 특허장이라 하더라도 내각의 조언을 바탕으로 교부되지만, 보통법이나 그 부속 법령과 같은 자세한 것까지 규정하는 규칙은 없다. 이를 통해 새로운 BBC는 일단 10년간 존속을 보장받았다. 리스도 이에 만족했다. 1927년 1월 1일 영국방송협회로 전환될 때 리스는 초대 사장에 취임했다. 그는 '뉴스, 교육, 문화적 창조', 즉 교양 프로그램을 주(主)로 하고, 오락 프로그램을 종(從)으로 하는 방침을 확립했다. 리스는 경영위원회와 충돌하면서도 BBC가 세계 최초의 텔레비전 정규방송을 시작한 직후인 1938년 10월까지 거의 독재자처럼 군림했다. 좋든 싫든 이는 오늘날에 이르기까지 BBC의 방송 이념에 중추로 자리 잡았다.


## 4. 특허장

### 1) 현행 특허장의 특색

현행 BBC 특허장은 2006년 10월에 교부된 것이며, 2007년 1월 1일부터

2016년 12월 31일까지 유효하다. 조직상으로는 창립 이후 경영위원회를 폐지하고, 새롭게 BBC 트러스트를 설치했다. BBC 트러스트는 영국의 4개 지역, 즉 잉글랜드, 스코틀랜드, 웨일스, 북아일랜드에 설치된 시청자평의회에 대해 직접 책임을 지게 되었다.[1]

현재 이들 지역 간에 혼혈이 상당히 진행되었으며, 일상적으로는 잉글랜드 언어인 영어가 사용되고 있다. 하지만 원래는 잉글랜드가 앵글로·색슨인 데 비해, 다른 세 곳은 켈트(Celt)이며 언어도 게일어(Gaelic)를 쓴다. 웨일스는 잉글랜드에 정복당해 일원화가 진행되었기 때문에 법·제도가 잉글랜드와 같지만, 스코틀랜드나 북아일랜드에서는 독자적으로 국경일과 학제를 정하고 있다.

특히 독립 정신이 강한 곳은 스코틀랜드이다. 스코틀랜드 의회는 외교와 국방 이외의 모든 분야(통화 발행, 과세, 학제 등)를 결정할 수 있으며, 경우에 따라서는 영국에서 분리 독립도 가능하다(그렇다고 이러한 권리를 전면적으로 행사하는 것은 아니다). 외국인이 에든버러나 글래스고를 방문할 때 조금만 주의를 기울이면 엘리자베스 여왕의 표기가 'ER'인 것을 알아차리게 된다. 런던을 비롯한 잉글랜드에서는 'ER II', 즉 '엘리자베스 여왕 2세'이다.

---

1  일본에서는 영국을 '이기리스(イギリス)'라고 부른다. 일본에서는 19세기 중엽에 네덜란드어 'Engelsch' 또는 포르투갈어 'Ingles'에서 발음을 빌려와 '에게레스'라고 했는데, 이것이 '이기리스'가 되었다고 한다. 이는 모두 잉글랜드를 뜻한다. 그러나 일본과 협상을 한 것은 당시 대영제국(Great British Empire)이라고 불린 나라였다. 잉글랜드는 대영제국의 핵심이기는 하지만, 일부 지역에 지나지 않았다. 이와 같은 오해는 지금도 일본에서 계속되고 있다. 많은 번역서에서 'England'를 '이기리스'라고 옮기고 있다. 이에 상응하는 국가명은 'The Kingdom of Great Britain and Northern Ireland'이다. 그런데 여기에도 혼동은 남아 있다. 영국은 GB와 NI의 두 왕국이 연합한 것이 아니다. GB는 하나의 왕국도, 행정구역도 아니다. 지리적 구분인 '그레이트브리튼 섬'을 말하며, 여기에는 잉글랜드, 웨일스, 스코틀랜드의 3개 왕국이 있다.

하지만 첫 엘리자베스 여왕 시대인 16세기에 스코틀랜드는 독립국이었기 때문에, 스코틀랜드에서 현재 엘리자베스 여왕은 1세가 된다.

이런 지역적 독립성이 강조되기 때문에, 정부 이외의 공공기관이 영국 전역을 일률적으로 서비스 대상 지역으로 묶는 것은 어렵다. 어쩌면 BBC가 유일한 예외일지도 모른다. 일본에서 일반방송 사업자(민간방송)를 설립하기 위해서는 '현역방송(県域放送)'이라는 면허를 받아야 한다. 그러나 전파는 행정구역을 경계로 묶을 수 있는 것이 아니기 때문에 종종 모순도 생긴다. 영국인은 상식을 중요하게 생각하기 때문에, BBC는 당연한 일이지만 연방의 국경을 뛰어넘게 된다.

케이블 TV와 위성방송의 보급으로 방송의 서비스가 다양해지면서 대처(Margaret Thatcher) 정권 시대에는 거대 조직인 BBC를 분할하고, TV 부문에 스크램블(scramble)을 도입해 유료방송으로 전환하는 방안이 논의되기도 했다. 이번 특허장에서는 종래대로 수신료 제도를 인정받았을 뿐만 아니라, 광고 수입을 얻을 수 있는 국제방송의 확대도 승인을 얻었다.

특허장에는 BBC가 수행해야 할 공공적 목적으로 다음과 같은 여섯 가지를 제시했다.

① 시민의식 및 시민사회 유지
② 교육 및 학습 촉진
③ 창조성 및 문화적 특성의 고양
④ 영국, 국민, 지방, 공동체 실현
⑤ 영국과 세계의 상호 관계 촉진
⑥ 새로운 통신기술과 서비스 혜택을 공중에게 제공, 디지털 전환에서 주도
  적인 역할 수행

이와 동시에 BBC는 적어도 고품질, 창조성, 혁신성 등에서 적극성과 실행 능력을 가졌다는 것을 제시해야 한다. 또한 중요한 생활 분야에서 공공적 가치를 창출하고 있다는 것을 공적으로 드러내야 한다. 이것은 아마도 BBC가 수행해야 할 공공적 이념의 구체화가 아닐까 생각한다.

## 2) BBC와 IBA의 차이

특허장과 관련 법(Television Act)의 차이는 BBC(TV)와 ITV를 비교하면 분명해진다. 이를 위해서는 우선 ITV에 대해 간단히 설명할 필요가 있다.

ITV는 BBC(TV)의 독점체제에 경쟁을 도입, 국민의 다양한 취향에 부응해야 한다며 1955년에 설립되었다. 그러나 BBC의 수신료 제도에 영향을 주지 않도록 광고 수입으로 운영되도록 했다. 이 상업방송 네트워크를 일본에서는 '민간방송(민방)'이라고 부르고 있지만, 그 상부 조직인 독립방송위원회(IBA: Independent Broadcasting Authority)는 방송 프로그램 편성권과 방송 설비를 보유한 공영방송 사업체이다. IBA는 프로그램 제작 부문을 소유하지 않기 때문에, 프랜차이즈 계약회사가 IBA의 방침대로 프로그램을 공급하지 않으면 프로그램 편성에 차질이 발생한다.

IBA는 영국 전역을 몇 개의 프랜차이즈로 분할한 뒤(현재는 18개 구역), 광고 수입으로 로컬 프로그램을 제작하는 사업자와 계약한다. 그중 런던 등 대도시를 기반으로 하는 사업자는 전국 대상의 소구력이 강한 프로그램을 제공하며, 외국에도 수출하고 있다. 그러나 지방의 시청자에게 서비스가 도달하지 않거나, 현저하게 영업 활동이 좋지 않거나, IBA의 프로그램 편성 방침을 위반했을 경우, IBA는 계약을 해지하고 새로운 사업자로 교체할 수 있다. 이 점에서 일본의 민방과는 결정적으로 다르다. 즉, 일본 민방은 프로그램 편성과 광고 활동의 자유를 가지고 있으며, 송신 부문도 자체적으로 부담하고, 프로그램 제작회사에 대한 절대적인 권한을 보유하고 있으며, 형식적인 면허 갱신 절차를 거치면 반영구적으로 사업을 계속할 수 있다.

그렇다면 BBC와 ITV는 실제 방송에서 어느 정도 차이가 날까? BBC는 오래전부터 중립적이고 가장 공정한 방송사로 알려졌다. 이에 국제적인 분쟁이 발생할 경우, 사람들은 BBC의 국제방송을 보려 한다. 그렇지만 이 때문에 영국에서는 종종 정부와 대립하기도 한다. 유명한 사건으로는 포클랜드 전쟁이 일어났을 때 대처 총리가 "BBC는 지나치게 아르헨티나 편을 들고 있다. BBC는 영국 국민의 수신료를 재원으로 한다는 것을 인식해야 한다"라고 비판한 적이 있다. 그렇지만 BBC 경영진은 동요하지 않았다. "우리에게는 특허장이 있다"는 것이었다.

좀 더 이해하기 쉬운 사례도 있다. 예전에 ITV 계열의 제작사가 국방 문제와 관련된 다큐멘터리를 제작한 적이 있다. 당시 국방부 관계자는 "군사 기밀과 관련된다"라며 질문에 일절 답하지 않았다. 방송 직전에 정부는 "의견이 대립하는 문제에 대해서는 쌍방의 주장을 공평하게 다루지 않으면 안 된다"라는 방송법의 공평 원칙(일본의 방송법에도 있음)을 위반했다는 이유로 방송 금지 명령을 내렸다. ITV에서는 "취재 노력을 했지만 거부당했다. 이런 일이 판친다면, 앞으로 불리하다고 생각되면 취재에 불응하는 방법으로 책임을 모면하려 할 것이다"라고 항의했지만, 받아들여지지 않았다. 그런데 BBC가 ITV 프로그램의 소재를 사들여 방송했다. BBC는 "국민은 무엇이 쟁점인지 관심을 가지고 있다. 거기에는 물론 반론이 결여되어 있기는 하지만, BBC의 경우 공평 원칙은 하나의 짧은 프로그램에서 충족되지 않더라도 일정 기간 내에 실현한다면 충분하다고 생각한다"라는 설명을 발표했다. 정부는 이를 중지시킬 수가 없었다. 이것이 BBC의 이념을 사수하는 특허장의 위력이다.

## 3) BBC의 미래

일본에서 TV 수신기를 설치한 사람은 NHK와 수신 계약을 체결할 의무가 있으며, 이에 의거해 수신료를 납부해야 하지만, 벌칙이 있는 것은 아니다. NHK는 "수신료는 프로그램의 대가가 아니라 공영방송을 유지하기 위한 국민의 부담금"이라며 벌칙을 요구하지 않았다. 그러나 재정적으로 어려움이 생길 것으로 예상되자, 수신료 미납자를 그냥 내버려두는 것은 불공평하다는 쪽으로 기울어 현재는 방송법에 벌칙 도입을 희망하고 있다.

BBC는 설립 당시부터 수신기를 설치한 사람이 자발적으로 등록한 뒤, 우체국에서 수신료를 납부하지 않으면 벌칙이 적용된다. 그러나 BBC가 설립된 지 90년이 지난 오늘날, 영국 국민은 마음만 먹으면 유럽 각국의 채널 외에 100채널 이상을 볼 수 있다. 당연히 BBC의 비중은 낮아지고 있다. 또한 BBC는 오보와 불상사에 휘말리고 있다. 벌칙이 있다고 해도 "보지 않으니 낼 수 없다"라고 주장하는 시청자가 서서히 증가하고 있다.

전파는 경계를 뛰어넘는다. 2017년 이후에도 BBC의 이념이 유지될 수 있을지는 예측할 수 없다. 21세기는 매스커뮤니케이션 수난 시대가 될 것이다. 다양한 의견과 취향에 맞추기 위해서는 미니(mini) 커뮤니케이션이 낫지 않을까. 세계 각지에서 거대 신문은 무료신문에 잠식당하고 있다. 발행 부수도 감소하고 있으며, ≪뉴욕 타임스(The New York Times)≫의 본사 빌딩 매각이 상징하듯이 경제적 어려움에 직면해 있다. 일본에서는 시대착오적인 재판(再販) 제도 덕분에 전국지가 아직은 ≪뉴욕 타임스≫만큼 궁지에 몰리지는 않았다. 그러나 학생이나 젊은 회사원은 신문을 거의 구독하지 않기 때문에 머지않아 일본도 미국이나 유럽과 같은 과정을 겪게 될 것으로 보인다. 신문을 읽지 않게 만든 TV조차도 최근 조사에서는 20대 젊은층의 20%가 일주일에 한 번도 보지 않는 것으로 나타났다. 그 대신 정보는 인터넷과 휴대전화에 의존하고 있다.

20세기 후반에 영화를 누렸던 영상 미디어 업계는 이미 100채널이 넘는 위성방송 이외에, 일본에서는 지상파방송의 디지털 전환으로 생기는 잔여 주파수대에도 새로운 채널 사업자가 참여하고 있다. 경쟁은 옥석을 가리는 수단이다. 그러나 제한된 시장을 놓고 벌이는 과잉 경쟁은 질적 저하를 초래해 결국 시청자에게 외면을 당할 것이다.

## 참고문헌

Briggs, A. 1961. *The History of Broadcasting in the United Kingdom*. Oxford: Oxford University Press.

DCMS(Department for Culture, Media and Sport). 2006. *BROADCASTING, Copy of Royal Charter for the continuance of the British Broadcasting Corporation Presented to Parliament by Command of Her Majesty*.

大藏雄之助. 1983. 『こちらロンドンBBC』. サイマル出版会.

3장

# BBC의 편집 가이드라인

사쿠라이 다케시

## 1. 지배구조와 법령 준수

영국의 거대 미디어 BBC를 지배하는 가치는 도대체 무엇일까? 좋은 프로그램을 통해 공공 서비스에 주력하는 것이 전부다. 그러나 확대경을 들이대고 조직을 보면, 경쟁 원리와 미디어 다양화에 제도의 노쇠 현상이 겹쳐 '관리 강화'로 치닫는 모습이 여기저기서 엿보인다. 이는 대부분 규정과 매뉴얼의 형태로서 경영 지침(가이드라인)이라는 이름으로 반영되고 있는 것은 아닐까 생각한다.

여기 3장에서는 1장의 연장선에서 우선 제도적 측면에서 들여다본 광의의 BBC 가이드라인(경영)을 둘러싼 움직임을 개관한다. 이어서 'BBC 편집 가이드라인'(프로그램, 뉴스 편집 기준)의 내용과 운영 시스템에 대해 살펴본다. 그리고 오늘날 BBC가 놓여 있는 상황을 소재로 이들 가이드라인이 시사하는 바를 생각해보도록 한다.

## 1) 1996년 특허장 갱신에서 2006년 특허장으로

2006년 7월 19일 BBC는 안도의 한숨을 쉬었다. 1996년에 갱신한 특허장이 2006년 12월 31일로 만료를 앞두고 있었는데, 멀티미디어 시대의 치열한 경쟁 상황과 정부와의 대립 등으로 BBC 의도대로 특허장 갱신이 이루어질지 예단할 수 없는 상황이었기 때문이다. 2006년 7월 특허장 갱신을 통해 BBC는 2016년 12월 31일까지 향후 10년간 존립을 보장받았다. 이와 함께 관례적으로 BBC는 영국 정부의 주무 부처인 문화·미디어·스포츠부 장관을 상대로 경영과 프로그램상의 의무와 역할을 규정한 '협정서'를 체결했다.

BBC의 존립은 일본의 방송법이나 전파법과 같은 입법 조치를 바탕으로 한 것이 아니다. 이것은 BBC 나름의 이유에 기인한다. 유사 기관으로 로열 아카데미(Royal Academy)와 중앙은행인 잉글랜드 은행 등이 있다. BBC 연구자 미노하(簑葉, 2002: 20)에 따르면, 특허장은 넓은 의미에서 BBC의 목적과 권한, 임무 등을 요구할 뿐, 금지나 제한 사항이 거의 없으며, BBC가 적절하다고 생각하는 광범한 활동에 종사하는 것을 허용하는 수권(권리를 부여하는) 문서로서의 성격을 가진다. 널리 알려진 사실이지만, 이 특허장 덕분에 BBC는 정권 교체에 따른 영향을 거의 받지 않으며 독립성을 확보하고 있다. 최근에는 특정 정당의 집권 기간이 장기화되고 있기 때문에, 정치와 사회의 움직임, 세계적 움직임, 기술혁신 등의 요인과 함께 정권의 영향과 의도를 BBC도 무시할 수 없게 되었다. 다른 한편으로 영국 정부는 특허장 갱신에 즈음해 BBC가 국민에게 사랑을 받고, 공영방송의 원칙 속에 존재하며, 디지털 시대의 다채널 환경에서도 중심적 역할을 수행하도록 기대하고 있다(中村, 2006: 4). 그러나 필자가 보기에는 변화하는 디지털 시대에 새로운 특허장이 내세운 선택은 BBC에 대한 '지배구조(governance)'와 '법령 준수(compliance)'라는 '관리 강화'의 길이 아닌가 생각한다.

## 2) 특허장 갱신 절차

원래 특허장은 이른바 BBC의 '정관'을 결정한 것이기 때문에, '협정서'와 함께 그 내용을 상술할 경우 BBC의 조직체와 관리 체제를 좀 더 명확하게 서술해야 하지만, 지면상의 한계가 있어 중요한 것만을 논의한다. 우선 특허장과 협정서는 기본적으로 가이드라인이라 할 수 있다. NHK에서 오랫동안 BBC를 조사해온 나카무라(中村, 2005: 36~45)에 따르면, 2005년 3월 녹서(Green Paper)를 통해 확인된 특허장 갱신 의도는 다음의 네 가지이다. 즉, ① 10년간 특허장 부여, ② 수신료 유지, ③ BBC 서비스 규모와 범위의 현상 유지, ④ BBC 규제·감독 시스템의 개혁이다. 이는 당연히 여기서 다루고자 하는 관심사이다.

영국 정부는 2006년 3월에 『모두를 위한 공공 서비스를: 디지털 시대의 BBC(A public service for all: the BBC in the digital age)』라는 제목의 백서(White Paper)를 발표했다. 백서에서는 녹서에서 제시한 네 가지 개정 이유를 지지했다(中村, 2006: 2~15). 특히 네 번째 'BBC 규제·감독 시스템의 개혁'의 경우, BBC가 공공의 이익을 대표한다는 점, 서비스를 제공하는 집행 책임을 명확하게 분리하기 위해 경영위원회를 폐지하고 신설되는 BBC 트러스트와 집행이사회를 통한 지배구조를 재구축하는 대대적인 조직 개편이 포함되었다. 경영위원회가 있고, 그 밑에 이사회가 자리한 기존 지배구조는 1927년 특허장 이후 오랫동안 계속된 BBC의 전통이었다.

아무튼 경영위원회는 장식에 불과해 실질적으로 이사회의 장인 사장이 실권을 장악해왔다는 것이 일반적이다. 그런데 BBC에 재직한 바 있는 필자는 1987년 1월에 마머듀크 허시(Marmaduke Hussey) 경영위원장이 터줏대감인 앨러스데어 밀른(Alasdair Milne) 사장을 일련의 보도 프로그램 사건에 대한 책임을 묻는 형태로 해고하는 사태를 보았다. 이와 같은 강권 발동은 장기 집권을 하고 있던 대처 보수당 정권하에서 다음 특허장 갱신을 앞둔 상황, 즉 정권과 더는 대립을 원하지 않는다는 의도와 BBC의 보도를 싫어해 민영화 정책으로 치닫는 대처 총리와의 거래였다고도 할 수 있다. 허시 위원장은 밀른 사장 밑에서 부사장을 맡고 있던 경리 부문 출신의 마이클 체클랜드(Michael Checkland)를 사장에, 그리고 부사장에는 상업방송 LWT(London Weekend Television) 보도국장으로 유명한 존 버트(John Birt)를 앉혔다. 그해 3월의 일이었다.

당시 집행부가 강력하게 추진한 것은 책무성(accountability, 공개·설명책임)으로 요약할 수 있다. 버트 부사장은 BBC 내부에 업무조정팀을 설치해 TV, 라디오, 국제방송 부문으로 분리되어 있던 뉴스 부문을 통합했다. 또 BBC의 관리·책임 체제를 국민에게 설명하기 위한 문서를 작성하고, 시청자 불만에 대응하기 위한 처리 기관을 만들며, 불편부당과 프로그램 품위 등 준수해야 할 기준을 수정하는 등 관료 조직으로 불리는 BBC에 책무성이라는 이름의 메스를 들이대며 합리화를 추진했다. BBC는 『스스로 확인을(See for yourself)』이라는 소책자를 발행해 시청자에게 개혁 방향을 설명했다. 필자를 포함해 당시 BBC 국제방송에 근무하는 외국인 직원도 자체 책무성을 이행하고 있는지 질문을 받은 적이 있다. 또한 버트 부사장의 위상에도 주목할 필요가 있다. 버트 부사장은 1993년 1월 사장에 취임했다.

그는 프로듀서에게 프로그램 조달 시 경쟁 원리를 요구한 '프로듀서 선택제(Producer Choice)'를 도입했다. 영국 정부도 1993년 말에 『BBC의 미래(The Future of the BBC)』라는 백서를 발간했다. 이를 통해 수신료 제도의 계승 보증과 상업 활동 확대를 인정한 1996년 특허장이 나올 수 있었다. 이러한 BBC의 전통적인 체제에 과감하게 손을 댄 개혁을 '버트 혁명'이라고 부른다.[1]

1997년 총선을 거쳐 노동당의 블레어 정권이 탄생했다. 그리고 이듬해 BBC에서 디지털 방송이 시작되었다. 이러한 가운데 2000년 버트 사장이 퇴임했고, 그 자리에 LWT 출신의 그레그 다이크가 사장에 앉았다. 노동당 정권은 BBC에 2000년부터 2006년까지 수신료 인상률을 물가 상승률보다 1.5% 높게 유지하는 것을 인정했고, 버트 개혁을 계승한 다이크 사장이 이끄는 BBC는 순풍의 돛단배처럼 보였다. 그러나 2003년에 발생한 이라크 전쟁 관련 보도를 계기로 개빈 데이비스 경영위원장이 2004년 1월 28일 사임을 표명했고, 다음 날 다이크 사장을 해고하는 사태가 발생했다. 이것이 영국의 미디어 업계를 뒤흔든 '길리건·켈리 사건(Gilligan-Kelly Affair)'이다. 저널리즘의 근간인 정보원 확인, 취재원 비닉이라는 원칙은 2006년 특허장 준비 기간에 중요한 문제로 대두했으며, 그 뒤에 발효된 특허장과 협정서는 BBC에 '지배구조'와 '법령 준수'를 강하게 요구하게 되었다.

## 3) 길리건·켈리 사건

일본의 방송은 지진, 태풍 등 미증유의 재해를 계기로 보도에 무엇이 필

---

1  자세한 것은 坂本(1995) 참조.

요한지를 검증하며 발전했다. 일본에 라디오 방송이 도입된 것은 1923년 도쿄 지역에서 발생한 대지진(関東大震災) 때문이었다. 대지진으로 활자 미디어가 심각한 피해를 입어 유언비어의 유포를 막지 못했다는 교훈에서 라디오 방송이 도입되었다는 것은 잘 알려진 사실이다. 한편 BBC의 경우, 정권 교체와 사회 상황, 국제 문제의 동요로 발생하는 파동 속에서 공영방송의 깃발을 내걸고, 편집권 독립을 어떻게 확보할 것인가 하는 조직 방어의 역사 속에서 성장해왔다.

예를 들면, BBC 설립 이후 처음으로 맞은 위기라고 할 수 있는 1926년 총파업 관련 보도, 정부가 BBC를 접수하기 일보 직전까지 갔던 1956년 수에즈 위기, 1970년 〈어제의 사람들(Yesterday's Men)〉 소동에서는 프로그램 불만 처리 기관을 설치하는 방향으로 정책이 전환되었다. 1982년 포클랜드 전쟁에서는 BBC의 보도 태도가 대처 총리의 분노를 샀다. BBC가 영국 군대를 '우리 군'이라고 부르지 않고 '영국군'으로 불렀기 때문이다. 또한 대처 시대에 반복된 북아일랜드 문제를 다룬 다큐멘터리와 인터뷰 프로그램의 "방영은 적군에게 선전을 위한 공기를 제공하는 행위"라며 노골적으로 정부가 개입했다(1988년 10월에는 협정서와 방송법에 의거해 북아일랜드 문제를 다룬 프로그램의 방송 금지 명령을 발동했다). 당시 BBC의 〈비밀 사회(Secret Society)〉라는 다큐멘터리 시리즈 가운데 영국의 첩보 위성에 관한 비밀 계획을 다룬 프로그램을 제작한 BBC 글래스고 본부가 런던 경시청 특별반(Special Unit)으로부터 수사를 받았으며, 프로그램 소재를 압수당하는 사건도 있었다. 당시 BBC에 근무했던 필자는 특수 경찰에 대한 설명을 들은 뒤, 일본에 속보로 알린 기억이 지금도 선명하다.

1990년대 버트 사장 재임 시 BBC는 보도의 자율 규제라는 방어 체제를 도입해야만 했다. 이는 몇 년 뒤로 다가온 특허장 갱신을 염두에 둔 포석임에 분명했다. 가능한 한 '중립'을 유지하기 위해 안간힘을 썼으며, 그때까지 BBC 저널리즘의 긍지로 여겼던 정권 여당을 집요하게 추궁하는 논조는 경영 부문으로부터도 압력을 받게 되었다.

이후 블레어 노동당 정권 시대에 이라크 관련 보도에서 BBC의 뼈대를 뒤흔드는 충격적인 사건이 일어났다. 이는 '길리건·켈리 사건'으로 알려져 있다. 여기에서는 그 전말을 간단하게 요약한 뒤, 쟁점이 된 저널리스트의 준수 사항에 관한 논의를 소개한다. 사건의 발단은 BBC 라디오의 군사 문제 전문기자 앤드루 길리건(Andrew Gilligan)이 2003년 5월 29일 아침 라디오 뉴스 프로그램 〈투데이(Today)〉에서 언급한 첫 번째 꼭지 도입 부분이었다.[2]

길리건 기자는 사회자와 주고받는 가운데, 책임 있는 위치에 있던 정보 기관의 고위 관료를 익명으로 인용, 영국을 이라크 전쟁에 참전하도록 이끈 보고서를 작성하는 과정에서 총리실은 사실이 아니라는 것을 알면서도 이라크가 45분 이내에 대량살상무기를 실전 배치할 수 있다는 정보를 발표하기 일주일 전에 집어넣었다고 폭로했다. 이는 보고서를 '매력적으로 부풀리기(be sexed up)' 위한 것이었다고 밝혔다(外岡, 2003: 27; 中村, 2003). 나아가 길리건 기자는 6월 1일 자 ≪메일 온 선데이(The Mail on Sunday)≫에 총리실에서 정보를 과장한 것은 앨러스테어 캠벨(Alastair Campbell) 공보수석이라고 지목했다. 이에 대해 캠벨은 BBC에 불만을 표시했으며, 1개월 뒤에는 '거짓말쟁이'라고 비난하기 시작했다. 얼마 뒤 익명의 정보원으로 알려진 국방부 고문 데이비드 켈리(David Kelly) 박사가 자살에 이르면

---

2  아침 시간대 라디오 보도 프로그램인 〈투데이〉는 1957년부터 시작된 장수 프로그램으로, 1983년 TV에서 〈브렉퍼스트쇼(Breakfast Show)〉가 시작되기 전까지는 영국에서 아침 시간대의 대표적인 보도 프로그램이었으며, 대처 총리도 자주 들었다고 한다.

서 근래 보기 드문 '대규모 보도 스캔들'로 발전했다. 마크 톰슨 BBC 사장은 2005년판 '편집 가이드라인' 서문에서 "BBC에서 최대의 편집(보도) 위기"라고 말했다.

블레어의 지시로 설립된 허턴(Hutton) 조사위원회는 BBC의 편집 관리 체제를 강하게 비판하는 한편, 이라크 관련 정보를 검증한 버틀러(Butler) 위원회는 정보의 범위와 깊이가 충분하지 않은 것으로 입증되었다는 보고서를 발표했다. 허턴 위원회의 조사 이후에 BBC는 대응을 서둘렀다. 즉, 문제가 되는 익명 정보를 다루거나 논란을 부를 만한 주제를 보도할 때는, 특히 첫 회 방송에서는 사전에 원고를 작성한 뒤 확인을 받을 것, 그리고 BBC의 저널리스트는 이런 문제를 외부 신문이나 잡지에 기고하지 말 것, 나아가 외부의 불만 처리와 법령 준수에 관한 명확한 책임 체제를 확립할 것, 편집 가이드라인 개정 등의 개혁안을 발표했으며, 이를 실행하고 있다. 2004년 6월에는 흔히 '닐 보고서(Neil Report)'로 불리는 「허턴 조사 이후 BBC의 저널리즘(The BBC's Journalism After Hutton)」이라는 제목의 내부 검증 보고서를 발표했다. 당시 BBC는 2006년 말로 기한이 만료되는 특허장 갱신 작업을 마치기 위해 '감독, 규제, 기본법'이라는 항목을 제기하며 어떻게 감독을 받아야 할지를 국민에게 물었다. 나카무라(中村, 2005: 7)는 이러한 근본적인 과제가 과거의 특허장 갱신 논의에서는 예를 찾아볼 수 없다고 지적한다.

일찍이 간판 보도 프로그램 〈파노라마(Panorama)〉, 포클랜드 전쟁, 걸프전 보도 비판 등 BBC의 뼈대를 뒤흔든 당시 정부와의 대립. 독립과 언론의 자유 확보, 그리고 저널리즘의 위상과 윤리가 도마 위에 오른 길리건·켈리 사건. 되돌아보면 BBC의 존립을 보장해야 할 특허장 갱신 과정에는 항상 먹구름이 드리워져 있었다. 그러한 가운데 공영방송을 지키기 위해 BBC가 선택한 것은 '지배구조'와 '법령 준수'의 강화, 나아가 철저한 '책무성' 이행을 영국 국민에게 제시하는 것이었다. 그 대표적인 것이 'BBC 편집 가이드라인'이다.


## 2. BBC 편집 가이드라인

BBC에서 편집 방침 담당 국장을 지낸 스티븐 위틀(Stephen Whittle)은 길리건 사건이 한창일 때에 의회 의원에게 보낸 서한에서 편집 가이드라인은 "BBC의 편집 가치에 관한 고시"라고 정의했다. 편집 가이드라인을 직역하면 '편집 기준'이 되는데, 이를 간단하게 정의해버리면 그것이 제시하는 의미를 좁힐 우려가 있다. 원래는 무엇을 만들고 정리할 것인가 이외에 관리나 책임을 진다(책임자를 포함)는 의미도 있다. 정의에 비춰보면, 보도기관과 편집·제작기관, 프로그램 조달기관으로서 BBC의 '업무 수행 및 판단상의 기준을 널리 표명한 것'이라고 할 수 있다. 여기에서는 스프링 제본의 서류 형식으로 된 가이드라인과 BBC 홈페이지에서 열람할 수 있는 관련 기사를 참고하면서 그 특색을 살펴본다.

### 1) '프로듀서 가이드라인'에서 '편집 가이드라인'으로

BBC 홈페이지에서 '편집 가이드라인' 페이지를 열람한 경험이 있다면, 우선 그 막대한 메뉴 리스트에 놀랄 것이다. 최신 가이드라인은 2005년 톰슨 사장의 서문을 집어넣은 18장으로 구성되어 있다. 전문을 열람할 수 있으며, 다운로드도 가능하다. 가이드라인은 알파벳 항목을 통한 자세한 안

내와 이에 따른 색인 작업도 가능하다. 나아가 이 페이지는 일반 시청자(영국 국민)에게 공개되어 있을 뿐만 아니라, 외부 제작사(이에 대해서는 별도 조달 대상 페이지와 가이드라인 해설이 자세하게 나와 있음), 내부 기자와 프로듀서 대상의 포털사이트도 있다. 또한 영국에서 방송·통신을 규제하고 감독하는 오프컴의 방송 기준과 불만 처리 페이지도 링크되어 있다. 즉, BBC 홈페이지에서는 길리건·켈리 사건의 뼈아픈 교훈인 불만 처리를 활용하지 못했다는 반성에서 영국 국민을 대상으로 불만 처리 기능을 적극적으로 안내하고 있다. 시청자는 가이드라인을 참고하면서 '불만' 또는 '연락' 버튼을 누르면 구체적인 절차를 자세하게 볼 수 있다. 또한 외부 제작사에게는 '커미셔닝(commissioning)' 페이지에 필요한 편집 기준을 올려놓았으며, 신뢰 관계를 양성하기 위한 연수 프로그램도 소개되어 있다. 내부 프로듀서와 기자에 대해서는 취재원 비닉과 이를 유지하기 위한 법적 절차에 대한 조언을 받도록 권하고 있다(직원이 아니면 접근할 수 없는 페이지도 있음). 아무튼 일본의 방송기관과 비교하면, 서점에서 책으로 구입할 수 있는 등 공개적이며 그 양도 적지 않다는 것을 말해두고 싶다.

제1판은 입수할 수 없어서 확인할 수 없지만, 존 버트가 부사장이었던 때에 추진하기 시작한 외부 조달 추진과 연관된 것으로 생각된다.[3] 현재도 '프로듀서 가이드라인(Producers' Guidelines)'으로 알려진 이 문서는 1993년 버트 사장이 취임한 해에 제2판이 발행되었다. 그 뒤 1996년에 제3판이 공개되었으며, 2000년 다이크 사장의 취임과 함께 제4판이 발행되었다. 가이드라인 제4판이 한창 적용되던 때에 길리건·켈리 사건이 일어났다. 이후

---

3  이보다 전에 있던 가이드라인으로는 1980년에 초판이 나온 소책자 『BBC 뉴스 시사 문제 인덱스(BBC's News and Current Affairs Index)』가 있다.

2005년판은 빨간색 표지에 '편집 가이드라인: BBC의 가치와 기준(Editorial Guidelines: The BBC's Values and Standards)'으로 이름을 바꾸고, 앞에서 밝힌 홈페이지에도 올려놓았다. 보편적 저널리즘의 가치 기준과 시대에 따른 중요성에 조금씩 나타나는 차이가 사장의 서문에 나와 있으며, 페이지 구성에도 변화가 있는 등 흥미롭다.

1993년 제2판과 비교해 1996년 버트 사장 시대의 가이드라인은 구성이 크게 변했다. 1993년판은 '1. 프로그램과 공정한 보도'에서 시작해 '46. 참고와 협의'까지 270쪽에 걸쳐 나열되어 있다. 버트 사장은 제1판을 대대적으로 수정했다고 했으며, 가이드라인은 어디까지나 준거 틀이라고 말했다. 1996년판에서는 "BBC는 프로그램 제작에 필요한 최고의 편집 및 윤리 기준을 마련한다. 이 가이드라인은 가장 어려운 편집상의 문제에 대한 대응 방법을 명시한 것이며, 시청자의 요청에 부응해야 하는 모든 프로그램 제작자를 자세하게 안내하는 것"이라고 밝히고 있다. 그 배경에는 버트 사장이 추진한 '프로듀서 선택제'가 광범한 가이드라인을 필요로 했다는 의미가 있지 않을까 생각한다. 그리고 1993년판의 마지막 항목인 '참고와 협의'가 맨 앞으로 나와 문제가 있을 경우 상사나 편집 방침 부서와 상담하도록 제시하고 있다. 다음으로 'BBC의 가치와 기준', '프로그램 취재상의 문제점', '정치', '법무', '프로그램과 상업적 문제', '책무성' 등 큰 항목들 밑에 개별 항목으로 나뉘어 기술되는 형식이다.

다이크 사장 시대의 가이드라인은 새로운 상황에 대응하도록 수정되었다. 이는 디지털화, 글로벌화, 온라인화 등이다. 우선 'BBC의 편집 가치에 관한 성명'이 서문에 들어 있고, '목차', '협의와 참조', '가치, 기준, 원칙', '프로그램 제작상의 문제', '프로그램 제작 재원과 외부 관계', '정치', '법무', '책무성' 등으로 구성된다. '가치, 기준, 원칙' 속에는 국제방송과 뉴미디어 등의 항목이 들어 있다. 다이크 사장은 서문에서 이들 가이드라인은 프로그램 제작자에게 직면할 수도 있는 어려운 딜레마를 해결하기 위한 방법을 제시하는 실용적인 문서라고 말한다. 또한 위험을 제거하는 것은 BBC에게 창조를 위한 프로세스에서 필수 요소이며, 이를 계속하지 않으면 안 된다고 강조했다. 가이드라인은 이런 위험을 제거하는 데 현명한 판단을 도와줄 것이라고 했다. 그러나 필자에게는 방대하고 복잡해지는 업무와 막대한 양의 가이드라인 간의 괴리가 일상적으로 BBC 내에서 발생하고 있다는 증거로 보인다.

## 2) 프로듀서 가이드라인과 길리건·켈리 사건

독자에게는 조금 추상적으로 들릴지 모르기 때문에, 길리건·켈리 사건의 당사자인 앤드루 길리건 기자의 사례를 통해 이 가이드라인에 비춰 무엇이 문제가 되었는가를 설명하는 것으로 구체적인 내용을 안내한다. 길리건 기자의 취재원은 켈리 박사 1명이었으며, 그것도 비닉으로 처리해야 했다. 정보원 비닉의 경우, 그것이 공공의 이익에 합치하는 등 정당한 이유가 있어야 하며, 이를 시청자에게 설명할 수 있어야 한다. 나아가 정보의 신뢰성은 직접 관여하는 편집 책임자를 통해 평가를 받을 필요가 있었다(中村, 2004a: 4~5, 2004c: 146; 外岡, 2003: 27~28; Dyke, 2006).

길리건 기자가 준거해야 하는 가이드라인은 1996년판이다. 우선 취재원이 1명이었다는 것은 '가치, 기준, 원칙' 가운데 제3장 '불편부당과 정확성', 제2절 '정확성'의 제2항 '정확성 달성'에 해당한다. 이에 따르면, "하나의 정보원에 의존하지 않는 것이 좋다"라고 명시되어 있고, 이 외에 사실관계 확인이 반복적으로 기술되어 있다. 길리건 사건이 취재원을 켈리 박사 1명에 의존했지만, 그것은 금지 사항이 아니다. 또 〈투데이〉의 편집 책임자도 보도된 내용을 자신이 보유한 다양한 취재원을 이용해 확인 작업을 거쳤다.

'취재원 비닉 = 익명'은 제3장 '공정성과 공정한 보도'의 제8항 '익명'에서 모든 취재원을 밝힐 의무는 없지만, 많은 경우 취재를 받는 자나 시청자는 명시를 기대한다. 그러나 실제로 어떻게 할지는 어려운 문제이다. 어떤 입장을 가진 사람인지 모른다면, 익명은 프로그램의 권위를 손상시킨다. 익명이 인정될 수 있는 경우로는 취재원의 신변 안전, 명예훼손 회피, 법적 이유 등 세 가지를 들 수 있다. 익명 처리는 편집 방침 담당 국장과 협의해야 한다고 하면서도 연출을 통해 시청자가 알지 못하도록 해서는 안 된다고 규정하고 있다. BBC는 정보의 신뢰성을 높이기 위해 켈리 박사의 신원을 밝히지 않으면 안 되는 딜레마에 빠졌지만, 결국 익명 처리를 선택했다.

정보의 신뢰성 평가, 특히 편집 책임자가 그 신원과 관련해 알 권리를 행사할지 여부는 '프로그램 제작상의 문제' 부분의 제17장 '비닉과 프로그램 소재의 제공' 제1항 '비닉'과 관련된다. 이 항목에는 기자가 취재원 비닉을 유지해야 할 원칙이 정리되어 있다. 비닉이 불가능한 경우에는 BBC든 기자 개인이든 가볍게 약속해서는 안 된다고 전제한 뒤, 비닉을 유지할 수 없을 경우 BBC의 보도에 손상을 주게 된다고 했다. 또한 밝혀서는 안 되는 이름은 메모나 PC에 남겨서도, 제작팀 동료와 불필요하게 공유해서도 안 되며, 전화번호나 주소도 BBC에 알리지 말아야 한다고 규정하고 있다. 이 점에서 길리건 기자가 범한 잘못은 켈리 박사가 정보원이라는 사실을 익명으로 처리했음에도 영국 의회의 몇몇 의원에게 켈리 박사가 다른 BBC 동료 기자의 취재원이었다는 사실을 밝힌 메일을 보냈다는 것이다. 이는 가이드라인을 크게 위반한 것이다. 길리건 기자도 이를 공식적으로 사과했다.

다른 하나는 BBC의 제도적 노쇠 현상이라고 할 수 있다. 즉, BBC에는 가이드라인의 정신이 기능하지 않았다. 이는 전술한 '협의와 참조'에서도 언급했다. 문제가 있을 경우, 편집 책임자 등에게 통보하거나 협의를 통해 법적 조언을 얻거나 본래 관여해야 할 시스템에 의존해야 한다고 명시되어 있다. 그러나 유감스럽게도 길리건 사건에서는 이것이 기능하지 않았다. 예를 들면, BBC 경영위원회는 길리건 기자의 취재 과정을 검증하지 않은 채 맹목적으로 옹호했다. 길리건 기자가 취재원을 알린 것은 보도국장뿐이었으며, 다이크 사장이나 경영위원회에는 알리지 않았다. 길리건 기자는 일요판 신문에 기고한 기사에서 총리실의 캠벨 공보수석이 보고서를 윤색한 장본인이라고 썼지만, BBC의 보도에는 이러한 내용이 없었다. 캠벨 공보수석의 집요한 항의 편지에 대해 보도국장 등은 공개서한의 형태이기는 하지만 '개인적으로' 답장을 보내고 말았다. 다이크 사장은 회고록에서 "캠벨에게 급하게 답장한 것은 잘못이었다"라고 반성했다(Dyke, 2006: 323). 가이드라인의 규정대로라면 프로그램 불만 처리 과정을 통해 해결해야 했다. 이러한 과정을 거치지 않은 결과, 소설과 같은 표현일지 모르지만, 취재원을 지키지 못한 BBC에 켈리 박사는 자살로 복수했다.

### 3) 길리건·켈리 사건의 교훈은 반영되었나

2005년 톰슨 체제에서 나온 가이드라인은 2004년 6월에 발표된 내부 검증 작업인 '닐 보고서'를 수용해 개정한 것이다. 자세한 내용은 홈페이지를 참고하기 바라며, 여기서는 길리건·켈리 사건의 교훈이 어떻게 반영되었는지 살펴본다.

우선 제1장 'BBC와 편집의 가치'에서는 '진실과 정확성' 항목에서 "정확성은 속보성보다 중요하며, 사실을 매끄럽게 입수하는 것만의 문제는 아니다. 진실을 추구하기 위해서는 모든 관계에서 사실과 정보를 살펴야 한다. BBC의 뉴스와 프로그램은 확실한 정보원에 의존해야 하며, 이는 음성 증거, 특히 철두철미하게 검증된 것으로 근거를 확보하고, 나아가 명석하고 명확한 말로 방송하지 않으면 안 된다. BBC가 인식하지 않은 사항에 대해서는 정직하고 솔직해야 하며, 근거가 없는 억측은 피해야 한다"라고 규정하고 있다. 다섯 번째로 '공정성'은 "BBC 방송은 공정성, 솔직함, 그리고 공정한 거래에 의거한 것이어야 하며, 취재원은 성실하고 경의를 가지고 대우하지 않으면 안 된다"라고 밝히고 있다. 다음 항목은 '사생활'이다. 사생활을 존중하고, 명확한 이유 없이 침해해서는 안 되며, 개인의 행동과 사적인 신념, 대화 등은 명확하게 공공의 이익에 합치되는 것이 아니면 공공의 장(방송)에서 사용해서는 안 된다고 했다.

독자들은 아마도 서론에 해당하는 제1장 첫머리에서 이미 길리건 사건의 교훈이 1996년판을 부정하는 형태로 반영되어 있다고 느꼈을 것이다. 그러나 그것만이 아니다. 1996년판 가이드라인에서는 '정확성의 달성'은 불편부당과 하나로 묶여 두 번째 부분에서 네 단락에 그쳤지만, 2005년판에서는 제3장 '정확성'으로 독립하고 10쪽, 20개 항목으로 늘었다. 언뜻 보면 가이드라인이라기보다는 '매뉴얼'이 아닐까 생각될 정도이다.

즉, 제3장에서는 '취재 방법'으로 시작해 굵은 글씨로 "사건·사고를 목격한 뒤 즉시 정보를 입수할 것", 다음으로 "하나의 정보원에 의존하는 것은 되도록 피할 것"이라고 했으며, 제5항 '메모 작성'에서는 "중요한 모든 대화와 관련 정보는 현장에서 정확하고 신뢰할 만한 형태로 메모를 작성해야 한다"라고 했으며, "문서, 전자메일 등의 형태로 조사 기록을 보관해야 한다"라며 "익명의 정보원과 나눈 대화는 정확한 메모를 적고, 가능한 한 녹음하는 것이 바람직하다"라고 밝혔다. 큰 변화가 아닐 수 없다.

제8항은 방송과 인터넷에서는 통상 정보원을 명시해야 한다고 했으며, 제9항에서는 '익명의 정보원'을 다루고 있다. 2005년판에서는 다음과 같이 규정하고 있다. "때로 일반 시청자가 알아야 하는 정보가 익명의 정보원에게만 의존하고 있으며, 게다가 일반적으로 비공개로(off the record) 입수할 수밖에 없는 것도 있다. 정보원을 보호하는 것은 저널리즘의 중요한 원칙이며, 이 때문에 수감되는 기자도 있다. 익명을 약속하는 것은 이러한 각오가 있다는 것에 유의하는 것이며, 익명의 정보원과 관련된 경우에는 해당 편집자가 신원을 알 권리를 가진다. 고발성 꼭지의 경우, 익명의 취재원이 자신의 신원을 편집 책임자에게 알리는 것을 원하지 않을 때는 방송하지 않는 것이 좋다."

이상 2005년판 가이드라인을 살펴본 바와 같이, 영국에서 규제 완화로 인한 인적 자원의 유동화와 상업주의 때문에 원래 프로듀서나 기자가 길러야 할 고결함과 직업에 대한 사명감이 자유 경쟁 속에서 퇴색되어가는 현실을 엿볼 수 있다. 그들의 일거수일투족을 매뉴얼로 만들어 '법령 준수'를 외치지 않으면 안 되는 현재 BBC의 고뇌가 들어 있다고 말해야 할 것이다.


## 3. 가이드라인의 딜레마

2005년 톰슨 사장 체제에서 나온 편집 가이드라인은 길리건 사건을 수습하기 위해 내부 검증팀이 내놓은 '닐 보고서'를 상당 부분 반영했음을 알수 있다. 나아가 오늘날 BBC는 복잡하고 다양한 업무에 대응하기 위해 기자와 제작자뿐만 아니라 외부 제작자와 기고가 등에게도 '지배구조'와 '법령 준수'를 철저하게 적용하기 위해 가이드라인을 넘어 매뉴얼의 길로 치닫고 있다는 생각이 든다. 이것도 시대적 변화일까?

## 1) 소책자

필자는 BBC 일본어부에 근무하던 때에 받은 소책자를 지금도 애지중지
하고 있다. 이는 녹색 표지로 된 14쪽 분량의 A5판 소책자 『BBC 편집 기
준, 해외 서비스 제작진을 위한 안내(BBC Editorial Standards, A Guide for
Staff in the External Services)』로 1987년 9월에 발간되었다. 당시 국제방송
담당 전무이사였던 존 투사(John Tusa, 저명한 BBC 뉴스 캐스터)가 쓴 '서문'
이 얼굴 사진과 함께 게재되어 있다. 구성은 '서문', '서론', '방송과 국익',
'발언과 편집의 자유', '일관성과 공평성', '영국을 전달한다', '부록' 등으로
구성되어 있다. 이들 항목은 짧으면서도 핵심을 담은 설명으로 이루어져
있다. 이하에서는 이 글의 취지에 맞는 부분만을 소개한다. '서론'에서는
국제방송도 BBC의 주요 업무이기 때문에 영국법과 자체 정관의 지배를 받
는다고 했다. 정관이란 '특허장'이며, 정부와의 '협정서'라고 명시하고 있다.
또한 경영위원회 등이 내놓은 문서를 준수해야 한다는 내용도 들어 있다.
그리고 국제방송의 경우, 직원은 '뉴스 및 보도 프로그램의 지시'를 따를
것, 편집장은 사장 직속의 국제방송 담당 전무이사로 할 것, BBC 방송에는
"신뢰할 수 있고, 편견이 없으며, 정확하고 공평하며, 독립적인 국내외 뉴
스를 전달할 것"을 요구하고 있다. 그리고 '부록'에서는 (상사에 대한) 조회
(reference-up), 즉 직원이 업무상 의문이 드는 경우에는 상사와 협의하도록
1987년에 BBC에서 나온 문서인 '방송에서 공평과 불편부당'을 인용해 권
장하고 있다. 현재의 'BBC 편집 가이드라인'에서 모두에 '참조와 협의'가
있는 것을 생각한다면, 편집 책임자와 제1선에서 일하는 담당자 간의 커뮤

니케이션이 얼마나 어려운 일인지 짐작할 수 있다.

　나아가 필자는 현재 BBC 가이드라인이 매뉴얼로 변했다고 말했다. 도대체 근거가 있는 지적일까? 국제방송 담당 전무이사였던 존 투사는 소책자 '서문'에서 BBC의 국제방송은 그 편집 기준과 원칙에 따라 50년 이상 방송해왔으며, 전쟁 중에 시험을 받았고, 평화 시에 정당성이 증명되었다고 했다. 또한 이러한 편집 내규(house rule)는 직원의 골수까지 스며들어 실천되고 있고, 그들에게 당연한 것이 되었다면서 이러한 불문율(unwritten rule)을 신규 채용자와 외부의 관심 있는 사람들에게 공개하기로 했다고 밝혔다. 당시 기자들에게 편집 기준이나 원칙은 본능적으로 현장에서 길러야 하는 것이었다. 1975년에 BBC 보도국장이었던 데즈먼드 테일러(Desmond Taylor)는 강연에서 이렇게 말한 적이 있다. "만약 BBC의 보도국에서 시행되고 있는 편집 책임에 대해 묻는다면, 모두 수상쩍다고 생각해 꽁무니를 뺄 것이다. 이는 그들이 무책임하다는 것이 아니며, 공평무사의 저널리즘은 의회민주주의에서 BBC 저널리즘의 근간이다"(Taylor, 1975: 3).

　저널리즘에서 언론의 자유를 확보하는 것이나 정확성과 불편부당, 공평 등과 같은 개념은 보도에 종사하는 전문가에게는 사회적 책임인 동시에 이미 주어진 것으로 간주되어왔다(Schramm, 1949; McQuail, 1994). 그리고 솔로스키(Soloski, 1997: 139)가 지적하듯이, 보도기관은 이러한 전문성을 내세워 저널리즘 업계(trans-organizational)에서 기자와 편집자의 행동을 효율적이고 경제적으로 통제할 수 있었다. 그러나 얼마 지나지 않아 이것만으로는 규제할 수 없어 사업자마다 자사의 뉴스 방침(intra-organizational news policies)을 제정하게 되었다.

　이는 저널리즘 세계에만 한정된 것이 아니다. 해리스(Harris, 1992: 62)는 "영국에서는 350개에 이르는 직능단체가 독자적인 행동 강령을 가지고 있으며, 매일 증가하고 있다. 그중에서도 저널리즘 세계는 그 효시에 해당하며, 지금도 강령이 양산되고 있다"라고 빈정거리며 말했다. 또한 영국의 정치와 사회 상황도 무시할 수 없다. 이러한 측면을 미디어 학자 진 시튼은 예리하게 지적한다. 보수당의 대처 정권이 출범한 1970년대 말까지는 정권 교체가 빈번하게 일어났으며, BBC의 특허장이 가지는 의미에도 엄정함이 있었다. 그러나 1979년부터 1997년까지 보수당 장기 집권, 그리고 2010년까지 노동당 장기 집권, 특히 대처 정권하에서는 민영화를 밀어붙이는 총리의 압력으로 공영방송 BBC의 존립 자체가 처음으로 쟁점이 되었으며, BBC는 '규제 완화'로 방향을 전환했다. 그 전형이 '버트 혁명'이며, 그 핵심은 '프로듀서 선택제'로 대표되는 '선택의 확대(extending choice)'였다. 그리고 이를 통해 BBC에 '관리중심주의(managerialism)'가 뿌리내렸다(Curran and Seaton, 2003: 207~234).

BBC는 1980년대 말부터 경영 컨설턴트의 조언을 자주 받게 되었다. 결과적으로 프로그램 제작자가 아닌 '매니저'의 역할이 강조되었으며, 내부의 인사구조가 프로듀서 주도의 위계질서에서 '매니저' 중심의 권력구조로 변화했다고 한다. 필연적으로 이런 인사구조는 '매니저'를 내세우게 된다. '프로듀서 선택제'라는 '내부 시장화'는 프로듀서에게서 창의적인 업무를 빼앗은 뒤 서류 작성과 예산 관리를 강요했다. 1990년대 초에 BBC의 구인 광고는 재무와 회계 직종뿐이었다고 한다. 당연히 서류 작성 매뉴얼이나 관리기구가 급증했다.

그 후 노동당의 블레어 정권하에서 BBC는 이라크 전쟁 관련 보도를 놓고 정부와 충돌했다. 길리건·켈리 사건을 조사한 허턴 보고서는 BBC의 관리 책임을 비판하는 내용이었지만, 2006년 말로 다가온 특허장 갱신과 수신료 산정이라는 '인질' 때문에 BBC는 프로그램과 보도에 대한 세계적 평가와는 반대로 정부와 영합해 내부 단속을 강화했다. 즉, 기존 경영위원회를 폐지하는 대신 관리기관으로 BBC 트러스트가 발족했으며, '지배구조'와 '법령 준수'가 강화되었다. 이것이 형식적으로는 '편집 가이드라인'의 비대화와 복잡화로 이어지지 않았을까 생각한다.

## 2) 끊임없는 위반 사건

BBC 보도는 현재 24시간 뉴스 채널을 비롯해 TV, 라디오, 인터넷 등으로 전송 플랫폼이 다양하며, 이러한 뉴스·보도 프로그램에 종사하는 인원은 7000명에 이른다. 그리고 하나의 뉴스가 멀티유스로 이용되는 상황이다(中村, 2004c: 145). 이러한 가운데 법령 준수를 외치는 소리와는 반대로 가이드라인 위반 사건이 잇따르고 있다.

2005년에는 BBC 2에서 웨스트엔드(West End)에서 화제를 부른 뮤지컬 〈제리 스프링거(Jerry Springer)〉를 방영한 것을 둘러싸고 종교계의 항의가 있었다. 2006년 11월에는 BBC의 유명한 어린이 프로그램 〈블루 피터(Blue Peter)〉에서 실시한 유니세프(UNICEF) 기금 모금 생방송에서 전화로 퀴즈에 참가할 예정이었던 소녀가 기술적인 문제로 연결되지 않아 견학을 온 소녀를 대역으로 내세워 옆 스튜디오에서 전화를 걸도록 한 사건이 발각되었다(中村, 2007: 88). 또한 2007년에는 외부 제작회사 RDF-TV가 제작해 BBC에서 방송된 〈여왕과의 1년(A Year with the Queen)〉이라는 다큐멘터리의 예고 영상이 왕실의 허가 없이 DVD로 제작되어 관계자에게 배포된 사건이 발생했다. BBC는 2008년 2월까지 RDF와 계약을 해지했다.

BBC 사장은 2007년 7월 BBC 트러스트에 10개 항목의 개선 행동 계획을 제출했고, 재발 방지를 약속했다. 이에 따라 BBC 트러스트는 'BBC 행동

계획 독립평가위원회(Editorial Control and Compliance)'를 설립했으며, 결과적으로 부사장을 위원장으로 하는 '편집기준위원회' 설치, '편집 기준과 법령 준수 포럼' 개최, 직원과 외부 제작사 대상의 철저한 연수 등 60쪽에 이르는 자문안을 받았다.

### 3) 누구를 위한 가이드라인인가

BBC는 존립 근거를 특허장과 협정서에 두고, 그 내용에 따라 방송 서비스를 실시하고 있다. 나아가 중요한 것은 톰슨 사장의 말을 빌리면, BBC는 "영국 국민 모두가 소유하며, (재원을) 충당하고 있다"는 것이다. 이러한 신탁에 부응하기 위해서는 조직이 충분히 관리되고, 수신료에 합당한 서비스를 제공하는 것밖에 없다. '편집 가이드라인'은 이를 작동시키기 위한 원리라고 할 수 있다.

현재 BBC는 영국 사회에서 거대한 종합 정보산업 기관으로 군림하고 있으며, 그 영향력은 영국뿐만 아니라 세계에 미치고 있다. BBC의 깃발 아래서 일하는 사람들의 수가 1만 명이 넘으며, 외부 조달 프로그램 제작사와 기타 관련 회사 등을 합치면 배로 늘어난다. 영국의 고용은 원래 직무와 직급에 취임하는 것이며, 노동조합도 통상적으로 직능조합에 소속된다. 기자도 펜을 마이크로 바꿔 잡거나 마이크를 펜으로 고쳐 잡거나, 또는 두 가지를 모두 쥐고 있는 경우는 적지 않다. 길리건 기자도 원래 신문기자였다. 현재는 온라인 저널리즘의 발달로 전자 미디어 전문가도 늘고 있다. 조직이 거대화되면 거기에는 관리가 필요하며, 이를 위해 저널리즘과 관계가 거의 없는 법률가나 회계사도 대거 참여하게 된다.

격동하는 국내외 정세에 특허장과 협정서의 지령과 준수 사항을 어떻게 철저하게 이행할 것인가의 문제는 점점 어려워지고 있다. BBC라는 거대 조직을 관리하고(거버넌스), 그 막대한 관계자에게 경영 방침과 직업 수행 방침을 준수하도록 만들어(법령 준수), 그 결과를 공개하는 것(책무성)은 간단한 일이 아닐 것이다. 철저한 내부 연수도 논의 주제로 자주 오르내리고 있다. 이러한 가운데 원래 시청자, 즉 일반 시민의 권리를 지키기 위한 가이드라인이 저널리스트의 규제 강화와 프로듀서의 창의성을 빼앗는 형식 절차에 편중된다면, 이는 BBC의 본의와는 거리가 멀지 않을까?

마크 톰슨 사장은 2005년에 행한 강연에서 다음과 같이 끝을 맺었다.[4] 톰슨 사장의 말대로 이루어지길 기도할 뿐이다.

BBC는 앞으로도 과거 못지않은 빈도와 심각성을 가진 시련과 조우할 것이다. BBC 가이드라인과 그 원칙은 상세한 것까지 규정하고 있어 많은 직원에게는 귀찮은 것이다. 그러나 우리는 친절하고 민감하게, 그리고 신념을 가지고 용감하게 가이드라인에 따르지 않으면 안 된다.

---

* NHK 방송문화연구소에서 BBC를 연구한 무라이 진(村井仁), 미노하 노부히로(簑葉信弘), 나카무라 요시코(中村美子) 등에게 직간접으로 도움을 받았다. 감사드린다. 또 필자가 소속했고, BBC에 파견을 보내준 옛 NHK 국제국 영어반의 선배, 동료에게도 특별한 감사를 전한다. 덧붙여 영국 체재 중에 필자에게 미디어 연구를 강하게 권유한, BBC 기자를 거쳐 BBC 저널리즘 연구소 강사를 역임한 윌리엄 호슬리(William Horsley)에게도 감사의 뜻을 표한다.

---

4 이는 직능노조를 대상으로 한 '천사와 이메일(Angels and Emails)'이라는 강연이었으며, 2005년 3월 7일에 공개되었다(http://www.bbc.co.uk/pressoffice/speeches/stories/thompson_livery.shtml).

BBC(ed.). 1993. *Producers' Guidelines*. London: BBC.

_____. 1996. *Producers' Guidelines*. London: BBC.

_____. 2000. *Producers' Guidelines*. London: BBC.

BBC External Services(ed.). 1987. *BBC Editorial Standards*. London: BBC.

Curran, J. and J. Seaton. 2003. *Power without Responsibility: The press, broadcasting, and new media in Britain*, 6th edition. London: Routledge.

Harris, N. G. E. 1992. "Codes of conduct for journalists." in Belsey, A. and Chadwick, R.(eds.). *Ethical Issues in Journalism and the Media*. London: Routledge.

House of Commons(ed.). 1982. *The Falklands Campaign: A Digest of Debates in the House of Commons 2 April to 15 June 1982*. London: HMSO.

McQuail, D. 1994. *Mass Communication Theory, An Introduction*, 3rd edition. London: SAGE Publications.

Milne, A. 1988. *DG: The Memoirs of a British Broadcaster*. London: Hodder & Stoughton.

Schramm, W. 1949. *Mass Communications*. Urbana: University of Illinois Press, Urbana.

Soloski, J. 1997. "News Reporting and Professionalism, Some Constraints on the Reporting of the News." in Berkowitz, D.(ed.). *Social Meanings of News, A Text-Reader*. Thousand Oaks, California: SAGE Publications.

Taylor, D. 1975. *Editorial responsibilities*, BBC Lunch-time Lectures Tenth Series: 2. London: BBC.

Thatcher, M. 1993. *The Downing Street Years*. London: Harper Collins.

BBC Editorial Guidelines Home, http://www.bbc.co.uk/guidelines/editorialguidelines/.

Office of Communication Home, http://www.ofcom.org.uk.

柏木友紀. 2005. 「公共放送と政治の圧力, 戦争報道にみるNHKとBBCの相違点」. ≪朝日総研リポート≫, No.179, 朝日新聞社.

坂本勝 編著. 1995. 『BBCの挑戦』. NHK出版.

櫻井武. 1997. 「BBCワールド・サービス ― 迫られた選択~グローバリズムとパロキアリズムをめぐって」. ≪慶應義塾大学新聞研究所年報≫, No.47, 慶應義塾大学新聞研究所.

社団法人東京社 編. 2006. 「『イラク戦争』報道の軌跡, この3年, メディアは何を伝えたか」. ≪総合ジャーナリズム研究≫, No.197, 社団法人東京社.

外岡秀俊. 2003. 「メディアと政治, 報道倫理を考える ― 英BBC『情報操作疑惑』報道」. ≪新聞

研究≫, No.628, 日本新聞協会.

ダイク, グレッグ(Dyke, Greg). 2006. 『真相 ― イラク報道とBBC』. 平野次郎 譯. NHK出版.

中村美子. 2003. 「イラク戦争報道をめぐるBBCと政府の対立 ― その教訓と影響」. NHK放送文
　　化研究所 編. ≪放送研究と調査≫, 11月号, NHK出版.

_____. 2004a. 「BBC経営最高幹部辞任 ― ハットン報告書とその影響」. NHK放送文化研究所
　　編. ≪放送研究と調査≫, 3月号, NHK出版.

_____. 2004b. 「BBC新経営体制で, 特許状更改へ」. NHK放送文化研究所 編. ≪放送研究と調
　　査≫, 7月号, NHK出版.

_____. 2004c. 「ニール・リポート, BBCの報道のあり方を提言 ― ギリガン事件の教訓から」.
　　NHK放送文化研究所 編. ≪放送研究と調査≫, 8月号, NHK出版.

_____. 2005. 「政府からの独立 ― グリーンペーパーで示されたBBCの方向性」. NHK放送文化
　　研究所 編. ≪放送研究と調査≫, 8月号, NHK出版.

_____. 2006. 「公共サービス放送のガバナンスと説明責任 ― デジタル時代のBBCの未来」. NHK
　　放送文化研究所 編. ≪放送研究と調査≫, 7月号, NHK出版.

_____. 2007. 「英視聴者電話参加者番組で相次ぐ不祥事発覚」. NHK放送文化研究所 編. ≪放
　　送研究と調査≫, 6月号, NHK出版.

簑葉信弘. 2002. 『BBCイギリス放送協会 ― パブリック・サービス放送の伝統』. 東信堂.

門奈直樹. 2004. 「情報操作疑惑 ― 英ハットン報告書は何を残したか」. ≪朝日総研リポート≫,
　　No.167, 朝日新聞社.

4장

# 변모하는 EU의 방송 환경과 BBC

무라세 마후미

## 1. EU의 경쟁법과 공영방송

EU(European Union) 회원국의 공영방송은 EU의 기본 조약인 '유럽공동체설립조약'(이하 EC 조약)에서 규정한 '국가원조(state aid)'와 관련된 일련의 조항(이하 국가원조조항)이 허용하는 범위 내에서 운영되도록 요구받고 있다. BBC도 예외는 아니다. '국가원조'란 특정 기업을 다른 기업과 비교해 경제적으로 우대하는 공적 시책을 말하며[EC 조약 제87조(1)], 경쟁 저해행위 금지(제81조)와 지배적 지위 남용 금지(제82조)와 함께 EC 조약의 경쟁법 원칙 가운데 하나이다.

EU의 목적은 27개 회원국에서 단일시장(공동시장, 역내시장)을 구축한 뒤 그 속에서 공정한 경쟁(왜곡되지 않은 경쟁)을 실현하는 것에 있다(EC 조약 제1조, 제3조). EC 조약의 공정한 경쟁 실현이라는 본래 취지에서 보면, 많은 EU 회원국에서 공영방송이라는 특정 기업만을 경제적으로 우대하는 공적 재원 보장(예를 들면, 수신료 수입을 보장하거나 특별 정부 자금을 제공하는 행위 등)은 상업방송 등 미디어 기업과 공영방송 간의 공정 경쟁을 왜곡할 가능성이 있다. 특히 공영방송이 공적 재원을 이용해 새로운 서비스와 사업을 시작할 경우, 이러한 유형의 재원을 얻지 못하는 상업방송 등 다른 미디어 기업과 경쟁한다면, 공영방송과 EC 조약 국가원조조항의 관계가 쟁점으로 떠오른다.

EC 조약은 국가원조가 조약 해석상 성립하는 경우에도 전면적으로 금지하지 않으며, '공동시장과 양립하지 않는다'는 표현을 통해 EC 조약의 본래 취지에서 보면 금지가 될 수 있는 행위도 예외적으로 허용하는 입장을 취하고 있다. 또한 허용 여부의 판단(양립성 심사)은 EU 정책을 입안하고 집행하는 유럽위원회에 맡기고 있다(제88조). 유럽위원회는 개별 사안마다 심사를 하고 있으며, 양립성 심사와 관련된 회원국 정부와 공영방송은 공적 재원 보장 대책이 양립한다고 인정되는 범위 내에서 활동하기 위해서는 유럽위원회와 유럽사법재판소가 제시해온 법적 조건을 충족해야 한다.

유럽위원회는 EU 회원국 정부가 국가원조조항의 해석 지침을 제시한 '회원국의 공영방송 시스템에 관한 의정서'(1997년), EU의 정책 결정 기관인 각료이사회가 채택한 '공공 서비스 방송에 관한 결의'(1999년)에서 제시한 법적·정책적 지침, 그리고 유럽사법재판소의 판례 등을 바탕으로 판단 기준을 제시, 심사하고 있다.

BBC의 경우, 24시간 뉴스 채널인 BBC News 24(이하 News 24, 1999년 9월 29일), 지상파 디지털 TV 채널(이하 디지털 전문 채널, 2002년 5월 22일), 디지털 커리큘럼(2003년 10월 1일) 등의 서비스 시작에 맞춰 유럽위원회의 심사를 받았다(날짜는 유럽위원회가 결정한 것이며, 디지털 커리큘럼은 2006년 1월

'BBC Jam'이라는 이름으로 시작되었지만 2007년 3월에 중단되었다).

이 장에서는 EU의 방송 환경과 BBC라는 주제와 직접적으로 관계가 있는 범위 내에서 EU의 방송정책, 국가원조조항의 내용과 절차, BBC 관련 유럽위원회의 심사 등을 살펴보도록 한다.


## 2. EU의 방송정책과 경쟁법의 공영방송 적용

EU는 1989년에 '국경 없는 텔레비전 지침(Television without Frontiers Directive)'을 채택했다. 이로써 당시까지 EU와 관련이 없는 것처럼 보였던 방송 분야로 활동 범위를 넓혔다('지침'은 EU가 작성하는 법규범 중 하나이며, 회원국은 관련 규정을 자국에서 시행할 의무가 있다. 원문은 'Directive'이며, '지침', '지령', '명령' 등으로 옮긴다). '국경 없는 텔레비전 지침'의 목적은 EU 역내 공통의 법적 조건을 정하는 것이었으며, TV 광고와 청소년 보호, 유럽 제작 프로그램 편성 등을 규정하고 있다.

이 지침의 법적 근거는 EC 조약에 포함된 서비스 제공의 자유에 있다. 그러나 EC 조약에는 EU 역내의 시장 경쟁을 규율하는 경쟁 법규로 국가원조 관련 규정이 포함되어 있기 때문에, 회원국의 공영방송에 대한 공적 재원 보장 대책과 국가원조조항의 관계가 문제시된 것이다.

EC 조약이 국가원조조항을 마련한 목적은 전술한 바와 같이 특정 기업을 경제적으로 우대할 경우, 공동시장의 공정 경쟁을 왜곡하는 상황을 회피하기 위해서이다. 공영방송이 공적 재원을 이용해 새로운 사업을 추진할 경우뿐만 아니라, 수신료 수입 보장이나 정부 자금 제공 등 예전에는 국가 원조에 해당하지 않을 것으로 보였던 공적 재원 보장 대책도 EU의 역내 시장 통합이 진전되면서 국가원조에 해당할 가능성이 대두되면서 국가원조 조항의 취지에 맞도록 기존 국내 시책을 수정할 필요도 생겼다. 이는 '적절한 시책 절차'로 불린다.

유럽위원회가 공영방송에 대한 국가원조조항을 적용할 것인가를 심사한 국가는 아일랜드, 영국, 이탈리아, 오스트리아, 네덜란드, 스웨덴, 스페인, 덴마크, 독일, 프랑스, 벨기에, 포르투갈 등이다. 심사 내용에는 공영방송의 전문 채널 등 새로운 서비스 개설(독일, 영국, 프랑스), 공영방송에 대한 특별한 정부 자금 제공과 증자(프랑스, 이탈리아, 포르투갈, 네덜란드), 공영방송의 부차 수익 사업 추진(독일), 공영방송 직원의 조기 퇴직 제도와 재건 계획에 대한 정부 자금 제공(포르투갈, 스페인) 등이 있다. 또한 '적절한 시책' 대상국은 9개국에 이른다(독일, 프랑스, 이탈리아, 스페인, 포르투갈, 아일랜드, 벨기에, 오스트리아).

'EC 조약'의 국가원조조항과 관련된 방송 사업자는 공영방송에만 한정되지 않는다. 조항의 목적은 공정 경쟁을 실현하기 위한 것이며, 상업방송도 대상이 된다. 예를 들면, 지상파방송의 디지털 이행을 추진하는 영국에서 광고 수입을 재원으로 하는 채널 4에 대한 정부의 자금 제공, 독일에서 지상파방송의 디지털 전환을 위한 상업방송 사업자에 대한 지원, 이탈리아에서 지상파 디지털 방송의 디코더 배포에 대한 공적 지원 대책이 유럽위원회의 심사 대상이 되었다.


## 3. 국가원조조항과 절차

'EC 조약' 제87조(1)은 국가원조에 관한 중심 규정을 다음과 같이 정하고 있다.

> 이 '조약'에서 별도로 정하지 않는 한, 회원국에 의해, 혹은 어떠한 형태의 국
> 가자원을 통해 부여되는 원조이든 특정 기업 또는 특정 상품의 생산을 우대
> 해 경쟁을 왜곡하거나 경쟁을 왜곡시킬 우려가 있는 것은 회원국 간의 경쟁
> 에 영향을 주는 한, 공동시장과 양립하지 않는다.

'EC 조약'에서 규정한 국가원조의 성립 조건은 세 가지이다. 즉, ① 회원
국이 직접 또는 어떠한 형태로든 국가자원(state resources)을 부여하고 있
다, ② 특정 기업의 활동을 우대해 경쟁을 왜곡하거나 왜곡시킬 우려가 있
다, ③ 회원국의 통상에 영향을 준다는 것이다. 'EC 조약'은 이들 3대 조건
에 해당하는 국가원조를 전면적으로 금지하는 것이 아니라 '양립하지 않는
다'고 밝히고 있다. 다시 말하면 'EC 조약'에 의거해 국가원조를 구성한다
하더라도 공동시장과 양립할(예외적으로 인정되는 경우) 여지가 있다.

이 조약은 '양립하는 원조', '양립한다고 인정될 수 있는 원조'와 같은 규
정을 두고 있다. 전자에는 '개개의 소비자에게 주어지는 사회적 성격의 원
조' 등[제87조(2)]이 해당되고, 후자에는 '문화 및 유산의 보전 촉진' 등[제87
조(3)d]이 포함된다.

이 밖에 양립과 관련된 조항으로 'EC 조약'에는 EU 회원국 내의 운송, 전
기통신 등 공익사업('EC 조약'의 표현을 빌리면, 일반적인 경제 이익 서비스)에
적용되는 조항이 있다[제86조(2)]. 이들 기업은 'EC 조약'의 경쟁법 관련 조
항을 준수해야 하며, 경쟁법 조항의 적용은 이들 기업에 지정된 고유의 임
무를 법적으로도 현실적으로도 가로막을 수 없다고 규정하고 있다.

양립성 심사를 실시할 권한은 유럽위원회에 있으며, 최종적인 법적 판

단은 유럽사법재판소가 내린다.

유럽위원회의 심사는 관련국 정부의 보고를 바탕으로 시작하는 것이 원칙이지만, 이해관계자가 불법적인 원조 의혹이 있다고 유럽위원회에 제기할 경우, 이러한 의혹을 가진 경우에도 심사는 시작된다. 회원국은 새로운 원조를 부여할 경우에는 유럽위원회에 통고해야 하며, 위원회가 승인하기까지 실시할 수 없다.

유럽위원회의 결정 형태에는 '국가원조를 구성하지 않는다', '계획을 수정한다는 조건으로 양립성을 인정한다'(이의를 제기하지 않는다), '양립하지 않는다' 등으로 분류되며, '양립하지 않는' 불법 원조의 경우에는 이미 제공된 원조를 회수할 의무도 규정하고 있다.

이 밖에 유럽위원회에는 회원국에 '기존 원조'를 상시 심사할 수 있는 권한이 있다. '기존 원조'란 각국이 'EC 조약'의 발효보다 먼저 실시했고, 발효 후에도 계속해서 시행하고 있는 것을 말한다. 유럽위원회는 공동시장의 발전을 감안해 '기존 원조'가 양립하도록 '적절한 시책'을 회원국에 제안한다. 회원국이 받아들이지 않는 경우에는 양립성 심사로 이행한다.

다시 지적할 필요도 없이, 'EC 조약'의 국가원조조항은 공영방송을 염두에 둔 규정이 아니다. EU의 활동 범위가 확대되면서 방송도 'EC 조약'의 적용을 받게 되었으며, 'EC 조약'이 목표로 하는 공정 경쟁을 실현한다는 관점에서 공영방송이 수신료와 정부 자금 제공 등 공적 재원을 보장받으며 추진하는 사업이 문제로 부상한 것이다.

'EC 조약'의 해석에 따라서는 공영방송이 공적 재원만으로 운영되는, 또는 시장 경쟁에서는 실현될 수 없는 서비스에 특화한다(보완적 기능)는 생각도 가능하다. 이러한 해석을 채용할 경우, 유럽에서 볼 수 있는 공적 재원뿐만 아니라 광고 수입까지 챙기고 있는 공영방송의 존재, 또는 조직 원리가 다른 공영방송과 상업방송을 프로그램 측면에서 경쟁하도록 만드는 이원체제의 방송 시스템 자체에도 큰 영향을 미칠 수밖에 없다. 이러한 국가원조조항의 해석과 운용은 유럽 지역에 존재하는 방송의 본질과 깊이 관련된다.

유럽위원회가 국가원조조항을 해석하는 데 법적·정치적으로 큰 영향을 미친 것은 1997년 10월에 열린 정상급 회의인 유럽이사회가 'EC 조약'과 불가분의 관계가 있다며 채택한 '회원국에서 공영방송 시스템에 관한 의정서(Protocol on the system of public broadcasting in the Member States, 이하 의정서)'와 1999년 1월에 채택한 '공영방송에 관한 장관급 이사회 결의(Resolution of the Council and of the Representatives of the Governments of the Member States, meeting within the Council of 25 January 1999 concerning public service broadcasting)'이다.

의정서는 다음과 같이 공영방송의 존재 의의, 각국 정부의 공영방송에 대한 권한, 유럽위원회의 조약 적용 관련 책임 등을 확인했다는 점에서 중요하다.

① 'EC 조약' 체결국은 공영방송이 각국의 민주적·사회적·문화적 필요, 미디어 다원성의 유지 필요성과 직접적으로 관련되어 있다고 생각한다.
② EU 각국은 공공 서비스를 위탁하고 정의하고 조직하며, 공영방송기관에 사명 달성을 위한 재원을 부여할 수 있다.
③ 이러한 재원은 공통의 이익에 반해 공동체 내의 통상과 경쟁에 영향을 주어서는 안 된다. 이를 감시하는 권한은 유럽위원회에 있다.

나아가 장관급 이사회는 1999년 1월 '공영방송에 관한 장관급 이사회 결의'에서 공영방송은 기술적 진보의 혜택을 계속해서 누려야 한다, 일반 공중은 차별 없고 평등한 접근을 보장받지 않으면 안 된다, 공영방송은 고품질의 프로그램과 서비스를 디지털 시대에도 유지하고 고양하지 않으면 안 된다, 공영방송이 다양한 프로그램을 제공하고 폭넓은 시청자를 확보하는 것은 정당하다고 밝혔다. 공영방송과 상업방송의 이원체제를 유지할 수 있고 기술적 진보를 이용한 서비스를 시작할 수 있다는 정책 방침이다. 이들 공영방송에 관한 법규범(의정서)과 정책 방침(이사회 결의)이 이후 유럽위원회 심사의 방향성을 제시하게 되었다.

유럽위원회는 2001년 10월 '공영방송에 대한 국가원조조항의 적용에 관한 의견서(Communication from the Commission on the application of State aid rules to public service broadcasting)'를 채택해 공영방송에 대한 국가원조조항의 적용에 관한 기본 방침을 공표했다. 이는 공영방송에는 국가원조조항을 적용할 수 있지만, 유럽위원회가 제시한 일정한 조건을 충족하는 경우에는 '양립'을 인정한다는 것이다(이 '의견서'는 2008년 1월부터 개정 절차에 들어갔으며, 2009년 7월에 개정을 거쳐 10월에 발표되었다).

유럽위원회는 이 의견서에서 공영방송은 일반적으로 국가 예산, 수신기 보유자에게서 받는 징수금을 재원으로 하며, 특별한 상황에서는 공영방송을 우대하는 형태로 자본 투입과 부채 면제를 받고 있다고 했다. 이들 공적 시책은 국가원조에 관한 조항['EC 조약' 제87조(1)]에서 말하는 '국가적 자원'이라고 할 수 있으며, 공영방송에 이 조항을 적용할 수 있다고 했다.

'EC 조약'은 '양립한다고 인정되는 원조'로 전술한 바와 같이 '문화 및 유산 보존을 장려할 목적으로 한 원조'를 규정하고 있다[제87조(3)d]. 이 조항을 공영방송에 적용할 수 있는지에 대해 유럽위원회는 이 조항에 예외를 규정한 것으로 한정적으로 해석해야 한다고 했다. 문화 장려와 공영방송이 수행하는 교육 및 민주적 역할은 구별되어야 하며, 명확하게 구별된 정의와 재원이 정해지지 않는 한, 제87조(3)d는 적용할 수 없다고 했다.

유럽위원회는 이 의견서에서 항공, 철도 운송 등 공익사업자에게 EU 경쟁법을 적용할 때에 이용해온 조항[제86조(2)]을 공영방송에도 적용한다는 방침을 제시했다.

이 조항에 의하면, '일반적 경제 이익과 관련된 서비스(공공 서비스)'의 운용을 위임받은, 또는 수입을 독점하는 성격을 가진 기업은 'EC 조약'에 포함된 조항, 특히 경쟁에 관한 조항에 따르지 않으면 안 되지만, 조항의 적용은 이러한 기업에 지정된 특수한 임무를 법적이든 현실적이든 방해해서는 안 된다. 나아가 공동체의 이익에 반할 정도로 통상적인 발전이 영향을 받아서는 안 된다고 규정하고 있다.

유럽위원회는 이 규정[제86조(2)]도 제87조(1)의 국가원조에 관한 규정의 예외(적용 제외)를 규정한 것으로 이를 엄격하게 해석해야 하며, 적용을 위해서는 다음과 같은 세 가지 조건이 모두 충족될 필요가 있다고 했다.

① '공공 서비스'('EC 조약'에서는 '일반적 경제 이익과 관련된 서비스')의 사명이 각국에서 명확하게 정의되어 있어야 한다(정의).
② '공공 서비스'의 제공은 특정 사업자에게 공적으로 맡겨져야 한다(위임).
③ 국가원조조항을 적용할 경우, 해당 사업자에게 맡겨진 임무 수행을 방해하지 않을 뿐만 아니라, 예외 조치를 인정하더라도 공동체의 이익과 충돌할 만큼 EU 각국 간 통상에 영향을 미치지 않는다고 유럽위원회가 판단할 수 있어야 한다(비례성).

첫 번째 조건인 '정의'의 경우, 유럽위원회는 정의를 설정하는 것은 각국의 권한이며, 공영방송은 오락 프로그램을 포함한 다양한 프로그램을 편성할 수 있지만, 정의는 가능한 한 상세하게 하도록 요구했다. 이 조건에 관한 유럽위원회의 권한은 '명백한 오류'가 있는지 여부를 확인하는 것에 한정된다. '명백한 오류'란 '의정서'에 쓰여 있는 '각 사회의 민주적·사회적·문화적 필요'에 부응하기 위한 것이라며 합리적으로 판단되지 않는 경우라고 했으며, 그 가운데는 'e-commerce'가 포함되어 있다고 예시되어 있다. 이는 각국에서 표현의 자유를 보호하고, 공영방송의 독립성과 프로그램의 다양성을 보장한 것에는 EU가 간섭하지 않을 것을 인정한 것이라고 할 수 있다.

두 번째 조건인 '위임'은 방송을 통한 공공 서비스 제공이 공적 행위, 예를 들면 법률, 계약, 업무위탁(terms of reference)을 통해 특정 사업자에 맡겨진 것을 말한다. 유럽위원회는 위임 형태로 현실에서 공공 서비스가 제공되고 있는 '충분하고도 신뢰 가능한 징후'가 있어야 하며, 국내에서 모니터가 이루어지는 것이 바람직하다고 했다.

첫 번째, 두 번째 조건은 회원국의 권한에 포함된 사항이다. 유럽위원회의 심사는 이들 조건이 충족되어 있다는 전제하에서 세 번째 조건인 '비례성'(경쟁법의 예외로 허용될지 여부)을 심사하게 된다.

유럽위원회는 이 심사를 진행할 경우, 공영방송이 유일한 재원으로 공적 재원을 이용할 것인가 혹은 상업적 수입도 추구하는 이중 재원을 이용할 것인가에 대한 선택은 회원국의 권한에 포함된다는 것을 확인했다. 또한 공영방송이 재원으로 상업적 수입도 이용하는 경우에는 두 재원 간에 회계를 분리하도록 요구했다.

유럽위원회의 심사에서는 공적 재원이 공공 서비스 임무 수행을 위해 통상적으로 필요한지 여부, 공적 재원이 업무 수행에 필요한 비용을 초과하는 형태로(과잉으로) 보장되어 있는지 여부를 검증한다. 공공 서비스에 필요한 비용에서 공공 서비스와 관련된 상업적 수입을 제외한 금액과 공적으로 보장된 금액을 비교하여 공적 재원 보장이 과도한지 여부를 검증한다. 공적 재원이 과도하게 보장될 경우, 초과분이 상업 활동에 유용(cross-subsidy), 예를 들면 광고 가격이나 프로그램 판매 가격을 의도적으로 인하하는 덤핑 형태로 경쟁 사업자를 어렵게 만드는(불필요하게 시장 경쟁을 왜곡시키는) 결과를 초래할 우려가 있기 때문이다. 이와 같은 행위는 공공 서비스의 사명에 내재해 있다고는 판단되지 않지만, '통상조건과 경쟁에 영향을 주고' '공동시장과 양립하지 않는다'는 판단이다.

유럽위원회는 이상의 세 가지 조건을 해결했다고 판단될 경우에는 '양립'(제87조 국가원조의 적용 제외)을 인정하고 있다.

한편 국가원조가 성립되기 위한 법적 조건 자체에 대한 사법재판소의 판례에 변화가 생겨 유럽위원회는 이를 고려하면서 제86조(2)에 의거해 심사를 실시하고 있다.


## 4. 유럽위원회의 심사와 BBC

유럽위원회는 BBC가 1999년부터 2003년까지 'News 24', 어린이 대상 디지털 전문 9채널, 온라인을 통한 학습 교재를 제공하는 '디지털 커리큘럼(BBC Jam)' 등을 개설할 때에 심사를 실시했다. 이들 심사를 시작한 계기는, 'News 24'의 경우 BSkyB의 불만, 디지털 전문 채널은 정부의 통고, '디지털 커리큘럼'은 이해관계자의 불만과 정부의 통고가 작용했다.

'EC 조약'이 정한 국가원조 규정[제87조(1)]은 앞에서 기술했지만 다시 확인하면, 국가원조가 성립하기 위해서는 ① 회원국이 직접 또는 어떠한 형태로든 국가자원을 부여하고 있다, ② 특정 기업의 활동을 우대해 경쟁을 왜곡하거나 왜곡시킬 우려가 있다, ③ 회원국의 통상에 영향을 준다는 세 가지 조건 모두가 충족될 필요가 있다. 나아가 유럽위원회가 '공영방송에 대한 국가원조조항의 적용에 관한 의견서'에서 제시한 제86조(2)에 의거해 '양립한다'고 판단할 수 있는 조건은 ① 공공 서비스의 정의가 설정되어 있을 것(정의), ② 특정 사업자에게 명확하게 위임되어 있을 것(위임), ③ 공적 재원은 공공 서비스 수행에 필요한 비용 범위 내에 있을 것(비례성) 등 세 가지이다. 이러한 관점에서 BBC의 세 가지 사업안에 관한 유럽위원회의 심사 결과를 보면, 결론적으로 유럽위원회는 세 가지 모두 'EC 조약'의 국가원조조항에 해당하지만 '양립한다'고 판단했다.

유럽위원회가 개별 사안에서 이러한 결론에 이른 기본 방침을 간단하게 정리하면 다음과 같다.

국가원조의 성립 조건 가운데 하나인 '국가자원'에 관해 유럽위원회는 세 가지 사안 모두에서 수신료가 국가원조에 관한 규정(제87조)에서 말하는 '국가자원'에 해당한다는 견해를 제시했다.

'특정 기업 우대와 왜곡된 경쟁'의 경우, 다른 사업자가 얻지 못하는 수신료를 BBC가 이용하는 것은 이 규정에서 말하는 '우대'에 해당한다고 했다.

유럽위원회의 심사와는 별도로 유럽사법재판소는 2003년 7월 24일 알트마르크(Altmark) 판결에서 'EC 조약' 제87조(1)이 정한 국가원조의 성립 조건 가운데 하나인 '우대에 해당하지 않기'(따라서 국가원조가 성립하지 않기) 위해서는 다음의 네 가지 조건 전부를 충족시킬 필요가 있다는 견해를 제시했다. 첫째, 공적 자원을 보장받은 기업이 명확하게 정의된 공공 서비스를 실제로 제공하고 있을 것, 둘째, 공적 재원 부담(compensation)을 산출하는 기준이 객관적이면서도 투명한 형태로 사전에 설정되어 있을 것, 셋째, 공적 재원이 공공 서비스에 필요한 비용 범위 내에 있을 것, 넷째, 공적 부담 금액은 해당 기업이 공개 조달 절차를 거쳐 마련하는 경우에는 같은 분야에서 우량 기업에서 발생하는 비용과 비교 분석하여 결정할 것 등이다.

유럽위원회는 '디지털 커리큘럼' 심사에서 이들 네 가지 조건을 검토했지만, 네 번째 조건이 충족되지 않아 '우대'가 인정된다고 판단했다.

'회원국 간의 통상에 미치는 영향'에 대해서는 세 가지 사안 모두에서 BBC는 타 사업자와 경쟁 관계에 있기 때문에 통상에 영향을 미친다고 판단했다.

'디지털 커리큘럼' 심사에서 영국 정부는 이 서비스가 새로운 원조가 아니라 '존재하는 원조' 대상이라고 주장했다.[1] 이에 대해 유럽위원회는 인터넷을 통한 학습 교재 제공은 라디오, TV 등과 같은 서비스와 밀접하게 관련된다면 '존재하는 원조' 범위에 포함시킬 수 있다고 했다. 그러나 이러한 관계가 사라진다면 '존재하는 원조' 대상이 될 수 없으며, '디지털 커리큘럼'은 '존재하는 원조'라고는 생각할 수 없다는 견해를 제시했다.

유럽위원회는 '양립' 판단의 전제 조건인 '정의'와 '위임'에 대해 'News 24' 심사는 '공영방송에 관한 의견서'를 발표하기 전에 이루어졌기 때문에, 의정서와 당시 유럽사법재판소의 판례에 따라 판단했다. 유럽위원회는 공공 서비스의 사명에는 뉴스가 포함된다고 판단했고, 정부도 BBC가 'News 24'

---

1  유럽위원회의 국가원조조항 심사 절차는 '새로운 원조'와 '존재하는 원조'로 나뉜다. 전자는 EU 발족 혹은 가맹 이후에 실시된 국가원조를, 후자는 그 이전부터 제공되고 있는 국가원조를 의미한다. 수신료 제도는 EU 발족 이전에도 있었기 때문에 '존재하는 원조'에 해당한다. — 옮긴이

를 제공하는 것을 인정했다(위임)는 점을 고려했다.

유럽위원회는 '디지털 전문 채널'과 '디지털 커리큘럼'이 공공 서비스의 임무 중 하나이며, 의정서의 취지를 따르고 있으며 정부의 위임 행위도 있다고 인정했다.

또한 '디지털 커리큘럼' 심사에서 유럽위원회는 이런 서비스가 '상업 부문에서 제공되는 것과는 차별화되며, 이를 보완하는 것이어야 한다', 'BBC는 계획, 대상 영역, 학습 결과를 발표한다', '수신료 재원의 지출액 상한을 정한다'는 영국 정부가 제시한 조건을 최종 판단의 전제 조건으로 받아들였다.

다음으로 '비례성'의 경우, 유럽위원회는 공적 재원이 없으면 'News 24'의 운영이 불가능하고, 공적 재원이 'News 24' 운영에 필요한 비용의 범위 내에서 지출된다는 점을 확인했다. '디지털 전문 채널'의 경우, 공적 재원은 공공 서비스 의무를 수행하기 위한 '순비용(net cost)'을 초과하지 않는 동시에 공공 서비스 이외의 활동에 유용되지 않을 필요가 있다고 했다. BBC는 공적 활동과 상업 활동의 회계 분리를 요구한 EU의 '투명성 지침(Transparency Directive)'에 따라 사업 활동은 자회사가 수행하고, 자회사와의 공정거래(fair trading)가 이루어지는 시스템이 있으며, 공적 재원이 상업 활동으로 유용되는 것을 막는 방지책이 마련되어 있다고 했다. '디지털 커리큘럼'이 상업 활동 수입을 이용할 때에는 공정거래 원칙의 범위 내에서 이루어지도록 요구했다.

유럽위원회는 '양립성'을 인정한 결론 부분에서 'News 24'가 통상과 경쟁에 영향을 주지만, 공동체의 이익과 상반될 정도로 과도하게 통상과 경쟁의 발전을 가로막는 것은 아니라며, 제86조(2)에 의거해 양립한다고 했다.

'디지털 전문 채널'의 경우, 유럽위원회는 '순비용'의 범위 내에 있으면 국가원조를 구성하지 않는다고 밝힌 당시 판례(Ferring 판결[2])를 바탕으로 국가원조에 해당하지 않는다는 판단을 제시했다. 그러나 만약 국가원조가 성립된다고 판단하더라도 제86조(2)에 의거해 양립한다는 결론을 내렸다.

'디지털 커리큘럼'은 경쟁을 왜곡하고 통상에 영향을 미칠 것이라고 했지만, 고품질 교육은 EU의 목표 중 하나이며, 전체적으로 볼 경우 통상의 발전에 영향을 미칠 것으로 생각되지 않는다고 했다. 따라서 제86조(2)의 조건을 충족시키고 있으며, 유럽위원회는 이러한 계획에 '이의를 제기하지 않는다'고 판단했다.


## 5. 'EC 조약'의 국가원조조항과 EU 영내의 공영방송

앞에서 언급한 대로 유럽위원회는 EU 영내에 있는 공영방송의 공적 재원을 보장하기 위해 국가원조조항의 적용이라는 관점에서 심사를 진행해 왔다. EU 영내의 공영방송이 공적 재원을 보장받으면서 사업을 추진하기 위해서는 'EC 조약'에서 규정한 국가원조조항의 해석 범위 내에서 운용이 요구되고 있다.

유럽위원회의 심사는 유럽위원회와 관련 회원국 정부 간에 진행되고 있지만, EU 영내의 공영방송 사업자는 EU에서 국가원조조항을 어떻게 적용할 것인가를 둘러싼 법적 논쟁에 민감하지 않으면 안 된다. BBC는 이미 EU 법을 준수하는 형태로 공공 부문과 상업 부문의 기능과 회계 분리 등

---

2  의약품 판매업자를 공공 서비스 제공자로 인정하여 정부 지원을 지지한 판결을 말한다. Case C-53/00 Ferring v ACOSS [2001] ECRI-9067. ─ 옮긴이

내부적 대안을 강구해왔다. 또한 BBC 트러스트는 공공가치심사(Public Value Test)와 경쟁시장에 미치는 영향을 감시하는 임무를 가지고 있다.

EU의 공영방송 사업자는 경쟁시장에서 미디어의 발전을 이끄는 동시에 투명한 운영을 자율적으로 추진해야 한다.

\* 본문에서 언급한 것처럼 유럽위원회는 2001년 10월 '공영방송에 대한 국가원조조항의 적용에 관한 의견서'의 개정 작업에 나섰으며, 2009년 7월 2일 개정안을 채택했다. 새로운 의견서의 기본 방침은 2001년 의견서를 계승하고 있지만, 새롭게 공영방송 사업자는 재원으로 유료 방식(PayTV)을 채용할 수 있으며, 일정 한도의 적립금(이월금)을 허용하고, 새로운 서비스를 시작할 때에는 공공가치심사와 같은 국내 심사를 투명한 절차하에서 사전에 수행할 것이 요구되었다. 'EC 조약'은 2009년 12월 1일에 발효된 '리스본 조약'을 통해 개정되었고 이에 따라 조문 번호를 조정했지만, 이 장에서는 'EC 조약'의 조문 번호를 사용했다.

## 참고문헌

Commission Directive 2006/111/EC of 16 November 2006 on the transparency of financial relations between Member States and public undertakings as well as on financial transparency within certain undertakings, *Official Journal of the European Union*, L. 318, 17. 11. 2006.

Commission Regulation (EC) No 794/2004 of 21 April 2004 implementing Council Regulation (EC) No 659/1999 laying down detailed rules for the application of Article 93 of the EC Treaty, *Official Journal of the European Union*, L. 140, 30. 4. 2004.

Council Regulation (EC) No 659/1999 of 22 March 1999 laying down detailed rules for the application of Article 93 of the EC Treaty, *Official Journal of the European Communities*, L. 83, 27. 3. 1999.

European Commission, Communication from the Commission on the application of State aid rules to public service broadcasting, *Official Journal of the European Communities*, C. 320, 15 November 2001.

European Commission, State aid No NN88/98 — United Kingdom: Financing of a 24-hour advertising-free news channel out of the license fee by the BBC, SG (99) D/10201, 14. 12. 1999.

European Commission, State aid No N631/2001 — United Kingdom: BBC license fee, C (2002) 1886 fin, 22. 05. 2002.

European Commission, State aid No N37/2003 — United Kingdom: BBC Digital Curriculum, C (2003) 3371 fin, 01. 10. 2003.

European Court of Justice, Judgment of the Court of 24 July 2003 in Case C-280/00 (Reference for a preliminary ruling from the Bundesverwaltungsgerichit): Altmark Trans GmbH, Regierungspräsidium Magdeburg v Nahverkehrs-gesellschaft Altmark GmbH.

European Union, Consolidated versions of the Treaty on European Union and of the Treaty establishing the European Community, *Official Journal of the European Union*, C. 321E, 29. 12. 2006.

Protocol (No. 32) on the system of public broadcasting in the Member States.

Resolution of the Council and of the Representatives of the Governments of the Member States, Meeting within the Council of 25 January 1999 concerning public service broadcasting, *Official Journal of the European Communities*, C. 30, 5. 2. 1999.

# 공공 지향의 지성을 모아 정보 입국 지탱하는 엘리트 집단

야마다 아쓰시

'BBC엔 고급 인재가 많다'고 하지만, 급여는 결코 높지 않다. 미국의 대학에서 각국의 기자가 모였을 때 급여가 화제였다. 비교적 수입이 높았던 것은 다름 아닌 일본. 특히 상업방송의 급여가 높았으며, BBC 기자는 그 절반 정도였던 것으로 기억한다.

일본에 버블 경제의 여운이 남아 있던 15여 년 전의 일이다. 서로 속내를 드러내며 이야기를 나누는 시시한 다과 모임의 한순간이었지만, 국제적으로 결코 평가가 높지 않은 일본 저널리즘의 일원으로서 왠지 모르게 불편함을 느꼈다.

"고소득을 올리고 싶으면 시티(금융가)에 가야지"라고 말한 ≪이코노미스트≫의 기자는 "BBC는 급여는 높지 않지만, 제작비에 돈을 많이 쓴다"라고 했다. 일본의 방송국은 그와는 반대다. 민방은 제작비를 줄여 높은 급여를 마련하고 있다고 할 수 있다.

나는 ≪아사히 신문≫에 입사하기 전에, 반년간 오사카의 마이니치 방송(MBS)에서 일했다. 9월 말에 그만두었고, 12월부터 ≪아사히 신문≫의 동북 지역 지국에서 일했다. 그런 내게 "보너스를 지급할 테니 은행계좌를 알려달라"며 MBS에서 전화가 왔다. 금액을 보고 놀랐다. 3개월분이었지만, 4월에 입사한 아사히의 선배보다 금액이 많았다. '꽤 좋은 회사였구나'라고 생각했다.

그러나 그만둔 것을 조금도 후회하지 않았다. 나는 보도 부문에서 일하고 싶어 입사했지만, 배치는 전혀 다른 부서였다. MBS는 신입 사원 연수가 끝나면 임시 부서로 두 곳을 경험한다. 편성과 영업이었다. 이 회사는 나를 이 부문에서 일하게 할 생각이라는 것을 알았다. "이 업무에는 적합하지 않다고 생각합니다. 이곳에서 일하리라고는 생각하지 않았습니다"라고 직장 상사에게 호소했지만, "그렇게 말하지 말고 다시 한 번 생각해봐. 영업이나 편성은 출세 코스야"라고 말할 뿐이었다.

대부분의 민방은 채용 시험을 '일반, 아나운서, 기술'로 나누고 있다. 일반직은 영업, 편성, 인사, 총무와 함께 제작, 보도가 있다. 일반직 수험자의 대부분은 프로그램 제작 현장을 담당하는 디렉터나 보도 기자를 지향한다. 입사 동기는 일반직 12명이었지만, 10명이 제작과 보도를 지망했다. 신입 사원의 대부분이 입사와 동시에 희망을 저버리는 구조인 것이다.

나는 라디오 제작에 배치되었다. 수습 디렉터로서 프로그램 제작에 관여할 수 있었지만, 평생 '예능'을 하기에는 거부감이 있었다. 대우는 나쁘지 않았지만, 오래 지내면 현실에 질질 끌려다닐 것 같아 두려웠다.

오사카의 민방을 BBC와 비교하는 것은 무리가 있지만, 키스테이션(key station)으로 불리는 도쿄의 민방도 '일반직'으로 채용해 회사 사정에 따라 할당한다. 취직이 아니라 회사에 들어가는 것이다.

채용에서 전문성은 그렇게 중시되지 않는다. 입사 후에도 저널리스트보다는 회사원으로 육성된다. 취재와 제작은 외주가 많으며, 제작사에서 일하는 사람들의 양성에 방송사는 관여하지 않는다. 보도는 회사의 극히 일부이며, 취재 기자는 적다. 뉴스는 대부분을 통신사에 의존한다. 간판인 저녁 뉴스도 거의 제작사가 담당한다. 제작비를 억제하는 하청 구조 위에 민방 사원의 높은 급여가 보장되어 있는 것이 현실이다.

BBC는 '국영방송'인 NHK와 비교해야 하지 않을까. NHK의 급여는 민방보다 낮고 제작비는 풍족하다. BBC와 비슷하다. 그러나 일련의 불상사로 제작비의 사적 유용이 드러났다. 예산은 국회의 승인이 필요하기 때문에 겉으로는 민방보다

낮게 억제되어 있는 급여를 보완하고자 제작비로 변통하는 자들도 있는 것 같다. BBC에 이러한 문제가 없는지는 문외한이어서 모른다. 다만 일본의 방송사와 다른 점은 저널리즘이라는 전문성을 고집하는 인재의 층이 두텁다는 것이다.

일본의 저널리즘 업계에서는 "급여가 어느 정도 높지 않으면 인재가 모이지 않는다"라고 한다. 웬만한 급여로는 '좋은 직장'에 들지 못하고 인기도 떨어진다는 것이다. 저널리즘은 이러한 관행에 빠져 있다. 급여가 좋기 때문에 입사하는 사람을 많이 모아 사회문제를 취재하도록 한다는 것이다.

금융업이 발달한 영국에서 저널리즘은 급여를 먹이로 사람을 모으는 것이 어렵다고 인식된다. 돈으로는 얻을 수 없는 가치를 제시해 인재를 확보할 수밖에 없다. 지성과 공익, 사회정의의 실현에 종사한다는 기쁨 등을 가치로 높이 내세우며, 존재 가치를 세상에 던진다. 이러한 자세가 BBC의 사풍을 만들고 있지 않나 생각한다.

이러한 사풍이 BBC의 전송 능력으로 이어진다. '여론 지도자'라는 지각을 가지고 영국의 국내에 머물지 않고, 유럽과 세계를 향해 적극적으로 정보를 전송한다. 미디어 산업의 경영이 어려워지고, 1만여 명이었던 BBC의 보도 부문도 7500여 명으로 삭감된 모양이지만, 그만한 직원을 가지고 있는 보도기관은 드물다(≪아사히 신문≫의 보도 부문은 5000여 명). 이는 영국이라는 국가의 위상과 관련이 있다. 예전에 대영제국은 제조업을 내려놓았지만, 금융과 정보의 거점으로 번영을 누린다는 국가정책을 설정했다. 금융은 자본 거래로 보이지만, 한 꺼풀 벗기면 정보의 신속성과 심층성을 다투는 업종이다. 영어라는 세계 공용어를 가지고, 미국과 유럽의 사이에 있다는 지리적 이점을 살려 정보를 축적해 전송하는 것이 영국의 생명선이기도 하다.

귀족 사회의 전통이 남아 있는 영국에서 수입은 많을지 모르지만 손을 더럽히는 금융에 몸을 맡기는 것을 부끄럽게 생각하는 '공공 지향형' 인재가 적지 않다.

BBC는 옥스브리지(Oxbridge)를 중심으로 이러한 지성을 모아 철저한 저널리스트 교육을 제공해 기자의 층을 확대하고 있다.

　금융 자본의 강한 욕구가 세계를 불안에 빠트린 현실을 보더라도 높은 급여가 좋은 기업의 기준은 아니라는 것을 알 수 있다. 인생의 가치란 무엇일까, 이를 묻는 것도 저널리즘의 역할이기도 하다. 어떤 인재를, 어떻게 모아, 어떠한 인센티브로 일을 시킬 것인가. 기업의 본질은 인사에서 나타나는 법이다. 엘리트라면 앞장서라고 고무하는 '노블레스 오블리주'를 미디어에서 실현한다. 이것이 영국의 국책 보도기관 BBC이다.

# 2부

## BBC의 아이덴티티 구축

5장

# 국민 통합과 BBC

### 전간기 영국에서 내셔널리즘의 양상

쓰다 쇼타로

## 1. 매스미디어, 내셔널리즘, 국민 통합

1939년 힐다 제닝스(Hilda Jennings)와 위니프레드 길(Winifred Gill)이 간행한 『일상생활과 방송(Broadcasting in Everyday Life)』이라는 보고서는 전간기(interwar period)[1] 영국에서 BBC 라디오의 역할이 어떻게 인식되었는지를 제공하는 귀중한 문헌이다. 이 보고서에는 다음과 같은 구절이 있다.

수백만 명이 같은 프로그램을 듣고 있다는 사실은 자신들이 국민 공동체(na-

---

1  제1차 세계대전과 제2차 세계대전 사이 기간으로, 일반적으로 1919년부터 1939년까지를 말한다. — 옮긴이

tion)의 일부라는 감각을 불러일으켰다. 이는 과거에는 좀처럼 경험하지 못한 것이며, 경험했다 하더라도 한순간에 지나지 않았다(Jennings and Gill, 1939: 12).

이러한 지적은 베네딕트 앤더슨(Benedict Anderson)이 말한 내셔널리즘과 신문의 관계에 대한 논의를 상기시킨다. 잘 알려진 바와 같이, 불특정 다수가 거의 동시에 '하루살이 베스트셀러'인 신문을 구독하고 있다는 인식은 대면적 접촉에 의거한 공동체를 훨씬 뛰어넘는 '국민 공동체'에 대한 상상력을 환기하는 중요한 기능을 수행했다고 한다(Anderson, 1991/1997: 61~62). 그러나 신문을 읽기 위해서는 높은 리터러시(literacy)가 필요하며, 모르는 사이에 '동포'로 상상할 수 있는 사람들의 범위가 자연스럽게 한정되어버린다. 이에 비해 라디오는 더욱 많은 사람들의 접근을 허용하는 만큼, 국민 공동체에 대한 상상을 환기하기에 좀 더 적합한 미디어라고 할 수 있다. 앞에서 인용한 제닝스와 길의 지적은 이러한 매스미디어와 내셔널리즘의 관계를 선구적으로 지적한 것이라고 할 수 있다.[2]

그러나 다른 한편으로 제1차 세계대전과 제2차 세계대전 사이의 기간은 영국에서 다양한 사회적 균열이 드러난 시대였다고 할 수 있다. 실제로 북아일랜드 분쟁, 총파업, 세계공황으로 인한 대량 실업, 긴장이 고조되는 국제 정세에 관한 노선 대립, 그리고 1937년부터 이듬해 1938년까지 에드워드 8세(Edward VIII) 즉위를 둘러싼 여론 분열 등은 당시 영국의 분열 상황을 보여주는 대표적인 사례이다. 따라서 내셔널리즘이 상당히 약화되었다고 볼 수 있다.

---

2  매스미디어와 내셔널리즘에 관한 필자의 이론적 고찰에 대해서는 津田(2007) 참조.

뒤에서 이야기하겠지만, 원래 전간기의 영국을 분열의 시대만으로 규정하기에는 의문의 여지도 있다. 예를 들어 계급 대립의 경우 "아주 소수를 제외하고, 국민적 충성이 계급의식을 초월했다"라는 지적도 나왔다[Taylor, 1965/1987(第1卷): 161]. 국민적 충성, 다시 말해 내셔널리즘이 기존 사회질서에 대한 폭넓은 합의에 기여한다고 생각할 경우, 당시 영국의 분열은 사회적 기반을 근본부터 뒤흔들 정도는 아니었다는 것이다.

그러나 달리 해석할 수도 있다. 즉, 내셔널리즘이 널리 공유되고 있다고 하더라도, 그것이 심각한 사회적 대립을 해소시키기에는 한계가 있지 않을까 하는 점이다. 많은 사람들이 '국익(national interest)'의 실현을 요구하고 있다 하더라도, 도대체 무엇이 '국익'인가를 둘러싼 치열한 대립이 발생할 수도 있다. 이른바 내셔널리즘은 국민 공동체 내부의 통합뿐만 아니라 분열을 조장할 수 있는 가능성도 가지고 있다는 것이다.

이를 반대로 말하면, 사회적 대립의 발생은 내셔널리즘의 결여를 의미하는 것이 아니라는 것이다. 오히려 경우에 따라서는 그러한 대립이야말로 결과적으로 특정 내셔널리즘을 강화하는 것으로 이어진다는 것이다.[3] 따라서 필요한 것은 통합인가 분열인가의 이분법적 관점이 아니라 통합 속에서 분열의 계기가 존재하고, 분열 속에서 통합의 계기가 존재한다는, 좀 더 복잡한 사회변동의 과정에 대한 관점일 것이다.

이와 같이 생각할 경우, 내셔널리즘과 매스미디어의 관계에 대해서도 재고가 필요해진다. 즉, 매스미디어와 국민 공동체의 이름하에서 기존의 사회질서에 복종하도록 하는 것만으로는 충분하지 않다는 것이다. 오히려 통

---

3  최근 내셔널리즘 연구에서도 국가 정체성(national identity)이 건전하게 발달하기 위해서는 내셔널리즘에 대한 정의를 둘러싼 대립이 존재한다는 논의가 필요하다고 논하고 있다(Delanty and O'Mahony, 2002: 111).

합과 분열의 상반된 힘의 방향(vector)이 내셔널리즘을 경유하는 복잡한 교차 속에서 매스미디어가 수행하는 역할을 검증하는 것이 요구된다.

이 장의 목적은 이상의 관점에서 전간기 영국에서 BBC가 어떻게 내셔널리즘의 확대와 재생산에 기여했는가, 그리고 그것이 당시 사회적 맥락속에서 어떠한 의미를 가졌는가를 밝히는 데 있다. 이에 우선 영국의 현대사 연구에서 '전간기'에 대한 평가를 논하고, 당시 BBC에 관한 기존 연구를 정리하도록 한다. 이어서 이 시기에 영국에서 BBC와 내셔널리즘의 관계를 검토하기 위해 계급 대립, 공통 문화 형성, 가족생활의 변용이라는 관점에서 고찰한다.[4] 마지막으로 1937년 5월에 거행된 조지 6세(George VI) 대관식 방송을 분석하며 이 장의 논의를 총괄하도록 한다.


## 2. BBC의 국민 통합 시도

### 1) '전간기'에 대한 평가의 변용

영국 현대사에서 가장 중요한 개념 가운데 하나는 '전후 합의(post-war consensus)' 또는 '전후 처리(post-war settlement)'이다. 일반적으로 전후 합의는 제2차 세계대전 중에 마련된 이후 1960년대 후반에 이르기까지 영국 사회에서 폭넓게 공유된 '합의'를 의미한다. 구체적으로 복지국가 추진, 노

---

4  당시 영국 사회의 국민 통합을 고찰하기 위해서는 지역적·종교적 대립도 중요하다. 특히 지역적 대립은 심각한 문제로 발전했지만, 지면 관계상 여기에서는 다루지 않는다. 또한 당시 북아일랜드에서의 민족 분쟁과 라디오의 관계에 대해서는 필자의 글(津田, 2004)을 참고하기 바란다.

사 협조 노선, 케인스주의 경제정책 등을 가리킨다(尾上, 1999: 10). 주요 정당인 보수당과 노동당은 정책에서 세세한 차이가 있기는 하지만, 전반적인 방향성에서는 유사하며, 이데올로기 대립은 한정적이라고 한다. 그러나 1970년대에 접어들어 영국 사회는 심각한 경제적 어려움에 빠져 전후 합의에 의문을 던지게 되었으며, 결과적으로 현재까지 신자유주의 국가 운영이 추진되고 있다.

이와 같이 영국에서 전후 합의에 대한 평가가 변하면서 그 이전, 즉 전간기의 위상도 크게 변화하게 되었다(Baxendale and Pawling, 1996: 142). 간단히 말하면, 전후 합의가 유지되었던 시대에는 전간기가 대량 실업으로 대표되는 경제위기와 계급 대립의 시기로 간주되었다. 그리고 전후 합의가 도래해 이것들이 해소되었고 사회질서의 안전성이 실현되었다는 것이 일반적인 견해였다. 그런데 전후 합의에 대한 비판이 고조되고, 그것이 '해결'이 아니라 '문제'로 간주되면서 전간기에 대한 견해도 다시 변화하게 되었다. 즉, 전후 합의로 잃어버린 자기 규율과 독립을 중요시한 빅토리아 시대[5]의 정신이 아직 살아 있던 안정적인 시대로 전간기를 규정하는 견해가 영향력을 키워갔다. 이러한 견해에 대해서는 전간기 사회의 부정적 측면을 강조하는 논자들이 반론을 제기하면서 전간기의 평가에 대한 논쟁을 불러일으켰다.

그렇다면 전간기 영국 사회의 평가가 크게 변화하는 가운데 당시 BBC의 역할은 어떻게 논의되었을까? 후술하겠지만, 전간기에 국민 통합 추진을 BBC에 기대하는 의견이 컸고, 초대 사장을 역임한 존 리스(John Reith)도 실제로 이런 방향성을 추구했다. 그러나 전후 합의 시대 방송사 연구에

---

5    빅토리아 여왕이 통치한 1837년에서 1901년에 이르는 대영제국의 전성기. ― 옮긴이

서는 당시 역사관과 보조를 맞추기라도 하듯이 설립 당시 BBC가 사회적 분열에 기인한 다양한 어려움에 직면했다는 것이 강조되었고, 국민 통합과 관련된 BBC의 역할은 그다지 주목받지 않았다. 예를 들어 1961년에 나온 아사 브리그스의 저작에 따르면, 청취자가 BBC를 '우리의 것'으로 느낄 만큼 BBC는 민주적으로 운영되지 않았고, 이에 레이먼드 윌리엄스(Raymond Williams)가 말한 '공통 문화'의 형성에는 기여하지 않았다고 볼 수 있다(Briggs, 1961: 246; Williams, 1958/1968: 275).

그러나 전간기에 대한 평가는 변화했으며, 안정적인 시대로 논의되는 경향이 강해지자 당시 BBC의 역할에 대해서도 통합적 측면이 강조되었다고 할 수 있다. 그중에서도 대표적인 것이 패디 스캐넬(Paddy Scannell)과 데이비드 카디프(David Cardiff)의 연구이다. 스캐넬과 카디프는 BBC의 방송을 '국민적 서비스(national service)'로 규정하고 전간기 BBC의 역할을 다음과 같이 논했다.

> 방송은 국민적 서비스로서 모든 계급을 단결시킬 수 있었다. 특히 국민적 축제나 행사의 생중계를 통해 방송은 사회 통합을 촉진하는 강력한 수단이라는 것을 증명할 수 있었다(Scannell and Cardiff, 1991: 7).

이와 같이 BBC의 통합 촉진을 강조하는 연구로는 D. L. 르마이유(D. L. LeMahieu), 앤드루 크리셀(Andrew Crisell) 등의 저작도 있다. 이들에게서는 전반적인 정치사회사의 연구와 같은 관점의 변화를 볼 수 있다.

그러나 이미 말한 것처럼 내셔널리즘이라는 관점에서 생각할 경우, 통합인가 분열인가 하는 이분법 자체가 적절하지 않다. 따라서 BBC의 방송이 내셔널리즘의 확대나 재생산에 공헌했다고 상정하든지, 또는 BBC가 영국 사회에 어떠한 의미를 가졌는가에 대해서는 좀 더 신중하게 볼 필요가 있다. 이에 영국에서 분열의 원인으로 지목받아온 계급 대립이라는 관점에서 BBC가 어떠한 역할을 수행했는지 검토하기로 한다.

## 2) 방송을 둘러싼 계급 대립

전간기의 영국 사회를 논할 때 아주 중요한 논점이 될 수 있는 것이 총파업과 실업자의 기아(飢餓) 행진으로 상징되는 계급 대립이다. 여기에서는 우선 설립 당시 BBC의 모습을 살펴보고, BBC가 계급 대립에 어떻게 대응했는지, 그리고 이를 시청자가 어떻게 수용했는지를 고찰한다.

1922년 11월 BBC는 라디오 제조업자 6개사의 합병회사 '영국방송회사(British Broadcasting Company)'로 설립되었다. 그 뒤 1926년 3월 방송위원회(크로퍼드 위원회)가 발표한 보고서에서 BBC를 공영방송으로 개편하도록 권고했으며, 그해 7월 방송 업무를 감독하는 체신부 장관이 이를 수용하겠다고 표명했다. 이어 1927년에 공영방송 '영국방송협회(British Broadcasting Corporation)'가 설립되어 지금에 이른다. 총파업이 발생한 것은 바로 크로퍼드 위원회의 권고가 체신부의 승인을 기다리고 있던 1926년 5월이었다. BBC의 대응 여하에 따라 향후 운명이 크게 변할 가능성이 있었다.

1926년 5월 3일 영국노동조합회의(TUC: Trades Union Congress)는 노동 조건의 악화에 직면한 탄광 노동자를 지원하기 위한 대규모 파업을 조직했으며 주요 산업의 대다수 노동자가 참여했다. 그러나 총파업은 아무런 성과를 거두지 못한 채 10일 만에 종결되었다. 탄광 노동자들은 그 뒤에도 파업을 계속했지만, 역시 성과 없이 곧 끝나고 말았다.

정부와 이를 지지하는 신문은 총파업을 격렬하게 공격했다. 윈스턴 처칠(Winston Churchill)은 정부에서 발행하는 신문인 ≪브리티시 가제트(The British Gazette)≫의 편집을 담당했다. 이 신문은 파업 참가자를 '적'으로 불렀다. 중산계급의 대부분이 구독하는 ≪데일리 메일(Daily Mail)≫의 사설은 총파업의 목적이 "국민 공동체를 약화시키고, 해체시키는 데 있었다"라고 단정했다(*Daily Mail*, 1926.5.13).

그러나 이들 신문의 주장과 달리 총파업 참가자들을 '비애국적인' 존재로 규정할 수는 없다. 조금 시대를 거슬러 올라가면, 제1차 세계대전 후반에 웨일스 남부와 클라이드사이드(Clydeside) 등지에서는 파업이 빈발했지만, 군대에 지원하는 노동자의 비율은 이들 지역에서 가장 높았다. 이에 대해 A. J. P. 테일러(A. J. P. Taylor)는 "가장 전투적인 노동자는 종종 가장 애국심이 뛰어난 사람들이었다"라고 말했다[Taylor, 1965/1987(第1卷): 38]. 사실 1926년 총파업이 발생했을 때에도 체포된 사람이 많았지만, 총파업 자체는 온건한 형태로 진행되었으며, 참가자의 입장에서 보면 파업은 '국익'이라는 관점에서 정당화될 수 있는 행동이었다(Bourke, 1994: 178). 즉, 총파업에는 노동자의 노동조건을 개선하는 것이야말로 국민 공동체의 이익이라는 발상이 자리 잡고 있었으며, 총파업은 정부와는 다른 국익에 입각한 내셔널리즘의 표출이었다고 할 수 있다.

그렇다면 이처럼 국익관이 대립하는 가운데 BBC는 어떻게 대응했을까? 당시 BBC의 총지배인으로 이후 초대 사장에 오른 존 리스를 비롯한 BBC 경영진은 총파업을 정부와 거의 비슷한 관점에서 해석했으며, 정부의 방침이 바로 '국익'과 합치한다고 판단했다고 한다(Tracy, 2003: 17). "BBC는 국민의 조직이며, 이러한 위기에서 정부는 국민을 위해 활동했다. …… 따라서 BBC도 이러한 위기 상황에서 정부를 위해 있었다"라는 리스의 말(Reith, 1949: 108)은 이러한 BBC의 입장을 명확하게 제시한 것이라고 할 수 있다.

실제로 총파업이 계속되던 1926년 5월 7일에는 BBC의 디렉터에게 "파업의 범위가 확대될 것으로 예상되는 것은 방송해서는 안 된다"라는 지시가 내려졌다(Briggs, 1961: 373).

당연히 이런 BBC의 입장은 파업 참가자뿐만 아니라 일반 시청자의 비판도 불러일으켰다. 예를 들어 페이비언 협회(Fabian Society)의 지도자인 비어트리스 웨브(Beatrice Webb)는 자신의 일기에 "뉴스가 시작되자마자 BBC는 정부로부터 명령을 받게 되었으며, 뉴스의 주된 목적이 폐쇄적 서비스를 유지하기 위해 파업을 무력화시키는 데 있었다는 것은 분명하다"라고 적었다(Cole, 1956: 91~92). 또한 BBC가 영국노동조합회의의 동향에 대한 잘못된 정보를 보도했는데도 정정 보도를 하지 않았기 때문에, BBC를 '영국거짓회사(British Falsehood Company)'라고 부른 사람도 있었다(Briggs, 1961: 371).

물론 BBC가 정부와 완전히 동일한 입장에서 총파업을 보도했다고는 할 수 없으며, 그 후에도 BBC는 정부가 규정한 '국익'을 그대로 받아들였다고 하기는 어렵다(Scannell and Cardiff, 1991: 33). 정부의 압력에 BBC가 굴복하기도 했지만, BBC는 가능한 한 정부로부터 독립을 중시했다고 할 수 있다.[6] 이에 대해 존 리스는 "우리는 '정당'의 문제에 관해서는 정부를 지원할 수 없다. 우리는 논쟁의 여지가 없는 사항에 대해서는 정부를 지원할 수 있다"라고 말한 바 있다(Cathcart, 1984: 38).

그러나 여기서 문제가 될 수 있는 것은 '논쟁의 여지가 없는 사항'이란 무엇인가이다. 기본적으로 이는 정당 간의 대립에는 직접 관여하지 않고, 정치적인 계몽과 관련된 사항을 의미했다. 이른바 지식과 이성을 겸비한 공

---

6  BBC와 정부의 관계에 대한 좀 더 자세한 분석에 관해서는 津田(2006) 참조.

중(public)을 육성하는 것이 바로 BBC가 추구하는 '국익'이었다. 그러나 스캐널과 카디프가 지적하듯이 원래 무엇이 정당 간의 대립과 관련된 사항이며 무엇이 아닌지, 그리고 이를 누가 결정할 것인가 하는 좀 더 근본적인 문제가 존재한다(Scannell and Cardiff, 1991: 52). 이에 BBC의 엄격한 자기 검열에도 불구하고, '편향'을 지적하는 의견이 끊이지 않았다. 예를 들면, 1936년 6월에 발발한 스페인 내전 관련 보도에 대해 ≪데일리 메일≫은 다음과 같이 비판했다.

> 많은 ≪데일리 메일≫ 독자들의 편지에 따라 우리는 BBC의 뉴스 해설에서 거의 매일 제시되고 있는 편향에 대해 쓰지 않을 수 없다. 이는 영국인으로서 건강하고 자연적인 편향이 아니라, 기묘하게도 붉은색을 가진 '주의'에 기운 편향이다. 사회주의, 평화주의, 그리고 국제주의, 즉 많은 국제연맹주의이다. 그러나 여기에 애국심은 거의 없다(*Daily Mail*, 1937.1.13).

≪데일리 메일≫의 비판을 계기로 의회에서도 BBC 보도를 문제 삼았으며, 리스는 이를 대응하기에 바빴다(Stuart, 1975: 173). 그 배경에는 스페인 내전에서 노동당과 문화인이 인민전선 정부의 지원을 요구한 반면, 거국내각은 불간섭 입장을 고집했으며, ≪데일리 메일≫은 반공산주의의 입장에서 반란군을 지지하고 있었다.[7] 즉, ≪데일리 메일≫은 BBC의 보도 태도가 인민전선 정부를 지지하는 것으로 확신해 이를 공격한 것이다.

이상과 같이 총파업이든, 스페인 내전이든 내셔널리즘의 논리가 경쟁하

---

7  다만 스페인 내전에 대한 일반 국민의 관심은 결코 높지 않았다고 한다[Taylor, 1965/1987 (第2卷): 72].

는 가운데, BBC가 '국익'에 관한 폭넓은 합의 형성에 기여했다고 하기는 어렵다. 일반적으로 당파적 의견이 강한 사람일수록 자신이 지지하는 의견과는 다른 방향으로 방송 프로그램이 편향되어 있다고 느끼는 경향이 있다고 하지만(Vallone et al., 1985), 이것이 BBC의 '편향'에 대한 비난을 낳았고, 이러한 '편향'의 배후에 있는 것으로 보이는 정치 세력에 대한 분노를 불러일으키고 있다고도 생각할 수 있다. 따라서 여기에서 살펴본 계급 대립적인 차원에서는 BBC의 방송이 통합에 공헌했다고는 말할 수 없으며, 오히려 대립을 악화시켰을 가능성마저 지적할 수 있다.

그러나 매스미디어와 국민 통합의 관계를 생각할 경우, 상술한 바와 같이 실제 드러난 대립뿐만 아니라 좀 더 잠재적인 문화적 차원의 통합이나 대립에 대해서도 검토할 필요가 있다. 이에 BBC가 영국의 문화적 통합에 어떠한 형태로 관여했는지를 고찰한다.

### 3) 문화적 계몽의 좌절과 공통 문화

존 리스는 1924년에 출판된 저작에서 방송의 특질로 "어떤 사람이 많이 취하면 그만큼 다른 사람에게 남는 것이 적어진다는 자연법칙과 상반된다는 점"을 들었다(Reith, 1924: 217). 즉, 방송은 부유한 자나 가난한 자나 평등하게 향유할 수 있는 서비스라는 것이다. 여기서 리스는 바흐나 셰익스피어 등 서양의 고전 예술, 이른바 '고급문화'를 널리 확산시켰고, 문화 면에서도 계몽을 지향했다. 즉, 일상적인 고급문화 접촉을 일반 사람들도 가능하도록 했으며, "물질적 풍요로움은 아닐지라도, 정신적 풍요로움을 제공해"(Crisell, 1997: 29) 더욱 조화로운 사회질서를 실현하는 데 기여할 수 있다고 생각한 것이다.

그러나 고급문화를 고집한 이러한 BBC의 방침은 시청자에게서 상당한 불만을 불러일으키게 되었다. 이에 BBC의 계몽적 자세를 비웃을 때의 모욕적인 표현으로 '바흐'라는 말이 사용되었다고 한다(Gorham, 1952: 69). 특히 이러한 불만이 생긴 것은 BBC의 일요일 방송이었다. 리스는 안식일인 일요일에는 오락 프로그램이 적절하지 않다고 생각해 종교 프로그램이나 고전음악을 집중적으로 방송했다. 그러나 일요일에 오락이 현재보다 훨씬 한정적이었던 당시, 특히 라디오를 여유롭게 청취할 수 있는 시간이 휴일밖에 없는 사람들에게 이러한 BBC의 방침은 참을 수 없는 것이었다. 이로인해 일요일에는 라디오 노르망디, 라디오 룩셈부르크 등 유럽 대륙의 라디오에서 방송되는 영국 대상의 프로그램이 인기를 끌었다. 실제 1936년 요크에서 실시된 조사에서는 일요일 특정 시간대에 무선 중계 서비스[8]에 가입한 노동자계급의 전체 가구가 BBC가 아닌 라디오 룩셈부르크를 청취하는 것으로 나타났다(Rowntree, 1941: 409).

하지만 이들 해외 라디오의 인기는 BBC의 일요일 편성에 기인한 것일뿐, 평일에는 BBC가 이들 라디오를 압도했다(Gorham, 1952: 113). 청취자의 대부분은 해외 라디오보다 BBC가 뛰어나다는 것을 인정했으며, 특히 미국의 상업주의적 방송 제도에 대해서는 '국민적 프라이드'에 기인한 반감이 존재했다는 지적도 있다(Gorham, 1952: 127). 즉, 다양한 불만은 있었지만, BBC의 존재 자체가 일종의 문화적 내셔널리즘의 구성 요소로 작용했으며, 영국의 문화적 우월성을 나타내는 상징으로 BBC가 자리 잡았다고 할 수 있다.

---

8   BBC와 해외방송 사업자의 전파를 수신해 이를 케이블을 통해 가입자에게 전송하는 서비스. 서비스 제공업자는 어떤 채널이 어느 정도 청취되고 있는가를 파악할 수 있다. 통상 라이선스보다 저렴했기 때문에 노동자계급에서 인기가 있었다.

게다가 BBC의 계몽적 태도가 서서히 개선되면서 BBC의 구심력은 더욱 강화되었다. 1930년대에 접어들어 BBC는 '경음악'과 '버라이어티' 등 오락성이 강한 프로그램을 다수 방송했다. 이들은 기존의 대중문화를 모방했다기보다는 오히려 전혀 새로운 형태의 문화였으며, 계급적인 기호와 상관없이 모든 계층이 수용할 수 있었다고 한다. 이에 대해 스캐넬과 카디프는 다음과 같이 지적한다.

> 사회적으로 분절된 무수한 공중 앞에서 라디오의 버라이어티 프로그램 제작진은 다음을 발견했다. 그것은 그들 공중을 하나로 묶기 위한 공통된 틀은 실제로 그것을 만들어가는 것에 의해서만 확립될 수 있다는 것이다. 이러한 틀은 기억하기 쉬운 주제 음악, 잘 만들어진 등장인물과 상황 설정, 그리고 친숙한 캐치프레이즈를 말하는 익숙한 음성 등의 메커니즘을 통해 만들어진다(Scannell and Cardiff, 1991: 273).

르마이유는 이렇게 해서 새롭게 만들어진 문화야말로 영국의 '공통 문화'의 일부가 되며, 계급을 초월하여 널리 공유된다고 주장한다(LeMahieu, 1988: 291). 원래 이러한 르마이유의 주장에 대해 당시 영국에서는 어떠한 공통 문화도 존재하지 않아 상호 중첩되는 복수의 문화가 존재했을 뿐이라는 비판도 있다(McKibbin, 1998: 527). 이들 견해 가운데 어느 쪽이 타당한가를 판단하는 것은 쉽지 않다. 왜냐하면 문화적 차이는 대부분 객관적으로 관찰할 수 있는 것이라기보다는 극히 주관적인 형태로 인식되기 때문이다. 따라서 사람들이 계급이라는 카테고리를 강하게 인식하고 있는 한에는 미묘한 차이가 계급 간에 넘기 어려운 간극을 드러내는 것이라고 규정될 가능성도 있다. BBC 방송에 적용할 경우, 그것이 문화적 내셔널리즘의 구성 요소가 되고 공통의 문화적 체험을 불러일으키는 한편, 그러한 문화적 체험 속에서 미묘한 차이가 도리어 계급적 의식을 강화하고, 국민 공동체에 균열을 키우도록 작용했을 가능성도 부정할 수 없다. 예를 들면, 설립 초기 BBC 방송에서는 잉글랜드 남부의 고등교육을 받은 사람들에게 가까운 'BBC 영어'가 획일적으로 사용되었으며, 이는 부유층의 영어라는 반발을 초래하기도 했다(Pegg, 1983: 160~162).

그러나 계급을 초월해 청취할 수 있는 라디오 프로그램이 방송되면서 비판과 반발을 내포하면서도 많은 사람들에게 공통적인 어휘와 화제, 나아가 '상식'의 형성이 촉진되었을 가능성도 있다. 또한 미디어와 내셔널리즘이나 국민 통합의 관계를 논의할 경우, 미디어가 내놓은 메시지뿐만 아니라 미디어 자체가 수행하는 역할에 대해서도 검토할 필요가 있다. 이러한 점을 좀 더 자세하게 검토하기 위해, 사람들의 가정생활이 변용해가는 과정에서 라디오가 어떠한 역할을 수행했는가를 살펴보도록 한다.

## 4) 가정생활의 변용과 라디오

1934년 2월 9일 자 ≪데일리 메일≫에는 저명한 페미니스트로 알려진 샬럿 홀데인(Charlotte Haldane)이 쓴 "여성에게 라디오는 무엇을 의미하는가"라는 제목의 기사가 실렸다. 당시 라디오는 급속하게 보급되고 있었으며, 가정용 내구 소비재로서의 성격을 강화하고 있었다. 이 기사는 이에 따른 여성 청취자의 증가를 배경으로 집필되었다. 여기에서는 홀데인의 기사를 소재로 당시 가정생활의 변용과 라디오의 관계를 논의한다.

이 기사에서 홀데인이 라디오의 효용으로 먼저 제기한 것은 가정 내의 다양한 문제에 대한 과학적 지식의 보급이다. 즉, 다양한 전문가가 라디오를 통해 의료와 교육에 관한 적확한 조언을 해주길 기대하고 있었다. 당시 이러한 라디오를 통한 지식 보급에 대해서는 홀데인뿐만 아니라 다양한 계층에서 기대를 모았다. 그 이유로는 국민의 건강 상태에 대한 사회적 관심 고조를 지적할 수 있다. 제국주의를 내세운 식민지 확보와 대외 전쟁에 따른 영국인의 해외 파견은 '건강한 국민'에 대한 사회적 수요를 증대시켰다(Jones, 1994/1997: 89). 그러나 1899년부터 1902년까지 계속된 보어 전쟁에서 노동자계급의 대부분이 건강상의 이유로 징병검사에서 불합격 판정을 받았다(Feldman, 1994: 143). 이에 노동자의 건강 상태를 개선하기 위한 운동이 전개되는 한편, 육아에 대한 생각도 크게 변한다. 즉, '건강한 국민' 육성에는 적절한 육아가 무엇보다 중요하다고 생각하게 되었고, 그 책임을 짊어진 출산 여성에게는 정확한 지식에 의거한 육아가 요구된 것이다(Harris, 1994: 80).

실제로 리스는 BBC 설립 초기부터 라디오를 통해 청취자에게 건강 관련 지식을 확산시켰으며, 국민 공동체의 건강 상태 개선에 기여하기 위해 노력했다(Reith, 1924: 150~151). 특히 설립 초기에는 건강 관련 프로그램이 청취자가 가장 많은 시간대인 오후 9시부터 10시까지 방송되었으며, 전체 청취자의 지식수준을 향상시키려고 했다. 이에 대해 여성 청취자가 증가한 1930년대 이후에는 더욱 명확하게 여성을 대상으로 건강 관련 프로그램이 방송되었다. 예를 들어 보건부 장관은 '모성이 먼저 건강해야'라는 제목의 담화를 BBC에서 발표했으며, 가족이 의지할 수 있는 의사나 병원을 결정해두도록 주부에게 당부하기도 했다(Moores, 1988: 34).

물론 이러한 육아 관련 위상의 변화는 다른 한편으로 가정에서 여성의 역할 변화로 이어졌다는 것에 주의할 필요가 있다. 즉, 육아와 가사 전반에 관한 지식 습득은 가정 내에서 여성의 권위를 확립하려는 움직임과 연동한 것이다. 이제 가사가 누구나 할 수 있는 단순한 행위가 아니라, 전문적인 지식을 필요로 하는 고도의 작업이라고 한다면, 가정을 도맡아 관리하는 여성은 당연히 권위를 가지게 된다(Bourke, 1994: 68). 라디오를 통한 과학적 지식의 보급은 이러한 가사 교육의 일환으로 볼 수 있으며, 앞에서 언급한 홀데인의 주장도 이러한 맥락의 연장선에 있다고 할 수 있다.

이러한 여성의 역할 변화는 앞에서 소개한 『일상생활과 방송』이라는 보고서에서도 언급되고 있다(Jennings and Gill, 1939: 24). 이에 따르면, 라디오가 보급되기 전에 가정에 구속된 여성은 집 밖에서 일어난 일에 관한 대화에 참가하는 것이 어려웠다. 그런데 라디오가 일반 가정에까지 보급되자 여성이 프로그램을 청취할 기회를 가장 많이 가질 수 있었기 때문에, 밖에서 일어난 일에 관해 다른 가족 구성원보다 많은 정보를 가지는 경우까지 생겼다. 이에 따라 여성이 가족 간의 대화에 이전보다 적극적으로 참여하게 되었다는 것이다.

덧붙여 이러한 라디오의 역할에서 보이는 것은 가정이라는 공간 자체의 변용이다. 즉, 라디오가 제공하는 '오락의 공간'으로서 가정의 역할이 비약적으로 높아졌다는 것이다. 19세기 영국의 급속한 산업화와 도시화는 대다수 도시 주민을 열악한 주거 환경에 내몰았다. 이에 많은 사람들이 집보다는 거리나 선술집에서 많은 시간을 보냈고, 때로는 그것이 난투극이나 폭동으로 이어지기도 했다(Moores, 1988: 24). 그러나 19세기 후반에서 20세기까지 교통망의 발달과 이에 따른 교외로의 인구 이동, 정부의 주택 공급, 나아가 출생률 저하로 인한 아동 수의 감소 등으로 주거 환경은 크게 개선되었으며, 사람들은 집에서 더 많은 시간을 보내게 되었다. 쾌적해진 가정에 오락을 제공하게 된 라디오는 이러한 경향을 더욱 촉진시켰다(Jennings and Gill, 1939: 21).

가정이 오락의 공간으로 기능하게 되면서 지역 공동체와 가정의 관계는 소원해지는 반면, 국민 공동체와 가정이 좀 더 직접적으로 연결되는 사태를 불러일으켰다. 레이먼드 윌리엄스는 교통기관과 미디어의 발달로 많은 사람들이 가정 안에 머물게 되면서 외부 사회와 직접 접촉하는 상황을 '유동적 사생활화(mobile privatisation)'라고 불렀지만(Williams, 1974: 26), 이렇게 체험된 외부 사회는 압도적으로 국민 공동체가 많았다(Moores, 1993: 87). 특히 1920년대 후반부터 BBC가 런던의 본부를 중심으로 한 중앙집권적 방송 네트워크를 구축한 것은 이러한 경향을 더욱 가속시켰다. 『일상생활과 방송』에서는 조사 대상의 가정 가운데 90% 이상이 라디오에서 청취한 것을 다른 사람과 이야기하는 습관을 가졌다고 보고하는데(Jennings and Gill, 1939: 23), 이는 국민 공동체의 차원에서 일어난 일이 가정에서 공통의 화제가 될 가능성을 대폭 늘렸다고 할 수 있다.

또한 지역 공동체를 거치지 않고 국민 공동체와 가정이 직접적으로 연결된 것은 통치 단위로서 가정의 중요성이 커졌다는 것을 의미한다. 자크 동즐로(Jacques Donzelot)의 말을 빌리면, '가족을 통한 관리'가 시도되었다는 것이다(Donzelot, 1977/1991: 106; Moores, 1988: 35). 즉, 가부장인 아버지가 가정의 관리에 대한 의무 및 자유재량권을 가진 체제에서 국가가 가정을 통치의 에이전트로 어머니를 경유해 안으로부터 관리하는 체제로 이행한 것이다. 길거리와 선술집에서 가정에 틀어박힌 사람들을 통합하기 위해서는 외부의 통제뿐만 아니라 내부의 통제도 불가결했다. 앞에서 밝힌 가정에서 여성의 입장 변화는 가정을 통한 이러한 국민 통합 시도와 깊이 관련되어 있다.

이상과 같이 전간기에 라디오는 많은 가정에서 중요한 역할을 했으며, 이는 가정이 국민 통합의 논리 속에 포섭되는 과정과 궤를 같이한다고 할 수 있다. 그러나 여기서 주의해야 할 것은 이러한 과정이 항상 저항 없이 진행된 것은 아니라는 점이다. 예를 들면 『일상생활과 방송』에서는 아기가 성장하게 되면서 어떤 프로그램을 청취할 것인가에서 합의를 얻기 어려운 상황에 대해 언급하고 있다(Jennings and Gill, 1939: 23).[9] 이른바 프로그램 선택에 관한 잠재적 불만이 이미 존재했음에도 통상적으로는 집에 한 대밖에 없는 라디오의 희소성이 이를 억누른 것이다. 그러나 전간기에도 잡지 등의 미디어는 이미 선택의 폭이 확대되어 좀 더 다양한 기호에 부응하는 상황이 나타나기 시작했다(Stevenson, 1984: 402~403). 그리고 시간이 지나 복수의 라디오와 복수의 TV가 가정에 들어오게 되면서 개인 단위의 미디어 시청은 더욱 확대된다. 이는 매스미디어가 가지고 있던 통합적인 효과를 약화시켰으며, 가족의 위상 변화로 이어지게 된다.

나아가 전간기에 통합의 촉진을 의도한 BBC의 메시지를 청취자가 때로 비판적으로 수용한 것은 이미 살펴본 바와 같다. 이런 의미에서도 BBC 방송이 촉진한 통합 작용에 대해서는 유보가 필요하지 않을까 생각한다. 다만 이러한 BBC에 대한 비판이 내셔널리즘의 부재를 의미하는 것은 아니다. 오히려 이러한 비판적인 청취가 바로 일종의 내셔널리즘을 더욱 강화하는 것일 수도 있다. 이 점을 분명히 하기 위해 이어서 1937년 5월에 열린 조지 6세 대관식 중계방송에 대해 고찰한다.

---

9  다만 『일상생활과 방송』에서는 프로그램에 대한 선호가 가족 내에서 일치하지 않다는 것을 강조하고 있다(Jennings and Gill, 1939: 23~24). 벤저민 시봄 라운트리(Benjamin Seebohm Rowntree)도 동일한 주장을 하지만, 그는 설문에 응답한 것은 가장이었기 때문에 가족 내 선호의 불일치가 표면화되지는 않았을 가능성도 지적하고 있다(Rowntree, 1941: 411).

## 3. 대관식 중계와 내셔널리즘의 고양

### 1) 대관식 수용 형태

현재 영국에서 성탄절 행사로 자리 잡은 것이 국왕 메시지 방송이다. 이 행사가 시작된 것은 조지 5세(George V)가 즉위했던 1932년이었다. 이것은 방송에 대한 사회적 인지가 높아졌으며, 국왕이 공식적으로 출연할 가치가 있을 만큼 BBC의 권위가 인정되었다는 증거이기도 했다. 그리고 이러한 왕실 관련 방송만이 모든 계층의 사람들을 거의 동등하게 사로잡을 수 있으며, 국민 공동체와 제국 등 광대하면서도 추상적인 존재를 청취자에게 상기시키는 데 왕실이라는 구체적 상징은 대단히 중요한 역할을 발휘한다는 것이다(Scannell and Cardiff, 1991: 286).

그런데 조지 5세가 죽은 지 얼마 안 된 1936년 12월, 이러한 국민 통합의 상징인 왕실을 뒤흔드는 대사건이 발생한다. 다름 아닌 '왕위를 저버린 사랑'으로 불리는 에드워드 8세와 월리스 심프슨(Wallis Simpson)의 스캔들이다. 에드워드 8세는 심프슨 부인과 결혼을 원했지만, 그녀가 미국 출신인 데다 이미 이혼 경력이 있으며, 에드워드 8세와 결혼하기 위해서는 다시 이혼하지 않으면 안 되었기 때문에 볼드윈(Stanley Baldwin) 내각은 결혼에 반대했다. 그 결과, 에드워드 8세는 퇴위하는 길을 선택해 그의 동생이 조지 6세로 즉위하게 되었다.[10]

이 스캔들에 관해서는 에드워드 8세에 동정하는 의견도 많아 여론이 분열되었다. 이에 이듬해 5월에 거행된 조지 6세 대관식 방송은 통상적인 '미

---

10   이 사건과 관련된 미디어의 움직임에 대해서는 水谷(1995) 참조.

디어 이벤트'[11] 이상으로 중요한 역할을 맡게 되었다. 즉, 왕실 문제로 분열된 여론을 재통합하는 것이 기대된 것이다. 이러한 상황에서 거액의 비용과 주도면밀한 준비를 거쳐 거행된 대관식은 라디오뿐만 아니라 TV로도 중계되었으며, 많은 사람들이 간접적으로 대관식을 접하게 되었다. 이하에서는 당시 다양한 사람들에게 자신의 행동을 기록하게 하여 사회 실정을 파악하려 했던 '여론조사(mass observation)' 결과를 참고하면서 대관식 중계와 당일 방송된 조지 6세의 연설을 청취자가 어떻게 받아들였는지를 논의하도록 한다.

우선 주목되는 것은 미디어 이벤트로서 대관식에 대한 시청자의 민족주의적 반응이다. 실제로 여론조사에서는 선술집이나 영화관에서 조지 6세의 연설을 라디오로 들은 뒤, 국가(國歌)를 함께 제창하는 사람들의 모습이 기록되어 있다(Jennings and Madge, 1937). 게다가 이러한 많은 사람들이 같은 공간에서 같은 방송을 접하는 미디어 이벤트 양식은 때로 함께 있는 사람들에게 동조 작용을 불러일으켜 이벤트에 대한 비판을 봉쇄하는 효과를 가지고 있다. 예를 들면, 버밍엄에 있는 선술집에서는 국왕의 연설이 방송되는 도중에 다른 손님에게 침묵을 요구하는 사람들의 모습이 관찰되는 한편, 연설이 끝난 후에 벌어진 국가 제창에서 기립하면서 국가를 부르는 손님도 보였다(Jennings and Madge, 1937: 291). 또 런던에 사는 여성은 대관식을 접한 뒤 "대영제국에 귀속된 것에 자부심과 명예심"을 느꼈다고 기술하면서 자신이 이런 감정을 가질 수 있다는 것 자체에서 안도감을 느꼈으며,

---

11  미디어 이벤트란 "TV를 통해 방송되면서 거행되는 행사, 또는 국민이나 세계를 석권하는 것 같은 역사적 행사"를 가리킨다(Dayan and Katz, 1996: 13). 조지 6세의 대관식은 TV로도 중계되었지만, 대부분은 라디오를 통해 의식을 접했다. 그러나 이 대관식이 가진 구심력을 생각하면, 이 행사를 미디어 이벤트로 부르는 것은 부적절하지 않을까.

"다른 사람들이 신경 쓰였던 것이 바보처럼 생각되었고, 항상 소수파로 살았던 것은 너무나 힘들었다"라고도 밝혔다(Jennings and Madge, 1937: 304). 이를 통해 대관식이라는 미디어 이벤트에서 내셔널리즘의 감정을 가지는 것 자체가 일종의 규범으로 작용하고 있다는 것을 읽을 수 있다.

물론 대관식을 접한 사람 모두가 거기서 표출되는 가치나 내셔널리즘을 자극하는 감정을 무비판적으로 받아들인 것은 아니다. 로버트 보콕(Robert Bocock)이 말하듯이 대관식과 같은 의식을 통해 체현되는 가치를 공유하지 않고 있다고 인식한 뒤, 자신들은 국민 공동체의 일부가 아닐까 하고 느끼는 사람들도 존재할 수 있다(Bocock, 1974: 98). 예를 들어 가족과 함께 대관식 중계를 청취한 여성은 "점심에 백포도주를 마셨으며, 다른 가족은 우울해했다. 대규모 이벤트 방송은 소외감을 불러일으킨다고 생각한다"라고 적었다(Jennings and Madge, 1937: 316~317). 또한 에드워드 8세에 대한 애착을 털어놓는 사람의 모습도 적지 않게 기록되었으며, 왕실에 관한 여론 분열이 완전하게 회복되지는 않았다고 할 수 있다. 이 밖에도 대관식의 진행 방법이나 조지 6세의 연설 어조를 욕하는 의견도 다수 기록되었다.

다만 여기서 주목해야 할 것은 이들의 불만에도 불구하고, 국민 공동체나 왕실의 존재 자체를 부정적으로 말하는 의견이 전무한 것은 아니지만 거의 기록되어 있지 않다는 점이다. 예를 들어 다음의 경우는 대관식에 비판적이면서도 내셔널리즘의 감정을 표명한 것으로 볼 수 있다.

나는 조국을 사랑한다. 그러나 국기를 흔드는 것과 같은 애국적인 호전주의가 내게 와닿는 것은 아무것도 없었다. 오히려 나는 밖에서 벌어지는 유치한 구경거리를 참을 수가 없었다. 국가에 대한 내 마음은 그런 것보다 훨씬 깊은 곳에 이른다(Jennings and Madge, 1937: 275).

즉, 이 사람은 대관식이라는 '유치한 구경거리'에 반감을 느끼면서 '국가에 대한 깊은 사랑'을 확인하고 있다. 이런 의미에서 대관식 중계방송은 이에 찬성하는 사람뿐만 아니라, 비판적인 사람에게도 내셔널리즘을 환기시킬 가능성을 가지고 있다고 할 수 있다. 다시 말해 다양한 의견과 가치관의 대립이야말로 '자신이 바로 진정한 애국자'라는 발상을 더욱 강화하며, 대립을 초월한 충성의 대상으로서 국민 공동체의 위치를 확고하게 만드는 것이다. 조지 오웰(George Orwell)의 저명한 논평 제목을 차용한다면, 마치 '좌익이든 우익이든, 내 조국'이라는 말이 된다.

## 2) 역사를 논하는 관점

이상과 같이 이 장에서는 전간기 영국에서 BBC 라디오 방송과 내셔널리즘, 그리고 국민 통합의 관계에 대해 검토했으며, BBC가 내셔널리즘의 확대와 재생산에 기여했다고 해도 그 자체는 국민 통합의 촉진과 반드시 일치하는 것은 아니라는 점을 살펴보았다. 여기에서는 통합과 분열이라는 상반된 힘이 복잡하게 작용했으며, 이를 더 깊이 이해하기 위해서는 포괄적인 정치사와 사회사의 맥락 속에서 검토할 필요가 있다. 다만 2절에서 밝혔듯이 전간기의 역사적 규정 자체가 크게 변화했다는 것을 감안한다면, 이러한 작업에는 역사를 논하는 우리 자신이 어떠한 관점에 서 있는가에 대한 좀 더 예리한 의식이 요구된다. 즉, 역사에서 통합 또는 분열의 계기를 해독하도록 우리를 이끄는 역학 자체에 눈을 돌릴 필요가 있다.

* 이 장은 필자가 2003년에 작성한 논문을 대폭 추가·수정한 것이다. 이전 논문에서는 BBC를 국민 통합의 측면에서 지나치게 강조했지만, 여기에서는 그에 대한 반성을 반영했다.

## 참고문헌

Baxendale, J. and C. Pawling. 1996. *Narrating the Thirties: A Decade in the Making: 1930 to the Present*. London: Macmillan.

Bocock, R. 1974. *Ritual in Industrial Society*. London: Allen & Unwin.

Bourke, J. 1994. *Working-Class Culture in Britain 1890~1960: Gender, Class, and Ethnicity*. London: Routledge.

Briggs, A. 1961. *The birth of Broadcasting*. Oxford: Oxford University Press.

Cathcart, R. 1984. *The Most Contrary Region: The BBC in Northern Ireland 1924~1984*. Belfast: Blackstaff Press.

Cole, M.(ed.). 1956. *Beatrice Webb's Diaries, 1924~1932*. London: Longmans.

Crisell, A. 1997. *An Introductory History of British Broadcasting*. London: Routledge.

Delanty, G. and P. O'Mahony. 2002. *Nationalism and Social Theory: Modernity and the Recalcitrance of the Nation*. London: Sage.

Feldman, D. 1994. "Nationality and ethnicity, 1900~1914." in P. Johnson(ed.) *Twentieth-Century Britain: Economic, Social and Cultural Change*. London: Longman.

Gorham, M. 1952. *Broadcasting and Television since 1900*. London: Andrew Dakers.

Harris, J. 1994. *Private Lives, Public Spirit: Britain 1870~1914*. London: Penguin.

Jennings, H. and W. Gill. 1939. *Broadcasting in Everyday Life: A Survey of the Social Effects of the Coming of Broadcasting*. London: BBC.

Jennings, H. and C. Madge. 1937. *May the Twelfth: Mass-Observation Day-Surveys 1937 by over two hundred observers*. London: Faber and Farber.

LeMahieu, D. L. 1988. *A Culture for Democracy: Mass Communication and the Cultivated Mind in Britain Between the Wars*. Oxford: Clarendon Press.

Moores, S. 1988. "The box on the dresser: memories of early radio and everyday life." *Media, Culture and Society*, Vol.10(1).

McKibbin, R. 1998. *Classes and Cultures: England 1918~1951*. Oxford: Oxford University Press.

_____. 1993. *Interpreting Audiences: The Ethnography of Media Consumption*. London: Sage publications.

Pegg, M. 1983. *Broadcasting and Society, 1918~1939*. London: Croom Helm.

Reith, J. C. W. 1924. *Broadcast over Britain*. London: Hodder and Stoughton.

_____. 1949. *Into the Wind*. London: Hodder and Stoughton.

Rowntree, B. S. 1941. *Poverty and Progress: A Second Social Survey of York*. London: Longmans.

Scannell, P. and D. Cardiff. 1991. *A Social History of British Broadcasting*. Oxford: Blackwell.

Stevenson, J. 1984. *British Society 1914~45*. London: Penguin.

Stuart, C.(ed.). 1975. *The Reith Diaries*. London: Collins.

Tracy, M. 2003. "The BBC and the General Strike: May 1926." *BBC and the Reporting of the General Strike*(microfilm edition). Wakefield: Microfilm Academic Publishers.

Vallone, R. P., L. Ross and M. R. Lepper. 1985. "The hostile media phenomenon: biased perception and perceptions of media bias in coverage of the Beirut Massacre." *Journal of Personality and Social Psychology*, Vol.49(3), pp.577~585.

Williams, R. 1974. *Television: Technology and Culture Form*. London: Fontana.

アンダーソン, ベネディクト(Anderson, Benedict). 1991/1997. 『増補 想像の共同体 — ナショナリズムの起原と流行』. 白石さや 外 譯. NTT出版.

ウィリアムズ, レイモンド(Williams, Raymond). 1958/1968. 『文化と社会 — 1780~1950』. 若松繁信 外 譯. ミネルヴァ書房.

尾上正人. 1999. 「コレクティヴィズムは醸成されたか — 英国戦時体制研究の新動向」. ≪大原社会問題研究所雑誌≫, 第487号, 1~20頁.

ジョーンズ, キャサリーン(Jones, Catherine). 1994/1997. 『イギリス社会政策の形成 — 1830~1990年』. 美馬孝人 譯. 梓出版社.

ダヤーン, ダニエル・カッツ, エリユ(Dayan, Daniel and Katz, Elihu). 1996. 『メディア・イベント — 歴史をつくるメディア・セレモニー』. 浅見克彦 譯. 青弓社.

津田正太郎. 2003. 「マス・メディアと国民統合 — 戦間期イギリスの国民統合におけるBBCラジオの役割」. ≪メディア・コミュニケーション≫, 第53号, 167~178頁.

_____. 2004. 「マス・メディアをめぐるエスニック紛争 — 戦間期アイルランドにおけるラジオ放送の意味」. ≪メディア・コミュニケーション≫, 第54号, 137~149頁.

_____. 2006. 「『公共放送』という理念 — ジョン・リースの思想におけるBBCの独立の意義」. ≪マス・コミュニケーション研究≫, 第68号, 131~147頁.

_____. 2007. 「ナショナリズムの生成および再生産過程におけるマス・メディアの役割 — ナショナリズム概念の再検討による新たな視座の深求」. ≪マス・コミュニケーション研究≫, 第70号, 195~211頁.

テイラー, アラン(Taylor, Alan). 1965/1987. 『イギリス現代史 — 1914~1945』, 第1巻, 第2巻.

都築忠七 譯. みすず書房.

ドンズロ, ジャック(Donzelot, Jacques). 1977/1991. 『家族に介入する社会 — 近代家族と国家
　の管理装置』. 宇波彰 譯. 新曜社.

水谷三公. 1995. 『イギリス王室とメディア — エドワード大衆王とその時代』. 筑摩書房.

6장

# BBC와 왕실 보도
### 공정 중립과 명확한 객관 보도

간다 히데카즈

## 1. 영국 왕실의 취재 현장

BBC의 왕실 보도는 대중지와 같이 가십, 스캔들을 정면에서 다루지는 않는다. 고급지에서 다루는 것처럼 흥미 본위의 기사를 쓰는 신문·잡지명을 내세워 '이와 같은 내용을 보도한다'며 간접적으로 표현한다. BBC가 고민하는 것은 국론을 양분하는 문제나 전쟁에 휘말렸던 때이다. EU 가맹이나 포클랜드 전쟁,[1] 찰스 왕세자(Charles, Prince of Wales)의 이혼과 다이애나 비(Diana, Princess of Wales)의 죽음 등 논평이 필요한 경우가 그렇다.

---

1  BBC 방송(2010.2.19)에 따르면, 영유권을 둘러싸고 영국과 아르헨티나는 다시 긴장 관계에 있다. 영국은 유전 개발을 계획하고 있었지만, 아르헨티나는 선박 운행에 허가제를 도입했다.

이러한 경우에는 편집자 마음속에서 갈등이 소용돌이친다. '미네르바의 부엉이'와 같은 기분이 된다. 복수의 관계자에게 논평을 의뢰하지만, BBC의 편집 방침에서 벗어나지는 않았는지 고민한다. 테러, 핵, 지구 환경 등 어느 것이나 교훈이 있겠지만, 한계까지 생각해 판단한다.

영국에서 왕실 취재는 일본과 같은 기자클럽이 없기 때문에 일본보다 어려울 것으로 보인다. BBC가 영국 왕실을 취재할 때는 버킹엄 궁전 홍보 담당자의 발표에 의존하지만, 왕실 구성원을 직접 접촉해 취재를 요청하는 경우도 있다. 또한 왕실 관계자를 취재해 왕실 기사를 쓰는 경우도 있다. 왕실 관계자가 국내나 해외를 방문할 때 동행 취재를 하는 것도 일본과 같다.

BBC가 일본의 왕실[2]을 취재할 때는 도쿄 지국이 원칙적으로 담당하지만, 필요에 따라서는 런던에서 취재기자나 취재팀을 파견하는 경우도 있다. 1975년에 엘리자베스 여왕이 일본을 방문했을 때 BBC는 취재반을 도쿄에 파견했으며, 영국에서 〈재팬(JAPAN)〉이라는 특집 프로그램을 방송했다. 필자도 이 프로그램에서 1분간 '왕궁'이 있는 도쿄에 대한 질문에 응했다. 1970~1980년대에 고든 마틴(Gordon Martin) 기자(외신)와 데이비드 스미턴(David Smeeton) 기자가 도쿄에서 취재한 것도 생각난다. 마틴 기자를 궁내청(宮内庁) 기자클럽에서 만났다. 그는 시종직과 기자클럽에 관심을 표명했는데, 명함에는 'Court Correspondent(왕실 담당 기자)'라고 적혀 있었다. 스미턴 기자는 BBC 직원 식당에서 영국과 일본의 왕실, 도쿄, 주택, 취재 거점 등에 대한 이야기를 했던 기억이 난다.

---

2  일본에서는 황실(皇室)이나 천황(天皇) 등으로 부른다. 그러나 여기에서는 영국과의 형평성, 옮긴이의 생각 등을 고려해 왕실, 일본 왕 등으로 옮긴다. - 옮긴이

## 1) 여왕과 영국

1972년 11월 BBC 창립 50주년을 기념하는 전시회가 열렸다. 개회식에는 엘리자베스 여왕이 참석했다. BBC는 국왕의 특허장에 의거해 운영된다. 1977년 여왕 즉위 25주년을 축하하는 '실버 주빌리(Silver Jubilee)'에 BBC의 일본어 방송은 특별 프로그램 〈여왕과 영국〉을 방송했다. 이 프로그램에서 BBC는 "왕실에 대한 명성이 높아지는 한편, 영국 정치체제의 위상이 재검토된 힘겨운 25년이었다"라고 말했다. 영국 여왕은 정치적으로 중립이라고 한다. '군림하지만 통치하지 않는다'는 것이다. 여왕은 총리에게 국가 문제에 대한 보고를 받으며, 총리에게 실제로 '조언과 용기를 준다'고 한다.

일본에서 왕의 지위는 헌법에 규정되어 있다. 그러나 영국에는 성문화된 헌법이 없으며, 판례를 축적한 '불문(unwritten)' 헌법이 운용되고 있다. 엘리자베스 여왕은 영연방(British Commonwealth)[3]의 원수이기도 하다. 즉위 25주년인 1977년 영연방의 최고 지도자들이 런던에 모였다. 영연방은 처음에 영국, 오스트레일리아 등 8개국으로 출발했다. 1977년 당시 35개국이 가맹했으며, 32개국이 대표를 보냈다. ≪선데이 타임스≫의 기념사진을 보면, 제1열에 여왕을 중심으로 영국(총리), 키프로스 등 10개국, 제2열에는 그레나다 등 9개국, 제3열에는 몰타 등 13개국의 대표가 서 있다.

영국 의회는 전통과 격식을 중시하여 식장에 마이크와 카메라의 입장을 불허했다. 그러나 1977년 BBC와 상업방송 ITV에 녹음과 방송이 허용되었다. 다만 오락과 풍자 프로그램에서는 음성 이용이 금지되었다. TV 방송은 조건부로 중계가 허용된다. 조지 6세는 말을 더듬었지만, BBC는 편집 없

---

3  1949년 런던 선언을 통해 'Commonwealth of Nations'로 변경되었다. ─ 옮긴이

이 방송했다고 한다. 당시에는 테이프 이전의 아세테이트(acetate) 시대였기 때문에 편집은 어려웠다.

## 2) 왕세자 메달 수여: 1분간 BBC 뉴스

BBC의 온라인 뉴스에 따르면, 찰스 왕세자는 2008년 7월 이라크 바스라, 바그다드를 방문해 영국에서 파견 나온 병사의 공헌을 기리며 메달을 수여했다. 케이브(Ian Cave) 사령관은 "영국에서 지켜보는 가족의 노력도 잊을 수 없다"라며 병사를 보낸 가족을 걱정했다. 찰스 왕세자는 2007년에 설립된 새로운 연대의 연대장이기도 하다. 이는 제22연대 등 4개 연대를 통합해 새롭게 발족한 것이다. 이라크 파병 부대는 ABC 3개 보병 중대이며, 석유회사 경비, 영국 외교관과 군 장교 경호를 담당했다. 이 중 병사 170명이 메달을 받았으며, 케이브 사령관은 오랜 군 생활에도 불구하고 이런 메달을 받은 것은 처음이라고 말했다. 사령관은 "멋진 일"이라고 평가했다. 메달 수여를 통해 버킹엄 궁전에서 분열행진이 약속되었다고 한다.[4] 분열행진과 근위기병대(Horse Guards) 행진은 BBC에서 TV로 중계되며, 초등학교 수업에도 소개된다.

## 3) 여왕의 편지

여왕 즉위 25주년에는 영국의 초등학교에서 TV를 본 학생까지 여왕에

---

4 "Prince presents Iraq troop medals", http://news.bbc.co.uk/2/hi/uk_news/7525631. stm(Friday, 25 July 2008 15:35 UK).

게 축하 편지를 보냈다. 필자의 장녀(당시 10세)도 여왕의 얼굴을 크레용으로 그려 편지에 담아 보냈다. 얼마 되지 않아 여왕 직속의 궁녀에게서 답장이 도착했다. 내용은 다음과 같았다.

Dear Tomoko

The Queen was deeply touched that you should remember her at this time, and I am to tell you that your kind message has given Her Majesty great pleasure. I am to send to you The Queen's most sincere thanks.

Yours sincerely,

Lady-in-Waiting


BBC는 여왕 즉위 25주년에 "여왕은 국민의 마음속에 살아 있다. 앞으로도 의연한 태도를 보일 것이다"라고 방송했다. 편지에 적힌 영문은 역시 왕실 영어로 격조가 있다.

## 4) 찰스 왕세자 인터뷰

1984년 4월 22일 부활절에 찰스 왕세자가 BBC 라디오의 인터뷰에 응했다. 전국에 생방송으로 육성이 방송되었으며, 특별 프로그램이 편성되었다. 왕세자는 이렇게 말했다. "나는 많은 젊은이들을 만나고 있다. 그들 중에는 장기간 실업수당을 받고 있는 사람이 있다. 또한 취직이 되자마자 학교를 그만두는 사람도 있다. 나는 이러한 젊은이에게 어떻게 자극을 줄 수 있을까 끊임없이 생각해왔다. 그들은 따분하고 희망이 없는 곳에서 알지 못하는 많은 젊은이와 함께 생활하고 있다. 그곳을 특정한 장소라고 단정할 수 있을까?"

BBC의 윌슨(M. Wilson) 기자는 "민간 유지(有志)로부터 자금을 신탁·투자해 니트(NEET: Not in Education, Employment, or Training) 문제 해결을 위한 프로젝트가 시작되었다"라고 보도했다. 거기에 수많은 젊은이가 모였다. BBC도 그들에게 주목했고, 인터뷰를 통해 몇 편의 프로그램을 제작·방송했다.

어떤 소녀는 "영국에서 부자는 점점 더 돈을 모으고, 가난한 사람은 언제나 가난하다"라고 말했다. 어떤 청년은 왕세자에게 이렇게 말했다. "왕세자가 일종의 특권과 재산을 가졌다 해도 니트 문제를 해결하기는 어렵다고 생각한다." 니트 문제는 영국을 비롯해 전 세계로 퍼졌다. 취업해도 7개월, 5개월, 3개월 만에 그만두는 사람을 '칠오삼' 취직이라고 한다. 이 문제를 해결하기 위해서는 더 큰 힘이 필요하다. 가족, 지역사회, 학교, 기업, 정부 등 모두가 지원할 필요가 있다.


## 2. 고급 신문과 대중 신문의 왕실 보도: 격조와 흥미 위주의 편집

### 1) 흔들리는 20세기 고급 신문

이른바 '퀄리티 페이퍼(quality paper)'라고 불리는 고급 신문은 격조와 정치적으로 독립된 불편부당에 가치를 가진다. 그러나 오스트레일리아의 미디어 왕 루퍼트 머독의 ≪타임스≫ 인수, 미러 그룹(Mirror Group)의 ≪인디펜던트(The Independent)≫ 자금 도입은 편집보다 경영에 비중을 옮겨 '독립'이라는 강령에 악영향을 주고 있다. 편집 책임자는 독자에게 "고급지의 가치를 지속시키고, 자금 도입을 통한 경영 위기 타개는 새로운 힘을 만들 것"이라고 설명한다.

인터넷 시대에 들어서면서 무료 석간도 등장했다. 신문은 영국뿐만 아니라 전 세계적으로 위기에 직면해 있다. 방송도 그렇다. 낡은 기자클럽이나 신문, 방송, 통신사만의 보도 협정은 더 이상 존립이 불가능해졌다. 고급지의 위상 확보는 정보사회에 돌입해 상당히 어려운 상황을 맞고 있다. 해리 왕자(Prince Harry)의 아프가니스탄 파병도 인터넷을 통해 드러났다.

## 2) ≪이브닝 스탠더드≫와 BBC 일본어 방송

1977년 필자는 ≪이브닝 스탠더드(Evening Standard)≫로부터 취재를 받았다. BBC의 해외방송 거점인 부시하우스(Bush House)에서는 심야에 "어떤 방송이 실시되는가"라는 질문을 받았다. 리즈 포건(Liz Forgan)이라는 여성 기자는 지면에 "경영 위기의 위협에 노출된 전파외교관. 부시는 마치 바벨탑 같다"라고 적었다. "런던의 심야는 도쿄에서는 이른 아침 시간이다. 앨드위치(Aldwych)에 있는 부시하우스의 부스에서 간다 히데카즈(神田秀一) 방송 요원은 68행 뉴스 원고를 번역하고 있었다. 내용은 여왕이 IRA(Irish Republican Army)의 거점 북아일랜드를 방문했다는 것"이라고 덧붙였다.

그러나 최근 이슈는 '영국 경제의 침체'이다. 2008년 8월 현재 영국 통계국의 데이터에 따르면 '성장률 0%'이다. 2009년은 마이너스 2%로 예상된다.[5] EU에 가맹했지만, 파운드가 현재도 기축통화이며, 엔화 대비 환율은 2010년 11월 2일 현재 133엔이다. 일본어 방송도, 전파외교관도 줄었다.

---

5  실제 성장률은 마이너스 3.3%로 60년 이래 최악을 기록했다. - 옮긴이

그리고 유료 석간지 ≪이브닝 스탠더드≫는 옛 소련 국가보안위원회(KGB)의 공작원이었던 러시아 부호 알렉산드르 레베데프(Alexander Lebedev)에게 매각되었다.


## 3. 영국 왕실과 일본 왕실의 교류: 조지 5세와 쇼와 왕

### 1) 조지 5세와 쇼와 왕

1921년 왕세자였던 쇼와(昭和) 왕은 영국과 프랑스 등 유럽 5개국을 방문했다. 왕세자의 견문을 넓히기 위해 제1차 세계대전 종료 직후, 원로가 다시 오지 않을 절호의 기회라고 생각해 실현한 것이었다. 마지막 방문지 영국에서는 영국 왕실의 손님으로 조지 5세가 주최한 만찬회에 참석했다. 쇼와 왕은 옥스퍼드 대학을 방문한 뒤, 470km 떨어진 스코틀랜드까지 여행했다.

쇼와 왕은 "이 여행에서 입헌정치의 중요성을 배웠다. 조지 5세는 친절하게 영국 입헌군주의 위상을 이야기해주었다"라고 언급했다. 또한 "나는 새장의 새였지만, 영국에서 처음으로 인간으로서 자유를 알았다"라고도 말했다. 1979년, 1981년 도치기 현(栃木県)에 있는 나스(那須) 별장에서 열린 기자회견에서 직접 들은 것이다.

쇼와 왕은 조지 5세의 영접을 받고 마차에 올라 버킹엄 궁전으로 향했다. 당시 영국 대사관에는 훗날 총리에 오른 요시다 시게루(吉田茂)가 있었고, 왕세자(쇼와 왕)의 방에서 차를 마셨다. 그때 조지 5세 부부가 갑자기 나타나 4명이 얼굴을 맞대게 되자, 요시다는 파리강화회의 전권대사였던 마키노 노부아키(牧野伸顕)에게 편지를 썼다. 그 모습을 궁내청 기자회 회원이었던 고 기시다 히데오(岸田英夫)는 저서 『시종장의 쇼와 역사(侍従長の昭和史)』에서 "요시다가 목격한 것은 국왕 부부와 왕세자가 마치 가족처럼 격의 없이 만나는 모습이었다"라고 적었다(岸田, 1982: 33). 당시 외교관이었던 요시다는 마키노가 파리로 떠났을 때 수행원으로 강화회의에 임했었다.

쇼와 왕은 "영국 왕실에는 나와 같은 나이가 많아 내게는 '제2의 인생'이라고 해야 할 상황"이라고 회상했다. 또한 "조지 6세와도 친해졌다"라고 말했다.

조지 5세는 독일 이름 '작센 코부르크(Saxe-Coburg)'를 계승했지만, 영국의 적대국이었기 때문에 윈저(Windsor)로 개명했다. 조지 5세의 아들인 에드워드 8세는 『사랑인가 왕관인가(恋か王冠か)』의 주인공으로 알려진 인물이며, BBC를 통해 성명을 발표해 국민을 놀라게 했다. 그는 "심프슨의 도움과 지원 없이 국왕의 책임과 의무를 수행할 수 없다"라고 밝혔다. 심프슨은 미국인으로 이혼 경력이 있었고, 국왕도 불륜 경험이 있었다. 가장의 입장이었던 조지 5세는 한 가족으로 살아가는 의미를 가르쳤다. 그는 이러한 신조를 "신에 대한 신앙, 영국적인 것은 모두 옳다"라고 했다. 그러나 H. 웰스(H. Wells)는 공화제를 내세워 공격했다.

조지 5세는 노동자계급도 따뜻하게 대했다. 버킹엄 궁전이 새롭게 단장되었을 때 크게 기뻐하며 공사 관계자를 저녁 식사에 초대했다. 후쿠자와 유키치(福沢諭吉)가 『왕실론(帝室論)』에서 밝힌 "민정을 살펴 국가 안전을 유지하기 위해서는 중도의 왕실을 유지하는 것이 여전히 긴요하다"라는 말과 통하는 것이다.

히로히토(裕仁), 즉 쇼와 왕은 전함 '가토리(香取)'를 타고 지중해에 들어가 지브롤터를 거쳐 영국의 포츠머스에 입항했다. '가토리'는 영국에서 제작된 전함이었다. 왕실 사무실에는 지금도 '가토리' 그림이 걸려 있다. 왕세자 히로히토(쇼와 왕)는 비공식적인 방문을 포함해 여러 곳을 찾았다. 빅토리아역(파리로 향하는 열차 발착역), 길드홀(Guildhall, 런던 시의회 의사당), 런던탑, 로이드 조지(David Lloyd George) 총리의 별장(Chequers), 케임브리지 대학, 대영박물관 등이었다. 런던 체류는 24일간이었다.

왕세자 히로노미야(浩宮)가 텍스트로 사용한 존 F. 갤브레이스(John K. Galbraith)의 『불확실성의 시대(The Age of Uncertainty)』에 따르면, 마르크스(Karl Marx)와 레닌(Vladimir Lenin)도 젊은 시절 대영박물관의 독서실에서 일했다고 한다. 왕족 미카사노미야 아키코(三笠宮彬子)도 옥스퍼드 대학 대학원에서 박사 논문을 제출하기 위해 대영박물관의 '일본 미술 컬렉션'에 대해 연구했다. 그녀는 리쓰메이칸 대학(立命館大学)에 취직했다.

## 2) 여왕의 일본 방문

1975년 5월 21일 엘리자베스 여왕은 영국의 원수(국빈)로 일본을 처음 방문했다. 1921년 쇼와 왕이 영국을 방문한 날과 같은 21일이었다. 여왕은 "우연이네요"라고 말했다. 여왕은 6일간 머물렀으며, 교토고쇼(京都御所)도 견학했다. 영국의 고급 신문은 일제히 "이것으로 제2차 세계대전은 끝났다"라고 보도했다. 가는 곳마다 여왕은 미소를 보였고, 영국과 일본 양국에 상호 우호의 장을 제공했다. 왕실 만찬회는 NHK와 BBC를 통해 런던에 위성으로 중계되었다. 필자는 이를 BBC를 통해 보았다.

여왕은 교토 시민에게서 대환영을 받았다. 연도에서 영국 국기와 일본 국기를 흔든 사람이 24만 명을 넘었다. 료안지(竜安寺) 정원에서 주지에게 '무(無)는 신(神)'이라는 설명을 들었을 때 여왕은 명상에 잠겼다. 니시혼간지(西本願寺)에서는 여왕이 "선(禪)과 혼간지의 교의는 어떻게 다른가?"라고 묻기도 했다. 여왕의 숙소는 오미야고쇼(大宮御所)였다. 그곳에 십자가와 촛대가 마련되어 여왕은 아침기도를 드렸다. 그곳에서 기독교 의식은 처음이었다. 여왕은 귀국을 앞두고 "길가에서 많은 사람들이 반겨주어 기뻤다"라고 말했다.

### 3) 일왕 부부의 영국 방문

왕실 장손인 히로노미야(현 왕세자)가 옥스퍼드 대학에서 유학 생활을 하던 1984년 당시 왕세자 부부(현재의 왕 부부)는 세네갈과 자이르(현 콩고민주공화국)를 방문했다. 돌아오는 길에 그들은 영국에 들러 히로노미야를 만났다. 런던에서는 여왕이 주최하는 오찬에 참석해 왕 부부와 왕세자는 따뜻한 대접을 받았다. 그 뒤 왕세자는 부모를 옥스퍼드 대학에 안내했다. '식사와 빨래는 어떻게 하고 있을까' 하고 걱정하던 왕비는 건강한 장남을 보고 안심했다.

왕세자는 "19세의 젊은 나이에 부친은 여왕 대관식에 참석했다. 그때 옥스퍼드 대학에서 벚나무를 기념으로 식수했는데, 31년이 지나 이를 본 부친은 기뻐했다"라고 말했다. 머튼 칼리지의 캠퍼스를 부모와 자식 세 사람이 걷던 모습이 지금도 뇌리에서 떠나지 않는다.

이보다 앞서 자이르에서 영국으로 향하는 일본항공 특별기 안에서 기장은 왕 부부에게 이렇게 설명했다. "적도, 자오선이 교차하는 곳을 지나고 있습니다. 시계 바늘이 그리니치 표준시를 가리키고 있습니다." 기장, 사무장, 객실 승무원, 유럽 지배인, 하네다와 런던의 수화물 담당 책임자 등은 지금도 특별기에서 있었던 일을 떠올리며 이야기한다고 한다. 이들의 모임은 '오이에 모임'으로 불린다. 이는 자이르의 은질리(N'djili) 공항에 착륙했을 때 현지 사람들이 산뜻한 민족의상으로 '오이에'(어서 오세요)라고 건넨 인사말이라고 한다. 필자는 기내에서 밖으로 나가지 않아 뭐라고 했는지 알 수 없었다. 2008년, 24년 만에 승무원과 다시 만나 당시 상황을 정겹게 회상했다.

## 4) 미카사노미야와 BBC

1975년 8월 왕족 미카사노미야 다카히토(三笠宮崇仁)가 BBC 일본어 방송을 방문했다. 런던 대학에서 동양사와 종교학을 연구하던 때였다. BBC는 특별 인터뷰를 요청했고, 질문자는 필자였다. 다카히토는 런던에 대한 인상, 영국에서의 연구, 일본의 왕실과 궁내청, 왕실과 국민, 영국 왕실과 일본 왕실의 교류 등에 대해 30분간 이야기했다.

이야기 가운데 인상에 남은 것은 질문을 받은 왕실에 대한 내용이었다. "왕족의 입장에는 한계가 있습니다. 국민이 원한다면 궁내청에 요구하는 것이 최선입니다." 일본과 영국을 비교하면 기자회견은 일본이 많다. 일본의 왕실 취재 시스템이 다른 국가보다 뒤처져 있기 때문이 아니다. 왕실 내부에 대해 무엇을 알고 싶은가, 흥미 위주로 '공개하라'고 요구해도 의미가 없다. 민주당 중심의 연립내각으로 바뀐 뒤부터(2009년 9월) 정부는 기자회견 제한을 완화했다.

## 5) 찰스 왕세자 부부의 일본 방문

2008년 10월 찰스 왕세자 부부가 일본을 방문했다. 도구고쇼(東宮御所)

에서 저녁 식사를 함께하며 양국의 왕세자 부부가 환담을 나눴다. 찰스 부부는 웨일스 출신의 작가 C. W. 니콜(C. W. Nicol)의 삼림 재생 프로젝트에 관심을 보였으며, 다카마도노미야 히사코(高円宮久子) 왕자비와 함께 나가노 현 구로히메(黒姫)의 사토야마(里山)를 방문했다.

찰스 왕세자는 BBC를 통해 환경 문제에 대한 생각을 밝혀왔으며, 자신의 농장에서 유기농법을 시험하고 있다. 영국 왕세자의 동정은 BBC 도쿄 지국이 취재해 런던으로 전송했다.

영국 대사를 역임한 그레이엄 프라이(Graham Fry)는 일본기자클럽(日本記者クラブ)에서 가진 강연에서 "환경 문제를 해결하기란 어렵다. 영국에서는 각국의 우수 사례를 수용하고 있다. 일본도 적절한 방법으로 대응하길 바란다"라고 말했다. 그러나 후임 데이비드 워런(David Warren) 대사는 "세계는 상호 의존의 시대에 들어섰다. 이에 어떤 국가든 책임을 져야 한다"라며 일본을 우회적으로 비판했다. 양국의 수호통상조약 체결 150주년을 맞은 2008년에는 양국 간의 교류가 활발했다. 2009년에 하토야마(鳩山由紀夫) 내각이 출범했으며, 온실가스 25% 삭감을 선언했다. 영국은 어떻게 할 것인가.

## 4. 정보사회와 왕실 보도: 왕실의 마음과 국민의 눈높이

### 1) 펜과 카메라의 취재 위치

펜과 카메라(음성 포함)는 현장 취재에 없어서는 안 되는 무기이다. 탐사 보도나 기자회견 취재가 아니더라도 눈앞에서 벌어지는 사실이나 현상을 포착하려면, 가능한 한 취재원에 접근해 취재할 필요가 있다. 또한 진실을 조명하기 위해 다각적인 접근이 중요하다.

왕실 보도는 엄격한 취재 조건과 제한 속에서 이루어져 왔다. 궁내청에 보도실이 탄생하면서 규제가 완화되기는 했지만, 쇼와 왕의 지방 방문 당시와 비교하면 취재는 어려워졌다. 따라서 궁내청 기자클럽을 없애라고 요구하는 것은 간단하지만, 어떤 취재 방법이 마련되어 있는지를 확인하는 것이 우선이다.

경찰청에서 궁내청에 파견된 M 총무과장이 돗토리(鳥取)의 모래언덕을 방문한 쇼와 왕의 취재를 놓고 궁내청 기자회와 대립한 적이 있다. 취재 라인을 쇼와 왕으로부터 너무 떨어진 위치에 설정했기 때문이다. 쇼와 왕의 목소리가 들리지 않았고, 모습도 멀었다. 결국 협의를 통해 취재 라인을 쇼와 왕 근처로 옮겨 해결했다. 경비만을 생각해서는 안 된다.

사이타마(埼玉)의 고분을 취재할 때는 보도진이 쇼와 왕에게 너무 접근해 쇼와 왕이 화를 내는 장면도 있었다. 철검문자를 보려고 유리 상자에 다가갔을 때 카메라 여러 대의 플래시가 터져 쇼와 왕의 눈에 들어갔다. 쇼와 왕은 큰 소리로 "보이지 않잖아"라며 찡그렸다. 보도진은 무례를 사과했고, 취재 라인을 변경했다. 1980년대, 아직 건강할 때의 이야기이다.

## 2) 정보 공개와 궁내청 홈페이지

정보공개법에 의거, 궁내청이 관리하고 있는 역사적 사료를 열람하려고 시도했지만, 곧 거대한 장벽에 부딪혔다. 다름 아닌 홈페이지에 있는 극히 난해한 문장 때문이다. 큰마음 먹고 해독해 청구 작업에 들어서자마자 또 다른 벽을 만났다. 쇼료부(書陵部), 산노마루쇼조칸(三の丸尚蔵館), 쇼소인

(正倉院)에 있는 자료는 법적으로 '대상 외'라는 답변이었다. 그러나 많은 사람들이 몇 번이나 청구하면 정보공개심사회가 움직여 공개되는 경우도 있다. 다이쇼(大正) 시대의 실록이 대표적인 예이다.

궁내청 홈페이지에는 첫 궁중 제사에 대한 정보가 전무했다. 그런데 최근에 간단한 설명이 나타났다. 이것도 많은 사람들이 궁내청에 문의한 결과로 공개된 것이었다. 공인인 왕족에게도 사적인 비밀이 있다는 것이 공개 거부의 이유였지만, 21세기 정보사회를 맞아 궁내청도 조금씩 대응을 바꾸고 있다. 중요한 것은 눈높이를 국민에게 맞추는 것이다.

### 3) 문서 회답보다는 기자회견

궁내청 기자회가 궁내청에서 왕족의 기자회견을 요구했을 때, 거부하지는 않지만 '문서 회답'이라면 받아들일 수 있다고 할 때도 있다. 왕족이라는 부담은 누구든 차이가 없다. 기자회견이 실현되지 않을 경우, 그 이유는 "왕비께서 회견을 하시지 않았는데, 왕세자비의 입장에서 응할 수는 없다"라거나, "지난달 회견을 가졌으니 이달에는 없는 것으로 해달라" 등이 대부분이다. 전자는 왕족 간의 입장 차이지만, 후자는 왕족을 지원하는 사무실이 내세우는 이유이다.

기자회견은 문서 회답과 달리 생중계이기 때문에 긴장이 따른다. 얼굴 표정이나 몸가짐, 복장, 음성 등 신경 써야 할 요소가 많다. 그러나 문서와 비교해 왕족의 생생한 모습이 국민에게 전달된다. '국민과 함께하는 왕실'을 생각한다면 기자회견이 바람직하다.

## 5. 최근 왕실과 국민: 개혁이 시급한 궁내청의 역할

### 1) 난해한 궁내청 부서

궁내청의 조직은 겉(장관관방)과 속(시종직)으로 크게 나눌 수 있다. 그러나 세부적인 조직까지 미디어는 전달하지 않아 국민이 이해하지 못하는 것도 많다. 예를 들어 심의관은 어떤 업무를 담당할까? 왕실과 관련된 중요 사항에 대해 조사, 심의, 입안을 총괄하고 있다. 참사관은 무엇을 할까? 심의관 밑에서 사무를 담당하지만, 심의관이 부재할 때에는 참사관이 대리한다. 비서과는 어떤가? 비서과는 왕실에 대한 정보 공개 등을 담당한다. 비서과는 심의관과 연락을 취하고, 정책을 입안하며, 총무과장과 함께 궁내청 차장을 보좌하기도 한다.

시종직은 내각에서 온 서류를 왕에게 보여주며, 서명이나 날인(국새, 옥새)을 받아 내각에 서류를 되돌려 보낸다. 영국에서는 국가의 인장을 관리하는 장관이 있어 '옥새상서(Lord Privy Seal)'라고 부른다.

### 2) 왕에게 상주

총리와 각료, 대법원장의 상주(內奏)는 국민에게 알려져 있지 않다. 총선거, 개각, 해산 등 왕의 국사 행위나 국가의 중요한 시책 수행에 대해서는 총리 등이 왕에게 그 배경과 상황을 설명한다. 이를 상주라고 하지만, 헌법에는 관련 규정이 없으며, '궁내청 요람'에도 기술되어 있지 않다. 상주를 받는다는 것은 왕의 국사 행위인가? 위헌이라는 견해도 있다. 왕은 정치에 관여할 수 없지만, 설명에 대해서는 질문과 의견을 밝히고 있다. 그러나 상주의 내용은 분명하지 않다.

1973년 마스하라 게이키치(增原惠吉) 방위청 장관이 왕에게 상주한 뒤, 기자와의 잡담에서 그 내용을 말해 크게 문제가 되었다. 이리에 스케마사(入江相政) 시종장에 따르면, 쇼와 왕은 "이제 종이 인형이라도 내세우지 않으면 안 되겠네"라며 한탄했다고 한다. 영국 여왕도 총리와 비밀리에 만나 의견을 제시한다고 한다. 포클랜드 전쟁 시, 공표되지는 않았지만, 여왕은 대처 총리에게 의견을 전달했다고 한다.

### 3) 여왕에 대한 궁내청의 대응

고이즈미(小泉純一郎) 내각의 자문회의는 '왕실 전범' 개정에 관해 논의한 뒤 '여왕 인정', '장자 우선'을 골자로 한 답신을 내각에 제출했다. 그러나 정부는 국론이 양분된다는 이유로 의회에 법안을 내지 않고 오늘에 이르고 있다.

아무튼 궁내청은 정부 초안을 정리하는 작업에 들어간 것으로 보이는데, 골자는 왕족 여성의 결혼(민간인이 되는가, 왕족으로 새로운 가문을 만들 것인가), 왕족 경비 증액, 궁궐 설립에 드는 경비 등이다. 왕족으로 새로운 가문을 만들 경우에는 배우자 선정, 경칭, 대우가 과제로 부상한다.

어려운 문제로는 왕위 계승 순위 조정이 남아 있다. 남자 계열의 아들을 우선하는 현행 규정과 장자 우선의 규정을 어떻게 조정할 것인가, 예를 들면 형제자매 간에 남자가 뒤에 태어난 경우이다. 구체적으로 왕세자의 딸인 아이코(愛子)와 둘째 왕자의 아들인 히사히토(悠仁)의 순위를 어떻게 할지가 과제이다. 영국에서는 '왕실결혼령' 등에 의거해 왕자가 연령순으로, 왕자가 없는 경우에는 공주가 연령순으로 계승한다.

## 6. 국제 친선 외교에 대한 기대: 외교관과 왕실 외교의 차이

### 1) 외교관

외교란 "협상을 통한 국제관계의 처리, 대사나 공사를 통해 이들 관계가 정리·처리되는 방법이며, 외교관의 직무 또는 기술"이라고 옥스퍼드 영영사전에 나와 있다. 왕실 외교는 이러한 일반적인 외교와는 다르다는 것을 알 수 있다. 왕실의 국제 친선 외교는 전통적인 외교와는 형태도 내용도 다르다고 할 수 있다.

영국의 외교관 해럴드 니컬슨(Harold Nicholson)은 "외교의 본질은 대외 정책과 협상에 있으며, 이를 혼동해서는 안 된다"라고 경고한다. '변하는 것과 변하지 않는 것(不易流行)'이라는 시구가 있지만, 외교도 시대에 따라서는 변하는 부분도 있다. 영국의 경우, 고전적인 외교에서 변화한 1941년 앤소니 이든(Anthony Eden) 외무장관 시절부터 현대적 외교가 전개되고 있다. 현대 외교는 군주 대권이나 비밀 유지에서 민주화·투명성의 방향으로 이행했다. 국가와 국가에서 국가와 국민으로 관점이 이동하고 있다.

### 2) 왕실 외교는 국사 행위인가?

헌법에서 규정한 '(왕은) 의식을 거행할 것'(제7조 제10항)은 신년 축하 의식 등을 가리킨다. 새해 첫날 화려한 민족의상을 입은 각국 외교관의 모습은 장관을 이룬다. 50개국 100여 명이 매년 참석한다. 질병으로 요양 중인 현 아키히토(明仁) 왕은 즉위 20년인 2009년부터 공무를 크게 줄였지만, 궁중에서 열리는 첫 행사(四方拜)부터 외교관 축하까지 12시간이 걸린다. 중

노동이나 다름없다. 궁내청은 어느 정도 줄일 수 있을까, 어려운 과제에 대응해야 한다.

국사 행위가 아닌 국제 친선은 국내에서만 신임 대사와의 면담, 국빈과의 회견, 국빈 초청 궁중 만찬 등이 있다. 2009년 12월 76세를 맞은 아키히토 왕에게 과중한 스케줄은 역부족이다. 왕 부부는 왕세자 시절 중남미의 파라과이와 브라질, 영연방의 잠비아와 탄자니아, 케냐 등을 방문했으며, 필자도 동행해 취재했다. 각국에서 왕 부부는 열렬한 환영을 받았으며, 이때 필자는 우호 친선이 확대되는 모습을 보았다. 왕실은 전문 외교관으로는 불가능한 능력을 전문 외교관과는 다른 분야에서 발휘할 수 있다.

### 3) 왕실 외교의 정치 이용

아키히토 왕은 역대 왕의 업적을 조사한 뒤 "어느 시대, 어느 왕이든 당대 권력에 참여한 적은 없었다"라고 말했다. "쇼와 왕은 이용당했다"는 사람도 있지만, 권력의 중추에 없었기 때문에 이용당할 우려가 있었다고도 할 수 있지 않을까. 『우라베 료고 시종일기(卜部亮吾侍従日記)』를 통해 드러난 '근신일'(2월 26일, 8월 14일)은 쇼와 왕이 스스로 판단해 결단한 삼가야 할 날이었다고 생각한다. '2·26 사건'과 '포츠담 선언 수락'을 결정한 날은 제2차 세계대전 이전에 정치에 관여한 날이며, 일반적인 왕과는 다른 상황에 놓였다는 것을 의미한다. 통치권의 총괄자(總攬者)라는 일본제국헌법의 지위에 있었지만, 이는 형식적인 것으로, 왕에게 실권은 없었다.

왕을 정치적으로 이용하는 경우가 있다면, 양면성을 생각할 수 있다. 세계적으로 군주제가 붕괴하는 것을 보면, 군주를 정치적으로 이용할 때 일어난다. 1973년 가을 베트남 전쟁 등으로 미국과 일본이 삐걱거리고 있을 때 닉슨(Richard Nixon) 대통령은 쇼와 왕의 방미를 다나카 가쿠에이(田中角榮) 내각에 요청했다. 다나카 총리는 실현시키려 했지만, 우사미 다케시(宇佐美毅) 궁내청 장관은 쇼와 왕의 정치적 이용이 우려된다며 반대했다. 그 결과, 미국 방문은 양국 관계가 양호해진 1975년에 미키(三木武夫) 내각에서 실현되었다.


## 7. BBC의 최근 왕실 뉴스

### 1) 영국 왕실에 대한 관심

여론조사에서는 반드시 관심이 높지는 않지만, (영국 왕실 홈페이지의) 인터넷 수치를 보면 연간 1억을 넘는 페이지뷰를 기록한다. 이는 영국뿐만 아니라 북미, 유럽, 동아시아, 남미를 포함한 수치이다. 최근에는 특히 브릭스(BRICs)에 속하는 브라질에서 방문자가 많다고 한다. BBC의 온라인 뉴스가 보도한 것이다.

엘리자베스 여왕은 항상 왕실이 국민과의 접촉을 강화하도록 요청했는데, 인터넷을 통해 왕실 관련 뉴스를 알고 싶어 하는 사람이 늘어나는 것은 "왕실의 노력을 강화했기 때문"이라고 버킹엄 궁전의 관계자는 보고 있다. 다이애나 전 왕세자비의 장례식에서도 일주일 동안 3500만 페이지뷰를 기록했다. 그러나 현실에서는 이를 웃도는 경향이 있는 것 같다. 이유는 분석 중이지만, 17세 이하 소년·소녀가 과거보다 왕실에 흥미를 가지고 있으며, 동시에 31세부터 45세까지의 반응도 많다고 한다. 일본 궁내청 홈페이지 방문은 연간 46만 건(2005년)으로 상대적으로 저조하다.

## 2) 최장기 여왕

1837년에 즉위해 64년간 권좌에 앉은 빅토리아 여왕은 1901년 82세에 타계했다. 현재 엘리자베스 여왕은 1952년에 즉위했다. 그러나 연령에서는 1926년에 태어난 엘리자베스 여왕이 빅토리아 여왕보다 높다.

모리스 맥밀런(Maurice Harold MacMillan) 전 총리는 "엘리자베스 여왕은 직업의식이 철저하다는 인상을 받았다"라고 일기에 적었다. "여왕은 상세한 것까지 파악하고 있어 나는 경탄했다"라고도 했다. 예전에 빅토리아 여왕을 만났을 때에 내방자가 이해하기 어려운 말을 한다는 불만을 털어놓은 것을 들을 적이 있다(Lacey, 1979: 322~339).

## 3) 여왕 부부의 결혼 60주년

2007년 여왕과 부군은 결혼 60주년 축하를 받았으며, 기념으로 몰타 섬을 여행했다. 몰타공화국의 수도 발레타에서는 총리를 방문했다. 시민에게 대대적인 환영을 받은 뒤 기념식수를 거행했다. 60년 전에 결혼한 로빈 휴스(Robin Hughes) 부부는 "에든버러 공(Prince Philip, Duke of Edinburgh)과 이야기할 수 있었다. 우리는 여왕이 춤춘 곳에서 춤을 추었다"라고 말했다. 필자도 1982년 필립 부군이 세계야생생물기금 행사로 일본을 방문했을 때 왕실 정원에서 만난 적이 있다.

아키히토 왕 부부도 2009년 즉위 20주년 결혼 50주년을 맞았다. 왕실에서는 다과회가 열렸으며 101쌍이 초대를 받았다. 그들은 50년 전에 왕 부부와 같은 해에 결혼한 사람들이다.

## 4) 여왕 혼자서 자신의 메시지를 TV로 시청

앤드루 왕자에 따르면, 엘리자베스 여왕은 때로 자신의 메시지를 TV 앞에서 시청한다고 한다. BBC는 매년 12월 25일 성탄 메시지를 전 세계에 방송한다. 2008년에도 이를 시청했다고 한다.

에든버러 공은 "왕실 구성원이 모였을 때, 여왕은 자리를 비우고 옆방에서 TV를 시청한 적이 있다. 그것은 자신이 국민과 전 세계 사람들에게 전한 메시지였다. 여왕은 생각에 잠겼다. 메시지는 올바른 방법으로 거짓 없이 자신의 생각대로 전달된 것일까……"라고 말한다. 이러한 것도 왕위에 오른 군주의 의무일까?

### 참고문헌

BBC(London). 2009a. "BBC News." BBC Website, 13 February.

_____. 2009b. "BBC News"(BBC London−NHK Tokyo). 24 March.

Galbraith, J. 1997. "The Age of Uncertainty." BBC / André Deutsch.

朝日新聞社. 1975. 『女王の微笑 Queen Elizabeth II in Japan』. 朝日新聞社.

_____. 2008a. 「朝日新聞」(朝刊), 12月 11日.

_____. 2008b. 「朝日新聞」(朝刊), 10月 31日.

_____. 2009a. 「朝日新聞」(夕刊), 1月 22日.

_____. 2009b. 「朝日新聞」(夕刊), 3月 13日.

_____. 2009c. 「朝日新聞」(朝刊), 3月 23日.

大石裕. 1998. 『コミュニケーション研究』. 慶應義塾大学出版会.

神田秀一. 2006. 「皇室記者の見た富田元長官と『富田メモ』」. ≪世界≫, 2006年 10月号. 岩波書店.

_____. 2008. 『天皇と皇太子の公務』. 学習院女子大学(講義録・非売品).

岸田英夫. 1982. 『侍従長の昭和史』. 朝日新聞社.

君塚直隆. 2007. 『女王陛下の影法師』. 筑摩書房.

小泉信三. 1989. 『ジョオジ五世伝と皇室論』. 文藝春秋.

皇太子 徳仁親王. 1993. 『テムズとともに — 英国の二年間』. 学習院広報課.

国立国会図書館. 1983. 調査資料「イギリス議会下院議事手続提要『公的議事』」. 国立国会図書館.

田口省吾. 1993. 『ヨーロッパの王室』. 世界の働き社.

武田清子. 1978. 『天皇観の相剋』. 岩波書店.

司忠行・神田秀一 外. 1982. 『BBC 日本語放送の歩み』. 元BBC日本語部長・ジョン・ニューマン.

ニコルソン, ハロルド(Nicolson, Harold). 1968. 『外交』. 斎藤眞・深谷満雄 譯. 東京大学出版会.

レーシー, ロバート(Lacey, Robert). 1979. 『Majesty女王エリザベス』. 浅井泰範 譯. 朝日イブニングニュース社.

7장

# BBC 프롬스와 음악 프로그램

아키시마 유리코

## 1. 국민에게 신뢰받는 세계 최대 음악제

매일 저녁 식사를 준비하며 라디오를 켜면, 객석의 웅성거림과 함께 아나운스가 들리며, 짧은 정적이 흐른 뒤 오케스트라가 울려 퍼진다. 혹은 식후 단란한 시간에 좋아하는 곡이나 연주가를 골라 스위치를 켜기도 한다. 호화로운 프로그램이 준비된 날에는 TV로 볼 수도 있다.

BBC가 주최하는 'Henry Wood Promenade Concerts', 통칭 BBC 프롬스(BBC Proms) 중계를 가정에서 듣는 것은 오래된 광경이다. 매년 7월 중순 금요일부터 9월 둘째 주 토요일까지 6000여 명을 수용하는 런던 로열 앨버트홀(Royal Albert Hall)에서 매일 열리는 세계 최대의 음악 축제이다. 클래식 전문 채널인 Radio3가 매일 밤 생중계한다. TV에서는 지상파 BBC 2, 위성방송 BBC4 등이 주목받는 프로그램을 생중계 또는 다음 날에 녹화

중계한다.

콘서트 프로그램은 신문·잡지의 TV·라디오 안내에 게재되지만, 전체적인 일정과 내용은 『BBC 프롬스(BBC Proms)』라는 140쪽 정도의 가이드북으로 확인할 수 있다. 4월이 되면 서점과 뉴스 에이전트로 불리는 길거리의 신문·잡지 판매점에 진열되며, 여름을 알리는 순간이다. 2008년에 가격은 6파운드, 발행 부수는 5만 5000부였다.

프롬스에는 중계방송과 함께 또 하나의 대중성을 증명하는 특징이 있다. 로열앨버트홀의 아레나용으로 900장, 원형 객석을 둘러싼 관람석 최상층에 있는 갤러리용으로 500장의 당일 입석권이 5파운드에 판매된다(2008년 기준).

축제 전 기간 또는 전반기와 후반기로 나눈 티켓도 있으며, 가격은 할인이 적용된다. 음악제가 다가오면, 아레나용과 갤러리용의 당일 티켓을 구입하는 사람, 사전에 입석 티켓을 가지고 있는 사람 등으로 홀 앞에서는 네 줄이 생긴다. 무대 가까운 곳에서 보는 경우 경쟁이 꽤 치열하다. 물론 인기 있는 음악가나 오케스트라인 경우에도 일찍부터 줄이 생긴다. 얼핏 팝 콘서트와 같은 광경이지만, 연령은 반드시 젊다고는 할 수 없다. 입석 관객을 '프로머(Prommer)'라고 하는데, 어떤 의미에서 프롬스의 주역이라고 할 수 있다.

매년 참가하는 아티스트는 호화롭기 그지없다. 2008년 시즌을 보면, 우선 오케스트라는 BBC의 각 악단 외에 베를린 필하모니 관현악단(Berliner Philharmoniker), 뉴욕 필하모닉(New York Philhamonic), 시카고 교향악단(Chicago Symphony Orchestra), 고텐부르크 심포니 오케스트라(Gothenburg Symphony Orchestra), 파리 관현악단(Orchestra de Paris) 등 유명한 해외 악단을 비롯해 런던 교향악단(London Symphony Orchestra), 런던 필하모닉 오케스트라(London Philharmonic Orchestra), 필하모니아(Philharmonia) 등 런던의 악단과 버밍엄 시향악단(City of Birmingham Symphony) 등 영국의 저명한 지역 악단이 두루 참여한다.

개별 음악가를 소개하자면 끝이 없다. 지휘자로 다니엘 바렌보임(Daniel Barenboim), 피에르 불레즈(Pierre Boulez), 사이먼 래틀(Simon Rattle), 발레리 게르기예프(Valery Gergiev), 베르나르트 하이팅크(Bernard Haitink) 등을 소개하는 것에 그치도록 한다.

말할 것도 없이 정통파 클래식 콘서트이지만, '프롬스 콘서트 마지막 밤(Last Night of The Proms)'에는 영국 국기 '유니언 잭(Union Jack)'이 내걸리고, 색다른 모자와 풍선, 다채로운 장식으로 꾸민 '프로머'가 마치 파티처럼 떠들썩하다. 전반부에는 베토벤(Ludwig van Beethoven)과 유명 오페라 명장면 등 유명 악곡을 정숙하게 연주하지만, 후반부에는 엘가(Edward Elgar)의 〈위풍당당 행진곡(Pomp and Circumstance Marches)〉 외에 영국인 작곡가의 애국적인 작품으로 분위기를 띄운 뒤, 영국 국가를 부르며 막을 내린다.

애국 무드에서 분위기가 고조되는 것은 제국주의의 잔재가 아닐까 하는 비판, 프롬스 전체에 대해서는 너무 방대해 친숙해지기 어렵다는 불만도 적지 않지만, 저렴하게 클래식을 즐기는 대형 이벤트에 트집을 잡지 말라는 다수의 목소리에 결국은 묻혀버린다.

2008년 3월 4일 마거릿 호지(Margaret Hodge) 문화부 장관이 공공정책연구소(Institution for Public Policy Research)에서 '영국다움, 문화유산과 예술(Britishness, Heritage and the Arts)'이라는 강연에서 프롬스를 비판하는 발언으로 물의를 일으켰다. 다양한 사회적 환경에서 자란 사람들이 융합하기 위해서는 문화적 정체성을 공유하는 것이 중요하다며, 프롬스는 여전히 모두에게 접근이 용이한 문화 행사는 아니라고 비판했다.

BBC는 즉시 TV 뉴스에서 보도했으며, 토론 전문 채널 Radio 4의 간판 시사 프로그램 중 하나인 〈월드 앳 원(The World at One)〉에 2007년까지 프롬스 총감독을 역임한 니컬러스 케년(Nicholas Kenyon)이 출연해 프롬스만큼 누구나 참여하기 용이한 문화 이벤트는 달리 없다고 반박했다. 보수당의 데이비드 캐머런(David Cameron) 당수는 호지 노동당 국회의원이 영국적 문화 이벤트를 공유하는 서민의 마음을 이해하지 못하고 있는 것이 분명하다고 공격했다. 고든 브라운(Gordon Brown) 총리의 대변인까지 나서서 문화부 장관은 프롬스를 지지하고 있으며, 총리도 프롬스의 가치를 이해하고 있다고 변호했다. 다음 날부터 주요 신문과 인터넷 잡지 등에 프롬스를 크게 지지한다는 발언이 게재되었다(≪가디언≫, ≪타임스≫ 등). 결국 이 해프닝은 정치가의 실언으로 파묻혔다.

그만큼 영국에서 프롬스의 위상은 크다. 특히 클래식을 좋아하지 않더라도 이 음악제를 호의적으로 보고 지지하는 사람은 많다. BBC의 전체, 또는 라디오의 전체 속에서 그 위상을 자리매김하면서 미래로 나아가는 프롬스의 존립 이유를 고찰한다.


## 2. 프롬스의 역사

우선 프롬스의 역사를 간단하게 더듬어본다. 'BBC 프롬스'가 발족한 이후 80년을 맞아 출판된 『프롬스: 새로운 역사(The Proms: A New History)』(2007), 「BBC 프롬스 보도자료 2008(BBC Proms Press Information 2008)」, 공식 웹사이트 등을 참고했다.

## 1) 주류 클래식과 동시대 음악의 조합

지금은 프롬스와 BBC를 분리할 수 없지만, 원래 프롬스는 BBC가 시작한 것이 아니다. 방송이 탄생하기 훨씬 전인 1895년 8월 10일 런던에 신설된 음악 홀 '퀸스홀(Queen's Hall)'에서 대중을 대상으로 클래식 콘서트를 시리즈로 개최한 것으로 거슬러 올라간다.

설립자는 이 홀을 운영하는 로버트 뉴먼(Robert Newman)이라는 흥행 사업가이다. 그는 클래식 음악의 대중화를 위해 저렴한 입석 관람석을 중심으로 마련한 콘서트를 장기간 개최한다는 구상을 가지고 있었다. "익숙한 프로그램으로 시작해 본격적인 클래식과 현대음악을 수용할 수 있을 때까지 서서히 관객의 수준을 높인다"라는 기본 방침을 바탕으로 퀸스홀 오케스트라를 편성했다.

덧붙여 '프롬나드(promenade)'는 옛말로 산책을 뜻하는데, 이것이 바뀌어 입석으로 간편하게 음악을 즐기는 것이 되었다. 최근에는 BBC와 관계가 없어도 야외 콘서트 등 비공식적 이벤트에 '프롬스'를 사용하기도 한다.

퀸스홀의 신설 오케스트라에는 시즌 중에 매일 출연할 수 있는 지휘자가 필요했다. 뉴먼은 헨리 우드(Henry Wood)라는 음악 수업을 마친 지 얼마 되지 않은 20대 후반의 무명 음악가를 발견해 주목했다. 이후 우드는 1944년에 죽기까지 매년 프롬스에서 지휘하게 되었다.

개막 프로그램은 전반이 본격적인 클래식, 후반은 인기 오페라를 줄인 하이라이트로 구성되었다. 티켓은 1실링(5펜스), 시즌 티켓은 1기니(1.05파운드)였다. 연주 중 음식이나 흡연도 허용되었다고 한다. 그런데 이러한 음악의 대중성 또는 보급 필요성은 사실 영국의 독특한 상황에 기인한다. 동시대의 유럽 대륙에서는 독일풍 음악이 최고조에 달해 대중 속에 뿌리를 내렸으며 콘서트 등의 '음악 산업'도 확립되어갔기 때문에, 흥행 사업가 한 사람이 대규모 음악 시즌을 기획할 필요가 없었다(Doctor and Wright, 2007: 13). 19세기 말에는 바그너(Wilhelm Richard Wagner, 1813~1883), 브루크너(Josef Anton Bruckner, 1824~1896), 브람스(Johannes Brahms, 1833~1897) 등의 작품이 일반에게 가까운 곳에서 연주되었기 때문이다. 1897년에는 작곡과 지휘로 명성을 쌓은 구스타프 말러(Gustav Mahler, 1860~1911)가 빈(Wien) 궁정 오페라 극장(현 국립 오페라 극장)의 음악감독에 취임했다.

그러나 영국에서 클래식을 들으려면 독일이나 오스트리아를 중심으로 한 외국 음악을 수용해야 하기 때문에, 일반 대중은 전문가의 안내가 필요했다. 헨리 우드는 뉴먼의 초심을 일관되게 추진해 새로운 시대의 음악을 장려했고, 1920년경까지는 동시대의 대표 작곡가인 리하르트 슈트라우스(Richard Strauss), 드뷔시(Claude Debussy), 라흐마니노프(Sergei Rakhmaninov), 라벨(Maurice Ravel), 영국의 본 윌리엄스(Ralph Vaughan Williams) 등도 적극적으로 수용하게 되었다. 음악의 새 시대를 열고자 하는 자세는 현재도 프롬스의 핵심 정책이다.

나아가 한 가지 덧붙일 점은 1914년부터 1918년까지 계속된 제1차 세계대전에서도 독일 음악이 연주되었다는 것이다. 당시 영국에서는 독일풍의 음악을 싫어하는 국민감정이 거셌지만, 프롬스는 예술을 당대의 세계정세로 판단해서는 안 된다며 독일 음악을 계속해서 연주했다. 이는 당시 주요 예술 조직에서는 아주 드문 일이었다.

그러나 자부심과 획기적인 예술 정책만으로 운영하는 것은 불가능하다. 전환점은 1927년에 찾아왔다. 그때까지 퀸스홀과 오케스트라를 운영해온 음악 출판사 채플(Chappell & Co.)이 경제 지원에서 철수해 프롬스는 심각한 재정난에 빠졌다. 그해 BBC가 설립되었다.

BBC의 초대 사장 존 리스는 '정보·교육·오락 제공'을 BBC의 임무로 규정했다. 이는 바로 헨리 우드가 프롬스에 대해 그린 구상과 일치한다. BBC는 우드와 계약해 프롬스를 산하에 거느리게 되었으며, 중계권을 확보했다. 이에 1927년 8월 13일 'BBC 프롬스'가 첫날을 맞았으며, 라디오로 중계되었다.

당초에는 헨리 우드의 기존 오케스트라가 연주했지만, 3년 뒤인 1930년에 BBC 교향악단(BBC Symphony Orchestra)이 설립되었으며, 이는 풀타임 고용계약을 체결한 영국 최초의 오케스트라였다. 에이드리언 볼트(Adrian Boult)가 초대 수석지휘자(재직 1931~1950)를 맡았지만, 프롬스의 지휘는 모두 우드가 담당했다.

에이드리언 볼트 이후 수석지휘자에는 콜린 데이비스(Colin Davis, 재직 1967~1971), 피에르 불레즈(Pierre Boulez, 재직 1971~1975), 겐나디 로제스트벤스키(Gennadi Rozhdestvensky, 1978~1981), 존 프리처드(John Pritchard, 재직 1982~1989), 앤드루 데이비스(Andrew Davis, 재직 1989~2000), 레너드 슬래트킨(Leonard Slatkin, 재직 2000~2004) 등 초일류 지휘자가 즐비하다. 이후 2006년에는 이리 벨로흘라베크(Jiri Belohlavek)가 취임했다.

이야기를 볼트 시절로 되돌리면, 1939년 9월 1일 독일의 폴란드 침공으로 제2차 세계대전이 시작되자, BBC는 프롬스를 시즌이 끝나기도 전에 급히 중지했다. 나아가 1940~1941년에는 운영을 포기했지만, 우드는 민간에서 자금을 조달해 해결했다. 1941년에는 독일군의 폭격으로 퀸스홀이 소실되었지만, 유일하게 대규모 콘서트가 가능한 로열앨버트홀로 옮겨 실시했다.

다음 해인 1942년 BBC는 프롬스의 운영을 재개했다. 런던 필하모닉도 처음으로 출연해 BBC 교향악단 외에도 출연할 수 있는 계기를 만들었다.

1944년 창립 50주년을 맞은 프롬스가 끝나갈 무렵 헨리 우드가 작고했다.

1950년대에는 맨체스터의 할레 오케스트라(Hallé Orchestra), 로열 리버풀 필하모닉(Royal Liverpool Philharmonic) 등 런던 이외의 유명한 오케스트라도 참가를 시작했다.

그러나 프롬스의 급속한 비약은 1960년대에 찾아왔다. 1963년에는 게오르크 솔티(Georg Solti), 레오폴드 스토코프스키(Leopold Stokowski), 카를로 마리아 줄리니(Carlo Maria Giulini) 등 세계적인 지휘자가 참가하게 되었다. 외국의 오케스트라로는 1966년 모스크바 라디오 교향악단(Moscow Radio Orchestra)을 시작으로 로열 콘세르트헤보 오케스트라(Royal Concertgebouw Orchestra, Amsterdam), 체코 필하모닉(Ceska Filharmonie) 등의 명문 오케스트라가 뒤를 이었다.

오페라도 빼놓을 수가 없다. 영국의 유명한 글라인드본 오페라(Glyndebourne Opera)가 무대를 간소한 연주회 형식으로 바꿔 상연하게 되었다. 1961년 모차르트(Wolfgang Amadeus Mozart)의 〈돈 조반니(Don Giovanni)〉로 시작했다. 이는 현재까지 계속되고 있고, 2008년에는 몬테베르디(Claudio Monteverdi)의 〈포페아의 대관식(L'incoronazione di Poppea)〉이 상연되었다.

이들 획기적인 프로그램의 배경에는 1959년부터 1973년 은퇴하기까지 BBC 음악 부문의 총책임자를 담당한 윌리엄 글록(William Glock)이 있다. 그는 음악가로서의 이력을 가졌지만, 음악 평론과 음악제 운영 관리로 전환했으며, 결국에는 BBC에 입사했다. 공영방송의 영향력을 구사해, 특히 클래식의 주류를 모은 기존 프로그램에서 위촉 작품을 포함한 현대악곡, 민속음악 등의 참신한 요소를 도입하는 방향으로 발전시켰으며, 이는 오늘날의 프로그래밍 정책의 기초가 되었다.

## 2) TV의 영향력, 그리고 디지털

후임 로버트 폰슨비(Robert Ponsonby, 재직 1972~1985)는 글록의 노선을 계승하면서도 국제적인 음악가와 악단을 새롭게 초빙해 프롬스의 위상을 높였다. 1975년 뉴욕 필하모닉과 클리블랜드 오케스트라(Cleveland Orchestra), 1982년 필라델피아 오케스트라(Philadelphia Orchestra), 1984년 빈 필하모닉(Wiener Philharmoniker) 등이 참가하게 되면서 도약했다. 그러나 당시에는 폰슨비의 생각과 달리 TV의 영향력이 우세했다. 프롬스의 명성을 높인 것은 분명 폰슨비이지만, 글록 시대에 이어 라디오 중심의 '숭고한 예술'을 고집해 TV 중계에 대항한 것은 사실이다. 당연히 BBC에서는 의견 대립이 일어났다. 프롬스의 TV 생중계는 1972년에 부분적으로 시작되었으며, 스테레오라디오 중계를 들으면서 TV 화면을 볼 수 있는 시대가 되었다. 일반 대중이 원하는 것과 일치하지 않는 부분도 생겼다.

그러나 시대를 역행할 수는 없다. "프롬스를 만든 것은 BBC가 아니라 헨리 우드이며, 우리는 이를 계승했을 뿐이다. 이 사실을 잊어서는 안 된다"라는 폰슨비의 주장은 시대 흐름에 밀려 설득력을 잃었으며, TV 중계가 정착했다. 이에 따라 TV를 포함한 대중문화(middlebrow)와 라디오만의 고급문화(highbrow)를 혼합한 민주적인 'BBC 브랜드'로 프롬스가 확립된다.

따라서 폰슨비의 후계자를 TV 업계에서 발탁한 것은 자연스러운 일이었다. 후임 존 드러먼드(John Drummond)는 케임브리지 대학을 나와 BBC에 입사해 음악 예술 부문 부부장을 거친 뒤, 일단 BBC를 그만두고 에든버러 음악제 총감독(재직 1979~1983)이 된다. 1985년에 BBC에 돌아와 음악 부문 책임자(controller)에 취임했다. 1986년부터 프롬스 설립 100주년인 1995년까지 프롬스 총감독을 맡은 한편, 1987년부터 1992년까지 Radio 3의 책임자도 겸임해 BBC의 음악 프로그램 제작을 총괄했다. 미디어를 교묘하게 이용해 자신의 미디어 노출도 높였으며, 독재자(one-man)라는 말을 들으면서도 아티스트의 국제성을 포함해 프롬스의 위상을 한층 높였다.

당연히 역대 프롬스 총감독은 BBC에 종신 고용된 것이 아니었다. 방송국의 전문가인 동시에 음악업계의 경험이 필요하다. BBC 출신의 드러먼드도 에든버러에서 예술제 총감독을 경험했다. 전임 폰슨비는 BBC에 들어오기 전에 글라인드본 오페라를 거쳐 에든버러 음악제 총감독, 스코티시 내셔널 오케스트라(Scottish National Orchestra)의 관리 책임자를 역임했다. 그 전임인 글록에 대해서는 이미 살펴보았다.

드러먼드를 이은 니컬러스 케년(재직 1996~2007)은 음악 평론, 음악 잡지 편집 등의 저널리즘 이력을 거쳐 1992년에 BBC Radio 3의 책임자에 취임했다. 음악 관련 저서도 많다.

케년은 프롬스 총감독 첫해인 1996년에 '프롬스 인 더 파크(Proms in the Park)'라는 대형 이벤트를 도입했다. 로열앨버트홀의 '마지막 밤'을 런던의 하이드파크(Hyde Park)에 설치된 '빅스크린'에 동시 중계를 했고, 세계적인 음악가와 인기 사회자를 모아 무대를 꾸몄다. 뒤에 이 기획은 스코틀랜드, 웨일스, 북아일랜드의 공원으로 확대되었으며, 스코틀랜드와 웨일스에서는 해당 지역에 본거지를 둔 BBC 오케스트라, 북아일랜드에서는 현지 오케스트라가 출연하게 된다. 축제 분위기의 '마지막 밤'을 전국에서 공유한다는 대중화 정책은 예술성 제고를 지향하며 완고하고 고집스럽게 운영해온 전임 드러먼드와는 대조적으로 유연성을 좋아하는 케년의 스타일을 반영한 것이었다.

또한 케년의 재임 기간은 프롬스 중계에서도 디지털화·온라인화가 눈부시게 발전한 시기와 겹친다. 디지털 방송의 BBC 4가 시청자와의 쌍방향성을 도입해 중계방송 중에 의견이나 질문을 전자메일로 송신할 수 있게 되었다.

총감독이라는 직위는 2008년 로저 라이트(Roger Wright)로 이어졌다. 런던 대학에서 음악을 전공한 라이트는 현대음악정보센터(CMIC: The Contemporary Music Information Centre)를 거쳐 BBC에 입사했으며, BBC 교향악단의 프로듀서가 되었다. 그 뒤 미국의 클리블랜드 오케스트라, 레코드 회사 도이체 그라모폰(Deutsche Grammophon)의 관리직 등을 거쳐 BBC에 돌아와 1998년부터 Radio 3의 책임자에 취임했다. 2008년부터는 프롬스 총감독을 겸임하고 있다.


## 3. 프롬스의 현재와 기획

프롬스 시즌 중에는 로열앨버트홀의 콘서트 외에, 티켓 소유자를 대상으로 공연 전에 '프롬스 플러스(Proms Plus)'라는 무료 기획이 펼쳐진다. 강연과 토론이 실시되는 '프롬스 인트로(Proms Intro)', 관련 오페라와 음악 다큐멘터리를 소개하는 영화 시사회 등이 포함된다. 나아가 런던의 다른 지역에 있는 카도간홀(Cadogan Hall)에서는 실내악의 프롬스 콘서트가 나란히 열린다.

2008년에는 로열앨버트홀에서 76회, 카도간홀에서 12회 콘서트가 열렸으며, '마지막 밤'에는 '프롬스 인 더 파크'로 전국 공원 네 곳에 중계되었다. 이 밖에 공연 전의 강연회, 영화 감상회 등 76차례의 프레 프롬스 이벤트(Pre-Proms Event)가 개최되었다.

다음으로 티켓 요금을 살펴본다. 입석이 아닌 지정 좌석권은 A부터 G까지 일곱 종류의 요금제가 있고, 최고액이 26파운드에서 44파운드까지 하는 A~C 밴드가 가장 많다. 시간대에 따라서는 최고 15파운드인 D 밴드, 최고 17.5파운드인 E 밴드와 같은 저렴한 콘서트도 있다. BBC의 어린이 프로그램과 제휴하는 날에는 전석 10파운드, 16세 미만은 5파운드의 G 밴드가 된다. '프롬스 마지막 밤'은 최고 82.5파운드의 F 밴드로 치솟는다(『BBC 프롬스』 2008년판).

BBC에 따르면, 시즌별 총경비는 홀 사용료, 매니지먼트 비용, 부가 이벤트 비용을 포함해 870만 파운드라고 한다. 그러나 전국에서 열리는 '프롬스 인 더 파크'의 비용은 포함되어 있지 않다. 이에 비해 티켓 판매 수입은 400만 파운드 정도이며, 나머지는 수신료로 충당한다.

2008년에는 로열앨버트홀의 티켓 판매가 평균 90%, 76회 콘서트 가운데 78%가 매진되었다. 실내악의 카도간홀에서는 8회 콘서트 가운데 5회가 매진되었다. 프롬스 전체의 관객 총수는 전년보다 4% 증가했다.

이른바 파퓰러 클래식이 아니라 파묻힌 고전이나 20세기 초부터 현대에 이르는 악곡, BBC의 위촉 작품 등 실험적 요소를 포함한 프로그램이라는 것을 고려하면, 획기적인 숫자이다. 진지한 내용에 역행하는 비형식적이며 게다가 저렴하게 감상할 수 있는 옵션이 있다는 것이 관객 동원의 요인이 아닐까 생각한다.

나아가 방송이라는 PR 효과도 무시할 수 없다. 중계방송이 공연장으로 찾아오는 것을 가로막는 것이 아니라 실제 이벤트를 보려는 열정을 더욱 불러일으키는 것은 스포츠 관전과 마찬가지다. 2008년부터 BBC가 본격적으로 나선 온라인 전송이 처음으로 프롬스를 포함하게 되었으며, 방송 다음 날부터 일주일 동안 콘서트 대부분을 '온디맨드'로 볼 수 있다. 2008년 프롬스 시즌 전체의 시청자 수는 '마지막 밤'과 온라인 전송 시청자를 제외하고 1200만 명 이상에 이르렀다.

그렇다면 관객은 프롬스에 어떻게 반응할까? 이를 위해서 2008년 9월 12일 공연 전에 실시된 '프롬스 인트로'의 토론에서 질의응답을 살펴보도록 한다. 패널은 로저 라이트 프롬스 총감독, 데이비드 엘리엇(David Elliott) 로열앨버트홀 총책임자였다.

사회자가 프롬스에 대한 감상을 묻자, 객석에서 가장 먼저 나온 의견은 "곡이 끝날 때까지 박수를 치지 않게 할 수는 없는가? 특히 악장 간에 박수 치는 것은 참을 수가 없다"는 기본적인 질문이었다. "맞아요, 맞아요"라는 소리와 함께 다양한 의견이 터져 나왔다. 곡 중간의 박수는 통상의 콘서트 장인 로열페스티벌홀(Royal Festival Hall)이나 바비컨홀(Barbican Hall)에서는 생각할 수 없다. "분명 참기 어려운 것이 사실이지만, 일반 대중이 접근하기 쉬운 만큼, 박수 치지 말라고 하기 어렵습니다"라고 엘리엇은 완곡하게 대답했다. 역으로 말하면, 그만큼 새로운 관객이 늘어났다는 것이다.

프롬스에 대한 관객의 반응을 알기 위해서는 티켓 판매 수와 그 속도가 최대의 판단 자료라고 한다. 나아가 관객이나 시청자, 청취자는 온라인으로 의견을 보낼 수 있다. 프롬스가 열리는 곳에서 설문지를 배포하지는 않는다.

현대곡과 대중음악의 비율은 "균형의 문제이지만, 유명한 곡만을 하지 않는다는 것이 기본 방침"이라고 라이트가 답했다. 방송국과 제휴한 음악 이벤트가 파퓰러 클래식만을 실시할 경우 사람들은 당연히 찾아오겠지만, 그것으로는 프롬스 정신에 맞지 않는다는 것이다.

'프롬스 인트로' 이후, 2008년 시즌이 끝난 4일 뒤인 9월 17일 BBC 본사의 음악부에서 로저 라이트와 이야기할 기회를 얻었다. 프롬스뿐만 아니라 Radio3에 대해서도 자세한 이야기를 들었다.

관객은 다양한 이야기를 합니다. 좀 더 영국 음악을 듣고 싶다거나, 현대음악은 좋아하지 않는다거나, 올해는 브루크너가 빠졌다거나 말이죠. 그렇지만 우리가 이에 따라 프로그램을 짜는 것은 아닙니다. 몇 퍼센트는 현대음악 등의 가이드라인도 없죠. 그렇지만 아무래도 클래식 음악제이니까 유명한 곡도 많이 있죠.

이하에서는 라이트의 이야기와 설명 내용을 덧붙여가며 논의를 전개한다. 우선은 어떻게 그렇게 많은 세계적 아티스트를 모아 2개월간 매일 번갈아가며 진행하는 기획을 짜고 있는가? 특히 저명한 해외 악단과 아티스트의 경우, 흥행 회사를 무색할 정도의 매니지먼트 능력이 필요할 것이다. 이에 대해서는 작곡가나 악곡보다 아티스트와의 협상을 우선하는 경우가 많다고 한다. 잘츠부르크, 에든버러 등 유럽에서 열리는 여름 음악제를 순회하는 투어의 일환으로 짜기도 한다.

(악단과 음악가가) 인근 지역에서 연주 여행을 한다는 사실을 알게 되면 연락을 합니다. 그들은 통상 두세 종류의 프로그램을 가지고 순회하고 있으며, 기본 프로그램은 티켓이 팔리지만, 프롬스 관객에게는 맞지 않습니다. 또한 작곡가의 탄생, 사망 등에 해당하는 연도에는 이를 특집으로 다루기도 하며, 특정 테마나 작곡가를 소수의 음악가가 제안하는 경우, 이를 정리해 프로젝트를 만드는 경우도 있습니다. 아무튼 다른 음악제와 유사한 프로그램을 만들고 싶지는 않습니다.

프로그램과 계약 업무는 기본적으로 라이트와 로즈메리 겐트(Rosemary Gente) 예술관리 책임자(Artistic Administrator) 2명이 담당한다. 무엇보다 중요한 것은 국제적 음악가와 악단을 되도록 빨리 확보하는 것이다. 2008년 시즌이 끝나는 시점에서 2009년 프로그램의 막판 조정에 들어가는 것은 당연할 뿐만 아니라 이미 2010년, 2011년, 2012년의 협상도 추진한다. 특히 외국 악단과의 협의는 훨씬 이전에 확정하지 않으면 안 된다. 나아가 작곡가에게 특별히 신곡을 부탁하는 'BBC 위촉 작품'은 이미 2013년까지 계약을 마쳤다고 한다.

## 4. BBC 소속 악단·합창단 생중계

지금까지 해외와 런던 등 BBC 이외의 악단을 많이 언급했는데, 다음은 프롬스와 BBC 음악 프로그램의 기본이 되는 BBC 소속 악단과 합창단을 살펴보기로 한다. BBC에 소속된 음악 그룹은 다음과 같다(괄호 안의 숫자는 2008년 프롬스에 출연한 횟수).

악단

① BBC 교향악단(BBC Symphony Orchestra): BBC의 간판 악단(12회)

② BBC 필하모닉(BBC Philharmonic): 잉글랜드 북부의 맨체스터가 본거지 (5회)

③ BBC 콘서트 오케스트라(BBC Concert Orchestra): 파퓰러 클래식과 경음악 중심. 본거지는 런던(2회)

④ BBC 스코티시 교향악단(BBC Scottish Symphony Orchestra): 본거지는 스코틀랜드의 글래스고(4회)

⑤ BBC 웨일스 교향악단(BBC National Orchestra of Wales): 본거지는 웨일

스의 카디프. 1987년 오타카 다다아키(尾高忠明)가 수석지휘자에 취임.
1996년부터 계관(桂冠)지휘자(4회)


합창단

① BBC 싱어스(BBC Singers): 24명으로 구성된 전문 합창단(7회)

② BBC 교향악단 합창단(BBC Symphony Chorus): 아마추어 합창단(5회)

③ BBC 웨일스 교향악단 합창단(BBC National Chorus of Wales): 아마추어
합창단(1회)


합창단이 애호가 모임이라고는 하지만 'BBC 교향악단 합창단'과 같이 유
명한 악단의 이름을 붙인 합창단의 수준은 당연히 최고 수준이다. 나아가
BBC 싱어스는 악단과 같이 풀타임 고용이며, BBC와 관련이 없는 콘서트
투어나 연주회 형식의 오페라 합창 등 독자적인 활동도 추진하고 있다. 이
렇게 많은 음악 그룹이 BBC 내에 존재하는 것은 콘서트 중계나 스튜디오
녹음을 이용하는 음악 프로그램이 많기 때문이다.

예를 들면, 실내악으로 유명한 런던의 위그모어홀(Wigmore Hall)에서는
2008년 9월부터 2009년 7월까지 거의 매주 월요일에 1시간 동안 〈BBC
Radio3 런치타임 콘서트〉를 주최한다. 정기 기획으로, 2008년에 10주년을
맞았다. 오후 1시부터 Radio3에서 생중계한다. 런던의 2대 음악 홀 중 하나
로 꼽히는 바비컨홀에서는 BBC 교향악단이 비정기적으로 콘서트를 개최
하며, 이들의 모든 공연은 동시 또는 녹화로 중계된다. 나아가 BBC 교향악
단 이외의 악단도 있기 때문에 스코틀랜드와 웨일스, 맨체스터, 버밍엄 등
전국 각지에서 콘서트를 개최하고 중계한다.

그러나 중계는 BBC의 악단이나 합창단에 한정되지 않는다. Radio 3의

간판 프로그램 중 하나로, 월요일부터 금요일까지 매일 오후 7시부터 방송되는 〈퍼포먼스 온 3(Performance on 3)〉라는 중계 프로그램이 있다. 프롬스는 기본적으로 〈퍼포먼스 온 3〉의 틀 안에 들어가 있지만, 통상적인 녹음이 아니라 모두가 동시 생중계이기 때문에, 시작 시간과 공연 시간에 맞춰 방송 시간은 유연성을 가진다.

〈퍼포먼스 온 3〉에서 방송하는 콘서트 가운데 프롬스 시즌이 끝난 2008년 10월 둘째 주의 예를 들어본다.

6일(월): 로열 리버풀 필하모닉이 연주하는 베르디(Giuseppe Verdi)의 〈레퀴엠(Requiem)〉

7일(화): 런던 교향악단의 '망명 작곡가' 시리즈, 라흐마니노프 교향곡 1번과 3번

8일(수): 런던 교향악단의 '망명 작곡가' 시리즈, 라흐마니노프 교향곡 2번과 피아노 협주곡 4번

9일(목): 런던의 킹스 플레이스(King's Place)에서 런던 신포니에타(London Sinfonietta)가 연주하는 메시앙(Olivier Messiaen), 베리오(Luciano Berio) 등의 현대곡

10일(금): 런던의 킹스 플레이스에서 고악기 전문의 계몽시대 오케스트라 (Orchestra of the Age of Enlightenment)가 연주하는 바로크, 고전파, 낭만파 종합 프로그램

(자료: 주간 TV 라디오 가이드 *Radio Times*, 4~10 October 2008)


Radio 3에서 방송하는 음악의 55%는 CD가 아니라 콘서트와 오페라 중계, 스튜디오 라이브 연주라고 한다. 두말할 나위 없이 라이브 연주에는 박

수와 공연장의 분위기가 전달되는 임장감이 있으며, 휴식 중에는 사전에 녹음한 인터뷰를 방송하기도 한다. 무엇보다 CD에는 없는 구성의 음악가와 악단으로 독특한 프로그램을 만들 수 있다는 것이 최대의 매력이라고 한다.

## 5. BBC에서 차지하는 음악 부문과 라디오의 위상

다음으로 음악 부문이 BBC 전체에서 얼마나 차지하는지, 조직의 위상을 보도록 한다(그림 7-1 참조). BBC의 프로그램 제작국은 우선 '저널리즘(Journalism)', '비전(Vision)', '오디오·뮤직(Audio and Music)', '미래 미디어·기술(Future Media and Technology)'의 4개 부문으로 나뉘며, '오디오·뮤직'이 음악과 관련된 모든 사업과 라디오 방송을 관할한다. 이 부문에는 'TV 클래식 음악(Television's Classical Music)', '라디오 방송(All Radio Stations)', '프롬스(Proms)', 'BBC 악단과 BBC 싱어스(BBC orchestras and BBC Singers)'가 배치되어 있다. 즉, 라디오 드라마는 '오디오·뮤직'에, TV 드라마는 '비전'에 소속된다.

TV의 클래식 음악 관련 프로그램도 '오디오·뮤직' 부문에 들어갑니다. 예전에는 라디오만의 조직이었지만, 지금은 TV도 들어갑니다. 음악 프로그램은 우리와 같은 세계에 있기 때문이죠.

라이트 총감독은 이렇게 설명한다. TV나 라디오보다는 음악을 공통의 장르로 묶는다는 것이 흥미롭다.

그림 7-1 | BBC의 프로그램 제작국 조직도

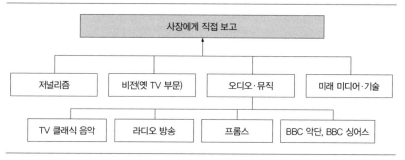

자료: 로저 라이트의 설명을 바탕으로 필자 작성.

음악에서 잠깐 벗어날지 모르지만, 라디오가 영국인의 생활과 어떤 관계가 있는지 살펴본다. 영국인은 곧잘 라디오를 들으며, 이를 화제로 삼는다. 우선 조직도(그림 7-1)에서 '라디오 방송'의 주요 부분인 FM과 중파로 방송되는 채널은 다음과 같다.

Radio 1: 팝 음악

Radio 2: 경음악

Radio 3: 클래식 음악

Radio 4: 뉴스 이외 토크 채널

Radio 5 Live: 뉴스, 스포츠 중계, 시청자 참여 프로그램 등의 생방송 중심

청취자 수를 보면, 압도적으로 많은 것은 팝 전문 채널인 'Radio 1'과 성인 대상 경음악 채널인 'Radio 2'이다(표 7-1). 최근에는 온라인 전송으로 음악을 다운로드하기 때문에 라디오가 침체 경향을 보이는 것은 BBC든 상업 방송이든 마찬가지다. 또한 카 라디오(car radio) 이용자가 많은 것도 세계 공통이다.

표 7-1 | 영국의 FM 및 중파 라디오 청취자 수

| 방송국 | 청취자 수 |
|---|---|
| BBC Radio 1 | 10,684,000 |
| BBC Radio 2 | 12,998,000 |
| BBC Radio 3 | 1,910,000 |
| BBC Radio 4 | 9,534,000 |
| BBC Radio 5 Live | 6,001,000 |
| Classic FM | 5,470,000 |

자료: Radio Joint-Audience Research, April~June 2008.

한편 이들 청취자와는 전혀 다른 사람들에게 인기 있는 방송국이 있다. 수수하고 진지한 토크 전문 채널 'Radio 4'는 팝 채널 'Radio 1'에 가까운 수의 청취자를 확보하고 있다.

뉴스, 시사 해설, 다큐멘터리, 특집 프로그램, 낭독, 드라마, 문예시평, 농업, 원예 등 포맷과 주제가 다양하다. 〈우먼스 아워(Woman's Hour)〉, 〈데저트 아일랜드 디스크(Desert Island Discs)〉, 〈월드 앳 원(The World at One)〉 등 간판 프로그램이 즐비하다. 특히 〈데저트 아일랜드 디스크〉는 인기가 높은 장수 프로그램이다. 유명 캐스터가 거물급 게스트를 매주 1명 초대해 무인도에 표류로 도착하면 듣고 싶은 레코드가 무엇인가라는 설정을 바탕으로 몇 장을 선택하도록 한 뒤, 음악을 넣어가며 대담을 나누는 프로그램이다. 정치가나 예술가 등 유명인이 다수 출연한다.

또한 아침에 가장 빠른 정보를 TV가 아니라 라디오에서 얻는 것도 영국적인 생활 풍경이다. 평일 아침 6시부터 25분간 방송되는 〈투데이(Today)〉도 'Radio 4'의 중요한 시사 프로그램이다. 이 프로그램에서 앤드루 길리건(Andrew Gilligan) 기자가 2003년 이라크의 대량살상무기에 관한 정부의 보고서가 조작되었다는 과장 보도를 했다. 뒤에 정정했지만, BBC의 위상을 크게 손상시키는 대사건으로 알려졌다. 그러나 이 프로그램은 이러한 위기를 극복하고, 신뢰를 회복했다.

그런데 라디오는 TV보다 교양 있는(highbrow) 미디어인가? 로저 라이트에게 물어보았다.

> Radio 4 청취자와 Radio 3의 일부 시청자는 그럴지도 모릅니다. BBC 전체적으로는 그렇지 않지만요.

영국에서 생활하며 절실히 느끼는 것은 실제로는 TV를 보는 시간이 많지만, 라디오가 제일이라는 생각이 적어도 외형적으로는 존재한다는 것이다. 이를 상징하는 것이 BBC가 발행하는 주간 TV·라디오 가이드가 지금도 ≪라디오 타임스(Radio Times)≫로 불리고 있다는 사실이다. 약 150쪽 가운데 처음부터 120여 쪽은 TV 안내이며, 표지도 거의 매번 TV와 관련된 것이지만, 1923년 창간 당시의 잡지명을 바꾸지 않고 있다. 1936년에는 BBC TV가 개국했지만, 이는 마치 부록처럼 다루어졌다. 이 명칭은 거의 고유명사가 되었으며, 지금에 와서 이상하다고는 생각하지 않는다. 절대적인 인기를 끄는 잡지로, 발행 부수는 2007년 하반기에 매달 105만 부(주당 25만 부)로 영국에서는 이례적인 숫자에 이른다(Audit Bureau of Circulation).

## 6. 균형 잡힌 오락과 계몽, 미래상

음악 프로그램으로 이야기를 되돌린다. 'Radio 3'는 방송 프로그램과 콘서트를 어떻게 편성하고 있는지, 구체적인 예로 2004년에 취재한 BBC 싱어스를 살펴본다. BBC의 합창단 가운데 유일하게 프로페셔널 집단이라는 것은 이미 밝혔다.

BBC 싱어스는 'Radio 3'를 위해 정기적으로 콘서트나 스튜디오 녹음을 수행할 임무가 있으며, 특히 중계 프로그램 〈퍼포먼스 온 3〉에는 자주 출연한다. 스튜디오 녹음 프로그램도 많대BBC 싱어스의 총괄 책임자 스티븐 애슐리 킹(Stephen Ashley-King)의 이야기]. 나아가 BBC와는 관계없는 음악제나 BBC 이외 오케스트라와의 협연에 초대되는 경우도 있다. 마이클 에멀리(Michael Emely) 예술 프로듀서는 다음과 같이 설명한다.

> 머릿속에서는 이 콘서트가 중계 프로그램의 어딘가에 들어가지 않을까 생각합니다. 특히 〈퍼포먼스 온 3〉, 이 프로그램은 평일 저녁 7시 반부터 시작합니다. 토요일에는 6시부터 오페라 프로그램이 있습니다.

예술 프로듀서란 라디오 프로그램 제작을 위해 5개 BBC 오케스트라와 BBC 싱어스를 담당하는 각각의 프로듀서를 말한다. 콘서트 프로그램도 방송에 적절한 내용으로 기획하지 않으면 안 된다는 것이 통상적인 악단과 합창단의 매니지먼트와 다른 점이다(秋島, 2004).

그런데 BBC는 2008년 8월부터 9월까지 시청자가 놀랄 만한 새로운 클래식 TV 프로그램을 제작해 크게 성공했다. 프로그램 이름은 〈마에스트로(Maestro)〉이다. 자타가 음악 애호가로 인정하는 거물급 여배우와 록 뮤지션, 코미디언, BBC의 중견 뉴스 리더 등 유명인 8명이 참가하는 초심자의 지휘자 콩쿠르이다. 매주 유명 지휘자와 솔리스트 등으로 구성된 심사위원 앞에서 잘 알려진 교향곡과 합창곡의 일부나 오페라 아리아 등을 지휘해 실력을 다툰다. 다음 경연까지 전문가의 엄격한 개인 지도를 받으며, 그 모습을 다큐멘터리 형식으로 방송한다.

서바이벌 형식의 포맷은 탤런트 콘테스트와 유사하지만, 참가자는 진지하며, 시청자가 지휘자의 역할과 어려움을 배워가는 오락과 계몽을 겸한 프로그램이다. 우승자는 9월 13일 프롬스 마지막 날에 하이드파크에서 열리는 '프롬스 인 더 파크'에서 BBC 콘서트 오케스트라를 지휘하는 명예를 거머쥔다.

〈마에스트로〉에 대해 라이트는 다음과 같이 말한다.

그 프로그램은 TV 쪽에서 제안한 아이디어입니다. 지휘라는 것을 이해하도록 만드는 프로그램을 만들고 싶다고 했습니다. 거기에서 발전시켜 프롬스로 연결시키면 어떨까 생각하게 되었습니다.

클래식 음악의 대중화는 사실 BBC 외에 또 다른 클래식 음악 전문 채널 '클래식 FM'의 노선이다. 1992년에 설립된 상업국으로, DJ와 음악 신청 프로그램을 편성하거나 저렴한 콘서트나 유명 악곡을 모은 CD 판매 등을 통해 인기가 높아져 상업방송 최대의 방송국으로 성장했다.

항상 유명 악곡을 방송하고 있으며, "당신을 위한 부드러운 클래식……"이라고 아양을 떠는 듯한 아나운스가 식상해지기도 하지만, 해설은 이해하기 쉽다. 청취자의 수는 클래식 FM이 Radio 3보다 훨씬 많지만, 대중화에 의존하기 때문에 당연한 결과라고 할 수 있다.

그렇다면 클래식 FM과 Radio 3는 경합하는가? 라이트 총감독은 다음과 같이 설명했다.

전혀 다른 채널이지만, 서로 없는 것을 보완하고 있습니다. 저쪽은 광고를 방송하고, 전자화된 악곡 리스트를 사용하며, 1악장만 방송하기도 합니다.

우리는 1악장만을 방송하지는 않습니다. 라이브 음악의 경우, 클래식 FM에서도 관련 이벤트로 콘서트를 다소 실시하고 있지만, 우리처럼 하지는 않습니다. 신작을 위촉하는 경우도 없으며, 오케스트라를 가지고 있는 것도 아닙니다. 재정적 구조가 다르죠. 수신료를 사용하는 우리는 이에 맞는 운영을 해야 합니다.

BBC 프롬스는 수신료라는 지원금을 받으며, 티켓 판매를 위해 직접 프로그램을 짤 필요가 없다. 이것이 공영방송의 이점이며, 그렇기에 예술에 대한 비타협적 태도를 유지할 수 있는 것이다.

관객을 좀 더 앞으로 데려가는 것, 이것이 우리의 역할입니다.

프롬스 개막전에 열리는 '인트로'에서 로저 라이트의 말이 인상에 남는다. 20세기 초에 프롬스는 당시에는 현대 작곡가였던 리하르트 슈트라우스와 드뷔시, 스트라빈스키(Igor Stravinsky) 등을 초청해 부담을 짊어졌다. 현재의 프롬스도 그 정신을 계승하고 있다. 다시 말하지만, BBC 설립자인 존 리스가 제창한 '정보와 교육과 오락을 제공한다'는 모토를 구현하고 있는 것이다.

## 참고문헌

Doctor, J. and D. Wright(eds.), N. Kenyon(consultant editor). 2007. *The Proms: A New History*. London: Thames & Hudson.
*BBC Proms Press Information* 2008(press release).

*BBC PROMS* (guidebook, 2008).

*Radio Times*, 16~22 August 2008, 4~10 October 2008.

秋島百合子. 2004. 「BBCシンガーズ — 合唱音楽の新しい歴史を創る」. 季刊誌 ≪ハーモニー≫,
　　秋号, 6~9頁.

8장

# 내셔널리즘과 BBC
### 네이션과 내레이션, 대일 전쟁 관련 프로그램을 중심으로

나카오 도모요

## 1. BBC는 '좌파적·양심적' 입장?

BBC는 일반적으로 중도 좌파로 간주된다. 1980년대에 대처 총리는 정책적으로 탄광 폐광을 밀어붙였고, 이에 따라 전국에서 폐광 반대 운동이 전개되었다. 이때 대처 총리는 BBC의 보도 태도가 편향되어 있다고 강하게 비판했다. BBC가 보수당에 대해 반동적이며 양심적인 좌파라는 평가를 받는 일이 일본에서는 의외로 많다. 사실 제2차 세계대전에서 일본에 대한 원폭 투하의 시비에 대해서도 BBC는 수정주의이며 좌파적이라는 비난이 ≪선(The Sun)≫에 게재된 적도 있다. 지금까지 일본에 소개된 'BBC의 입장'은 대처 정권의 압력에도 굴하지 않고, 민방의 ITV 등에 비교하면 '정의'를 지키고, 이라크 전쟁에서도 전쟁 무용론을 고집했다는 평가가 일반적이

다. 이것이 잘못된 지적이라고 할 수는 없다.[1]

그러나 일본이 상상하듯 좌파 계열의 저널리즘과 같이 명확한 '전쟁 반대'나 반전주의를 BBC가 일관되게 가지고 있을까? 그렇지 않다. BBC는 분명 최근에 일어난 전쟁에 대해서는 반대 입장을 강하게 주장하는 듯이 보인다. 특히 이라크 전쟁 개전의 시비를 따진 켈리 박사의 의문의 자살을 둘러싼 일련의 보도에서도 이러한 태도는 명백하다. 그러나 BBC가 고수해온 보수주의를 무시할 수도 없다. 왕정, 군대, 교회의 정점인 여왕에게서 받은 특허장[2]에 의거해 구성·성립되는 BBC는 온건한 국위 선양 및 내셔널리즘을 육성하는 장이기도 하다. 이런 점은 일본인이 가지고 있는 BBC의 '이미지'에는 간과되어 있는 것 같다. 이 장에서는 BBC가 가진 내셔널리즘을 육성하고 유지하는 역할을 제2차 세계대전을 기념하는 프로그램과 전쟁을 그린 다큐멘터리를 소재로 분석한다. 또한 BBC의 보수주의를 인기 프로그램, 어린이 대상 프로그램, 그리고 BBC의 장수 프로그램으로 노동자계급을 그

---

1 영국 정부가 2003년 이라크 선제공격을 정당화한 2002년 9월 발간 문서에서 근거로 삼은 이라크의 대량살상무기 보유와 참전 태세를 증언한 켈리 박사의 자살 의혹을 둘러싼 움직임, 길리건 기자의 보도 내용을 둘러싼 움직임 등을 참조하기 바란다(蟻巢, 2004).

2 BBC의 존속에 관한 특허장을 말한다. 1996년 특허장에서 여왕은 모두에서 다음과 같이 밝혔다. "신의 은혜로 그레이트브리튼 및 북아일랜드 연합 왕국, 기타 국토 및 영토의 여왕, 영국 연방의 원수, 신앙의 옹호자인 엘리자베스 2세는 이 문서를 입수하는 모든 사람에게 고한다. 그리스도 기원 1926년 12월 20일 국새로 날인한 개봉 칙서를 통해 나의 선조 조지 5세 폐하는 영국방송협회에 법인 설립의 특허장을 부여했다. …… 내 인민의 방송 서비스에 대한 광범한 관심 및 정보, 교육, 오락을 반포하는 수단으로서 이들 방송 서비스의 위대한 가치를 고려해, 나는 …… 독립된 법인이 존속해 앞으로도 계속해서 방송 서비스를 제공할 것, 그리고 기타 시청각 서비스의 제공을 허가하는 것이 나의 연합 왕국 및 기타 영국 연방에서 나의 인민의 이익이 된다고 믿기 때문에, 나의 국왕 대권을 통해 나의 특별한 은혜와 확실한 인식과 순수한 발의에 의거해 나의 이 특허장으로 나, 나의 법정 상속인 및 계승자를 위해 다음과 같이 결의하고 명령하고 선언하면서 이와 같이 고지한다."

린 〈이스트엔더스(EastEnders)〉[3]를 중심으로 살펴본다.

이 분석을 통해 드러나는 점은 BBC가 '내셔널리즘'과 '애국주의(patriot-ism)'를 탈구축하는 양심적 좌파가 아니라, 국가적 자부심으로 제1차, 제2차 세계대전의 정당성을 노래하고, 권력에 순종하며, 보수적인 모습을 보인다는 것이다. BBC의 이른바 좌파적 모험은 이러한 '온건한(그러나 확고한) 내셔널 내러티브(national narrative)'의 틀 속에서만 안전하게 발휘된다고 말해도 좋을 것이다.

이를 위한 방법론으로 BBC 조직론이나 내부의 움직임을 관찰하는 것이 아니라, 수용자인 시청자에게 '어떻게 말을 걸고 있는가', '어떻게 내용을 구성하는가' 등 내러티브와 표상을 중심으로 프로그램 구조 분석을 이용한다. 이제부터 지적하는 내셔널리즘에 과연 영국의 시청자는 지배적 해독을 하는가, 또는 교섭적·대항적 해독을 하는가를 분석하는 것은 앞으로 필요하지만, 적어도 필자가 제기한 프로그램에서는 지금까지 눈에 띄는 비판이나 비평, BBC를 의문시하는 시각이 거의 나타나지 않았다는 것도 사실이다. 이하에서는 영국의 '전사자 추도일(Remembrance Sunday)'을 중심으로 한 전쟁 관련 프로그램을 살펴본다.


## 2. 전사자 추도일

영국이 전쟁에서 '정의'를 노래하는 중심지는 11월 11일에 가장 가까운

---

3　〈이스트엔더스〉는 1985년 2월에 시작된 드라마로, BBC 1에서 회당 20분, 주 4회(1회는 일주일 정리) 방송된다. 가상의 거리 월포드(Walford)를 무대로 서민의 삶을 그리고 있으며, 선술집 등에서 대화가 많다. 현재는 인터넷을 통해 일주일 치를 다시 볼 수 있다.

일요일에 실시되는 전사자 추도일 기념식이다. 이는 제1차 세계대전 종전일을 중심으로 시작되었다. 제2차 세계대전 이후 기념식을 방송하는 것은 BBC의 역할이다. 채널 4나 ITV도 이 시기에 전쟁 관련 프로그램을 방송하지만, 기념식 중계권을 가진 것은 BBC 2이다. BBC에서는 매년 로열앨버트홀(빅토리아 여왕과 앨버트 공을 기념해 세운 대형 홀)의 전야제와 다음 날 기념식을 생방송으로 중계하며, 저녁에 하이라이트를 방송한다.

기념식 자체는 국내 방송으로 BBC 월드에서 방송되지는 않는다. 즉, 국내용으로 "국민을 통합하는 연대"(中尾, 2001: 125~139), 공동체에서 전쟁을 기억하기 위한 기념식이다. 린다 콜리(Linda Colley)[4]가 지적하듯이 영국은 오랫동안 사악한 외적에 대해 정의로운 '우리들'이라는 자기상을 중심으로 자신들 연합 왕국의 결속을 지켜왔다(Colley, 1992/2000: 서장 6~9). 필자가 기념식을 TV로 본 것은 1982년 유학 시절이었다. "민주주의를 지킨 선한 전쟁"이라고 제2차 세계대전을 자랑하는 친구 캐서린이 "매우 아름답다"라며 권해 워릭 대학에서 본 것이 처음이었다. 그녀는 기념식 중계와 전쟁에 참가한 친척 등을 통해 제2차 세계대전을 기억으로 공유하고 있을 것이다. 그 뒤 필자는 1994년 기념식의 실제 모습과 사람들의 체험을 기록하기 위해 영국을 찾아갔으며, 이후 가능한 해에는 참여 관찰을 통해 BBC가 보도하는 전사자 추도일 프로그램과 현장의 모습을 기록하고 비교해왔다(영국에 갈 수 없는 경우에는 프로그램을 녹화해서 받았다). 이하는 이를 바탕으로 한 분석이다.

---

4 영국 출신의 역사학자이다. 전공은 영국 근대사이며, 현재 프린스턴 대학 역사학부 교수로 재직 중이다.

## 1) 전야제와 전사자 추도일 방송

영국에서 유럽 전승 기념일(V-E Day: Victory in Europe Day)은 5월 8일, 대일 전승 기념일(V-J Day: Victory over Japan Day)은 8월 15일이다. 매년 이때는 기념제와 재향군인의 행진이 개최되었지만, 제2차 세계대전 귀환 병사의 고령화에 따라 최근에는 전쟁을 기억하는 날이 전후 60주년(2005년)과 65주년(2010년)을 제외하고, 11월 11일 (제1차 세계대전) 종전 기념일(Remembrance Day)에 가장 가까운 일요일(Remembrance Sunday, 전사자 추도일)로 정리되었다.

전사자 추도일 기념식은 일본에서 8월 15일에 거행되는, 왕 부부가 참석하는 전사자 위령제와 비슷한 부분도 있지만, 영국의 경우는 승자의 기념식이다. 일본의 경우, 전사자를 애도하는 것이 중심이고, '나라를 위해 싸운' 사람들을 추억하는 것에 그치며, 참전용사를 추앙하거나 전쟁을 칭송하지는 않는다. 반면 영국에서 기념식의 위상은 전쟁기념비에 새겨진 비문 '영예로운 전사자를 기리며(For the Glorious Dead)'가 보여주듯이 '나라를 위해 싸운 남성과 여성'을 높이는 성격이 강하다. 전쟁기념비는 세노타프(Cenotaph)로 불리며, 오벨리스크 모양의 기념비 주변에서 기념식이 열린다. 총리 관저인 다우닝가 10번지 옆에서 버킹엄 궁전으로 연결되는 거리 중앙에 우뚝 솟은 기념비 주변에는 장엄한 건축물이 줄지어 있고, 과거의 식민지명과 식민지 '문명화'를 위해 활약한 중앙 부처명이 화려하게 새겨져 있어 대영제국의 기억을 남기고 있다. 전후 60주년에 해당하는 2005년에는 여성의 전쟁 공헌을 기리는 기념비도 세노타프 바로 옆에 세워졌다. 7월의 첫 2주 동안에 실시되는 '군인추억기념주간'에는 '런던 테러(London Attack)'로 불리는 7월 7일 동시다발 폭탄 공격에도 아랑곳하지 않고 엘리자베스 여왕이 거리에서 기념비 제막식을 거행했다(酒井, 2007: 22~44).

전사자 추도일 기념식은 오전 10시에 빅벤(Big Ben)의 시계종과 함께 시작된다. 각자 영령을 기리기 위해 모인 사람들과 관광객으로 도로는 가득 찬다. 또한 매년 정부의 초대를 받은 각 지역의 유족과 부대가 헌화 이후에 행진하기 위해 탑 뒤에서 개최를 기다린다. 기념식은 악대 연주로 시작되며, 영국군의 원수인 엘리자베스 여왕, 제2차 세계대전 참전자인 필립 부군, 공군에서 근무한 찰스 왕세자, 공군으로 포클랜드 전쟁에 참전한 요크 공 앤드루 왕자, 여해군 부대장을 역임한 앤 공주가 포피(poppy, 양귀비) 꽃 다발을 바친다. 여왕은 붉은 포피 화환을 오벨리스크 모양의 기념탑 앞에 세우고, 발을 모으고 가볍게 머리를 숙이며, 왕자와 공주는 경례를 한다. 이어서 육해공군의 장, 그리고 노동당·보수당·자유민주당(제3의 정당이며, 국민투표제를 주장하고 있다)의 당수, 최근에는 스코틀랜드 국민당(Scottish National Party)의 당수도 차례로 붉은 양귀비 화환을 세워 예를 표한다.

붉은 양귀비는 제1차 세계대전이 한창이던 플랑드르 평야에서 벌어진 독일군과의 참호전에서 수만 명의 사상자를 낸 뒤에 피어난 꽃으로 전사자를 상징한다. 당시 군의관과 캐나다 여성이 ≪펀치(Punch)≫라는 잡지에 게재한 시에 의거한다. 붉은 양귀비는 전사자를 달래는 꽃인 동시에, '전사자를 잊지 말고 계속 싸우라'는 의미를 포함하는, 상당히 애국적인 결의의 상징이다.[5] 특히 주목해야 할 점은 세노타프 주변에 '제국의 유산'이 건축물뿐 아니라 살아남은 자를 통해서도 만들어지고 있다는 것이다. 즉, 세노타프 주변을 둘러싸는 형태로 과거 식민지 국가의 대표(현재는 영연방 국가

---

5  붉은 양귀비는 매출의 일부를 군인연금으로 납부한다. 평화운동인 '흰 양귀비'에 대해서는 평화서약연맹의 팸플릿과 필자의 방문 기록을 요약했다. http://www.ppu.org.uk/poppy/ 참조.

의 대표)가 오벨리스크 사방에 각각 늘어서 차례로 '영예로운 죽음(Glorious Dead)'이라는 비문에 포피 화환을 바쳐 붉게 뒤덮는다. 그 대부분은 일찍이 '해가 지지 않는 나라'로 불린 대영제국의 위세와 현재의 영향력을 생각나게 한다.

분명 극장국가에 어울리는 기념식이지만, 그 줄거리는 가야트리 스피박(Gayatri Spivak)이 개념화하고, 사카이 나오키(酒井直樹) 코넬 대학 교수가 발전시킨 포스트 식민주의적 '제국과 식민지의 이야기 도식', '백인 기사가 황색 제국의 강간범으로부터 유색 인종 여성을 구한다'는 강간구조대(rape rescue)의 틀을 따른다. 즉, 일본과 독일을 비롯한 '악'의 침략에서 '대영제국과 그 비호 아래 있는 사람들'이 빠진 자유의 위기, 민주주의의 위기를 (정의의) 백인인 앵글로·색슨이 구할 뿐만 아니라, 유색의 식민지군이 '함께(together)' 싸웠다는 도식이다. 이 '함께'라는 말은 전쟁 당시부터 지금까지 대영제국과 식민지 간에 전쟁을 위한 동맹을 노래하는 슬로건이다. 악대가 연주하는 음악도 이에 적합하게 선곡되었다. 우선 애국가로 유명한 〈룰 브리타니아(Rule, Britannia!)〉로 시작해 분위기가 고조되면 엘가의 조용한 음악으로 바뀌며 상례(喪禮)를 위한 시간이 된다. 왕족이 봉헌하는 동안에는 반주가 없으며, 기타 국가가 헌화할 때는 베토벤의 장송행진곡으로 매년 관례화되어 있다. 나아가 영국 국교회 주교가 나타나 찬송가와 함께 2분간 묵도하고, '평화를 위해 하나님의 뜻에 따르도록 앞으로도 우리를 도와주소서'라는 취지의 설교를 한 뒤, 관중과 함께 '주기도문'을 드린다.

## 2) '기념식 현장'과 BBC

이러한 기념식은 BBC 방송에서는 잘 보이지만, 실제 현장을 메운 관중

종전 기념일 기념식
왼쪽은 붉은 양귀비와 오벨리스크, 오른쪽은 촬영하는 카메라
자료: 필자 촬영.

에게 모든 것이 보이지는 않는다. 200m에 이르는 도로에는 바리케이트의 안쪽을 관중이 가득 메우고 있다. 9·11 이후에는 비행기에 탑승할 때처럼 수화물 검사대가 설치되었다. 접수대에서 배포되는 진행 예정표와 찬송가 팸플릿을 손에 들고 멀리서 지켜보는 사람도 많다. 여왕이 보이는 주변에는 이른 아침부터 자리를 차지하려는 사람들이 긴 줄을 선다. 예배 이후, 각지에서 온 퇴역 군인, 군속, 여군이 순서에 맞춰 차례대로 행진하고, 세노타프 옆을 지날 때에 소지하고 있던 붉은 양귀비 꽃다발, 때로는 꽃으로 만든 곰 인형 등을 예복 입은 스태프에게 넘기며, 기념비 앞은 순식간에 붉은 양귀비로 넘쳐난다.[6]

---

6  아시아인, 특히 적대국 국민(그들이 보면 살인자의 자손)인 일본인이 참가할 경우에는 유족에게 관광이나 여왕을 구경하기 위해 온 사람으로 오해받을 가능성이 있기 때문에, 주위 분위기를 살펴 불쾌하게 생각하지 않을 듯한 사람에게 조사 목적(필자의 경우는 위령과 포로, 퇴역 군인에 대한 설문조사, 포로 촬영이었다)을 넌지시 제시하며 이해와 허가를 구할 필요가 있었다. 전사자를 달래는 곳에서는 세심한 배려를 요구한다.

이 기념식에 직접 참여하는 사람은 전체 국민 가운데 얼마 되지 않는다. 남북으로 긴 나라이기 때문에 런던까지 오는 것이 쉽지 않으며, 전쟁 체험자가 고령화된 이후에는 BBC의 생중계를 볼 수밖에 없는 사람도 많아졌다. 무관심한 젊은 층도 늘어가고 있지만, 최근 이라크 전쟁 참전으로 내셔널리즘이 다시 살아나는 경향도 있어 BBC의 중계방송은 예전보다 주목을 받고 있다. TV 카메라는 기념식을 사람들의 머리 높이에 해당하는 위치에서 촬영하고 있다. 그러나 중요한 것은 기념식 자체와 TV에 방영되는 프로그램이 텍스트로서는 중첩되면서도 엇갈려 있다는 점이다. 프로그램이라는 텍스트에서는 BBC의 내레이션과 기다리는 시간을 채우는 동안에 다양한 증언과 영상이 삽입된다. 대부분의 경우, 참전 병사의 체험담이나 이전 해외 식민지의 위령 장면 등이 방영된다. 이라크 전쟁이 시작된 이후에는 여기에 '현대 전쟁'이 주목을 받았다. 예를 들어 2004년 방송에서는 몇 명 남지 않은 제1차 세계대전 생존자의 증언과 스코틀랜드의 블랙워치(Black Watch) 부대가 이라크에서 전투하는 장면을 소개했다. 즉, 이 기념식에서 억양을 누른 남성 아나운서의 BBC다운 내레이션에는 '평화와 자유를 지키기 위한 영국군'이라는 기조는 있지만, 과거 식민지 지배에 대한 반성이나 이라크 전쟁이 시작된 이후 영국에서 계속된 반전 움직임을 반영하는 이야기는 없다. 역으로 고전적이라고 할 수 있는 강간구조대의 이야기가 부가되며, 기념식을 '정의로운 대영제국'으로 해석하도록 이끄는 틀을 만들고 있다. 전형적인 예를 들면 다음과 같다.

과거 식민지, 현재의 영연방 대표자가 꽃을 바치고 있습니다. …… 인도, 파키스탄, 말레이시아, 이곳은 일본에 침략을 당했고 해방되기까지 노예적 지배에 놓였습니다. 싱가포르는 …… (2004년 종전 기념일 BBC 방송 내레이션).

사실 2004년에는 영국과 과거 식민지 짐바브웨 사이에 토지 소유를 둘러싼 알력이 최고조에 이르렀으며, 짐바브웨 대표는 불참했지만, BBC 아나운서는 이를 슬쩍 넘겼다.

마지막 짐바브웨 대표는 오늘 런던에 없기 때문에 남은 영연방에 위임했습니다(2004년 종전 기념일 BBC 방송 내레이션).

군인연금이 적은 영국에서는 전쟁에 나갔던 사람들에게 영예를 드높여 그들의 업적을 위로하는 경향이 있다. 실제 시청자의 관심 정도나 반응을 조사하기 위해서는 시청자 조사가 필요하지만, 지금까지 10년 이상 시청한 것에 따르면 적어도 BBC는 전쟁을 부정하지 않은 채 기념식을 계속해서 방송할 것으로 보인다.

이러한 TV 방송이라는 텍스트에서 영상과 내레이션에는 전쟁 반대의 메시지나 제2차 세계대전 이후에 영국의 식민지가 독립운동을 일으킨 경위를 언급하는 표현은 전무하다. 블레어(Tony Blair) 정권 이후에도 '식민지 지배에 대한 반성'에 이르기까지는 성숙하지 못했다. 개인적으로 그러한 생각을 가진 사람들은 사회주의 전통을 계승한 시민이나 포스트 식민주의 학자, 예술가 등 많기는 하지만, BBC는 식민지주의에 대한 반성을 의도적으로 회피하고 있다는 인상을 강하게 받는다. BBC는 이 점에서 '자유를 수호한 전쟁'이라는 내셔널 내러티브에 대단히 충실하다.

BBC는 '공영방송'이기 때문에 한쪽의 주장에 편향되지 않도록 규정하고 있지만, 이 점에서는 '국영방송'과 동일한 역할을 하고 있지 않을까? 여기서 주목해야 할 것은 무엇을 이야기하고 무엇을 방영했는가와 함께 '무엇이 방영되지 않았는가', '무엇이 이야기에서 사라졌는가'이다. 전쟁기념식 보도에서도 무엇이 생략되었는지에 주목하지 않으면 안 된다. 가장 눈에 띄는 점을 기념식 참여 관찰을 통해 지적한다. 빅벤을 멀리서 비추며 방송을 끝낸다. 그러나 방송되지 않는 예배 직후에는 정부의 정통을 인정하지 않는 단체가 각각 기념식을 거행하는 것이 일반적이었다. 2000년까지는 평화 단체인 '화이트 포피(White Poppy)', 영국의 좌파인 '국민전선(National Front)', 그리고 구세군(Salvation Army) 단체가 독자적인 예배나 시위를 거행했다. 정치학자 사사키 유타(佐々木雄太)가 자신의 책에서 지적하듯이,[7] '화이트 포피'는 1933년부터 시작된 여성 중심의 평화운동 단체이며, 지금은 '평화서약연맹(Peace Pledge Union)'이라는 이름의 단체이다. 붉은 양귀비를 이용한 영웅 찬양에 대항해 흰 양귀비가 들어간 바구니를 들고 시작한 가두모금에서 유래한다. '화이트 포피'는 '다시는 전쟁을 일으켜서는 안 된다는 평화서약'의 상징이며, 적과 아군을 포함한 모든 전사자의 상징이었다. 붉은 양귀비에서 모금해 유족에게 전달하는 재향군인회는 '정의의 전쟁'이라는 이론이 무너지고 연금을 위협받는다는 점으로 이러한 움직임에 강하게 반발했다. '화이트 포피'는 당연히 원자폭탄 투하도 비판하기 위해 이른바 영국판 스미소니언 박물관의 원자폭탄 전시회를 시도하는 역할도 하고 있다. 그들의 모토는 '기억하라, 군비를 축소하라(Remember and Disarm)'이며, 다양한 평화 교과서, 올더스 헉슬리(Aldous Huxley)의 수필을 사용한 비무장 교과서 등도 만들었으며, 매년 여름 원자폭탄 투하 기념일

---

7 유족과 상이군인을 포함해 영국과 영연방 국가의 전쟁 희생자를 추도하는 '레드 포피'를 상징하는 재향군인회(The Royal British Legion)의 모금 활동은 1921년에 시작되었다. 반면 부인 등을 중심으로 전쟁에서 죽은 군인과 민간인, 적과 아군을 불문하고 전사자를 추도하고 '다시는 전쟁을 일으켜서는 안 된다는 평화서약'을 상징하는 '화이트 포피'는 평화운동 및 모금 활동을 전개하고 있다. 이들 간의 적백 양귀비 전쟁과 같은 대결에 대해서는 佐々木(1998: 244~245), Gregory(1994: 152~157) 참조.

에는 핵무기 폐기 운동(Campaign for Nuclear Disarmament, 이하 CND) 관련 단체와 공동으로 템스 강 주변을 행진한다.

BBC가 방송하지 않는 이들 단체는 전사자 추도일에 메시지와 흰 양귀비를 장식한 현수막을 들고 훈장으로 가슴을 장식한 퇴역군인보다 근신하는 모습으로 흰 양귀비를 가슴에 달고 숙연히 행진한다. 그리고 붉은 양귀비로 가득 찬 세노타프 앞에서 묵도를 한 뒤, 피바다처럼 펼쳐진 붉은 양귀비 무더기 속에 흰 양귀비를 한 송이 한 송이 살짝 내려놓는다. 그들은 과격한 좌파가 아니고, 평화 교육과 비무장을 모토로 하는 시민이며, 그 속에는 영국 사회주의 전통을 이끄는 사람도 볼 수 있다. 다문화 가치(diversity)를 인정하고, 무력에 의존하지 않는 상호 이해를 통해 평화를 이룰 수 있다는 신념을 가지고 활동해온 사람들이다. 그렇지만 그들은 붉은 양귀비에 의탁하려는 생각을 무시하는 것도 아니다. 이에 자국의 전사자를 추도하는 붉은 양귀비와 평화를 바라는 흰 양귀비를 모두 가슴에 단 회원도 있다. 참여 동기를 물었더니, 그들은 전쟁 이전부터 식민지주의에 반대해 학생운동을 한 사람, 비참한 런던 폭격을 경험했고 아직도 그 참상을 말하지 못하는 전직 간호사, 형이 양심적 병역 기피자인 사람, 증조부가 제1차 세계대전에서, 조부가 제2차 세계대전에서, 사촌이 포클랜드에서 죽은 젊은 남성이었다. '이제 전쟁은 일어나지 않았으면 좋겠다'는 생각은 진지하며, 이른바 영국의 양심적 휴머니즘의 상징이라 할 수 있으며, 1950년대부터 1970년대까지 영국에서 고조되었던 학생운동에 참여했던 사람도 발견할 수 있다.

가족을 잃은 아픔을 아는 만큼 그들의 행진은 승리를 자랑하는 것이 아니라 억누른 슬픔과 결의로 넘쳤다. 그러나 승리보다 전사(戰死)의 참혹함을 강조하기 때문에, 비무장을 주장하는 현수막을 보고 "너무한다!"며 도로에서 눈물을 흘리는 유족도 있었으며, "와! 양심적 병역 기피자들!"이라고

흰 양귀비(평화서약연맹)의 세노타프 행진 모습

야유하는 소리도 들렸다.

흰 양귀비 단체에 이어 영국의 범애국 단체 '국민전선'이 깃발을 내걸고 행진하며, 과장된 모습으로 세노타프를 향해 경례한다(그들 중에는 노동자 계급 출신이 많다). 나아가 구세군 단체가 뒤를 잇는다. '화이트 포피'의 경우, 2000년부터 기마경찰이 호위하는 등 일종의 통제가 강해졌으며, 행진을 포기하지 않으면 안 되는 상황에 몰려 현재는 평화 교육을 중심으로 활동하고 있다. 그러나 BBC는 이들의 움직임을 결코 방송하지 않는다. 특집 프로그램을 제작하지도 않는다. 국가의 담론으로 '자유를 수호하기 위해 싸운' 정의로운 전쟁이라는 틀에서 벗어난 것을 BBC는 적어도 기념식 방송의 프레임에서는 배제하고, 언급하지 않으며, 비추지 않는 것이다. 이는 현재 영국의 중요한 국책하에서는 다루기 어려운 문제이기 때문일까?[8] 그

---

8   전후 50주년 이후 일본에서 영국의 위령이나 양국 간 화해의 상징으로 다루어지는 것은 의식적이든 비의식적이든 전쟁을 반대하는 흰 양귀비가 아니라 민족주의적인 붉은 양귀비가 중심이다. BBC에 대한 미디어 통제, 흰 양귀비에 대한 영국의 국가적 '제거'가 해외에서도 성공한 예이다. 小菅信子, 「英人捕虜の終わらない戦争」, ≪世界≫(1997年 11月号); 小菅信子, 『ポピーと桜』(岩波書店, 2008); 遠藤雅子, 『赤いポピーは忘れない』(グラフ社, 2002); 産経新聞(2009). '화이트 포피'에 관한 보고는 沢村亘(朝日新聞, 1998), 佐々木(1998: 220). 필자와 여학생 캐서린 간의 대화는 『サンケイスカラシップニュースレター』(1983), 『岡山大学教養学報』(1993). '화이트 포피'에 관한 필자의 참여 관찰 조사 시기는

러나 적어도 전사자 추도에 무관심한 국민이라도 이들 단체와 접할 수 있는 기회가 없다면, TV를 보고 있는 이상은(그리고 국가의 공식적인 기념식에서 붉은 양귀비를 사용하는 것을 보고 있자면), 국민 모두가 애국적인 추억에 찬성하는 듯한 분위기를 만들어내는 것은 가능하다.

## 3. BBC 보도와 내셔널리즘

### 1) 핵무기 폐기 운동

핵무기 폐기 운동(CND) 또한 마찬가지다. CND는 매년 런던의 타비스톡 (Tavistock)에서 히로시마 희생자를 추도한다. 캠던 타운(Camden Town)의 여성 구청장이 1967년 기념식수한 천엽벚나무 옆에서 집회를 열고, 템스 강 주변에서 대규모 행진을 실시했다. 핵무기를 반대하는 서명을 모아 템스 강에서 바구니에 담아 흘려보내며 전사자를 추도했다. 그러나 이것이 국민적 규모에서 공유되는 영상 미디어를 통해 방영된 적은 (적어도 최근 10년간) 없었다. 또한 CND 활동가들의 주장이 직접 보도되는 것도 드물다. 1995년의 경우, 일본에 대한 승리를 노래한 각종 특집 프로그램, 이틀에 걸친 기념식에 대한 보도에서도 '영국인 포로에 대한 일본군의 잔혹한 처사'를 다루는 프로그램의 내러티브는 '일본 = 악, 영국 = 선'이라는 도식을 일관되게 유지했다. 사실 1995년에 이상할 정도로 애국운동의 고양에 반발

---

1994년 11월. CND 관련 보고는 朝日CSテレビ朝日ニュースター 制作, 中尾知代 撮影·編集, 〈FREEZONE 2000 英国50年目の夏〉(2005). 中尾(2005: 139).

CND의 런던 지역 행진
자료: 필자 촬영.

한 젊은 세대의 네오 마르크스주의 단체(Living Marxism)와 CAM(Campaign Against Militarism), 대처 정부로부터 예산 삭감에 몰린 동조 예술가, 레이브 파티 금지법(Criminal Justice and Public Order Act 1994)에 반감하는 젊은이들, 영국의 반일 보도를 반대하는 저널리스트들은 1995년 말에 런던 대학에서 일주일 동안 'No More Hiroshima'라는 회의를 개최했다. 이들은 일본을 탐구하면서 옹호했으며, 영국의 일방적인 일본 공격을 비판했다. 그러나 이들 내셔널리즘에 의존하지 않는 상호 이해를 모토로 런던에서 개최한 시위(영국의 애국가 가사를 바꿔 불러 영국의 내셔널리즘을 비판했다)는 일절 보도되지 않았다.

당시 BBC의 TV 보도는 대개 영국인 포로 대우를 반성하는 극소수의 일본인 간수, 참회와 사죄의 대표자로 알려진 나가세 다카시(永瀬隆)의 모습, 버마 철도 철교에서 열린 양국 화해 기념식 등의 보도를 통해 '일본의 극소수 양심'을 드러내는 데 그쳤다.[9] 즉, BBC 프로그램은 전체적으로 좌파적인 것이나 왕당파가 아닌 사람들(non-royalist)의 말을 프레임 밖으로 몰아

---

9 나가세 다카시는 육군 헌병대 통역을 담당했으며, 1943년 버마 철도 건설 현장에 파견되었다. 소설가 에릭 로맥스(Eric Lomax)와의 화해가 여러 미디어에서 소개되었다.

CAM(군비반대동맹)
자료: 필자 촬영.

낸 것이다. BBC는 일본의 미디어와 마찬가지로 일본의 왕정 비판자나 비군대주의자를 적극적으로 방송하지 않는다. 즉, BBC를 매개로 하는 한, 일본의 좌파와 영국의 좌파, 또는 비군대파, 평화주의자, 공산주의나 사회주의는 국가 간에 차단되는 시스템인 것이다.

그러나 대일 원자폭탄 투하에 대해서는 영국은 비교적 비판적이라고 할 수 있으며, 각종 역사 검증 프로그램이 제작되고 있다. 예를 들면, 2005년 BBC가 제작한 〈히로시마(HIROSHIMA)〉는 재현 드라마와 실사 필름, 증언을 효과적으로 조합해 핵무기 사용의 윤리성을 지적하고 있다.[10] 서구에서 원자폭탄 불요론은 역사수정주의(revisionism)로 부정적인 평가를 받고 있다. 이에 BBC는 원자폭탄 투하 정당성에 대해서만 의문을 던지고 있다. 그러나 〈히로시마〉에서도 비판을 받는 주체는 미군이었으며, 일본이 두 차례 원자폭탄을 맞고서야 비로소 전쟁을 끝냈다는 해석을 유지한 채, 모두에서도 "제2차 세계대전의 종결을 앞당기는 데 효과적이었던 원자폭탄"이라는 내레이션을 했다. 제2차 세계대전에서 핵무기가 전쟁을 빨리 종결시켰으

10 여기서 다룬 〈히로시마〉는 2005년에 방송되었고, DVD도 발매되었다. BBC의 히로시마 보도에 관한 분석으로는 日本記号学会(2007) 참조.

며, 포로에 대한 비인도적 대우를 멈추도록 했다는 견해는 (반발을 두려워하기 때문일지 모르지만) 아직 요지부동이다. CND의 반핵 시위 장면도 TV에서는 방송하지 않는다. 즉, 대처 총리가 '좌익'이라고 비판했던 BBC도 왕당제와 자국의 정의를 지지한다는 점에서 내셔널 내러티브에 충실한 것이다. 예를 들면, 매년 열리는 세노타프 기념식이 이라크 반전 시위와의 충돌을 우려해 유일하게 웨스트민스터 사원(Westminster Abbey)에서 거행된 적이 있다. 당시 런던에서는 미국의 우군임을 선언하며 즉각 참전한 블레어 총리에 반발해 전례 없는 대규모 반전 시위가 벌어졌으며, 참가자는 10만 명을 넘었다. 그러나 BBC는 국가 기념식의 의의를 묻는 프로그램을 기획하지도 않았으며, 시위 장면을 자세하게 보도하지도 않았다. 이라크 참전에 대한 의문을 끊임없이 추궁한다는 점은 평가해야 할 공평성이다. 그러나 어디까지나 '자국이 정의를, 당연한 수단을 가지고 있는가? 이라크 참전에 대의가 있는가?'라는 논의이며, 제2차 세계대전의 수정은 아니다. 제2차 세계대전(대일 전쟁과 대나치 전쟁)은 '정의의 전쟁(just war)'이었다는 의미 부여는 9·11 이후 기념식에서 더욱 강화되었다.

전사자 추도일 전야제도 동일한 구도를 가진다. 이날 방송되는 프로그램은 왕족의 알현을 바탕으로 TV 미디어에서도 즐길 수 있게 기획된, 쇼의 요소도 가진 이상한 내용이다. 관객으로 들어갈 수 있는 것은 정부에서 초청한 전쟁 유족에 한정되기 때문에, 그해 초대받지 못한 유족이나 일반인은 이 프로그램을 통해 위령에 '참가'할 수밖에 없다. 2층 타원형의 대형 홀에 군 대표가 스코틀랜드 백파이프의 군행진곡에 맞춰 1층 객석의 각 방향에서 박수를 받으며 입장한다. 최근에는 전쟁에서 여성들의 노력을 높이는 부분도 많다. 9·11 이후에는 이라크 전쟁의 '첫 전쟁 미망인'이 선두에 섰다. 포클랜드 전쟁, 걸프 전쟁, 이라크 전쟁 등을 겪은 영국에서는 새로운 전사자를 추도하고, 이들을 기리는 일은 불가결하다. 그러나 '전쟁은 잘못되었다'고 발언할 여지는 전혀 남아 있지 않다. 2009년에 채널 4가 제작해 방송한 〈양심적 병역 기피자〉와는 대조적이다. 기념식 마지막에 인상적인 장면이 연출된다. 여왕도 일어서며, 입장한 전원이 정렬하면, 과거 영국군 전사자 수만큼의 붉은 양귀비를 형상화한 조화 꽃잎이 천장에서 흩날린다. 이때 장내는 적막이 흐르며, TV 카메라는 꽃잎이 산들산들 떨어지는 소리, 꽃잎이 홍안의 병사 어깨와 머리에 쌓이는 모습을 클로즈업한다. 이러한 '양귀비를 머리 위로 뿌리는 의식'은 그리스도의 보혈이 사람들의 머리 위로 흘러내리는 고전적인 그림을 연상시키며, '그리스도의 보혈을 통해 지금 우리가 살아가고 있다'는 의미와 '과거 병사의 죽음이라는 희생을 통해 현재 우리의 자유도 보장되었다'는 의미를 겹친 것이다. 그러나 이에 맞춰 '흰 양귀비'를 기리는 프로그램이 방송된 적이 없다는 엄연한 사실은 BBC의 입장을 상징한다.

## 2) 다민족 연합(ethnic unity)

지금까지 살펴본 두 가지 위령기념식이 강조하는 것은 왕족에 대한 순종, 정의의 전쟁과 함께 스코틀랜드와 웨일스, 북아일랜드, 잉글랜드의 연합 왕국의 통일(unity)이지만, 최근에는 여기에 필요한 것이 다민족 연합(ethnic unity)이다. 로열앨버트홀의 전야제에서는 때로 영연방을 대표하는 의미를 가지는, 황색 인종의 용모를 가진 구르카(Gurkha) 병사가 행진하며, 홀에 가득한 관객에게서 박수갈채를 받는다. 그들의 존재를 통해 '이민족도 함께 싸웠다 / 싸우고 있다'는 사실은 과거 제국의 영광을 떠올리게 할 뿐만 아니라, 현재 영국군의 자부심을 고양시켜 '유색 인종도 영국을 좋아한다'는 자기 이미지를 재확인하게 만드는 장치이다. 덧붙여 이러한 '구르카 병사의 충실함'은 제국의 노스탤지어에 적합해 현재도 다양하게 이용되고 있다.[11]

최근 전야제에서는 '다민족 연합'을 강조하기 위해 흑인 여가수와 백인 여가수가 함께 애국가를 부르기도 한다. 영화 〈진주만(Pearl Harbor)〉에서 흑인 병사의 용맹이 강조되어 새로운 표상이 되었으며, 같은 시기에 영국에서도 처음으로 흑인 여가수가 국가 기념식의 중앙 무대에 서게 되었다. 식전은 항상 백인 중심(주의)이기 때문에 참신한 변화였다. 흑인 가수와 백인 가수(여성이라는 점에서 이전 웨일스의 남성 합창 이벤트를 포함해 젠더와 여성의 전쟁 참여를 고양하는 시점에 들어간다)가 화음을 맞추는 것은 그 자체가 영국에서 유색 민족과 백인이라는 이상적 '연합'을 찬양하는 것이다. 또한 영상으로 제시하는 기념식을 구성하고, BBC의 내레이션도 이에 충실하게 따르고 있다.

이러한 '애국과 내셔널리즘', '적(악, 놈들, 그들)을 상대로 연대해(unite) 싸운 우리(us)'라는 구도를 강조하는 것은 BBC의 특기라고 할 수 있다. BBC는 2005년에 영불 전쟁의 승리를 축하하는 호화로운 기념 축제를 중계했으며, 1998년 일본의 왕 부부가 방문했을 때 버킹엄 궁전에 들어가 처음으로 만찬회 촬영을 허가받았다. 대처 총리에게 공격을 받고, ITV와 채널 4에 잠식당하기는 했지만, BBC는 '침착하고 온건한 내셔널리즘(calm nationalism)'을 국민에게 주입하는 역할을 계속해서 수행하고 있다.

---

11 구르카 병사가 영국 여성 유족의 요리 프로그램 〈투 팻 레이디스(Two Fat Ladies)〉에 출연하는가 하면, 제2차 세계대전의 포로에 대한 영국 정부의 위로금 1000파운드 지급이 제외된 것에 대한 재판, 나아가 최근에는 그들의 시민권 취득에 대한 정당 간 대결이 보도되었다. 노동당 정권은 시민권을 거부했기 때문에 인기가 떨어졌다.

## 4. 프로그램 분석

그렇다면 네 가지 측면에서 BBC의 프로그램을 사례로 '침착하고 온건한 내셔널리즘'에 대해 살펴보도록 한다. ① 전쟁 관련 다큐멘터리, ② 전쟁 특집, ③ 장수 프로그램이며 중류층 이하를 대상으로 하는 국민적 드라마 〈이스트엔더스〉, ④ 어린이 프로그램 등이다. 연출가에 따라 내용이 다양하며, BBC가 하나의 통일체처럼 움직이고 있다고 말할 생각은 없다. 그러나 포괄적으로 보면, BBC 나름의 '관행'이라고 할 수 있는 조용한 내레이션 시스템을 뛰어넘는 프로그램을 만나지 못하는 것도 사실이다.

### 1) 전쟁 관련 다큐멘터리: 〈버마 철도의 진실〉

우선 전쟁 관련 프로그램이다. 일본과 관련된 프로그램은 BBC와 상업 방송을 불문하고 1990년대에 접어들어 증가했다. 극동아시아 전선에서 잔인한 포로 대우는 항상 비난을 받고 있으며, 일본이 빈곤할 때는 허용했지만, 일본의 경제 진흥(또는 침공)에 따라 '영국의 경제를 파탄에 이르게 한 책임'을 일본에서 찾는 분위기와 함께 '역시 용서할 수 없다'는 의견이 높아지기 시작했다. 이와 함께 과거 일본의 '악행'을 되묻는 프로그램이 몇 편 제작되었다. 그때까지도 산발적으로 '일본의 잔인함'을 지적하는 프로그램은 제작되었다. 또한 일본의 종전 기념일인 8월 15일은 영국에서는 대일 전승 기념일이며, 할리우드에서 제작한 대일 프로파간다 영화나 〈콰이강의 다리(Bridge on The River Kwai)〉가 가끔 재방송된다.

잔혹한 포로 대우가 '국민의 공통된 기억'에서 엷어지기 시작한 1950년대 후반부터 1960년대까지는 한국전쟁에서 영일 양국의 협력 때문인지,

미일·영일의 농밀한 관계를 그린 영화가 인기였다. 그러나 1980년대 후반부터 다시 '잔혹성'이 새롭게 강조되기 시작했다. BBC는 1990년대에 대담 프로그램을 비롯해 일본과의 전쟁을 정리하려고 시도하는 프로그램을 몇 편 방송했다. 영국에서 방송된 일본의 전쟁 관련 프로그램 가운데 〈타임워치(Timewatch)〉라는 역사 프로그램에서 다룬 〈버마 철도의 진실(True Story of the Bridge on the River Kwai)〉(1997년 방송)을 관찰해본다. 이 프로그램은 영화를 검증하는 형태로 영화의 등장인물 니컬슨 대령의 모델로 알려진 필립 투시(Philip Toosey) 대령이 남긴 증언 녹화 테이프(reel tape)를 중심으로 영화의 허구를 파헤친다. 투시 대령을 적대국의 협력자가 아니라 저항자로 새롭게 묘사했으며, 일본의 철도부대 장교와 포로부대 감시병 등의 증언을 상당히 집어 넣었다. 필자는 영화 대본을 처음으로 쓴 사람의 편지를 발굴했기 때문에 BBC로부터 몇 번인가 의뢰를 받아 프로그램 제작 과정에 참여한 적이 있으며, 그 뒤에도 연출가 폴 엘스턴(Paul Elston)과 인터뷰했다. 분명 그는 일본의 마음을 이해하려고 노력했다. 그러나 그 역시 '포로 측과 일본 측의 이야기가 맞지 않는다'는 것을 이상하게 생각했다. 이 프로그램은 포로가 잔혹한 구타를 고발하는 것인 반면, 일본군 감시병의 증언에서 "오직 한 번, 덤벼들 때에 때렸다"라는 말에 초점을 맞췄다. 이에 일본 측의 태도가 분명 부자연스럽게 보였다. 프로그램 끝부분에서는 버마 철도의 포로 사이에서도 덕망이 높은 투시 대령과 협력한 사이토(斉藤) 중령에 초점을 맞춘다. 그러나 사이토 중령이 '투시 대령의 인격에 감명을 받아 전쟁이 끝난 뒤에 편지를 썼으며 투시 대령이 죽은 뒤에 묘지를 참배했다', '사이토 중령이 죽은 뒤, 그가 크리스천이었음이 드러났다'는 에피소드는 사이토 중령의 '개종'을 서양 문화가 일본을 '문명화'한 증거로 보여주는 요소를 강하게 남겼다.

이 프로그램은 방송 당시 악화되는 대일 감정에 대한 대응에 고심하고 있던 재영국 일본대사관 직원을 감동시켜 엘스턴과 조사원을 대사관의 화해 행사에도 초대했으며, 영국 미디어의 진보라고 보도되었다(小菅, 1998: 219~226). 분명 그 이전의, 예를 들면 1995년의 '포로 학대' 관련 프로그램과 비교하면 일본의 상황이나 이유를 알리는 태도는 좀 더 공평하고 중립적이라고 평가할 수 있다.

프로그램에서 소개된 다른 일본인 증언자와 비교하면, 실제 인물 '사이토 중령'과 '투시 대령' 모두 상당히 멋진 인상을 주었다(덧붙여 필자가 실시한 조사에서도 투시 대령이 자신의 생명이 위협받는 상황에서도 부하를 구하는 모습은 도움을 받은 다른 포로에게서 들을 수 있었다. 그의 인품은 평판과 동일하다는 것을 확인했다).

그러나 공평하고 중립적인 연출가가 제작했다고 해서 무의식적으로 스며든 견고한 '영국적인 것(Britishness)'은 노골적인 일본 비판보다 주의할 필요가 있다. 이 프로그램의 경우, 고루한 '영국적인 것'의 특징으로 다음의 네 가지가 있다고 할 수 있다.

① 일본이 아시아를 돌연 침략했다는 역사관
② 허위를 말하며 인간성이 나쁜 일본인과 선한 일본인(bad Japanese / good Japanese)이라는 이항 대립 구도
③ 일본인이 영국의 휴머니티에 감동하고 감화된다는 '문명화' 도식
④ 문명화는 기독교 개종으로 시작된다는 신념

③과 ④를 생각해보면, 프로그램의 일부에서 많지는 않지만 스테레오타입과 같은 서사가 포함되어 있다는 것은 무시할 수 없다. 사이토 중령은 투

시 대령에게 감동해 기독교로 개종한 것과 같은 인상을 남긴다. 즉, '일본인이 잘못을 반성할 수 있었던 것은 영국과 기독교에 의한 문명화 영향'이라는, 제국주의에서 보이는 '문명화의 사명'이라는 거대 서사(master narrative)가 얽혀 있다. 그러나 실제 사이토 일가는 전쟁 이전부터 기독교 집안이었다고 한다. 즉, 원래 '문명의 문법'인 종교를 공유했기 때문에, 사이토 중령이 서양적인 인도주의를 이해하는 심성을 갖출 수 있었다는 것이다. 그러나 프로그램은 '죽은 뒤에 주위가 놀란 것은 그가 크리스천이 되었다'는 것으로 끝을 맺기 때문에 일방적인 문명화, 교화의 인상은 피할 수 없다. 1998년에 세 번 면담한 연출가 엘스턴은 열성적인 신자는 아니며, 이른바 '안티 재팬'은 전혀 아니었다. 이런 그가 만든 프로그램에 이와 같이 '기독교 교화 = 문명화'라는 신념, 혹은 그러한 신념·신앙의 분위기밖에 표현되지 않았다는 점은 BBC가 아무리 타 문화와 치열하게 싸우더라도 자국 문화를 더 높은 수준의 구세주로 묘사하는 나르시시즘을 내포하는 자화상에서 자유롭지 않다는 것을 의미한다. 또한 '(자유로운) 아시아를 침략한 일본을 정벌한 정의의 기사, 영국'이라는 규정도 과거와 변함이 없다. "아시아가 영국의 식민지였다"는 언급도 없으며, 내레이션은 "일본이 아시아를 침략했을 때(When Japan invaded Asia)"로 시작하며 싱가포르와 인도가 대영제국의 지배하에 있었다는 것은 말하지 않는다. 더욱이 미얀마와의 세 차례 전쟁에서 영국이 버마 왕조를 멸망시키고 인도에 통합한 사실은 전혀 언급하지 않는다.

## 2) 전쟁 특집: 〈동양의 공포〉

BBC 시리즈로 발매될 정도로 인기가 높았던 〈BBC 세계대전(BBC The

World at War)〉시리즈 중 하나인 〈동양의 공포(Horror in the East)〉(2005)에서도 앞에서 기술한 경향이 현저하다. 이 프로그램도 전체적으로는 과거의 다른 전쟁 프로그램과 비교하면, 아직 일본의 행동 원리를 설명하는 점에서는 양심적이라고 할 수 없는 것도 아니다. 시작은 일본군 지배하에서 해골과 같이 앙상해진 포로들의 모습, 그리고 이와 대조적으로 도쿄의 독일 레스토랑에서 독일 민족의상을 입고 독일 노래를 악의 없이 부르는 일본인 가수의 모습이 등장한다. 프로그램의 줄거리는 제1차 세계대전에서 독일인 포로를 우대했지만, 제2차 세계대전에서는 일본인의 태도가 변했다는 것이다. 전문 지식 제공과 구성은 허버트 빅스(Herbert Bix)와 다나카 도시유키(田中利幸)가 담당했다.[12] 전편에서는 왕 중심주의, 미국·영국·프랑스 열강의 압력, 유엔 철수, 내셔널리즘의 대두, 중국에서의 잔혹 행위, 일본군이 강간에 익숙해지는 과정, 군율 및 훈련의 폭력성 등 비인간적으로 변하는 일본군의 증언이 차례차례 나온다. 그러나 이러한 설명보다는 끊임없이 잔혹 행위를 계속하는 일본군, 불타는 중국의 거리, 만세를 열창하는 일본군의 야비한 모습이 인상적이다. 후편에서는 "참전하고 싶지 않았지만, 집단적 압력과 포로를 수치로 생각하도록 주입당했기 때문에 가미카제(神風)가 된 특공대"의 마음, 죽음을 선택한 일본군, 그리고 살아남은 히로히토 왕의 위치가 서술된다. 이 프로그램에서는 서구 열강의 압력도 묘사하기 때문에 영국에서 '공평하다'는 평가를 받고 있으며, 세트로 판매된 이

---

12 허버트 빅스는 미국의 역사학자로 뉴욕 주립대학 교수이다. 『히로히토와 현대 일본의 형성(Hirohito and the Making of Modern Japan)』으로 2000년에 퓰리처상을 수상했으며, 히로히토 왕의 전쟁 관여를 주장한다. 다나카 도시유키는 히로시마 대학 평화연구소 교수이며, 전공은 전쟁 범죄사이다. 대표작으로는 『히든 호러: 일본의 전쟁범죄(Hidden Horrors: Japanese War Crimes in World War II)』(1996)가 있다.

른바 '공유된 기억과 역사'로서 신뢰를 얻고 있다(왠지 일본에서는 아마존에서 구입할 수 없지만……).

그러나 일본인의 인간성을 살펴보는 섬세함과 다중적 시점을 제공하는 점에서는 칼턴 TV[13]가 컬러필름과 일본인의 증언을 충분히 사용, 제작해 채널 4[14]에서 방송된 〈일본 침략 전쟁: 컬러(Japan's War in Colour)〉(2003)[15]가 필자의 시각에는 BBC보다 훨씬 뛰어나다. 포로 묘사에서도 BBC의 〈동양의 공포〉에서는 가장 비참한 예와 보르네오 산다칸 수용소에서 벌어진 100여 명의 포로 참살에 초점을 맞춰 "일본인은 비인도적, 잔인, 비문명적"이었다는 포로의 증언이 인상적인 반면, 칼턴 TV는 일본이 패전을 거듭할 때에 연합군의 화공(火攻)을 만난 상선의 영상을 내보내면서 연합군 포로도 일본 국민도 모두 굶주림에 이른 일본의 가혹한 식량난을 설명한다. 나아가 성인 남자를 징집한 일본이 노동력으로 포로를 이용할 수밖에 없었던 결전 상황을 설명하면서 스테레오타입의 대표적인 예인 뼈만 앙상한 포로들뿐만 아니라, 어느 정도 건강을 유지한 포로의 모습도 비추고 있다.

오키나와전의 경우도 〈일본 전쟁(War in JAPAN)〉(2002)에서 칼턴 TV는 미군이 오키나와 민가의 지붕에 불을 붙이고, 숲을 화염방사기로 불태우는 모습을 컬러로 자세하게 더듬으며, 절망적인 상황 속에서 오키나와 주민이

---

13 칼턴 TV(Carlton TV)는 ITV의 런던 지역 프랜차이즈로 1993년 1월에 방송을 시작했다. 2002년에 문을 닫았으며, 현재는 템스 텔레비전, ITV 런던에서 제작을 계속하고 있다. ITV 런던의 위탁(non-franchise)으로 제작, 월요일과 금요일을 담당하고 있다. 런던 위크엔드 TV가 운영하며, ITV에도 라이선스를 가지고 있다(ITV1).

14 채널 4는 대처 총리의 지도로 탄생한 공영방송이다. IBA의 자회사로 ITV의 거출금으로 운영된다. 1982년 11월에 방송을 시작했다.

15 〈Japan's War in Colour: The Complete film plus features exclusive to DVD〉는 2003년에 방송된 프로그램에 다양한 인터뷰를 추가한 DVD이다.

일본군과 함께 죽음을 당하고, 미군에게도 죽임을 당하는 모습을 비춘다. 그러나 2005년의 BBC는 같은 영상을 사용하면서도 흑백으로만 처리한다. 또한 미군이 불사르는 모습은 생략하고 '어린이에게 물을 주는 미군'이라는 '착한 미군'의 스테레오타입과 같은 부분만을 선택해 사용하고 있다. 이는 제작에 참가한 일본 여성의 관점과 영상 자료에 대한 자금 제공 방법과 관련이 있지만, 무엇보다 BBC가 공영방송으로서는 미군을 더 이상 잔혹하게 묘사할 수 없는 한계를 암시하고 있다. BBC의 〈동양의 공포〉에서는 이른바 '일본이 시작한 전쟁'의 틀도 유지된다. 일본의 참전 이유로 열강의 압력과 식민지화를 순간적으로 비추지만, 불평등조약과 아편전쟁으로 거슬러 올라가 영국 제국의 아시아 침략은 언급하지 않는다(BBC의 기존 프로그램과 비교하면 진보한 것이지만). 즉, 일본이 때로 해외에서 요구하는 일본에 대한 높고 자세한 이해는 영국에서는 BBC보다 상업방송과 독립국이 뛰어나며 일본에 대해 공평하다는 것이 필자의 생각이다.

칼턴 TV는 지브롤터에서 영국군 특수부대가 IRA군을 살해한 사건을 다룬 다큐멘터리 〈바위 위의 죽음(Death on the Rock)〉으로 영국 텔레비전 아카데미상을 수상했지만, 당시 대처 총리와 보수당을 분노하게 만들었다. 1990년에 성립된 방송법(Broadcasting Act)은 IBA(Independent Broadcasting Authority)를 폐지하고, ITC(Independent Television Commission)로 통합했다. 이 방송법은 대처리즘의 전형적인 정책으로 불리며, BBC에도 영향을 미쳤지만, 사실은 독립방송국을 약화시켜 템스 TV의 ITV 프랜차이즈 라이선스를 무효로 만드는 것이 목적이었다는 설이 영국에서는 상당한 신빙성을 가지고 있다. 템스 TV가 당시까지 일본에 대한 높은 이해를 보여주는 프로그램을 제작했으며, 이는 BBC가 좀 더 애국적인(patriotic), 일본의 주장을 거의 무시하는 프로그램을 만들기 시작한 경향에 영향을 미쳤다고 할 수 있다. BBC는 대처 총리의 미움을 받았다고 하지만, 대처리즘과 싸운 것은 BBC만이 아니다. 그 이전에 대처 총리는 BBC 외에도 평화주의와 영국의 제국주의를 비판하는 움직임을 공격했다. BBC는 이른바 대처리즘과 타협해 가능한 범위에서 활동해온 것이다.

BBC라고 해서 조직 전체가 일사불란하게 움직이는 것은 아니다. 영국에서 국가 사관이며 보편적이라고 할 수 있는 '자유를 사수한 전쟁'이라는 개념을 공영방송인 BBC가 무너뜨리는 것은 쉽지 않다. 그러나 총체적으로 보면, 제2차 세계대전에서는 '일본의 침략'에 대해 '아시아(그리고 아프리카)를 지킨 영국'이라는 도식은 'BBC적인 영국'이 아직 벗어나지 못한 '제국주의 망상(帝國病)'이다. 인도의 경우 간디(Mahatma Gandhi)를 다루는 프로그램이 적지 않기 때문에 일방적인 침략이라는 도식은 그릴 수 없다. 그러나 동남아시아 국가들에 관해서는 1992년에 BBC가 제작한 〈월드워치(World-watch)〉의 〈콰이(Kwai)〉에서 보듯이, 일본군이 포로뿐만 아니라 아시아인을 납치해 노역으로 고통을 주었다는 것에만 초점이 맞춰져 있다. 그 자체는 사실이고, 숨길 필요도 없으며, 일본이 욕을 먹어도 당연한 일이다. 그러나 한편으로 지금까지 살펴본 바와 같이, 영국의 긍지와 국가적 내레이션 프레임 속에서는 이러한 진술 방식에 역시 문제가 남는다. 영국이 아시아와 아프리카를 착취한 것은 생략하고, 앞에서 살펴본 전쟁위령제와 같이 영국과 아시아인의 '동맹'을 향수 어린 논조로 회고하는 콘텍스트를 바탕으로 일본이 아시아인을 착취해 가혹한 노역을 강요한 점을 강조할 경우, 역사적인 균형이 깨지며 강간구조대의 구도에 빠질 수밖에 없게 된다. 이러한 구도에서 영국의 자화상은 영원히 백마를 탄 정의의 사도 조지(St. George, 용과 싸워 공주를 구해낸다는 이야기에 등장하는 잉글랜드의 수호성인)인 것이다.

## 3) BBC 연속 드라마의 내셔널리즘: 〈텐코〉, 〈이스트엔더스〉

### (1) 〈텐코〉

이러한 나르시시즘과 같은 의식의 잔재, '백인의 문명화'라는 사명하에서 다민족 통합을 그리는 도식'은 다른 BBC 프로그램에서도 공통된다. 일본의 잔혹함을 상징하는 단어가 된 연속 드라마 〈텐코(Tenko)〉[16]도 마찬가지다. 1985년 당시 이 드라마 시리즈는 페미니즘의 고조와 함께 큰 인기를 끌었다. 1997년 특집 요약 프로그램에서 산책이 다이어트에 효과가 있는지를 시험하는 코미디 우먼이 "농담 아니에요, 그건 텐코죠"라는 대사만으로 굶주림과 가혹한 행군을 연상시켜 시청자에게 웃음을 유발할 정도로 국민에게 공유 기억이 되었다. 전체 시리즈도 발매되었고, 2008년에 재방송되었다. 물론 식민지 지배에 대한 반성이라는 콘텍스트는 배제된 채 말이다.

〈텐코〉는 영국령 말레(Male)와 보르네오에서 억류된 민간인 여성들의 투쟁과 승리를 그린 이야기이다. 스티븐 스필버그(Steven Spielberg)의 영화 〈태양의 제국(Empire of the Sun)〉이 묘사하듯이, 식민지와 거주지, 보호령에 있던 영국인은 일본인과 맞바꾼 일부를 제외하고, 일본의 점령지에서 남녀별로 억류되었다. 전후에도 보상과 사죄를 요구했지만, 포로와 비교해 민간 억류자는 1950년대 영화를 제외하고 대부분 사라졌다. 그러나 〈텐코〉는 이를 단번에 부각시켰다. 드라마가 인기를 끈 요인은 추한 계급의식, 유

---

16  1981년부터 1985년까지 방송된 드라마. 31개 에피소드로 구성된다. BBC와 오스트레일리아 ABC가 공동으로 영국에서 제작했다. 속편으로 〈텐코의 재회(Tenko Reunion)〉가 있다. 영국인, 네덜란드인, 오스트레일리아인 등이 1942년 싱가포르에서 억류된 뒤, 싱가포르와 오스트레일리아의 중간에 있는 민간인 수용소에 끌려가 겪게 되는 고난을 그리고 있다. 라비니아 워너(Lavinia Warner)의 조사에 의거해 시나리오가 제작되었다. 시리즈는 세 가지로 나뉜다.

색 인종에 대한 편견과 차별의식('혼혈' 여성이 같은 침상에서 자는 것을 허용하지 않는 신경질적인 할머니 등), 육아 문제 등이 작용했다. 또한 영국 사회를 뒤덮고 있는 인종과 계급의 현대적 과제를 여성이 함께 싸우며 극복하는 과정이 감동을 불렀으며, 영국의 입장에서 홀로코스트를 그리기 때문이다. '위안부'는 희미하게 비출 뿐이며, 레스토랑에서 식사하는 일본군을 접대하는 호스티스의 길을 선택하는 여성의 모습도 묘사된다. 인사를 강요하고, 여성을 구타하며, 생트집을 잡는 폭력적인 일본군은 비인도적이며 잔인하기 그지없다. 구타당하는 여성은 가정 폭력을 상기시키기도 하지만, '적'은 백인 남성이 아니라 황인종 일본 남성이기 때문에, 영국인 남성에 대한 직접적인 비판을 우회적으로 표현한 페미니즘의 주장을 따르고 있다.

예상대로 '강간구조대' 같은 아시아인의 이미지도 나온다. 억류된 곳에 먹을 것을 밀수해 영국인 여성을 돕는 충실한 중국인 여성이 일본인 감시병에게 들켜 무릎 꿇고 용서를 구하지만, 그녀는 화형에 처해진다. 당시 기밀 누설이나 간첩 활동을 우려한 일본군이 밀수나 탈주를 강력하게 단속한 것은 역사적 사실이지만, 영상으로 재연되는 잔혹함은 텔레비전인 만큼 임팩트가 강하다. 또한 식민지를 묘사하지만, 영국의 아시아 지배에 대한 반성은 극히 드물며, 유라시안에 대한 차별을 여성들이 극복하고 함께 싸우는 다민족 연합의 긍정적인 신화에 머물고 있다. 더욱이 BBC 〈텐코〉의 주연 여배우는 그 뒤에도 현실의 민간인 억류자 보상 청구에서 지원 활동을 추진, 현실 세계와 드라마의 경계를 초월하는 역할도 맡았다.

(2) 〈이스트엔더스〉의 정치적 효과

BBC 드라마에 등장하는 남우·여우가 TV의 편성 틀을 넘어 생활 의식이나 정치 활동에 영향을 미치는 것은 미미하다. 노동자계급 대상의 〈이스트엔더스〉도 좋은 예이다. 런던은 굽이굽이 흐르는 템스 강을 사이에 두고, 왼쪽이 웨스트엔드(West End), 오른쪽이 이스트엔드(East End)로 불린다. 웨스트엔드가 관광지로 알려진 '런던'이다. 엘리자베스 여왕이 사는 버킹엄 궁전, 빅벤, 의회, 웨스트민스터 사원, 다이애나 전 왕세자비가 살던 켄싱턴 궁전(Kensington Palace), 하이드파크, 유명 백화점, 극장 등은 모두 웨스트엔드에 있다. 반면 이스트엔드는 노동자계급이 사는 주거지로 인식되어왔다. 이 지역은 감자가 기근일 때는 아일랜드인, 대학살(pogrom)이 일어났을 때는 유대인 등 오랫동안 지가가 싸고 항구와 가까워 많은 이민자가 정착했다. 중국인 이민자도 많아 소설가 색스 로머(Sax Rohmer)가 아편굴이 있는 곳으로 묘사한 '푸만추(Fu Manchu)' 연작 등 '황화론(黃禍論)'에서 범죄가 많은 곳으로 그려져 왔다. 최근 런던 올림픽을 위해 재개발되었다.

〈이스트엔더스〉는 이스트엔드에 사는 중산계급 하층민과 노동자계급의 일상생활을 묘사한 20분짜리 연속 드라마이다. 사람들의 일상을 그린 TV 드라마는 ITV의 최고 장수 프로그램인 〈코로네이션 스트리트(Coronation Street)〉(1960년대 시작),[17] 채널 4의 〈에머데일(Emmerdale)〉,[18] 그리고 BBC

---

17  1960년 12월에 시작되었다. 잉글랜드 북부에 사는 사람들의 일상생활을 그린 최장수 영국 드라마이다. ITV 네트워크에서 방송되었으며, 그라나다 TV가 제작해 시청률 1위를 자랑하고 있다. 과거에는 주 2회, 현재는 주 3회 방송되고 있다. 2009년에는 이라크 전쟁에서 영국인 사망자가 발생해 붉은 양귀비 모금을 예전보다 강조했다.

18  1971년 ITV에서 방송을 시작했다. 1989년까지는 드라마 제목이 〈에머데일 팜(Emmerdale Farm)〉이었다. 요크셔 서부 지역 가공의 에머데일 사람들의 생활을 그리고 있다. 〈코로네이션 스트리트〉, 〈이스트엔더스〉에 이어 영국에서 인기 3위의 연속 드라마이다. 요크셔 TV가 제작한다. 월~금 30분 드라마로, 화요일은 1시간 방영되며, 옴니버스판은 ITV 2에서 시청이 가능하다. 덧붙여 1990년대까지는 영국 중산계급 사이에서 대형 TV는 극장에 가지 않는 중산계급 이하의 오락이라는 인식이 강했다. 필자는 예전에는 라디오를 TV보다 조금 월등한 미디어로 판단하는 경향이 있다는 것을 느꼈다. 라디오에서 장수 프로그램은 가족을 주제로 한 것을 포함해 다수 있다.

의 〈이스트엔더스〉가 유명하지만, 〈이스트엔더스〉가 '노동자계급'을 묘사하는 정도가 가장 강하다. 2000년 BBC 사장에 취임한 그레그 다이크가 〈이스트엔더스〉를 주 4회로 늘리며 시청률 제고와 BBC 시청자의 평준화에 노력하겠다고 한 것에서도 그 영향력을 알 수 있다.[19] 〈이스트엔더스〉의 배우는 보수당에서 노동당으로 정권 교체를 다투었던 1998년에 "내 자식에게도 기회를 주고 싶다"라고 ≪선≫를 통해 노동당 지지를 호소했다. 지금도 TV를 즐겨보는 것은 중산층 이하가 많으며, 노동자계급 중심의 프로그램인 만큼 정당 지지를 이끌어낼 수 있는 영향력도 강하다. 블레어 후보는 엘리트 계급이었으며, 뒤에 블레어의 복심으로 알려진 캠벨과 BBC 사장인 다이크는 견원지간이 되지만, 아무튼 〈이스트엔더스〉가 시청자 의식을 바꿀 수 있는 영향력을 인정했다는 것은 확실하다.

(3) 〈이스트엔더스〉의 교육적 효과

필자가 관찰한 것은 최근 15년 방송분이며, 그것도 불규칙적이지만(이 프로그램은 DVD를 발매하고 있지 않다), 본방송은 충실한 왕당파·애국적 성격을 가지고 있다. 특히 최근에는 11월 11일 종전 기념일이 다가오면 〈이스트엔더스〉의 등장인물이 붉은 양귀비를 가슴에 달기 시작한다. 즉, 〈이스트엔더스〉의 시청자는 언제부턴가 붉은 양귀비 모금을 왕당파·애국자·군비 찬성자가 당연히 해야 할 일로 의식하게 되는 프레임이라고 할 수 있다. 노동자계급은 지배계급에 대해 저항적 행동을 할 권리를 가지고 있지만, 실제로는 노동자계급에 내셔널리스트·애국주의자·왕당파가 많다고 한다. 이는 이민으로 직장을 잃을 수도 있다는 대항 의식이 인종차별이나

---

19 재방송도 인터넷에서 시청할 수 있다.

유색 인종 혐오로 이행하기 쉽고, 국민의 자부심이 왕실에 대한 동경과 연결되는 경우도 많기 때문이다. 또한 〈이스트엔더스〉는 노동자계급 간의 실상을 묘사하면서도 교육 효과에도 의식적이다. 예를 들면, 백인의 딸이 흑인과 사랑에 빠지자, 딸의 부모는 흑인과의 결혼에 고심하면서도 주위의 설득으로 두 사람의 관계를 인정하는 삽화 등은 이스트엔드 가정 내의 알력과 갈등을 통해 인종차별을 극복하자는 메시지도 될 수 있다. 실제 상업방송의 〈에머데일〉이나 〈코로네이션 스트리트〉와 비교하면 공간적 차이는 있을 수 있지만, BBC의 〈이스트엔더스〉는 인도인이 경영하는 소매점, 흑인 점원 등 인종의 도가니와 같은 정경을 평등하게 묘사한다(그러나 등장인물 가운데 화교는 보이지 않는다).

다시 말하면, 이 프로그램은 앞에서 살펴본 위령제에서 '함께(together)'의 감각을 '이민자와 영국 백인의 공생'이라는 형태로 재현한다고 해도 무방하다. 〈이스트엔더스〉에서는 '선량한 서민'도 강조된다. 원하지 않은 임신, 직장을 둘러싼 분쟁, 부모·자식 간의 갈등, 불륜, 불성실, 난폭함, 절도 등 이른바 하층계급에 많을 것이라고 여기는 것들을 묘사하면서도 사실은 등장인물 모두가 선량하다는 프레임은 흔들리지 않는다. 일본의 드라마 시리즈 〈남자는 괴로워(男はつらいよ)〉에 나타나는 변두리와 닮아 있지만, 주제는 지역성보다 거대한 '계급'이다. BBC의 프레임 속에서 인종·이민 사회의 '평등'은 어디까지나 전술한 전쟁 관련 다큐멘터리에서 본 선량한 자화상·대영제국의 노스탤지어와 마찬가지로 '선한 영국'밖에는 묘사하지 않는다(또는 묘사할 수가 없다). 이것이야말로 양심적 좌파라는 평가를 받는 BBC의 (정신적 근저에 가라앉은 나르시시즘과 같은) 애국성을 드러내는 것이라고 할 수 있다.

## 4) 어린이 프로그램 〈텔레토비〉: 백인 왕을 섬기는 아이들

이와 같은 근본적인 애국성은 미디어 비평 감각을 다듬는다면, 일세를 풍미한 어린이 프로그램 〈텔레토비(Teletubbies)〉[20]에서도 읽어낼 수 있다. 보라돌이(Tinky Winky, 팅키윙키), 뚜비(Dipsy, 딥시), 나나(Laa-Laa, 라라), 뽀 (Po, 포) 등 4명의 등장인물(요정)이 풍력발전이 있는 녹지대에서 가사를 돕는 로봇과 사이좋게 살아간다. 배 한가운데는 TV, 머리는 안테나로 된 이들 4명을 통해 영국 각지의 어린이 모습이 매회 나온다. 가장 키가 큰 보라돌이, 거무스름한 피부의 뚜비, 키가 크고 흰색인 나나, 작은 몸집의 뽀는 영국의 아동소설 『제비호와 아마존호(Swallows and Amazons)』, 『나니아 연대기(The Chronicles of Narnia)』, 『페이머스 파이브(Famous Five)』의 전형적인 형제자매의 원형을 따르면서 백인 남성, 백인 여성, 남성 유색 인종, 여성 황인종 등과 같이 각 인종을 표상하는 설정이다. 영어가 아닌 터비어 (Tubby Language)와 웃음소리만을 내뱉기 때문에 이런 세계동포주의(동일 가족의식)는 귀중하게 보인다. 어린이들에게 다민족국가의 통일과 조화를 가공의 세계를 무대로 가르치는 것은 BBC의 어린이 프로그램으로서는 바

---

20 BBC의 어린이 프로그램으로 1997년부터 2007년까지 방송되었다. Cbeebies(어린이 대상은 BBC, 유아 대상은 CBBC)가 제작했다. 전 세계 120개국에서 방송되었다. NHK가 주최하는 제24회 국제교육프로그램콩쿠르에서 일본상을 수상했다. 일본에서도 방송되었으며, 2009년에 시작되었다. 4명의 캐릭터 이외에 청소를 도맡아 하는 청소 로봇 누누, 텔레토비에게 기상 시간과 잠자는 시간을 알려주는 보이스 드럼펫, 태양에 아기 얼굴이 들어간 해님(베이비 선), 토끼 등이 산다. 보라돌이(팅키윙키)는 보라색, 머리 위의 안테나 모양(▽, 나치스가 동성애자에게 사용한 표상), 빨간 핸드백 등으로 동성애자 또는 트랜스젠더의 요소가 있다는 지적을 받았다. Teletubbies, BBC Worldwide Ltd, http://www.teletubbies-jp.com/character/index.htm; BBC-CBeebies-Teletubbies, http://www.bbc.co.uk/cbeebies/teletubbies/.

람직할 것이다. 그러나 어린이 프로그램에서마저 지금까지 지적해온 왕실의 특허장에 충실한, 근본적인 내셔널리즘이 내포되어 있다는 것을 말하고 싶다.

〈텔레토비〉의 세계에서 진짜 인간이 매일 나타난다. "아침, 해님이 떠오릅니다. 텔레토비가 눈을 뜹니다", "저녁, 해님이 잠자러 가요. 텔레토비 친구들도 잠잘 시간이에요"라는 내레이션과 함께, 처음과 끝에 등장하는 것은 빛나는 태양 속의 어린 아기 '베이비', 까르르 웃는 파란 눈의 어린 아기이다. 태양 속에 인간의 얼굴을 그려넣은 신화적 표상과 태양신 전통, 그리고 그리스도상(像)의 전통도 생각나게 한다. 어린 아기의 젠더와 용모는 바로 BBC가 사수하려는 전통 자체라고 할 수 있지 않을까. 해님 속의 '어린 아기'는 텔레토비처럼 젠더와 인종이 뒤섞여 있어 인종적 평등성도 가능할 것이다. 그러나 첫 회부터 최종회까지 어린 아기는 '백인, 남성, 금발, 푸른 눈'이었고, 한 번도 검은 머리와 검은 눈, 여자 아기, 다른 피부색으로 바뀌지 않았다. '백인의 (남자) 아기 = 천주(天主)'를 바탕으로 다양한 인종이 사이좋게 생활한다는 이상적인 모습은 불변했다. '주권'과 '패권'을 총괄하는 것은 기독교이며, 앵글로·색슨 남성이어야 한다는 의식이 어린이들 속에 끊임없이 계승될 가능성을 부정할 수 없다. 제작자의 의도가 무엇이든, '어린 아기 = 태양'이 유색 인종으로 변하지 않기 때문에 결과적으로 이러한 효과를 가진다. 이 프로그램을 본 어린이들은 윌리엄 왕자가 대관할 때에 거부감을 느끼기는 확실히 어려울 것이다. 영국에서 다민족이 가능한 한 평등하게 살아갈 수 있는 것은, 일정한 조건에서 가능하며, 기존의 패권을 바꾸지 않는 경우에만, 즉 백인종의 우수성과 근본적으로 백인 국가라는 원리주의(fundamentalism)에서만 허용된다는 것이다. NHK나 일본인이 아무리 다른 문화를 수용하더라도, 황색인의 일본인을 기초로 하며, 상징 '천황'을 기반으로 할 경우에만, 일본을 성립시킬 수 있다는 것과 유사하지 않을까?

　이상과 같이 위령제 보도, 전쟁, 드라마 등의 분석을 통해 BBC의 조용한 내셔널리즘을 살펴보았다. 이러한 측면을 주목하는 것은 일본에서 BBC의 권위가 상당히 신화화되어 있다는 것도 작용했다. 인종차별 의식에 대항하는 담론이나 자신의 가치관을 의문시하는 것은 역시 영국 민족 사이에서 자유롭게 이루어지고 있다고 느꼈다. BBC는 공영방송이다. 그러나 '공영'이라는 말 속에는 국영과는 다르지만, '공공(public)'을 흔들지 않는 역할을 수행해왔다는 뜻이 담겨 있으며, 특허장의 범위에서 앞으로도 이러한 태도를 바꾸기는 분명 어려울 것이다. 해외 시청자인 우리로서는 BBC의 자국·자민족 중심주의를 주시하면서 상업방송의 채널 4나 ITV의 프로그램도 비교하며, BBC를 객체화하는 작업을 이제부터 시작해야 하지 않을까 생각한다. 이러한 작업을 하는 것이 결국에는 BBC의 장점 또는 그들이 가지는 한계를 지적하면서 상호 교류 속에서 진정한 글로벌 미디어는 무엇인가를 생각하는 길을 찾을 수 있지 않을까 생각한다.

* 2009년에 BBC와 상업방송이 방송한 '전쟁 프로그램'은 이라크, 아프가니스탄에서 영국군 전사자가 증가하자 논조가 더욱 양분되었다. 이안 히슬롭(Ian Hislop)이 채널 4의 〈잊힌 자들(Forgotten Ones)〉 시리즈에서 양심적 병역 기피자를 긍정적으로 진술하는 반면, BBC는 매년 변함없이 BBC 4에서 〈히틀러와 싸운 아이들〉이라는 제목으로 '정의와 자유'를 위해 참전한 사람들을 기리는 프로그램을 방송했다. 나아가 2010년에는 전사자가 늘어난 점과 영국·일본의 과거를 파헤칠 수도 있는 미얀마 분쟁의 영향, 대독 전쟁으로 좁힌 프로그램을 방송했다. 그리고 이 연구의 일부는 일본학술진흥회 지원금, 기초연구(c)-2, 「전쟁의 기억에 의거한 일본 이미지 형성: 젠더 변수를 통한 분석(戦争の記憶に基づく日本イメジ形成 ― ジェンダー変数による分析)」(과제번호 14594008)을 통해 가능했다.

# 참고문헌

Colley, L. 1992. *Britons: Forging the Nation 1707~1837*. Yale University Press, 2nd ed., 2005(コリー, リンダ. 2000. 『イギリス国民の誕生』. 川北稔監 譯. 名古屋大学出版会).

Gregory, A. 1994. *The Silence of Memory: Armistice Day 1919~1946*. Oxford: Oxford University Press.

小管信子. 1998. 「続・英軍捕虜の終らない戦争」. ≪世界≫, 6月号, 219~226頁.

酒井直樹. 1995. 「共感の共同体と否認された帝国主義的国民主義2」. ≪現代思想≫, 5月号, 24~44頁.

_____. 2007. 『日本 / 映像 / 米国共感の共同体と帝国的国民主義』. 青土社.

佐々木雄太. 1998. 「第十章 イギリスの戦争と帝国意識」. 木畑洋一 編. 『英国と帝国意議 — 支配の深層を探る』. ミネルヴァ書房.

ダイク, グレッグ(Dyke, Greg). 2006. 『真相 — イラク報道とBBC』. 平野次郎 譯. NHK出版.

中尾知代. 2001. 「ホモ・ホスティリスの悪循環」. ≪現代思想≫, 「特集 ナショナリズムの変貌」, 12月号, 125~139頁.

_____. 2005. 「戦争の記憶」. 内海愛子・山脇啓造 編. 『歴史の壁を越えて — 和解と共生の平和学』. 法律文化社.

_____. 2006. 「『戦争の記憶』とオーラルヒストリー: 現状と課題 — 戦後60年関係国の行事・会議の分析から」. ≪オーラルヒストリー研究≫, 第2号. 日本オーラルヒストリー学会.

_____. 2008. 『日本人はなぜ謝りつづけるのか — 日英〈戦後和解〉の失敗に学ぶ』. NHK出版.

日本記号学会 編. 2007. 『テレビジョン解体』, 新記号論叢書(セミオトポス) 4. 慶應義塾大学出版会.

蓑葉信弘. 2002. 『BBCイギリス放送協会 — パブリック・サービス放送の伝統』. 東信堂.

_____. 2004. 『ケリー博士の死をめぐるBBCと英政府の確執 — イラク文書疑惑の顛末(*The Row between the BBC and the British Government over the Death of Dr. Kelly Accounts of Falsifications of Iraq-documents*)』. 東信堂.

## 참고 프로그램

朝日CSテレビ朝日ニューススター 制作, 中尾知代 撮影・編集. 2005. 〈8mm ドキュメント FREE-ZONE 2000 英国50年目の夏〉.

## '괴물'이 된 방송국: TV 보도의 빛과 그림자

스에노부 요시마사

### 2009년 4월 1일 아침

'샐러리맨 저널리스트'를 졸업하고 '프리 저널리스트'로 독립했다. 대학에서 본격적으로 저널리즘을 가르치게 되었다. 대학에 인사명령서를 받으러 가려고 옷을 갈아입으며 TV를 보니, 익숙한 캐스터와 해설가가 전과 같이 아소(麻生太郎) 총리를 헐뜯으며 웃고 있다. 이날 화제는 런던에서 열린 G20 정상회의. 아소 총리는 취임 이후 벌써 아홉 번째 '외유'를 했으며, 비용은 평균 1억 3000만 엔에 이른다며 낭비라는 것이다. "공무원의 예산 낭비를 없애라!" 리포터가 시위에서 돌격을 외치듯 거품을 내며 기관총처럼 지껄인다. 정치부 출신의 해설가가 말하기를, '외유'를 사전에서 찾아보면 '외국에 놀러 가는 것'이란다. 정부 전용기로 수행원을 동반한 호화 여행이며, 최고급 스위트룸에 머물지만 일은 전부 공무원이 하기 때문에 놀러 다니는 것이라면서, 마술사와 같은 멋진 몸동작과 손놀림으로 웃으며 말한다. 이어 등장한 해설가를 비춘 TV 화면 밑에는 '총리 동행 취재 ○○번'이라는 자막이 나온다. 마지막으로 신문기자 출신의 나이 많은 캐스터(해설가인지도 모른다)가 웃는 얼굴로 "우리의 해외여행과 똑같네……"라고 정리하자, 스튜디오는 웃음 속에서 다음 코너로 넘어간다. TV 초창기에 미국의 아침 와이드쇼를 고스란히 수입해 만든 민방의 아침 프로그램이다. '원조! 와이드쇼'로 불려왔지만, 최근에는 '연성 뉴스'와 '잡지'를 지나치게 의식한 탓일까, 일방적이고 수박 겉핥기 식의 비판만이 눈에 띄어 보고 있으면 불쾌해지기도 한다.

현안이 복잡해져 정상 외교가 중요하다고 한다. 그렇지만 일본 외무성에 부탁해 담당 과장의 일본어 브리핑에만 의존해 원고를 쓰고, 일본어 뉴스 통신사가 제공하는 해설 기사를 본사에서 받아 잘 아는 듯한 얼굴로 현장(?) 취재를 나온 기자들의 입에 오르내리고 싶지 않다고 아소 총리와 수행원은 생각하고 있지 않을까. 오늘도 다시 사고 능력이 정지된 '괴물'로 변한 방송사는 사건의 진실을 파헤치려는 노력을 포기한 채 정보를 쏟아내고, 탤런트로 전락한 사람들의 해설을 흘리는 것으로 하루를 시작한다. 아침부터 밤까지 방송되는 보도 프로그램을 경제 뉴스로 특화한 일본경제신문사(日本経済新聞社) 계열의 TV 도쿄와 공영방송 NHK를 제외한 민방의 아침 얼굴이다.

1979년 4월 1일

'스타 야마구치 모모에(山口百恵)를 만날 수 있을까', '다나카 가쿠에이(田中角栄)와 인터뷰를 할 수 있을까', '진흙과 화염에 휩싸인 인도차이나에서 현장 보고를……' 등등, 당시에는 스타들도 가득했고, 방송사는 시대의 선봉에 있었다. 나는 크나큰 희망과 환상을 품고 TV 아사히에 입사했다. 그로부터 30년, 정치 보도와 9년간의 해외특파원 등 26년간의 방송사 근무를 마치고 50세에 정치 저널리스트로 독립, 취재 활동을 하면서 대학에서 '정치 저널리즘'을 강의하기 시작해 5년째를 맞았다. 지금 방송사에 취업하려는 학생들 앞에서 '저널리즘이란!', 'TV 저널리즘이란 무엇인가!'를 열변하면서 생각한다. 인생의 대부분을 보낸 '방송사'란, TV 보도란 도대체 무엇일까?

1990년 8월 ~ 1991년 3월

이라크 독재자 사담 후세인 대통령이 최강으로 자랑한 정예부대를 이끌고 이웃 쿠웨이트를 침공했다. 걸프 만 위기, 이어진 걸프 전쟁의 시작이다. 뉴욕 지국의 해외특파원이었던 나는 36번째 생일을 포함한 8개월간 요르단, 이라크, 이집트,

이스라엘, 쿠웨이트, 바레인, 중동의 사막 지대, 전쟁터를 취재했다.

본사 명령: 취재 '안전 기준'에 문제가 있다. 회사 경영진과 노조는 취재 사원의 안전을 어떻게 확보할지를 논의하고 있다. 그러나 저녁 보도 프로그램의 시청률 경쟁은 더욱 치열해지고 있다. 취재를 허가하니 프리랜서 스태프와 열심히 해달라! 취재비는 지국장에게 이야기할 테니 걱정하지 않아도 된다. 전쟁이 시작되면 신문사를 포함해 현장에서 철수하게 될 것이지만, 뒤처리를 맡기니 부탁한다. 문제가 생기면, 나(보도국 간부)의 집에 전화하라.

나의 대답: 감사합니다. 제 의사로 현장에 가고 있습니다. 만일 문제가 생겨도 제 가족은 제 성격과 생각을 잘 알고 있기 때문에 회사에는 폐를 끼치지 않을 겁니다. 사원은 저 한 사람이고, 다른 스태프는 프리랜서로 뽑았으며, 무슨 일이 있어도 방송사를 고소하지 않는다는 취지의 계약서를 작성했습니다. 열심히 하겠습니다[전쟁이 끝난 뒤, 도쿄 본사에 일시 귀국했을 때 전쟁 취재 희망자를 발견하지 못했으며, 경영진과 계열국, 노조가 '안전 기준'을 위반한 취재를 허가하지 않았다는 이야기를 친한 보도국 간부에게서 들었다. 또한 그 뒤 이라크 전쟁이 일어났을 때(이미 본사 보도국 관리직으로 승진한 상태였다), 미디어가 책임을 지고 전쟁터에 취재진을 보내야 한다고 혼자 주장했다. 미국 미디어에 둘러싸인 뉴욕이 거점이었기 때문에, 국제 기준에서 취재를 고려했으며, 본사가 아니라 해외 지국에 있었기에 자유롭게 행동할 수 있었다고 생각한다].

유엔 본부에서 취재를 계속하면서 이라크에 취재용 입국 비자를 취득할 수 있는 방법과 위성중계를 위한 CNN과의 제휴를 확인하고 중동으로 날아갔다. 스태프는 프리 카메라맨, 프리 디렉터 겸 음향 담당(뒤에 다른 사람으로 교체) 등 3명이었다. 전쟁이 일어나기 전에 취재용 자금을 마련하기 위해 뉴욕에 돌아왔을 때는 교체된 음향 담당자의 미국인 부인과 그들이 다니는 교회의 목사를 초대해 뉴저지에 있는 사택에서 파티를 열었다. 만일 문제가 발생해도 방송사에 피해를 주지 않도록 이번 취재가 '자원봉사처럼 자유의지로 취재한다는 점'을 확인하기 위해서였다. 음향 담당자 부인은 말했다. "그를 자랑스럽게 생각해요"라고.

8개월간 중동의 전쟁 취재에서 본 것은 '핀포인트(pinpoint) 공격'이 거짓이라는 점과 '위성중계'를 통한 전쟁의 극장화, '국익' 앞에 전쟁의 현실을 전달하지 않는 '미국 미디어의 패배', 다국적군과 아랍군 쌍방의 정보를 전문기자가 정확하게 전달한 '영국 로이터 통신과 BBC에 대한 재평가', 전쟁 발발 이후 현장에서 취재 기자를 철수시킨 '종이호랑이, 일본 미디어', 그리고 '자유로운 아랍어 미디어'를 가지고 싶어도 가질 수 없는 아랍 민족의 분노와 실망이었다(특히 BBC의 아라비아어 스태프를 모아 설립한 카타르의 위성채널 알자지라는 아랍의 CNN으로 불렸으며, 아프가니스탄에서 벌어진 '테러와의 전쟁'과 이라크 전쟁에서 공격을 받은 아랍의 피해 상황과 민중의 소리를 세계에 전달했다).

처음으로 방문한 요르단에서는 유엔의 경제 제재로 금지된 석유를 불법으로 공급하는 열차를 심야에서 이른 아침까지 아카바 항에서 이라크 국경까지 뒤쫓으며 취재했다. 미국과 유엔 안보리로 구성된 다국적군에 협력을 표명했지만 세계 제2위의 석유 매장량을 가진 이라크와의 외교가 복잡하다.

이라크를 취재할 때는 예전에 취재한 독재국가 북한과 마찬가지로 국위선양을 위한 독재정권의 진부한 시가행진, 서방 측 TV가 취재하도록 늘어놓은 물자로 가득한 슈퍼마켓을 촬영하게 되었다. 정보부의 통역사를 속여 몰래 카메라로 찍은 길거리의 모습과는 상당히 다르다. 국제전화는 호텔 교환수에게 몰래 팁을 주며, 위성전송은 정보부 통역사에게 몰래 팁을 주어 일본으로 영상을 보냈다.

이집트에서 정보를 수집하고, 일식 식당에서 하룻밤 기력을 회복한 뒤, 바로 자동차로 이스라엘에 들어갔다. 바그다드에서 발사하는 스커드 미사일에 노출된 텔아비브와 예루살렘 주변에서 비극적인 현실을 보았다. 오차가 커서 요르단 강 서안의 팔레스타인 거주 지역에 스커드 미사일이 떨어지기도 하지만, 팔레스타인의 어린이들은 말한다. "미사일은 이스라엘에서 날아왔다"라고. 이스라엘이 점령하고 있는 서안의 팔레스타인 사람들에게는 방독 마스크가 없다. 요격해야 할 패트리어트 미사일의 탐지가 더디어 패트리어트 미사일이 있는 계단 뒤의 창문을 폭발해 이스라엘 사람들이 부상을 당한다. 화학무기일 가능성이 있다며 이스라엘 국방장관은 지하의 핵 대피소가 아닌 위층에 피하도록 지시했다. 독가스는 공기보다 무거워 지하에 가라앉는다. 나치 독일의 독가스 대량살상, 홀로코스트의 슬픈 기억을 가진 유대인의 슬픔은 사라지지 않는다. 심야에 몰래 찍은 패트리어트 미사일 발사기지 영상은 검열에 걸려 전송하지 못했다. 적대적인 아랍 국가에 둘러싸여 전국을 요새로 만든 이스라엘에서 방위 관련 시설이 있는 곳은 극비이다 (얼마 전 북한이 장거리 탄도마사일 대포동 2호를 발사했을 때, 요격 미사일이 동북 지역으로 이송되는 것을 언론에 공개한 일본 정부의 의도는 무엇이었을까, 수긍할 수가 없다).

지상전 취재와 해방 후의 쿠웨이트 입국을 위해 다국적군의 전방 기지 다란이 있는 사우디아라비아에 가장 길게 머물렀다. 걸프 만 전쟁 보도로 세계에 이름을 날린 CNN 여성 기자의 현지 중계 리포트, 로이터발 기사를 현장 PD가 정리해 방송 전에 넘겼다. 베트남 전쟁의 취재 경험을 가진 미국 CBS의 베테랑 기자가 가르쳐주었다. "군이 통제하는 전선에서 종군 취재에는 진실이 없다"라고. TV 보도에 대한 의심은 세계 어디나 같은가 보다. 그러나 현장에 없으면 아무것도 전할 수가 없다.

TV 아사히 카이로 지국에 근무하는 아랍인 스태프의 코디네이터로 아랍 연합군의 인물을 태운 뒤, 지도와 자석을 의지하며 사막을 가로질러 쿠웨이트로 갔다. 정세와 세계 동향은 BBC 라디오에서 듣는다. 다국적군, 이라크와 아랍 측 쌍방의 정보를 들을 수 있기 때문이다. 미국 미디어는 '국익'이라는 벽이 가로막고 있다. 의지할 만한 것은 8개월간의 중동 취재에서 기른 '현장 감각'과 일본에서 기다리는 시청자, 자신의 눈과 귀로 확인한 것을 정확하게 전달하겠다는 생각뿐이었다. 해방 직후 쿠웨이트 시내에서 개인적으로 아는 CNN 현장 PD에게 부탁해 임시 전송설비로 도쿄의 스튜디오와 생중계로 연결했다. 축적된 지식과 현장 감각으로 파악한 현실을 전한다. 귀를 기울여주는 캐스터도 있지만, 도쿄에 있는 전문가의 이야기와 다르다며 들어주지 않는 베테랑 캐스터(저널리스트)도 있다. 국제사회로부터 고립해 안으로만 향하는 것은 정치가나 관료만이 아니다. 일본의 미디어야말로 내향적인 담합 회사를 형성하고 있다.

다시 2009년

26년간의 방송사 근무와 그 뒤 4년간 정치 저널리스트로 배운 것을 학생에게 가르치기 위해 정리하면서 생각했다. 인터넷 정보를 중요한 정보원으로 삼아 살아가는 일본인, 시계 대신 낡은 TV 정보로 살아가는 늙은 일본인, 양극화된 이들 일본인을 연결하는 것은 대담한 취재를 통해 확보한 사실을 숙고를 거쳐 억제된 표현으로 전달하는 '거울' 역할을 방송사가 수행하는 것이라고 생각한다. 정부로부터 독립하고 시청률에 좌지우지되지 않는 공영방송 NHK와 신문사 계열에 지배받지 않는 자유로운 민방의 공존, 세계적인 기준에서 벗어나지 않는 시청률 전쟁을 초월하는 TV를 만들기 위해 나 자신의 경험(대부분 실패 경험)을 진솔하게 이야기하면서 커다란 호기심을 가지고 현장으로 향하는 신입 기자와 카메라맨을 발굴해 키우고 싶다.

# 난민 캠프와 방송

네모토 가오루

경험을 통한 인상이지만, 분쟁이나 심각한 인권침해로 고향을 떠난 난민들이 사는 난민 캠프에서 사람들의 생활에 스며든 것은 라디오이다.

우선 캠프에는 전기가 들어오지 않는다. 난민을 많이 받아들이는 나라의 대부분이 인프라가 정비되지 않은 개발도상국이며, 게다가 난민 캠프는 수도에서 떨어진 지역에 있기 때문이다. 예를 들면, 히말라야의 부탄 왕국에서 정부의 민족주의적 정책 때문에 부탄을 떠난 네팔계 주민 10여만 명이 네팔의 난민 캠프에서 피난 생활을 보내고 있다. 필자는 2006년 초부터 2007년 6월까지 1년 반 동안 UNHCR (Office of the United Nations High Commissioner for Refugees, 유엔난민고등판무관실)의 직원으로 네팔의 난민 캠프에서 일했다. 그들이 사는 캠프는 전력 공급용 인프라가 정비되지 않은 네팔 남동부에 있었다. 난민 중에도 돈을 모아 사회적 지위를 상징하는 TV를 가지고 있는 사람도 있지만, 사람들은 차체에서 떼어낸 자동차 배터리를 사서 방구석에 놓고 TV를 보고 있었다. 또한 캠프에서는 장사에 수완이 있는 난민이 자동차 배터리 충전을 생업으로 하는 가게를 운영하고 있었다. 원래 전력 기반 시설이 이러한 상태이기 때문에 난민 캠프에서는 TV가 아직 보급되지 않고 있다. 주력은 역시 라디오이다.

난민 캠프는 '소문의 금고'이며, 옳은 정보를 전달하는 데 상당한 어려움이 있다. 입에서 입으로 '구두 커뮤니케이션'을 통해 전달되는 가운데, 자연히 정보에 왜곡이 생기는 것을 피할 수 없다. 교육을 별로 받지 않은 노인들을 거치면 정보는 더욱 왜곡될지도 모른다. 또한 사람들이 밀집해 살고 있는 캠프에 프라이버시는 없다. 어떤 이야기도 부정확한 형태로 '소문'이 나돌기 시작한다. 그러나 위험한 것은 난민의 커뮤니케이션 속에도 서로 다른 세력이 있으며, 자신들에게 유리하도록 정보를 고의로 왜곡하는 정보전을 벌이고 있다는 것이다. 부탄 난민을 상대로 일하고 있을 때도 이러한 정보전에 상당히 애먹었다.

1990년대 초에 부탄의 고향에서 쫓겨난 이후, 네팔에서 난민 생활을 보내는 사람들은 '부탄에 돌아가기'를 바랐다. 그들이 부탄에 돌아갈 수 있을지 여부는 부탄과 네팔 양국 간 문제로 양국 사이에 협의가 계속되었지만, 안타깝게도 지금까지 해결 기미가 보이지 않고 있다. 15년 이상이나 힘겨운 피난 생활을 보냈으며, 처음에는 모두 한결같이 '부탄으로 귀국'을 원했지만, 이제는 다른 생각을 가지게 되어도 어쩔 수 없다. 또한 네팔 정부도 10만 명 이상이나 되는 부탄 난민에게 취업권 등을 부여했지만, 네팔 사회에 좀 더 쉽게 정착할 수 있도록 하는 방안에는 소극적인 자세를 보였다. 15년 이상이나 지나도 그들은 고향에도 돌아가지 못하고, 네팔에도 정착하지 못했으며, 앞으로 몇 년이나 캠프 생활을 해야 하는지 알 수 없는 상황이다. 이와 같은 비인도적인 상황에서 2006년 가을 난민 수용에 적극적인 미국이 "6만 명 이상의 규모에서 네팔의 난민 캠프에 사는 부탄 난민을 받아들일 용의가 있다"는 방침을 제시했다. 미국을 제2의 고향으로, 새롭게 출발하기를 원했다. 이 제안에 많은 난민들의 얼굴에 화색이 돌았지만, 위기감을 가진 것은 '절대로 귀환뿐'이라고 강경한 자세를 가진 사람들이었다. 여기에는 다양한 견해가 있겠지만, 가능한 한 많은 사람들이 난민 캠프에 남아 있는 것이 부탄 정부에 압력을 가하기 쉬울 것이라고 생각했기 때문이라는 해석이다. "가고 싶지 않은 사람도 억지로 미국에 보내진다", "미국에 가면 다시 난민 캠프에 수용된다", "강제 노동이 기다리고 있다" 등이 퍼졌으며, "일하지 못하면 바다에 묻힐 것"이라는 극단적인 생각도 있었다. 다양한 유언비어가 유동적으로 캠프 내에 흘러들었다. 미국행을 적극적으로 생각했던 사람들도 마음이 흔들렸다.

제3국 정주에 관한 설명회
자료: UNHCR.

　주변국으로 도망친 난민들이 고향에 돌아가지 못하고 다른 나라에 정착하는 것
도 불가능했기 때문에, 또는 이런저런 사정으로 캠프에서 안심하며 살 수 없기 때
문에, 제3국으로 이동시킨 뒤 제2의 고향으로 삼도록 한다는 것을 '난민의 제3국
정착'이라고 한다. '귀환', '수용 국가에의 정착'과 함께 UNHCR이 관계국의 협력을
얻으면서 추진하는 난민 문제의 세 번째 항구적 해결 방안이다. 어린이의 교육과
미래 등을 위해 '제3국 정착'이라는 방법을 적극적으로 생각하는 사람도 있는가 하
면, 언어와 습관의 차이 등으로 낯선 땅에 가는 것을 주저하는 사람도 있었다. 결
국 새로운 생활환경과 지원 체제에 대해 바르게 알리고, 가족이 서로 이야기하며
결정해야 했다. 또한 선진국에 간다고 해서 장밋빛 인생이 기다리고 있는 것은 아
니라는 것을 각오해야 한다. 나아가 제3국 정착은 작업 시작 이후 1년 넘게 걸릴
지도 모르는 기나긴 시간 동안 응모, 인터뷰와 건강진단, 이주 준비, 수용 국가의
지원 준비 등 수많은 절차가 있다. 담대하게 기다리는 것도 중요하다.

　난민들에게 제3국 정착에 대한 다양한 정보를 제공해 바르게 이해하도록 한 뒤
에 그들 스스로 결정하도록 하게 되는데, 귀환만을 주장하는 강경파는 제3국 정착
을 찬성하는 사람들을 위협하기도 했다. 제3국 정착에 적극적인 사람들의 지도자
를 표적으로 한 폭력 사건도 있었다. 캠프에 방화가 발생하기라도 하면, 그것도

본보기가 아니냐는 소문이 그럴듯하게 흘러나왔다. UNHCR에서는 제3국 정착을 설명한 팸플릿을 배포했지만, 글을 모르는 사람들에게는 별로 효과가 없었다. 집회를 열어 설명회를 개최했지만, 조사할 수 있는 대상에는 한계가 있다. 이때 우리가 기대한 것은 라디오 방송이었다. 다행히 네팔에는 FM 방송이 발달해 난민들도 자주 들었다고 한다. 난민 가정에는 TV는 없어도 라디오는 있었다. 현지 라디오 방송국에 부탁해 제3국 정착에 관한 정보를 광고와 같이 계속해서 방송했다. 결코 평탄한 길은 아니었지만, 정보전에 대항하면서 다양한 준비를 거쳐 드디어 2008년 초부터 미국을 비롯한 수용 국가로 출발하기 시작했다. 2009년 7월까지 1만 7800명의 부탄 난민이 인생을 새롭게 시작하기 위해 미국, 캐나다, 노르웨이, 덴마크, 네덜란드, 오스트레일리아, 뉴질랜드 등을 향해 출발했다. 2008년 6월에는 제3국 정착의 준비 작업을 담당하는 사무실에 폭탄이 날아드는 사건이 있었지만, 그럼에도 2009년 7월까지 7만 명 이상의 난민이 새로운 국가에서 새로운 출발을 바라며 지원했고, 몇 년에 걸쳐 부탄 난민의 제3국 정착 프로젝트가 계속된다.

요컨대 다양한 이해가 복잡하게 얽혀 있는 난민 문제에 유효한 지원 활동을 추진하려 할 때 방송의 활용도 대단히 중요한 툴이 된다는 것이다.

3부

BBC와 전쟁 보도

9장

# BBC 전쟁 보도의 고뇌

### 햄릿인가 헨리 5세인가, 흔들리는 국익과 진실의 간극

시바야마 데쓰야

## 1. 대영제국의 국익과 BBC

### 1) 국왕의 특허장

BBC 방송은 1922년 당시 뉴미디어였던 라디오 방송의 전문 방송국으로 출발했다. 세계 최초라는 이 라디오 방송은 1920년 마르코니 무선회사의 실험 스튜디오에서 송신되었으며, 오페라 여왕으로 불리는 소프라노 가수 넬리 멜바(Nellie Melba)의 가성이 유럽 대륙에서 대서양을 넘어 세계 각지에 흘러갔다고 한다(坂本, 1995).

그 뒤 라디오 방송국으로 조직화되었고, 1927년에 영국 국왕 조지 5세로부터 법인 설립의 특허장을 얻어 공영방송 BBC가 성립했으며, 국왕의 인정을 받음에 따라 특권적인 지위에 올랐다. 이후 현대에 이르기까지 다양한 우여곡절을 거치면서도 국왕의 특허장으로 권위를 인정받은 BBC 방송의 전통은 계속되고 있다. 민간의 상업방송이 방송법에 의거해 세세한 규제의 속박을 받는 것과 비교해 국왕의 특허장을 가진 BBC 방송의 보도 활동에는 제한 사항이 거의 없고, 자유롭고 광범한 방송이 해외에서도 가능해졌다.

국왕의 특허장을 얻은 사례로는 영국 입헌정치의 기초를 만든 대헌장(1215년)이 처음이었으며, 그 외에 특허장이 발행된 사례는 아시아에서 식민지 경영을 허가받은 동인도회사(1600년), 잉글랜드 은행(1694년) 등 역사적으로 보더라도 몇 안 되는 법인밖에 없다. 국왕의 특허장을 받은 법인은 영국 사회에서 특권적인 지위를 과시했을 뿐만 아니라, 아시아와 아프리카, 중동 등 해외 식민지 경영과 관련된 '대영제국의 국익'을 등에 업은 세계 전략과 깊이 관련된 사업도 있었다.

이런 의미에서 BBC 방송에 국왕의 특허장이 교부된 의미는 크며, BBC가 일상적인 영국의 방송국이라는 틀을 뛰어넘어 대영제국의 국익을 반영한 국제 뉴스를 만드는 미디어의 특성을 겸비하고 있다는 점을 잊어서는 안 된다.

BBC 방송은 정보와 뉴스 제작에서 서구 열강의 제국주의적 세계 지배 동향과 궤를 같이하며, 열강의 식민지 쟁탈전과 하나가 되어 움직였다고 할 수 있다.

17~18세기부터 시작된 영국의 식민지 지배는 대영제국의 해군력과 총포를 배경으로 했지만, 19세기가 되자 서구 열강의 식민지 나눠먹기가 진행되었고, 세계 분할 양상을 띠었다. 이러한 식민지의 세계 분할 수법이야말로 거대 미디어의 정보 지배와 뉴스 제작에 의한 것이었다. 열강의 세계

지배는 군사력과 경제력 외에 새로운 미디어를 통한 정보 지배력 확보가 우선 과제였다.

## 2) 대영제국의 국익 담당

1870년대에 출현한 '세계 뉴스 제국'은 영국, 프랑스, 미국의 열강 3개국에 의한 세계 뉴스와 정보의 분할 지배를 말한다. 그 전선을 맡은 미디어는 로이터(영국)와 아바스(AFP 전신, 프랑스)의 영불 2대 통신사였다. 정보 면에서 영불에 뒤졌던 미국에서는 AP, UPI의 2대 통신사가 탄생했다. 로이터는 아프리카, 아시아, 아시아 극동 지역, 아바스는 유럽 대륙, 중동, 인도차이나, 남미 지역, AP는 뉴욕 항만을 거점으로 유럽의 경제 정보를 커버했고, UPI는 미국의 석간지에 세계 뉴스를 전송했다. 당시 이들 4대 통신사는 세계 뉴스의 90%를 제작했으며 압도적인 세계 정보 지배를 자랑했다.

새로운 미디어인 라디오를 손에 넣은 BBC의 탄생은 세계 정보를 더욱 지배하려는 대영제국의 국익을 한 몸에 짊어졌다고 해도 지나친 말이 아니다. 제2차 세계대전이 일어나기 전인 1932년 '엠파이어 서비스(Empire Service)'로 불리는 BBC의 국제방송이 해외 자치령과 식민지를 잇는 방송 네트워크로 탄생했다. BBC 국제방송 네트워크를 영어 방송으로 커버한 지역은 유럽 대륙, 영연방인 오스트레일리아, 인도, 남아프리카, 서아프리카, 북미 캐나다 등이었다.

영어권 이외의 지역에서는 1938년 대중동의 아라비아어 방송이 생겨나는 등 중동 지역에서도 BBC의 전파가 전송되었다. 또한 제2차 세계대전에서는 일본어 방송과 말레이어 방송 등 아시아 태평양 지역으로도 방송이 시작되었는데, 일본어 방송의 목적은 일본군의 전의를 꺾기 위해서였다고 한다.

제2차 세계대전 이후에도 '엠파이어 서비스'의 방송 지역이 늘어났으며, 2009년도 기준으로 월드서비스 방송 지역은 45개국에 이르고, 직원 수는 2000명에 달한다(坂本, 1995). 현재도 BBC의 세계 네트워크는 계속해서 확대되고 있다는 것을 보여준다.[1]

그런데 미국의 부시 정권이 시작한 이라크 전쟁에 참전하면서 BBC는 개전의 이유가 된 대량살상무기의 존재 여부를 둘러싸고 당시 블레어 정권과 정면으로 충돌했으며, 그레그 다이크(Greg Dyke) 사장의 사임으로 번졌다. 저널리즘으로서 진실 보도를 추구할 것인가, '대영제국'의 미디어로서 국익을 우선하는 보도를 해야 하는가. 진실 보도와 국익 사이에서 크게 흔들린 BBC는 치열한 시장 경쟁에서 항상 시청률을 확보할 수 있는 특종 보도에 매달리는 미국의 방송 미디어와는 전혀 다른 공공적 성격을 가지고 있다.

## 3) 저널리즘의 고뇌

당대 정권이 말하는 대로 보도하는 것은 저널리즘의 진정한 공공성에 반하는 경우가 있기 때문에, 무엇이 국익인지를 신중하게 판단해 공공성과 국익이 상반되지 않도록 하는 것이 중요하다고 BBC는 생각한다. 이를 셰익스피어의 희곡에 빗대어 말한다면, BBC는 어떻게 살아야 하는가를 고뇌하는 햄릿의 측면이 있는 반면, 과감하게 적과 싸우는 헨리 5세를 생각나

---

1 그러나 BBC는 2011년 1월 월드서비스 부문에서 2014년 4월까지 최대 650명을 삭감하 겠다고 발표했다. - 옮긴이

게 하는 이중성을 가지고 있는 것처럼 보인다. 이것이 이 장의 부제를 '햄릿인가 헨리 5세인가'라고 붙인 이유이다.

미국의 거대 미디어는 부시 정권이 주장한 대량살상무기의 존재가 허위였다는 것이 증명되었다고 일제히 손바닥을 뒤엎듯이 반(反)부시 보도로 선회했다. 흑백으로 색깔을 나눠 명확하게 하는 것이 미국 미디어 보도의 특징이다. BBC와 마찬가지로 미국의 미디어도 국익을 반영하는 것은 틀림없지만, BBC와 비교해 진실인가 국익인가의 선택을 둘러싸고 흔들리는 저널리즘으로서의 고뇌는 그렇게 깊지는 않다(柴山, 2003).

BBC는 국민이 납부하는 수신료를 재원으로 하는 공영방송이라는 점에서는 일본의 NHK와 닮은 점도 있지만, 전쟁 등의 위기 시 보도에 가해지는 정치권력의 압력이라는 점에서 말한다면, BBC가 NHK보다 뛰어나다고 생각한다. 어느 나라든 위기 보도, 특히 전쟁 보도는 군이나 정부의 통제나 검열을 받는 경우가 많지만, BBC의 특징은 전쟁 보도의 위상에서 특히 뚜렷하게 드러난다. 제2차 세계대전 중에 일본에서는 영국과 미국을 마귀로 그려놓고 국민의 전쟁 열기를 부추기고, 군부의 허위 발표를 되풀이한 대신문(大新聞)과 NHK(라디오)는 정부와 하나가 되어 보도했다. 언론의 자유가 수정헌법 제1조에서 보장된 언론 대국 미국에서조차 1990년 걸프 전쟁 당시 국방부는 군사 기밀 보호와 위험이 따른다는 이유로 미디어 취재에 높은 장벽을 만들어 공동기자단(기자 풀)이라는 대표 취재 형태로만 전방 취재를 인정했다.[2]

전시의 검열과 보도 내용을 조사·분석하는 것은 국가권력 앞에서 표현의 자유가 어떻게 박제화되는지, 다시 말해 한 나라의 보도기관과 국가권

---

2  걸프 전쟁이 끝난 뒤, 미국 국방부의 종군기자단 강제는 위헌이라는 소송이 제기되었다.

력의 관계를 해명하는 데 가장 유력한 방법론이다. BBC의 전쟁 보도에 관한 대표적인 사례를 열기하며 구체적으로 고찰한다.

## 2. 제2차 세계대전에서의 BBC와 대아시아 라디오 방송

여기에서는 제2차 세계대전 당시 BBC의 활동과 작가 조지 오웰(George Orwell)이 BBC '엠파이어 서비스'(현재 월드서비스) 인도과에서 경험한 방송을 살펴본다.

### 1) 정보전의 첨병 BBC

제2차 세계대전은 일본·독일·이탈리아의 추축국(Axis Powers)과 영국·미국·프랑스의 연합국 간에 군사력을 내세운 총력전이었지만, 다른 한편으로 미디어를 이용한 선전전·정보전의 요소가 강해 '말의 전쟁'(Asa Briggs)이기도 했다. 독일에서는 선전장관 요제프 괴벨스(Joseph Goebbels)가 취임해 라디오를 활용한 나치의 선전전을 주도했다. 히틀러(Adolf Hitler)가 베를린 올림픽 기록영화를 나치스의 선전영화로 이용한 것도 잘 알려져 있다.

전쟁 당시 BBC는 영국 정부 정보부의 관리하에 있었으며, BBC의 뉴스룸에는 정보부와 군 관계자가 상주해 뉴스를 관리하고 검열했다. 이런 가운데 BBC가 아라비아어 방송을 시작한 것은 중동 지역에 대한 영국의 국익을 높이도록 요구한 정부에 부응하기 위해서였다.

1940년에 처칠이 총리가 되었고, 야당인 노동당을 포함한 전시 거국내각이 탄생하자, 반나치즘과 반독일에 대한 선전전은 격화되었으며, BBC는 선전전의 '첨병'으로 이용되었다. BBC의 라디오 방송을 통해 실시된 처칠의 연설은 명연설로 평가받고 있으며, 그중에서도 밤 9시에 방송된 〈전황뉴스〉는 영국 국민의 절반 이상이 청취했다고 한다(簑葉, 2002).

동맹국 프랑스의 수도 파리가 함락된 후에도 처칠은 BBC 방송을 통해 국민에게 계속해서 '승리의 꿈'을 전달해 전의를 고양시켰다. 일본의 젊은 이들이 사진을 찍을 때 취하는 V 사인은 BBC가 발명한 전쟁 프로파간다로 알려져 있지만, 나치스 점령 지역의 유럽 시민에게는 승리와 레지스탕스의 상징이 되었으며, 처칠도 전쟁 승리를 기대하며 V 사인 퍼포먼스를 라디오 방송과 연설에서 자주 사용했다.

BBC가 방송한 반(反)추축국 메시지는 영국이나 동맹국, 나치스에 점령당한 유럽 국가의 국민뿐만 아니라, 적국인 독일 국민도 들을 수 있었다고 한다. BBC의 시청률이 높고 널리 신뢰받는 이유는 전승 캠페인뿐만 아니라, 영국과 동맹국에게 불리한 뉴스라도 사실대로 전달하고 방송의 객관성을 지키려는 자세를 가지고 있었기 때문이다.

처칠은 당초 BBC를 접수해 완전한 국가 선전기관으로 정부의 지배하에 두려 했지만, BBC의 강한 저항으로 접수를 포기했다. BBC는 전시에도 정부로부터 독립을 주장하고, "나쁜 뉴스라도 진실을 희생할 수는 없다"라며 사실에 입각한 저널리즘 정신을 지킨다는 자세를 고집했다.

이러한 점에서 나치스의 선전기관으로 변한 독일의 라디오 방송이나 일제강점기의 일본 신문 및 NHK와는 크게 다르며, 보도기관으로서 BBC의 높은 프라이드를 엿볼 수 있다. 국왕의 특허장을 가지고 눈앞의 국익을 넘는 사실에 접근하려는 보도기관의 기개가 역사를 통해 잉태된 것이다.

## 2) 오웰의 대(對)아시아 방송

제2차 세계대전 당시 BBC의 전시 방송 가운데 가장 흥미로운 것은 조지 오웰이 BBC 엠파이어 서비스 인도과에 근무했을 때 인도를 대상으로 한 라디오 방송이다. 당시 오웰이 쓴 〈전쟁 방송(The War Broadcasts)〉의 원고는 오랫동안 행방이 알려지지 않았지만, 약 40년 뒤인 1980년대 전반에 W. J. 웨스트(W. J. West)가 발견해 그 전모가 드러나게 되었다.

오웰이 실시한 대인도 라디오 방송은 일본이 진주만을 기습 공격한 직후인 1941년 말부터 시작해 1943년 3월 독일군이 스탈린그라드에서 패배하기까지 대개 일주일에 한 편꼴로 계속되었다. 오웰은 독일군과 일본군의 패배, 영미 연합군의 승리를 지켜본 뒤 BBC를 떠나게 된다.

오웰은 영국인이면서 스페인 시민전쟁에 의용군으로 참여해 파시스트인 프랑코 군대와 싸웠으며, 이를 바탕으로 집필한 『카탈루냐 찬가(Homage to Catalonia)』(1938)로 알려진 작가이자 저널리스트이기도 하다. 당초에는 인민전선에 공감해 의용군에 몸을 내던졌지만, 소련의 영향하에 있던 스페인 공산당이 지도권을 장악한 뒤, 인민전선의 부패를 조장하고 시민군을 당의 방침과 규율에 종속시키려는 모습에 절망해 전쟁에서 발을 빼게 된다.

『카탈루냐 찬가』에는 공산당 정권이 인민의 자유를 억압한다는 점에서 파시스트 독재정권과 다르지 않다는 점, 그리고 소련이 지도하는 국제 공산주의 운동의 악덕이 그려져 있다. 『카탈루냐 찬가』에서 오웰의 입장은 아나키즘이 혼재한 좌익의 리버럴리즘이라고 할 수 있다. 사회주의나 좌익에는 크게 동조하면서 조직으로서의 공산당에는 크게 반발한다.

BBC의 인도과 방송에 참여한 오웰은 독일과 일본의 파시즘을 타도하고, 영미 연합군의 승리를 호소하면서 '파시즘 대 자유주의 국가의 시민'이라는 소박한 도식을 전면에 내세워 연합군의 정의를 주장했다. 이는 스페인 시민전쟁 당시 프랑코 반군과 싸웠던 것과 변함없는 것으로 보인다.

오웰의 〈전쟁 방송〉은 일본군의 진주만 기습 공격 직후부터 시작된다. 제1회에는 다음과 같은 방송용 문장이 있다. "…… 극동에서는 일본군이 비열하게 기습 공격을 한 이후 더욱 전쟁을 유리하게 추진하고 있습니다. …… 일본군은 홍콩에 상륙했습니다." "처칠 총리와 웨벨(Archibald Wavell) 장군은 대규모 전략을 고려하기 시작했습니다. 그들은 어디서나 의무를 이행하고, 이동을 계속하며, 위험을 무릅쓸 각오가 되어 있습니다. …… 우리 군은 리비아에서 공격을 시작했고, 소련군을 유격대로 삼았으며, 이란을 독일의 지배에서 지켜내고, 이집트에는 대규모 군수 보급품을 비축해두었습니다"(Orwell, 1994: 361).[3]

오웰에게 영국이 참전한 제2차 세계대전은 '조국의 자유를 지키는 전쟁'이었으며, 그 전쟁의 도식은 전술한 바와 같이 '일본·독일·이탈리아의 파시즘 추축국' 대 '영국·미국·프랑스의 자유주의 국가 연합'이었는데, 그 자체가 이미 체험한 '프랑코 장군의 파시즘 대 시민 연합'이라는 스페인 시민전쟁의 도식을 확대한 것이었다.

당초 아시아의 전황은 일본군에게 유리하게 전개되었으며, 영국령 싱가포르, 인도, 미얀마, 중국 대륙, 홍콩, 프랑스령 인도차이나, 동남아시아 등에 대한 일본군의 공격과 영향력이 효과를 거두고 있었다. 오웰은 이러한 상황에 분노와 위기감을 느끼며 일본과 추축국을 겨냥한 선전용 라디오 방송을 계속했다. '영국을 지키는 전쟁', '자유를 지키는 전쟁'을 강조했으며, "(일본군의) 목적은 미얀마에서 인도 북동부의 아삼 지방을 경유해 육로로

---

3  1941년 12월 20일 방송.

직접 인도에 들어가는 루트입니다. 일본군이 이러한 루트로 인도, 특히 벵골을 겨냥한 지상 공격을 생각하고 있을 가능성은 상당히 높습니다. 그러나 그곳은 자연이 척박하기 때문에 …… 이러한 공격에는 중국에서 보인 것처럼 게릴라전이 대단히 효과적이기 때문에, 결과적으로 인도 일반 민중의 저항이 무엇보다 중요합니다"라고 방송했고(Orwell, 1994: 395),[4] 일본군에 대한 인도 민중의 저항 활동을 호소했다.

그러나 미얀마에서는 제1차 세계대전부터 영국 식민지로부터 독립을 요구하는 운동이 일어났으며, 일본군이 진출해 점령한 당시는 아웅 산(Aung San)이 이끄는 미얀마 독립의용군이 일본군과 공동작전을 전개해 영국군을 몰아낸 뒤, 1943년 미얀마가 건설되었다.

그러나 아시아의 정의와 자유를 노래하는 오웰의 라디오 방송에는 이러한 아시아 민중의 독립운동에 대한 언급은 없었고, 일본군에 대한 인도 민중의 저항을 호소하는 내용에는 영국이 아시아를 식민 지배하에 두고 있다는 사실 인식이 결여되어 있는 듯, 굳이 식민지 문제는 언급하려 하지 않았다. 예를 들면 다음과 같은 방송이 있다.

어제 일본군이 콜카타에서 그리 멀지 않은 벵골 만의 아키아브(Akyab)에 상륙했다는 뉴스가 들어왔습니다. 이는 프룸(Prome)에 있는 영국군에게 심각한 위협입니다. 영국군이 퇴각하지 않는 한, 그리고 상륙한 일본군이 그들(영국군)의 보급로를 끊을 수 있을 정도로 강력할 경우, 고립될 우려가 있습니다. 일본군이 미얀마를 침공한 목적이 몇 가지 있는데, 이는 전략적·전술적·정치적인 것입니다. 전략적으로는 그들은 인도에서 더 이상 군수 보급이 이

---

4  1942년 3월 28일 방송.

루어지지 않도록 중국을 포위하고 있으며, 인도를 침략하기 위해 바닷길과 육로를 준비하고 있습니다(Orwell, 1994: 398).[5]

## 3) 영국 식민지주의에는 눈감아

이상과 같이 오웰의 인도과 방송은 영국의 식민지주의에는 눈을 감고, 오로지 일본군의 중국, 인도 침략을 비난하는 논조로 채워져 있다. 영국의 정의를 호소한 라디오 방송에는 예전에 『카탈루냐 찬가』에서 보여준 작가로서의 내면적 갈등이 사실 느껴지지 않는다.

전쟁 당시 영국 정부는 BBC에 대한 검열을 실시했기 때문에, 완전히 자유로운 환경에서 방송할 수 없었던 오웰에게 동정해야 할 점도 있다. 그러나 이러한 상황을 제외하더라도 그의 방송은 영국군이 중국과 아시아에서 전쟁에 승리하도록 고무시켰으며, 국익을 떠맡은 선전방송이라는 색채가 상당히 강하다.

오웰이 선전방송을 하기로 했을 때 영국 국내에서도 의문의 소리가 나왔다고 한다. 스페인 시민전쟁을 뛰어난 문제의식으로 보고한 예리한 저널리스트가 국익을 대변하도록 방송해도 괜찮을까, 이는 오웰의 추락을 의미하는 것은 아닐까 등의 의문이었다(Orwell, 1994).

그럼에도 오웰은 BBC 방송 업무를 적극적으로 받아들여 의무감을 가지고 〈전쟁 방송〉에 임했다. 오웰이 BBC 라디오 방송의 묘미와 매력에 끌려 일본의 아시아 침략을 저지하기 위해 했던 전황 뉴스 해설은 성전의 프로파간다가 되었고, 결과적으로 영국의 식민지를 방위한다는 국익에 크게 공

---

5   1942년 4월 4일 방송.

헌하게 되었다. 동시에 오웰의 반일 라디오 방송은 일본군의 침략으로 촉발된 아시아 식민지의 독립운동이 고양되는 것을 최소한으로 억제하는 효과를 가져왔다고 생각할 수 있다.

그런데 오웰의 이러한 체험은 다른 부산물도 낳았다. 이는 공산주의 사회의 공포를 그린 SF 소설 『1984』(1949)의 모티브가 된 검열의 문제이다. 전시에 BBC는 런던 대학 본부에 설치된 영국 정부 정보부의 관리하에 있었는데, 그 정보부 건물은 『1984』에 나오는 '진리부'의 이미지와 유사하다고 한다. 자유와 사상을 억압하는 공산주의의 공포를 그린 소설이 전시 영국의 검열제도에서 탄생했다는 것은 흥미롭다.

정보부의 BBC 검열을 도운 것은 '위촉검열관'으로 불리는 BBC 내부의 협력자였다. BBC의 동료가 다른 동료의 원고와 방송 내용을 검열해 고발하는 상황이 나타났으며, 내부의 인간관계는 끊임없이 긴장을 품었다는 것이다(Orwell, 1994: 529~531).

오웰의 선전방송에는 이러한 검열의 문제가 언급되지 않지만, 뒤에 이러한 경험을 『1984』에서 쓴 것은 선전방송에서 영국의 국익을 옹호해야 하는 것에 대한 오웰 자신의 심리적 갈등이 존재했다는 것을 드러내는 것이 아닐까.

## 3. 저널리즘 정신의 추구: '대량살상무기는 없다'

제2차 세계대전 이후 BBC 개혁에 공적을 남겼다고 하는 존 버트(John Birt) 사장은 제2차 세계대전에서 BBC가 정부의 전쟁 프로파간다 수단으로 전락하지 않도록 보도의 독립성을 지켰다고 평가한다. 또한 BBC의 저널리즘 역사는 정치가와 대결한 역사였다며 다음과 같이 말한다.

(BBC는) 정당을 뛰어넘는 존재라는 신뢰를 국민에게서 확보했다. …… 분명 BBC 저널리즘은 정치가가 좋아하지 않는 것일지 모르지만, …… BBC 저널리즘의 본질적 역사는 오랫동안 권력을 조금씩 얻어 최종적으로 승리를 얻는 독립을 추구한 대결이다. 공적 자금으로 운영되는 세계의 보도기관(공영방송) 중에서 이렇게 생기가 넘치고 왕성한 탐구심을 가진 독립된 저널리즘의 자유를 확보한 곳은 어디에도 없다. 대개 방송기관은 국가의 무거운 멍에로 허덕이거나 지배 정당의 느슨한 굴레에 묶여 있다.

## 1) 정부와 반복되는 갈등

모든 권력으로부터의 독립이야말로 BBC에게 최대의 자랑이라고 버트 사장은 강조한다. 정치와 권력으로부터 독립을 추구하는 BBC는 제2차 세계대전 이후에도 정부로부터 다양한 압력과 간섭을 받은 것이 사실이다. 예를 들면, 1956년에 일어난 수에즈 위기(이집트의 나세르 대통령이 수에즈 운하의 국유화를 선언하자, 운하의 운영권을 되찾기 위해 영국과 프랑스 연합군이 수에즈를 침공한 사건)에서 BBC가 수에즈 파병 반대 여론을 보도하려 하자 압력을 가하면서 본보기용으로 예산을 삭감하고 군부의 감찰관을 방송국에 보내는 등 BBC에 위기가 심각했던 적이 있다.

그 뒤 북아일랜드 분쟁 보도에서도 BBC와 정부 간의 긴장 관계는 계속되었는데, 특히 1980년대 보수당의 대처 정권에서 다시 정부와의 알력이 생겨났다. BBC가 제작한 〈매기의 전투부대(Maggie's Militant Tendency)〉, 〈비밀결사〉 등 구체적인 프로그램이 명예훼손으로 패소해 거액의 배상금을 물어야 하는 처지가 되었으며, 런던 경시청이 들이닥쳐 프로그램 자료를 압수하는 등 수난을 겪었다.

대처 정권은 미국의 레이건 정권을 모방해 규제 완화를 도입한 뒤, BBC에 광고방송의 도입을 강력하게 추진했다. BBC를 미국 상업방송과 같이 시청률을 중시하는 시장 원리에 내맡겨 미디어 산업으로 경쟁력을 높이고 조직 내부에 뿌리박힌 비효율적인 관료주의와 좌익 리버럴리즘을 제거하려 했다. 그러나 이러한 시도는 성공하지 못했다.

앞에서 살펴본 바와 같이, 제2차 세계대전 이후 BBC의 주요 대결 상대는 보수당의 정치적 압력이었지만, 1997년 18년 만에 정권을 탈환한 노동당의 블레어 정권과 생각지도 못한 갈등에 직면하게 된다.

이러한 새로운 갈등의 시작은 1999년 코소보 분쟁 보도이다. 블레어 총리는 BBC 특파원의 코소보 보도가 적인 세르비아 측의 선전에 편승하고 있다고 비판했다. 그러나 블레어 정권과 BBC의 갈등, 비난의 공방전이 정점에 달한 것은 2003년 이라크 전쟁이었다. 미국의 부시 정권과 영국의 블레어 정권이 이라크 전쟁의 개전 이유[이라크에는 즉각(45분 이내) 배치가 가능한 생물화학무기가 있다]로 내세운 대량살상무기의 유무를 둘러싼 보도를 계기로 블레어 정권과 BBC 간에 심각한 충돌이 일어났다.

BBC는 정부와 전례 없는 충돌을 경험했고, 최종적으로 그레그 다이크 사장의 사임으로 치달았으며, 이는 BBC 역사상 전에 없던 심각한 사태로 발전했다. 그 전초전으로 BBC의 앤드루 길리건(Andrew Gilligan) 군사 전문기자는 영국의 코소보 공격은 효과가 없었다고 했으며, 사담 후세인과 알카에다를 연결시키는 증거가 존재하지 않는다고 보도해왔다. 이와 같은 보도를 했던 길리건 기자가 출연한 〈투데이〉라는 라디오 프로그램을 블레어 정권은 혐오했다(Dyke, 2006).

〈투데이〉는 출근 전의 샐러리맨이나 학생에게 인기가 있는 아침 뉴스·정보 프로그램이다. 이러한 간판 프로그램에서 길리건 기자는 블레어 정권이 이라크 전쟁 참전 이유로 내세운 '중대한 허위'를 고발했다. 국민에 대한 영향력이 강한 라디오 프로그램의 '선전포고'에 블레어 정권은 즉시 길리건 기자와 BBC에 반격을 시작했다.

미국과 영국이 유엔과 독일, 프랑스, 러시아 등 많은 국가의 반대를 무릅쓰고 이라크에 선제공격을 강행한 것은 2003년 3월이었다. 그런데 선제공격의 최대 이유인 '대량살상무기'가 이라크 어디에서도 발견되지 않았다는 것은 주지의 사실이다.

이 전쟁에 앞서 2002년 9월 블레어 정권은 후세인 정권에 대한 무력행사의 필요성을 설명하는 문서를 공표했는데, 그 핵심은 "후세인은 대량살상무기를 45분 이내에 배치할 수 있는 상태이며, 이는 절박한 위협"이라는 것이었다.

이 문서에 대해 2003년 5월 29일 〈투데이〉에서 길리건 기자는 "정부는 이 45분이라는 숫자가 잘못되었다는 것을 문서에 넣기 오래전부터 알고 있었다. 45분이라는 숫자는 정보기관이 처음 문서 초안을 작성할 때에는 없었지만, 총리실은 문장을 매력적인 것으로 만들기 위해 좀 더 사실을 찾아 덧붙이도록 명령했다. 이는 정부 고위 관료에게서 나온 정보다"라고 말했다(蓑葉, 2004).

때마침 길리건 기자의 발언 전에 블레어 정권이 발표한 이라크 위협론을 주장한 「이라크: 은폐와 기만, 협박의 기본 구조(Iraq — Its Infrastructure of Concealment, Deception and Intimidation)」의 일부에 미국 대학원생이 작성한 학위논문을 인터넷에서 도용했다고 케임브리지 대학의 연구자가 지적함에 따라 블레어 정권에 대한 여론이 악화되었던 시기였다. 만약 이라크가 대량살상무기를 45분 이내에 배치할 능력이 없다면, 임박한 위협은 없어지고, 선제공격의 명분도 사라지게 된다. 여기에 길리건 기자가 45분이라는 숫자가 블레어 정권의 명령으로 추가되었다고 폭로한 것이다.

선제공격의 근거였던 보고서가 조작되었다는 길리건 기자의 고발은 블레어 정권에 크나큰 충격과 타격을 주기에 충분했다. 이를 계기로 길리건 기자와 BBC에 대한 블레어 정권의 필사적인 사투라고 할 정도의 공방전이 시작되었다.

BBC는 총리실로부터 거짓말을 방송했다며 "사과를 요구하는 편지가 홍수처럼 밀려왔다"라고 했지만, 그 외에도 정부는 기자단에 대한 브리핑에서도 BBC를 비난했으며, 장시간에 걸친 청문회를 TV로 중계하는 등 모든 공식적인 장소에서 BBC를 거짓말쟁이라고 비난했다.

이와 같은 BBC 공격의 선두에 선 것은 총리실을 총괄하는 앨러스테어 캠벨(Alastair Campbell)이었다. 캠벨은 공보수석이라는 정치적 입장을 이용하여 다양한 미디어 전략을 구사한 인물이다.

캠벨이 사용한 방법은 BBC 이외의 미디어에 BBC를 거짓말쟁이라고 공격하도록 정보를 제공하는 것이었다. 특히 오스트레일리아 출신의 미디어 왕 루퍼트 머독(Rupert Murdoch)이 거느린 대중지 ≪선≫과 고급 신문 ≪타임스≫는 캠벨이 구사한 정보 조작의 무대였다. 영국에 진출한 뒤, 정권에 접근하는 방법으로 세력을 넓혀온 미디어 기업가 머독은 블레어 정권이 탄생하자 대처의 보수당에서 블레어의 노동당으로 갈아탔다.

발행 부수가 많은 대중지 ≪선≫은 "공보수석 캠벨이 BBC를 거짓말쟁이라고 비방"이라는 기사를 썼으며, ≪타임스≫도 "캠벨, BBC의 거짓을 추궁"이라고 보도하는 등 정부 입장에서 캠페인에 나섰다.

"정부의 홍보 조직을 총괄하는 책임자가 BBC 보도에 대해 행한 공격으로는 전례를 찾아볼 수 없는 것이었다”라고 사임에 몰린 BBC의 다이크 사장은 회고록에서 지적하고 있다(Dyke, 2006: 317~318).

## 2) 다이크 사장의 사임

길리건 기자의 보도 내용에는 세세한 부분에서 오류가 있었다. 대량살상무기를 45분 만에 배치할 수 있다는 문장이 뒤에 추가되었다는 것을 총리실은 “아마 알고 있었다”라고 한 부분이 “의문을 가지고 있었다”로, 정보원에 대해서는 “정부 고위 관료”라는 부분을 “정부 직원”으로 정정하는 등 상세한 부분에서 수정 사항이 있었지만, 큰 줄기에서 잘못은 없었다. 그러나 이러한 길리건 기자의 허점과 부주의로 인한 실수를 총리실은 최대한 물고 늘어진 것이다.

영국의 신문, TV 등 미디어는 정부와 BBC 가운데 누가 거짓말을 하고 있는지, 정보전의 양상을 다양하게 보도했지만, 길리건 기자에게 정보를 제공한 영국 국방부 고문으로 생물화학무기 전문가인 데이비드 켈리(David Kelly) 박사가 자살하자 공적 정보원이 드러났고, 길리건 기자의 기사가 옳았다는 것이 결과적으로 증명되었다. 이를 계기로 블레어 정권은 붕괴, 블레어 총리는 사임에 몰리게 되었다.

그러나 켈리 박사의 죽음은 BBC가 정보원 비닉을 끝까지 지키지 못했다는 통한과 함께 저널리즘의 보도 윤리와 정보원 비닉이라는 또 다른 심각한 문제를 불러일으켰다.

블레어 정권과 BBC의 치열한 대결은 다이크 사장의 사임을 거쳐 결말이 나는 듯했으며, BBC 직원이 일치단결해 저널리즘 정신을 지키려 한 자세는 대단한 것이었다고 다이크는 자찬하고 있다. “이라크에서 전쟁이 계속되는 동안, 미국의 방송사는 공정한 관찰자로서의 역할을 포기하고 미국이 저지른 전쟁의 응원단이 되고 말았다"라고 다이크는 말한다(Dyke, 2006: 409). 다이크는 사장직을 사임하면서 BBC가 미국의 미디어처럼 국가가 수행하는 전쟁의 응원단이 되지 않고 진실을 담은 뉴스를 국민에게 제공했다며 BBC의 높은 저널리즘 정신을 찬양한 것이다.

### 3) 이라크 전쟁에 대한 통절한 회의

이와 같이 BBC 기자가 뉴스에서 진실을 추구한 보도 자세는 이라크 전쟁 종군기자의 보도에서도 자주 볼 수 있다.

"이라크 전쟁에 직면해 유럽이라는 가족은 완전히 붕괴했다. 대륙은 두 개로 양분되고 말았다"라고 스티븐 사커(Stephen Sackur) 기자는 보도했다. 나아가 유럽에 깊이 뿌리내린 반미 감정에 대해 "미국이 일으킨 전쟁에 반대한다. 그들의 관심은 사담 후세인의 잠재적 위협이 아니라 미국이라는 초강대국에 대한 깊은 의혹이다. 그리고 전쟁이 끝나더라도 이 의혹은 사라지지 않을 것"이라고 보도했다(BBC 特報室, 2004: 149).

이라크에 대량살상무기가 존재하지 않았다는 사실은 이라크 전쟁을 시작한 부시 대통령조차 인정하지 않으면 안 되는 사실이 되었으며, 오늘날에는 국제적인 상식이 되었다. 그러나 이 사실을 뉴스로 전달해 처음으로 세계 여론에 호소한 것은 길리건 기자와 BBC였다.

BBC의 보도는 미국 미디어에 큰 영향을 주었을 뿐만 아니라, 미국 국민이 대량살상무기의 존재를 구실로 전쟁을 일으킨 부시 정권의 거짓말을 간파하고 이라크 전쟁을 다시 보는 계기를 만들었다. 머지않아 무엇을 위한 전쟁이었는가 하는 의문이 미국의 여론을 움직이게 되었으며, 이라크 전쟁에 반대한 오바마(Barack Obama) 대통령이 탄생했다.

이와 같은 광범한 국제 여론, 세계적 반전 여론을 만든 계기가 된 '진실 보도'를 제공한 공영방송 BBC는 단지 영국의 미디어일 뿐만 아니라 국제 미디어로서의 역할을 이행했다고 할 수 있다.

이라크 전쟁 보도 이후 BBC는 영국이라는 편협한 국익을 뛰어넘은 진실 보도를 추구한 세계적 미디어로 진화하는 것처럼 보인다. 그러나 BBC 설립 이후 정보와 뉴스의 세계화를 추구하는 '대영제국의 미디어' 역사를 되돌아보면, 세계의 이익을 추구하는 BBC의 보도 자세는 세계의 뉴스와 정보를 BBC에 집중시켜 국제사회에서 재차 리더십을 장악하려는 영국의 국익과 합치한다.

앞서 소개한 BBC의 사커 이라크 특파원은 이라크 전쟁에 대해 "토니 블레어는 한쪽 길을, 자크 시라크(Jacques Chirac)는 다른 쪽 길을 걸어갈 것 같다. 그리고 두 사람 모두 유럽을 대변한다고 주장한다. 그러나 누가 옳은 지는 그들 중에서 한 사람뿐이다"라고 했다(BBC 特報室, 2004). 시간이 지나면 이라크 전쟁에 반대하고 부시를 따르지 않은 시라크가 옳았다는 것이 증명될 것이다. BBC 기자들은 자신들이 옳은 편에 섰다고 주장할 것이다. 이것이 바로 BBC 저널리즘의 진가라고 말이다.

오늘날 세계의 뉴스와 정보를 수집해 국제사회에 영향력을 강화하고 있는 BBC의 자세는 일찍이 세계의 정보 지배를 노리며 발족한 대영제국의 미디어 시대로 회귀하는 것처럼 보인다. 설립 이후 BBC의 정체성은 변화하지 않았다는 것이다.

## 참고문헌

Krauss, E. 2000. *Broadcasting Politics in Japan: NHK and Television News*. U.S.A.: Cornell University Press.

Read, D. 1992. *The Power of News: The History of Reuters*. New York: Oxford University Press.

Thompson, John B. 1995. *The Media and Modernity: A Social Theory of the Media*. U.S.A.: Stanford University Press.

オーウェル, ジョージ(Orwell, George). 1994. 『戦争とラジオ ― BBC時代』. 甲斐弦・三澤佳子・奥山庚治 譯. 晶文社.

坂本勝 編著. 1995. 『BBCの挑戦』. 日本放送出版会.

柴山哲也. 2003. 『戦争報道とアメリカ』. PHP研究所.

ダイク, グレッグ(Dyke, Greg). 2006. 『真相 ― イラク報道とBBC』. 平野次郎 譯, 遠藤利男 監修. NHK出版.

BBC 特報室. 2004. 『イラク戦争は終わったか!』. 中谷和男 譯. 河出書房新社.

蓑葉信弘. 2002. 『BBCイギリス放送協会 ― パブリック・サービス放送の伝統』(第2版). 東信堂.

_____. 2004. 『ケリー博士の死をめぐるBBCと英政府の確執 ― イラク文書疑惑の顛末』. 東信堂.

10장

# BBC의 전쟁 보도

히라노 지로

모든 보도기관에게 전쟁 보도는 보도기관으로서의 진가를 평가받는 중요한 분야이다. 특히 자국이 전쟁 당사국이 될 때에는 보도하는 방법과 내용은 선전이나 모략이 되는 경우가 있는가 하면, 역으로 이적 행위로 비판·비난을 받는 경우도 있다. 이 장에서는 BBC가 전쟁 보도를 어떻게 방송했는가에 초점을 맞춰 영국이 전쟁 당사국으로 싸웠던 네 번의 전쟁을 사례로 선정해 구체적인 에피소드를 소개하면서 분석과 검증을 시도한다. 사례는 ① 제2차 세계대전(1939~1945년), ② 수에즈 전쟁(1956년), ③ 포클랜드 전쟁(1982년), ④ 이라크 전쟁(1991년, 2003년)이다.[1]

---

1  ②는 수에즈 위기, ③은 포클랜드 분쟁이라고도 불리지만, 여기서는 편의상 '전쟁'으로 통일했다.

# 1. BBC와 자율 취재

1922년 방송을 시작한 BBC. 그러나 방송을 시작한 이후 얼마 동안은 BBC든 시청자든 뉴스는 신문에서 입수하는 것이라고 생각했다. 이에 BBC 는 뉴스를 자체적으로 취재하지 않고 국내외의 통신사가 전송하는 정보와 신문사가 제공하는 정보를 시청자에게 전달하는 정도였다. 보도의 세계에 서 여전히 신문은 압도적인 힘을 가지고 있었고, BBC는 석간의 판매 부수 가 줄면 안 된다는 신문업계의 요청을 받아들여 뉴스 프로그램을 오후 7시 이후 시간대에 편성했다.[2]

이러한 관행을 크게 바꾸게 된 것은 1926년 노동자 총파업이었다. 5월 에 단행된 총파업에는 신문업계에서 일하는 노동자들도 참가했기 때문에, 신문이 예정대로 독자에게 배달되지 않는 등 불편이 생겼다. 한편 라디오 수신기를 소유한 국민은 정보를 전달하는 미디어는 있지만, 정작 중요한 정보는 전달되지 않는다는 불만을 가졌다.

이러한 상황에서 결단을 내린 것은 1922년 설립 이후 BBC의 대표로 조 직을 꾸려온 존 리스 사장이었다. 리스는 의회와 정부를 상대로 오후 7시 이전에 뉴스를 편성할 수 있도록 요청하는 한편, BBC의 제작 현장에 뉴스 를 자체적으로 취재하도록 지시했다. BBC는 설립 이후 6년이 지나 신문과 어깨를 겨루는 보도기관이 되었다. "정치와 자본으로부터 독립해 시청자의 요구에만 답한다(free from both political and commercial influence and answers only to its viewer and listeners)"라는 보도의 대원칙은 이때 탄생했다.

---

2   BBC의 첫 뉴스 방송은 1922년 11월 14일 개국 당일 시작되었다. 이날은 뉴스 리포터 아 서 버로스(Arthur Burrows)가 오후 6시에 뉴스 원고를 읽었다. 그러나 그 뒤 신문업계의 압력 때문에 뉴스는 오후 7시 이후에 편성한다는 방침이 결정되었다.

## 2. 제2차 세계대전과 BBC

제2차 세계대전은 국가사회주의를 표방하는 히틀러의 나치스 독일이 영토 확장과 자원 확보라는 야망을 실현하기 위한 전략에서 시작되었다. 프랑스와 동맹을 체결한 영국은 네빌 체임벌린(Arthur Neville Chamberlain) 총리가 외교 협상으로 문제를 해결하려 시도했지만, 체임벌린 총리의 대독 설득 공작은 실패했고, 독일은 1939년 9월 1일 폴란드를 침공했다. 이에 대해 영국과 프랑스는 이틀 뒤인 9월 3일 독일에 선전포고를 했으며, 1945년까지 6년간 계속된 제2차 세계대전이 시작되었다.

### 1) 정보부와 BBC

전쟁 발발은 영국 정부와 BBC가 예상했던 것이 아니었다. BBC 연구의 권위자로 알려진 아사 브리그스(Asa Briggs)는 그의 저서에서 존 리스 사장이 이미 1934년경에 향후 독일과의 전쟁을 의식하고 있었다고 지적했다(Briggs, 1985).

1918년에 시작된 제1차 세계대전에서 영국은 전쟁 보도를 검열했으며, 국내외 정보 전송을 관할하기 위한 정부 기관으로 정보부를 임시로 설치하고 정보부 장관을 임명했다. 정보부와 정보부 장관은 전쟁이 끝나자 임무를 마치고 해산했지만, 1934년경에 빈번하게 이루어진 정부 수뇌부와 리스 BBC 사장 간의 협의 속에서 '다음 전쟁'에서도 정보부를 설치할 것인지, 그리고 정보부가 설치될 경우 BBC의 위상이 논의되었다고 브리그스는 지적하고 있다. 제1차 세계대전 당시에는 아직 BBC가 존재하지 않았지만, BBC가 1926년 총파업을 취재하고 보도하면서 언론 보도기관으로 기능을 강화해온 것을 고려한다면, 이러한 논의가 벌어진 것은 아마도 당연한 일이라고 할 수 있다. 브리그스에 따르면, 정부 고위 관료와 리스 사장 간의 협의에서는 정보부가 설치되고 정보부 장관이 임명되었을 경우에 BBC가 어디까지 정보부와 정보부 장관의 지휘 아래에 들어가야 하는지가 중요한 문제였다고 한다.

독일이 폴란드를 침공한 1939년 9월 1일 BBC는 방송 체제를 축소했다. 우선 지역방송국에서 전파 송신을 중지했으며, 텔레비전 방송을 중지했다. 방송을 하는 것, 즉 전파를 송신하는 것은 수신자에게 방송국의 위치를 알린다는 의미를 가진다. 국내 각지에 있는 BBC의 지역방송국이 전파를 송신할 경우, 이는 영국을 향해 비행하는 독일의 전투기와 폭격기에 '길 안내'를 하는 것과 다름없다. 이러한 이유로 BBC는 독일이 폴란드를 침공한 날에 즉시 지역방송국의 전파 송신을 중단한 것이다. 프로그램 편성은 뉴스를 포함해 본부가 있는 런던에서 전송하는 프로그램이 전부였다.

BBC는 1932년 텔레비전 실험방송을 시작해 4년 뒤인 1936년에 본방송에 나섰다. 그러나 방송 방식이 정착되지 않고 수신기도 보급되지 않았기 때문에, BBC는 비용 대비 효과도 고려해 모처럼 시작된 텔레비전 방송을 1939년 9월 1일에 중지했다. BBC가 텔레비전 방송을 재개한 것은 1946년 6월이다.

독일이 폴란드를 침공한 이틀 뒤인 9월 3일 체임벌린 총리는 총리실에서 독일에 대한 선전포고를 했으며, BBC는 이를 방송했다. 다음 날인 4일 체임벌린 총리는 예전부터 계획한 대로 정보부를 설치했다. 체임벌린 총리가 정보부 장관에 임명한 사람은 판사로 정평이 나 있는 휴 맥밀런(Hugh McMillan)이었다.

정보부의 임무는 영국이 참전한 전쟁을 승리로 이끌기 위한 정보 공작이었다. 제1차 세계대전 당시 설치된 정보부의 경험에서 볼 경우, 맥밀런이 이끄는 정보부가 하지 않으면 안 되는 것은 두 가지였다. 첫째, 뉴스 검열이다. 여기에는 뉴스를 전달하는 미디어에 대한 지도나 조언이 포함되며, 지도나 조언의 대상에는 BBC도 있었다. 보도의 영향력을 고려한다면, BBC를 어떻게 지도하고 조언할 것인가가 뉴스 검열의 최대 과제였다. 이는 맥밀런이 정보부 장관에 임명된 지 겨우 4개월 만에 해임되고 후임으로 1938년까지 BBC 사장을 역임한 존 리스가 임명된 것에서도 이해할 수 있다. 체임벌린 총리는 BBC를 어떻게 다룰 것인가를 정보부 활동의 핵심으로 인식하고 있었다.

BBC로서는 유감스럽지만 리스도 4개월 만에 해임되었다. 체임벌린 총리에서 처칠 총리로 교체되면서, 처칠이 자신과 맞지 않는 리스가 정계에서 활약하는 것을 원하지 않았기 때문에 정보부 장관에서 방출한 것이다.[3]

정보부의 두 번째 임무는 국내용 홍보·선전 활동이었다. 국민의 단결과 적극적인 전쟁에 협력을 요구하기 위한 다양한 출판물과 인쇄물이 정보부의 지도하에서 작성되었다. 이러한 홍보·선전 활동은 대외용으로도 추진되었지만, 대외 선전의 경우는 동맹국이나 중립국이 대상이었으며 적국은 대상에서 원칙적으로 제외되었다. 이는 영국이 첩보 활동이나 모략 활동을 실시하지 않는다는 의미가 아니다. 이러한 활동을 위해 정보부와는 다른 별도의 조직이 존재했기 때문이다.[4]

---

3 리스는 하원의원이었으며, 처칠은 리스가 거부할 수 없는 명목상의 직위를 부여하는 방법으로 정보부 장관에서 해임했다.

4 영국의 정보 조직에는 주로 국내에서 정보를 수집하는 보안국(MI5)과 국외에서 정보를 수집하고 비밀공작을 수행하는 비밀정보국(MI6)이 있다. 전자는 내무부 소관이며, 후자는 외무장관의 지휘를 받는다. MI5, MI6에서 MI는 'Military Intelligence'의 약자이다.

## 2) 독일과의 정보전

영국에게 최대의 적국인 독일은 전쟁이 시작되기 전부터 영국에 대한 라디오 방송을 이용한 선전·첩보 활동을 실시했다. 이를 총지휘한 것은 요제프 괴벨스였다.

히틀러는 1933년 권력을 장악한 뒤, 정부를 조직하면서 국민계몽·선전부를 설치하고 장관에 최측근인 괴벨스를 앉혔다. 괴벨스는 천재적인 정보활동 전문가였으며, 특히 영상과 음성이 만들어내는 메시지가 수용자에게 미치는 영향력을 잘 이해하고 있었다. 이러한 인식을 바탕으로 괴벨스는 영화와 연극, 음악 등을 통해 나치스 독일의 권력을 과시하고, 독일 국민의 애국심을 고양시켰을 뿐만 아니라 외국인 중에서도 지지자를 확보했다. 매스미디어로서 각국에서 급속하게 보급되던 라디오는 이러한 선전 활동을 추진하는 데 대단히 효과적인 수단이었다.

독일의 라디오 방송이 선전·첩보 활동의 도구로서 얼마나 영향력을 발휘했는가를 정확하게 검증하는 것은 용이하지 않다. 영국의 역사학자 W. J. 웨스트(W. J. West)는 나치스 독일의 맹렬한 라디오 캠페인이 영국 측에 대항 캠페인의 필요성을 인식하게 만들어 이를 BBC가 담당하게 되었다는 견해를 제시한다(West, 1985). 설득력 있는 지적이다. 웨스트는 제2차 세계대전에서 한때 BBC 엠파이어 서비스(현 월드서비스)의 동양부 인도과에 근무했던 조지 오웰의 방송 원고를 묶어 『오웰: 전쟁과 라디오(Orwell: The War Commentaries)』와 『전쟁 방송(Orwell: The War Broadcasts)』을 발표했으며, 그 서론에서 이를 언급했다.[5]

---

5  이는 1994년 일본어로 번역·출판되었다.

## 3) BBC의 대외방송

BBC의 라디오 대외방송은 제2차 세계대전이 시작되기 전부터 실시되었다. 방송 대상은 1차적으로 식민지와 해외에 거주하는 영국인이었다. 특히 현재 파키스탄과 방글라데시, 미얀마를 포함한 인도는 거대한 방송 대상 지역이었으며, BBC 동양부가 인도 대상의 방송을 담당했다.

조지 오웰이 BBC에서 일하게 된 것은 동양부의 확대와 인도과 신설 때문이었다. 오웰에 따르면, 독일은 전쟁 시작 당시에 이미 영국령 인도 대상의 힌두스타니(Hindustani)어 방송을 실시하고 있었다. 식민지 지배는 영국이 안고 있는 모순 가운데 하나로 영국은 현지인들에게 미래의 독립 또는 자치를 미끼로 내세우며 전쟁에 협력해줄 것을 요구했다. 독일은 이러한 영국 지배의 취약한 부분을 주목했으며, 이에 독일이 방송에 주력한 곳은 인도 대상의 라디오 방송이었다고 할 수 있다. 오웰은 1941년 8월부터 1943년 9월까지 BBC에서 인도 대상의 대외방송에 종사했고, 퇴직한 이후에는 작가 겸 잡지 편집장이 되었다. 한편 오웰이 인도 방송용으로 작성한(또는 읽은) 원고를 보면, 결코 선전 방송과 같은 내용이 아니라 오히려 객관적인 정보를 담담하게 전달하고 있다. 이는 BBC 대외방송의 특징이자 전통이며, BBC 방송에 대한 평가의 원점이 되고 있다.[6]

제2차 세계대전이 발발하자 BBC가 시작한 또 다른 대외방송이 있다. 영어가 아니라 외국의 현지어를 통한 방송이다. BBC는 1939년 9월 그리스어로, 1940년 11월에는 알바니아어로 방송을 시작했다. 그리스어로 방송을 시작한 것은 이탈리아가 그리스를 침공하기 1년 전, 그리고 알바니아어로

---

6  오웰은 BBC 시절에 체험한 검열을 바탕으로 『1984』를 썼다고 한다.

방송을 시작한 것은 알바니아가 이탈리아의 지배하에 있던 때이며, BBC가 이들 두 개 언어로 방송한 것은 당시까지 해왔던 대외방송과는 다른 의도를 가지고 있다. 정보부의 지침에 비추어보면, 이는 동맹국 또는 중립국에 대한 홍보의 범위에 들어가는 것이었다. 또한 폴란드어와 체코어로 라디오 방송을 시작했으며, 이후 BBC가 외국어 방송을 실시하는 월드서비스의 원형이 되었다.

이 시기에 BBC가 방송의 국제화에 나선 배경에는 간과할 수 없는 또 다른 사정이 있었다. 독일에 유린되거나 점령당한 대륙의 국가에서 국왕과 정치 지도자가 영국으로 망명을 해왔기 때문이다. 벨기에의 레오폴드 3세(Leopold III)와 네덜란드의 빌헬미나(Wilhelmina) 여왕이 정부 지도자를 대동하고 런던에 망명했으며, 파리가 함락된 뒤 프랑스에서 국방차관과 육군차관을 겸임하던 샤를 드골(Charles de Gaulle)이 런던을 활동 거점으로 정하는 등 런던은 대독 저항운동의 중심지였다. BBC는 이러한 저항의 움직임을 방송이라는 수단을 이용해 적극적으로 지원한 것이다.

BBC에는 벨기에어 방송 담당자가 시작했다는 에피소드가 하나 있다. 이는 오른손의 검지와 중지로 표시하는 V 사인과 관련된다. V 사인은 시가와 함께 처칠의 트레이드마크였지만, 원래 V 사인을 유행시킨 것은 BBC의 벨기에어 담당자였다고 한다. 이에 따르면, 벨기에어 방송 담당자는 1941년에 실시한 벨기에 대상 방송에서 "V는 승리의 V"라는 표현을 사용했고, 이것이 처음에는 벨기에 사람들, 다음으로 연합국 측의 사람들에게 전해져 확산되었다고 한다.

독일군 항공기의 영국 본토 공격은 전쟁이 시작된 이후 10개월이 지난 1940년 7월에 시작되었다. 3개월 뒤인 10월 15일에는 런던 중심부에 있는 BBC 본부가 폭격의 표적이 되었으며, 뉴스 아나운서가 오후 9시 정시 뉴스에서 원고를 읽는 도중에 폭탄이 빌딩 지붕을 뚫고 5층 바닥까지 낙하했다. 폭탄이 폭발해 7명이 희생을 당했지만, 뉴스 스튜디오는 지하에 있었기 때문에 지장은 없었다. 그 뒤 전쟁이 끝날 때까지 BBC는 몇 번이나 독일군 폭격기의 표적이 되었다. 독일군의 런던 폭격은 그 뒤 1941년 5월까지 계속되었으며, BBC는 표적이 되었음에도 뉴스 부문의 직원들은 폭격에 굴하지 않고 뉴스 시간이 되면 지하 스튜디오에서 최신 뉴스를 송출했다.[7]


## 3. 제2차 세계대전과 보도기자

제2차 세계대전에서 전환점이 된 것은 일본의 진주만 기습 공격과 이에 따른 미국의 참전이었지만, BBC의 보도에서 보면 런던 공습과 됭케르크 (Dunquerque) 전투였다. 진주만 공격과 미국의 참전은 1941년 12월, 런던 공습은 1940년 9월부터 1941년 5월까지, 됭케르크 전투는 1940년 5월부터 6월까지 벌어졌으며, 전황은 여전히 독일에게 유리한 상황이 계속되었다. 그럼에도 이들 두 사건이 BBC 방송에 전환점이 된 것은 이를 통해 BBC의 보도 스타일과 내용이 이전과 비교해 크게 변했기 때문이다.

### 1) 얼굴 보이는 보도

존 리스가 사장이었던 시대에 BBC 뉴스 아나운서는 주어진 뉴스 원고

---

7 미국 CBS가 유럽에 파견한 에드 머로(Ed Murrow)는 이때 런던의 BBC를 거점으로 미국에 전쟁 상황을 보고했으며, 스튜디오에서 BBC 옥상까지 마이크로폰의 케이블을 연장해 낙하하는 폭탄음을 담아가며 실황중계를 결행한 것으로 유명해졌다.

를 '잉글랜드 남부 지방의 영어'로 읽어야 했다. 이른바 표준어 방송이다. 또한 뉴스 원고를 읽는 뉴스 리포터가 자신의 이름을 내세우는 습관도 없었다. BBC는 BBC이며, 이는 BBC의 신뢰로 이어지고 있었다. 이 방식은 됭케르크 전투를 보도하면서 변했다. 뉴스 아나운서가 각자 자신의 이름을 내놓기 시작했기 때문이다.

됭케르크 전투는 프랑스 주력 부대와 영국의 지원 부대를 합친 35만 병사가 독일군에게 쫓겨 프랑스 최북단 항구도시에 집결한 뒤 영국 본토를 향해 배로 탈출한 작전으로, 현지에 남은 영국군 병사 3만 명이 독일군의 포로가 되었다. 기세를 올린 독일군은 그 뒤 파리를 포위해 함락했다. 영국으로서는 최대의 패전이 된 1940년 5월 24일부터 6월 4일까지 '사상 최대의 철수 작전'을 BBC의 뉴스 아나운서들이 교대로 원고를 읽게 되었는데, 그때 BBC는 그들에게 자신의 이름을 드러내도록 했던 것이다. "뉴스를 전해드립니다. ○○○가 전해드립니다(Here is the News, and ○○○ reading it)"라는 도입 멘트를 넣은 뒤, 뉴스 원고를 읽어나가는 스타일이었다. 도입 멘트를 굳이 넣은 것은 전쟁 상황이 너무나 불리한 내용이었기 때문에 라디오를 듣고 있는 사람들이 자신들이 듣고 있는 것을 BBC 방송이 아니라 적군의 선전이라고 오해하지 않도록 하기 위해서였다. 여기에서도 BBC의 보도 태도가 엿보인다.

이러한 경위로 BBC의 스튜디오에서 뉴스 원고를 읽는 아나운서들이 하나둘 자신의 이름을 드러냈다. 당시 아나운서는 알바 리델(Alvar Liddel), 존 스나기(John Snagge), 프랭크 필립스(Frank Phillips), 조지프 맥로드(Josepf McLoed), 앨런 호랜드(Alan Howland), 프레디 앨런(Freddy Allen), 브루스 벨프레지(Bruce Belfrage) 등이었다. 이들의 목소리와 이름은 곧 영국 국민이 공유하게 되었다.

이 중에서 가장 유명해진 사람은 아나운서로 가장 먼저 이름을 내세운 알바 리델이었다. 리델은 전년 9월 3일 영국 정부가 독일에 최초 통첩을 발표했을 때, 이를 BBC 라디오 방송에서 보도했으며, 그날 독일에 선전포고를 내린 처칠 총리를 소개한 인물이었다는 등의 정보가 순식간에 퍼져 하룻밤 사이에 '유명인'이 될 정도였다. 아나운서 7명 가운데 브루스 벨프레지는 런던 대공습에서 BBC에 폭탄이 투하될 때 지하 스튜디오에서 뉴스 원고를 읽은 사람이다. 이들 모두 전쟁 보도를 계기로 BBC의 공식 기록에 이름을 남겼다.

## 2) 전쟁 특파원

어느 시대든지 전쟁에서 전선에 나가 취재하고 보고하는 종군기자가 있다. 제2차 세계대전은 규모에서 보더라도 이전에는 없었던 수의 종군기자와 카메라맨을 끌어냈다. 종군기자를 파견한다는 점에서는 BBC도 예외가 아니었으며, 뛰어난 기자들이 전장에서 군대와 행동을 함께하며 전파를 통해 상황을 보고했다. 문제는 라디오라는 미디어가 가진 특성상 생방송이 아니거나 녹음 장치가 없을 경우, 아무리 취재해도 효과적인 보고가 불가능하다는 것이었다.

미국의 CBS가 전쟁 취재를 위해 유럽에 특파원으로 파견한 에드 머로 (Ed Murrow)가 전쟁 보도의 대부분을 런던의 BBC에서 실시한 것은 거기에 자신의 음성을 미국까지 전달해줄 통신회선의 단말이 마련되어 있었기 때문이다. 또한 의도적으로 마이크로폰을 BBC 옥상까지 가져가 독일군의 런던 공습을 보도한 것은 전쟁의 입체적인 현장감을 어떻게든 소리로 표현하려는 궁리가 들어 있었다.

나아가 BBC가 전장에 특파원을 파견해 전쟁을 취재하도록 했음에도, 런던의 스튜디오에서 뉴스 원고를 읽는 아나운서들이 '유명인'이 된 것은 전장에서 전쟁을 취재하는 특파원들이 청취자 입장에서 보면 멀리 있는 존재였기 때문이다.

영국군을 동행해 전쟁에서 취재하는 BBC의 전쟁 특파원들이 답답한 마음에서 벗어날 수 있었던 것은 휴대가 가능한 녹음기가 개발된 이후이며, 미국을 중심으로 하는 연합군이 노르망디 상륙작전을 감행한 1944년 6월 이후였다.

종군 특파원들로부터 보고를 입수할 수 있게 되자 BBC는 오후 9시 뉴스에 이어 〈전쟁 리포트(War Report)〉라는 정규 프로그램을 편성했다. 이 프로그램에서는 BBC의 전쟁 특파원이 교대로 출연하게 되었다. 미디어가 라디오였기 때문에 출연은 얼굴이 아니라 목소리였다. 그러나 생사를 넘나드는 극한 상황을 취재한 기자들의 보고에는 청취자를 끌어들이는 것이 있었고, 뉴스 아나운서를 대신해 이번에는 '전쟁 특파원'이 유명해졌다. 1939년 영국이 프랑스에 지원 부대를 파견했을 때 동행 취재를 담당하는 전쟁 특파원이 된 이후, 1944년 노르망디 상륙작전을 취재하고 1945년에는 베르겐벨젠(Bergen-Belsen) 유대인 강제수용소를 영국인 기자로서는 처음으로 취재한 리처드 딤블비(Richard Dimbleby), 노르망디 상륙작전을 취재하고 1945년 4월 엘베 강을 사이에 두고 미군과 소련군의 만남을 취재해 현장에서 생중계를 보낸 프랭크 길라드(Frank Gillard) 등의 활약은 기자가 되려는 젊은이들의 마음을 끓어오르게 했다.[8]

---

8  이 외에 제2차 세계대전을 취재한 전쟁 특파원으로 기록에 남은 BBC 기자를 들면 다음과 같다. 데니스 존스턴(Denis Johnston), 스탠리 맥스테드(Stanley Maxted), 리처드 노스(Richard North), 윈포드 본-토머스(Wynford Vaughan-Thomas) 등이다.

## 3) 전시체제에서 평시로 이행

　유럽과 아프리카의 전선을 취재해 보고한 BBC의 전쟁 특파원에는 두 가지 순풍이 불었는데, 그중 하나는 이미 언급한 휴대용 녹음기의 개발과 실용화였다. 방송기자들이 모처럼 현장을 취재해 중요한 정보를 입수해도 그것을 시청자(라디오의 경우는 청취자)에게 전달하는 수단을 가지고 있지 않다면, 방송은 완결되지 않는다. 방송 기술자의 손에서 휴대용 녹음기가 개발된 것은 이런 의미에서 본다면 대단한 전진이다. 미국이 참전한 뒤, 미국의 종군기자들이 대거 유럽에 넘어왔고, BBC 종군기자들은 미국의 라디오 방송사 기자들과 협력해 취재와 방송 소재를 전송하는 일에 나섰다. 녹음기 1대를 미국의 라디오 방송국 종군기자와 BBC 종군기자가 제비뽑기로 차례를 정해 사용했다는 '협업' 이야기도 전해진다(Briggs, 1985).

　전황이 드러나기 시작하면서 검열에도 변화가 나타났다. 전쟁이 시작된 당시 영국은 정보부에 중앙검열국을 설치했고, BBC 내부에는 정보부가 위촉한 검열관을 두었다. 전쟁과 관련된 뉴스 원고는 검열관에게서 적어도 두 차례 검열을 받은 뒤에야 전파를 탈 수 있었다. 이와는 별도로 영국군을 동행해 취재하고 보도하는 종군기자들은 현장에서 군의 검열을 받아야 했다. 한편 군은 전방의 병사들에게 고국의 정보를 전하고 사기를 고무하는 것을 방송에 기대했으며, 이에 부응해 BBC는 1944년 2월 전방의 병사를 위한 라디오 방송을 시작했다.

　독일이 폴란드를 침공한 지 5년 8개월이 지난 1945년 5월 7일 독일이 항복했으며, 다음 날 BBC는 승리 선언을 방송했다. 정보부가 임무를 마치고 해산했으며, 정보부 장관이 퇴임한 것은 1946년 3월 31일이었다.

## 4. 수에즈 전쟁

　수에즈 전쟁은 이집트가 수에즈 운하의 국유화를 선언하자, 이스라엘군이 시나이 반도를 침공하고, 영국과 프랑스가 군사 개입을 한 사건이다. 1956년 11월 6일 영국 해병대와 프랑스 특수부대가 수에즈 운하 하구의 항구에 상륙해 이집트군을 제압했다. 이집트의 가말 압델 나세르(Gamal Abdel Nasser) 대통령의 국유화 선언에서 이스라엘의 시나이 반도 침공까지 95일간, 이스라엘의 침공에서 영국군과 프랑스군의 상륙까지 8일간 등 전격적으로 이루어진 군사작전이었다.

### 1) 보도 대원칙

　이 전쟁에서 BBC가 지키려고 한 것은 사실을 신속하고 공평하게 보도한다는 대원칙이었다. 제2차 세계대전이 끝난 지 10년이 지났지만, 전쟁의 기억은 영국 국민에게 아직 선명했으며, 이러한 기억을 반영해 국내 여론도 대이집트 정책을 놓고 양분되었다.

　앤소니 이든(Anthony Eden) 총리가 이끄는 보수당은 영국의 권익을 지키기 위해서라도 군사행동을 포함한 제재 조치를 강구할 것을 주장했고, 영국 국내에 있는 이집트 자산 동결, 예비역 소집, 수에즈 운하 이용 국가 국제회의 등 강경책을 하나둘씩 내놓았으며, 11월 3일에는 의회에서 대국민 연설을 실시했다. 이에 대해 야당인 노동당은 당수인 휴 게이츠켈(Hugh Gaitskell)이 의회에서 이든 총리의 즉각적인 사임을 요구하는 연설을 했으며, 정치 지도자 어나이린 베번(Aneurin Bevan)이 트래펄가 광장(Trafalgar Square)에 나가 가두연설을 하는 등 런던 시내에 소동도 일어났다. 이러한 정치가들의 언동을 BBC는 라디오와 당시 일반 가정에 급속하게 보급되던 TV를 통해 자세히 보도했으며, 이는 정부를 화나게 만들었다.

당시 상황의 기록으로는 수에즈 전쟁을 포함해 1952년부터 1959년까지 BBC 사장을 지낸 이언 제이콥스(Ian Jacobs)가 쓴 간단한 메모가 존재하며, BBC는 이 메모를 'BBC에 가해진 압력(BBC Under Pressure)'이라는 제목으로 웹사이트에 공개하고 있다. 메모에 따르면, 당시 이든 총리와 총리실 공보수석이었던 윌리엄 클라크(William Clark)는 BBC가 중동 대상의 대외방송 내용을 완화하도록 요청했고, BBC가 이 요청을 거절했다고 한다. 그리고 이 메모에는 정부가 BBC로부터 편집권을 빼앗는 방안도 검토했다는 기술도 있다. 이든 총리에게는 이집트의 수에즈 운하 국유화를 인정한 것과 대영제국의 위신이 실추한 것은 동일한 것이었다. 그만큼 자신의 노력을 인정하려 하지 않는 BBC에 대해 분노한 것이다.

이 대결에서 승리한 쪽은 BBC였다. 클라크 공보수석은 사임했고, 이든 총리도 다음 해에 물러났다.


## 5. 포클랜드 전쟁

영국 총리에게 수에즈 전쟁이 '대영제국의 위신을 지키지 못한 전쟁'이었다고 한다면, 1982년 포클랜드 전쟁은 '제국의 위신을 지킬 수 있었던 전쟁'이었다. 포클랜드 전쟁은 아르헨티나군의 포클랜드 섬 점령에서부터 영국군의 탈환까지 73일간 벌어졌다. 56명이 전사한 수에즈 전쟁보다 4배 이상인 258명의 전사자가 나온 전쟁이면서도 정부 지도자는 국민에게서 높은 평가를 받았다. 그 이유는 전적으로 전쟁으로 권익을 잃었는가, 아니면 지켰는가의 차이였다. 수에즈 전쟁의 경우 전쟁에는 승리했지만 운하를 잃은 이든 총리가 퇴진했지만, 전쟁에 승리해 섬 소유권을 지킨 대처 총리는 국민적 영웅으로 11년 7개월에 이르는 장기 정권을 유지하게 되었다.

## 1) TV 기술의 진화

BBC가 처음으로 TV를 통해 전쟁을 보도한 것은 1956년이었으며, 이후 포클랜드 전쟁에서 26년간 TV는 기술적 측면에서 크게 진보했다. 가장 큰 발전은 정지위성을 이용해 방송용 영상과 음성을 지구 반대편까지 전송할 수 있게 된 것이다. 북반구에 있는 영국 본토에서 1만 2000km나 떨어진 남반구의 포클랜드로부터 BBC 종군기자들이 취재한 영상과 테이프에 수록된 리포팅은 스위치 하나로 즉시 런던에 전달되었다. 그렇지만 취재 대상은 전쟁이었다. 영국 정부는 아르헨티나에 선전포고도 하지 않았지만, 영국 해군 함정을 거점으로 취재하고 보도하는 동행 기자들에게는 비밀 보호를 위해 군이 설정한 엄격한 가이드라인이 적용되었다.[9]

## 2) 검열을 통과한 리포트

전쟁 취재에서는 군이 정보원인 동시에 검열의 주체이기도 하다. 따라서 종군기자에게 최대 과제는 신뢰 관계를 어떻게 구축할 것인가이다. 아르헨티나군이 점거한 서(西)포클랜드 섬의 구스그린에 대한 영국군 함재기

---

9   이 전쟁은 아르헨티나도 선전포고를 하지 않았으며, 이에 '전쟁'이 아니라 '분쟁(conflict)'이라는 표현이 자주 사용된다. 이는 수에즈 전쟁에서도 마찬가지다.

(carrier-based aircraft) 폭격 작전을 취재한 BBC의 브라이언 한라한(Brian Hanrahan)은 다음과 같은 리포트를 영국에 보냈다.

폭격에 참가한 항공기의 수를 밝힐 수는 없지만, 기자는 모든 항공기가 출동하는 것을 세었고, 돌아온 항공기의 수를 모두 확인했다. 파일럿은 부상을 입지 않았고, 눈물을 흘리며 작전에 성공한 기쁨을 온몸으로 표현하며 검지를 세워 승리 사인을 지어 보였다.

이 리포트를 보낸 한라한은 당시 항공모함 헤르메스(HMS Hermes)에 타고 있었으며, 리포팅 원고는 당연히 군 검열관의 눈을 통과했다. 출격하는 함재기 대수를 리포트에 넣는 것은 허용되지 않았기 때문에, 이와 같은 표현에 머물렀으며, 이는 반대로 전쟁 취재의 긴박함을 만들어냈다. 런던의 총리실에서 BBC 뉴스를 보던 대처 총리는 이 리포팅에 감격해 총리에서 물러난 뒤 집필한 회고록에서 이를 남겼다(Thatcher, 1983).

## 3) 제4의 권력

대처 총리는 억제된 브라이언 한라한의 리포팅을 높이 평가했지만, 포클랜드 전쟁 전체에 대한 BBC의 보도 태도에는 비판적이었다. BBC에서 원인을 제공한 것은 〈뉴스나이트(Newsnight)〉라는 스튜디오 프로그램 사회자인 피터 스노(Peter Snow)였다. 그는 제1차 세계대전 참전 직업군인인 조부를 가진 인물로 상업방송의 뉴스 캐스터를 경험한 뒤, 1979년 BBC로 옮겨 〈뉴스나이트〉의 사회자에 기용되었다. 〈뉴스나이트〉는 아르헨티나군이 섬을 점령한 당시부터 포클랜드 문제를 다루었으며, 방송 중에 종종 "영국 정부 당국(영국군)의 발표를 믿는다면……"이라는 표현을 사용했기 때문에 반정부적이라는 비판을 받게 되었다. 이에 대해 BBC의 이언 트레소완(Ian Trethowan) 사장은 "BBC가 진실을 전달한다는 평가는 지키지 않으면 안 된다"라고 반론하며 스노를 옹호했다. 그러나 BBC 관계자로부터 "영국군 병사의 사기를 높이는 것이 BBC의 역할은 아니다", "포츠머스(Portsmouth, 영국의 군항)의 미망인도 부에노스아이레스의 미망인도 남편을 잃은 것은 마찬가지다" 등의 발언이 나오면서 문제는 더욱 복잡해졌다. 또한 BBC 다큐멘터리 프로그램 〈파노라마(Panorama)〉의 사회를 맡은 로버트 커(Robert Kerr)가 ≪타임스≫와의 인터뷰에서 "BBC의 프로그램은 편향되어 있다"라고 발언해 프로그램에서 물러나는 등 포클랜드 전쟁 관련 보도를 둘러싸고 문제가 속출했다. 그러나 실제 전쟁이 시작된 뒤, 파견부대의 활약상이 보도되면서 영국 내에서 BBC 비판은 진정되었다.


## 6. 이라크 전쟁

### 1) 전쟁 보도와 스타 기자

1991년 제1차 이라크 전쟁과 2003년에 시작된 제2차 이라크 전쟁은 국제사회가 '침략자'라는 낙인을 찍은 국가를 제재하는 전쟁이었다는 의미에서 지금까지의 전쟁과는 성격이 다른 것이었다.

영국은 미국의 요청으로 편성된 다국적군에 참가하는 형태였으며, 참전 자체에 의미가 있는 전쟁이었다. 또한 이라크에 대한 전투 행위는 대부분 미국이 담당했고, 영국을 포함한 기타 국가의 군대는 주변적인 작전을 담당하는 보완적인 것이었다. 미군의 공격이 압도적인 위력을 발휘하는 등 이 전쟁은 영국이 경험해온 전쟁과 비교하면 긴장감이 높지 않았다.

제1차 이라크 전쟁에서 BBC의 전쟁 보도를 접한 시청자들은 새로운 세대의 전쟁 보도 전문기자가 탄생하는 것을 목격했다. 구체적으로 이름을 들면, 존 심프슨(John Simpson)과 케이트 에이디(Kate Adie) 등이었다. 이들은 제1차 이라크 전쟁의 최전선을 취재해 이름을 날렸으며, 이 시대 전쟁 보도의 대명사가 되었다.

존 심프슨의 경력으로 알 수 있는 것은 다양한 취재 경험을 가진 뒤에 전쟁 보도 전문기자가 되었다는 점이다. 기자로서 첫발은 정치 취재였으며, 곧 외교를 담당하게 되어 아프리카와 유럽의 지국에서 특파원을 경험했다. 1979년 이란의 최고 지도자 호메이니(Ayatollah Ruhollah Khomeini)가 망명했던 파리에서 이란에 돌아갈 때 동행 취재를 했으며, 1989년에는 중국의 천안문 광장에서 일어난 반정부 시위를 취재해 보고했다. BBC가 제1차(그리고 제2차) 이라크 전쟁의 파견 기자로 심프슨을 기용한 것은 한순간의 판단이 생사를 가르는 전장이라는 극한 상황에서 일을 맡길 수 있는 것은 그와 같은 인물밖에 없다는 판단에서였다.[10]

1989년 6월 천안문 광장의 반정부 시위 취재에서 심프슨과 동행한 사람 가운데 한 명이 케이트 에이디였다. 그녀는 대학을 마친 뒤, BBC의 지역국에 보조로 들어가 혼자 힘으로 사다리를 오르듯 승진을 거듭한 입지전적인 사람이었다. 1980년 이슬람 과격파가 런던에 있는 이란 대사관을 점거했을 때 가장 먼저 현장에 달려가 보도한 것이 BBC 보도국 간부의 눈에 들

---

10 심프슨이 경험을 바탕으로 쓴 책에는 『무인 지대에서 온 뉴스: 세계 보도(News From No Man's Land: Reporting the World)』(2000), 『미친 세상, 나의 주인: 여행자 삶의 이야기(A Mad World, My Masters: Tales from a Traveller's Life)』(2001) 등이 있다.

었다.

그 뒤 그녀는 미군의 리비아 폭격, 리비아 테러리스트의 항공기 폭파 추락 사건 등을 현장에서 보도하면서 BBC에서 스타 기자가 되었다. 1991년 제1차 걸프 전쟁도 취재하여 심프슨과 함께 시청자의 인기를 독차지하며 BBC의 스타 기자로 확고한 지위에 올랐다.[11]

## 2) 권력과의 대결

미국의 요청으로 전쟁에 참가했다는 점에서 제2차 이라크 전쟁은 제1차 이라크 전쟁과 마찬가지였다. 다른 것은 처음부터 이라크에 영국군을 투입하지 않으면 안 되는 것이었다. 이라크에서 외국군에 대한 저항에 부딪힐 경우, 희생자가 나올 수밖에 없다는 점에서 영국 정부도 BBC도 긴장했다.

BBC의 앤드루 길리건은 군사 문제를 전문으로 하는 중견 기자로 일정한 평가를 얻고 있었다. 2003년 3월 미국과 동맹국이 참가한 공격이 시작되었고, 5월 1일에는 미국의 부시 대통령이 전투의 종결을 선언했다. 그 뒤 길리건 기자는 바그다드에서 직접 취재를 한 뒤, 런던에 돌아와 5월 29일 BBC 아침 라디오 프로그램에 출연했다. 이 프로그램에서 내뱉은 발언이 총리실을 분노하게 만들었다.

라디오 프로그램에서 길리건 기자의 발언은 토니 블레어 총리가 국민으로부터 이라크 공격에 대한 지지를 얻어내기 위해 이라크가 45분 이내에 대량살상무기를 실전 배치할 수 있는 태세를 갖추고 있다는 보고서를 조작했다는 것이었다. 블레어 총리는 앨러스테어 캠벨 공보수석을 통해 BBC에

---

11 케이트 에이디도 2003년에 자서전을 발간했다.

항의해 정정 방송을 요구했다. BBC의 그레그 다이크 사장은 블레어 총리와 노동당을 지지해온 인물이었지만, 이 문제에서는 양보하지 않았다. 또한 길리건 기자의 정보원으로 알려진 국방부 고문의 자살이 겹쳐 문제는 심각해졌고, 의회가 위원회를 설치해 조사를 실시하게 되었다.

의회의 조사위원회는 블레어 총리 이외에 BBC의 개빈 데이비스(Gavyn Davies) 경영위원장과 다이크 사장 등을 불러 증언을 요청했고, 2개월간의 집중적인 조사 결과를 2004년 1월 보고서로 발표했다. 보고서에서는 정부와 정보 당국을 비판하는 한편, BBC에 대해서는 길리건 기자가 방송에서 전한 내용은 충분한 근거가 없었으며, 보도 현장에서 정보 확인, 문제가 발생한 뒤의 처리 방법에서도 불충분했다고 강하게 비판했다. 보고서가 발표되자마자 데이비스 경영위원장이 사임했고, 다음 날 사장도 그만두었다.[12]

존 리스 초대 사장으로부터 2004년에 취임한 마크 톰슨(Mark Thompson)에 이르기까지 13명의 BBC 사장 가운데 사임의 모양새를 가지면서 사실상 파면된 것은 다이크뿐이었다. 그 원인이 전쟁 보도에서 정부 비판이었다는 것은 매우 상징적이다. 블레어 총리가 BBC를 비판한 것은 BBC의 보도로 인해 영국의 전투력이 상처받은 것이 아니라 자신의 위신이 상처를 받은 것을 두려워했기 때문이다.

보도 현장에서 국제화와 기술 진보가 이루어지는 오늘날, 미디어는 자국의 전쟁뿐만 아니라 타국의 전쟁도 취재해 보도한다. 이러한 상황이 진전되는 가운데, 권력이 전쟁 취재와 전쟁 보도를 규제하려 해도 결국은 불가능하다. 20세기 전반에는 스페인 전쟁이 그 대표적인 사례이고, 20세기 후반에는 제1차 이라크 전쟁이 대표적인 예이다.

---

12 다이크 사장이 사임에 이른 자세한 경위는 그의 자서전을 참고하기 바란다.

향후 미디어의 과제는 독자나 시청자의 이해와 지지를 얻어가면서 국가라는 틀을 뛰어넘는 활동을 어떻게 전개할 것인가에 있으며, 전쟁 보도도 예외는 아니다. 일단 전쟁이 시작되면, 교전국의 수만큼 국익이 생긴다. 국익은 민중의 이익이기도 하며, 권력자의 이익이기도 하다. 민중의 이익과 권력자의 이익이 상반될 때에는 민중의 이익을 우선해야 한다는 것은 공영 방송 BBC의 변함없는 자세이며, 전쟁 보도도 이러한 기본적인 방침에 따랐다. BBC의 전쟁 보도가 국제적으로 높은 평가를 얻은 것은 BBC의 경영진과 보도에 종사하는 저널리스트 한 사람 한 사람이 어떠한 국면에서든 사실을 전달한다는 기본을 고집하며 역사와 실적을 쌓아왔기 때문이다.

## 참고문헌

Adie, K. 2003. *The Kindness of Strangers*. London: Headline.

Briggs, A. 1985. *The BBC: The First Fifty Years*. Oxford: Oxford University Press.

Dyke, G. 2004. *Inside Story*. London: Harpercollins.

Orwell, G. 1949. *1984*. London: Secker and Warburg.

Simpson, J. 2000. *News From No Man's Land: Reporting the World*. London: Pan MacMillan.

_____. 2001. *A Mad World, My Masters: Tales from a Traveller's Life*. London: Pan Mac-Millan.

Thatcher, M. 1983. *The Downing Street Years*. London: Harpercollins.

West, W. J. 1985. *Orwell: The War Broadcasts*. London: Duckworth Publishers.

_____. 1986. *Orwell: The War Commentaries*. New York: Pantheon Books.

ウェスト, W・J(West, W. J.). 1994. 「編者解読」. ジョージ・オーウェル(George Orwell) / W・J・ウェスト(W. J. West) 編著. 『戦争とラジオ ― BBC時代』. 甲斐弦・三澤佳子・奥山康治 譯. 晶文社.

オーウェル, ジョージ(Orwell, George). 1972. 『1984年』. 新庄哲夫 譯. 早川書房.

オーウェル, ジョージ(Orwell, George) / ウェスト, W・J(West, W. J.) 編著. 1994. 『戦争とラ

ジオ ― BBC時代』. 甲斐弦・三澤佳子・奥山庚治 譯. 晶文社.

サッチャー, マーガレット(Thatcher, Margaret). 1996.『サッチャー回顧録 ― ダウニング街の
　　日々』. 石塚雅彦 譯. 日本経済新聞社.

ダイク, グレッグ(Dyke, Greg). 2006.『真相 ― イラク報道とBBC』. 平野次郎 譯. NHK出版.

## 독일의 보도: 도이체 벨레를 중심으로

하기타니 준

　나치 독일이 제2차 세계대전에서 당시 최신 미디어였던 라디오를 통한 단파방
송을 대대적으로 이용한 것은, 점령한 베오그라드 방송국에서 독일군을 위해 방송
한 '릴리 마를렌(Lili Marleen)'의 에피소드로 유명하다. 독일 동맹국 병사뿐만 아
니라 전선을 뛰어넘어 연합국 병사도 릴리 마를렌을 듣기 위해 베오그라드 방송
에 다이얼을 맞췄다.

　전체적인 선전전에서는 독일이 영국에 패했다. 그 이유가 방송 내용에서 진실
성의 차이였다는 것을 전후에 서독은 배웠다. 신생 서독은 1950년대 초부터 세계
에 정보를 전송한다는 구상을 가졌다. 1953년에 도이체 벨레(Deutsche Welle, 이
하 DW)가 설립되었다. 그러나 점령군 당국은 당초 해외 거주 독일인 대상 독일어
방송밖에 인가하지 않았다. 그 뒤 냉전의 진행과 함께 DW는 1954년에 영어, 프랑
스어, 스페인어, 포르투갈어로 확대한다. 나아가 아라비아어, 러시아어, 동유럽어
로 방송 언어를 늘렸으며, 전성기에는 일본어 방송을 포함해 30개 언어로 방송하
기까지 했다.

　영어를 비롯한 서구의 언어도, 해당 방송 대상 지역에는 정세가 불안한 제3세
계 국가가 포함된다. 더구나 아시아·아프리카의 언어와 러시아·동유럽의 언어는
더욱 그렇다. DW는 미국이 출자한 RFE(Radio Free Europe, 뮌헨)와 함께 서방
진영의 일원으로 서독에서 민주주의를 홍보하는 중요한 수단이었다.

　이들 지역에 방송을 담당한 것은 망명자, 서독에 유학했지만 정치적 신조로 본
국에 돌아가지 못하거나 본국에서 살기 어려운 사람들이었다. 이들을 받아들인

서독은 역사적 교훈으로 아질(Asyl, 박해받는 사람에 대한 비호)을 국시로 삼았다. 또한 그 가운데는 반체제 저널리스트가 적지 않다.

그러나 DW의 방송 내용은 순수 선전방송의 색채가 강한 RFE와 달리 민주주의와 인권이라는 서방의 가치를 중심에 둔 온건한 것이었다. 후에 '보통국가'가 되어 슬로베니아·크로아티아를 단독으로 승인, 유고 내전을 촉발한 통일독일과는 달리, 무슨 일이든 신중했던 당시 서독의 국가 체제가 DW의 방송 방침에도 반영되었다.

필자는 1981년과 1982년 DW의 요청을 받은 ≪아사히 신문≫에서 DW 일본어 과로 파견을 나갔다. 외국인 직원의 업무는 뉴스 센터가 작성해 독일어와 영어로 각 언어 방송 담당자에게 전달되는 뉴스와 뉴스 해설, 특집 기사를 번역해 자체 취재를 곁들여 프로그램을 구성하는 것이다. 규정된 과제의 뉴스와 대통령 연설 등 중요 안건에 대해서는 내용 변경이 허용되지 않지만, 그 외는 자유로운 프로그램 구성이 허용되었다.

DW는 연방법에 의거해 설립된 기관이다. 회장, 부회장 등 3역에는 3대 정당의 정치가가 파견된다. 큰 의미에서는 국익을 대표하는 임무를 지고 있지만, 다른 나라의 정치가가 자국 공영방송의 국제방송 부문에 노골적으로 요구하는 것과는 달랐다. 제2차 세계대전의 선전전에서 패배한 BBC에 배울 점이 많았을 것이다.

뒤에 신문기자 생활의 대부분을 특파원으로 보낸 필자에게는 민주주의를 일본적인 눈만으로 볼 것이 아니라, 다양한 시점에서 관찰한 뒤에 서독의 민주주의를 서독 저널리즘의 내부에서 배운 것은 큰 자산이었다.

뒤에 ≪아사히 신문≫의 중동 특파원이 된 필자는 팔레스타인 분쟁과 걸프 전쟁의 현장이 일터였다. 중동의 정치와 외교, 게다가 전쟁은 모든 것을 직접 취재로 커버하는 것이 불가능하다. 그렇지만 현지의 저널리즘은 정치적으로 미성숙하다. 항상 휴대하는 단파 라디오는 '현재'를 알 수 있는 중요한 도구이다. DW에 신세를 졌기에 당초에는 DW에 주파수를 맞추지만, 그 내용은 별로 사용하지 않는다. 정보가 적고, 에두르는 독일 저널리즘 특유의 논리 구성이 굼뜨다. 이는 DW에 한정되지 않고, 국내 방송과 신문, 잡지 등 독일의 저널리즘 일반에 해당한다. '팩트'보다 '논평'이나 복잡한 수사가 우선하기 쉽다.

BBC의 월드서비스는 정치적인 중립성이 높으며, '팩트' 우선으로 정보의 신뢰도가 높다. 그리고 무엇보다 영어가 평이하다. 이스라엘이나 팔레스타인에 있을 때는 콜이스라엘(Kol Yisrael, 이스라엘 방송)의 빠른 미국 영어와 미국형 저널리즘도 매력적이었지만, 종합적인 질은 역시 BBC에는 이르지 않는다. 아시아, 아프리카, 중동, 라틴아메리카 등 정세가 불안하고 인프라가 정비되지 않은 국가에서 일하는 외국의 특파원이 BBC에 의지하는 것은 당연할 것이다. 신문기자 생활을 끝낸 지금도 이들 국가에서 사건이 발생할 때 필자는 CNN보다 BBC를 신뢰한다.

물론 DW에는 DW의 특기 분야가 있다. 소련·동유럽 지역이다. 1968년의 '프라하의 봄', 1980년대의 폴란드 자유화 운동 당시, DW는 동유럽 국가의 시민에게 희망의 등불을 밝혀주었다. 독일어를 아는 사람이 그 지역에는 적지 않기 때문이다. 폴란드의 야루젤스키(Wojciech Jaruzelski) 정권의 계엄령 포고가 DW의 특종으로 세계에 전송된 것은 필자가 재직할 때였다.

미디어의 역량은 취재 대상 지역에서 각 미디어의 위상으로 결정된다. 대영제국의 판도에 들었던 중동, 아프리카나 아시아에서 BBC는 현지에 촘촘한 통신원망을 구축하고 있다. 이곳에서 올라오는 정보를 영국 저널리즘이 연마해온 분석 방법으로 판단하기 때문에 고품질의 방송이 가능하다. 이에 필자는 요르단 강 서안이나 가자 지구에서 위험이 따르는 현지 취재를 할 때 BBC의 현지 통신원인 팔레스타인 사람을 고용했다. 그러나 독일이 특기를 가진 지역에서는 DW의 취재망이 정확하다.

동독과 서독의 통일 이후 DW의 환경은 크게 변했다. 보도의 자유가 없는 아시아·아프리카 국가에서는 여전히 독일에서 오는 '자유의 소리'로서의 가치가 높지만, 소련·동유럽 지역에서는 자유화가 그 가치를 조금이나마 줄였다. DW는 단파 방송에서부터 DW TV, 인터넷(www.dw.com)을 포함해 30개 언어를 통한 정보 전송을 계속하고 있지만, 재정적인 문제로 구조조정에 몰려 있다. 그러한 가운데 1999년에는 일본어 방송이 폐지되었다.

독일에서도 신문에서 TV, 인터넷으로 사람들의 관심이 이동하고 있다. 지식층 대상의 난해한 정치 주간지로 저명한 ≪슈피겔(Der Spiegel)≫이 사진과 일러스트를 많이 쓰며 좀 더 평이한 정치 주간지 ≪포커스(FOCUS)≫에 위협받고 있는 것은 상징적인 경향이라고 할 수 있다.

# 4부
## BBC의 미래 전략

11장

# BBC의 새로운 미디어 전략

다카이 유스케

BBC는 희소 자원인 전파의 유효 활용이라는 목적에서 설립되었지만, 그 역할은 디지털 시대가 도래하면서 퇴색했다. 또한 시장경제의 심화에 따라 BBC의 비대화에 대한 비판도 강해지고 있다. 이 같은 역풍에 노출되어 있지만, BBC는 새로운 미디어 전략으로 비약적 성장을 거듭해왔다. 이 장에서는 BBC의 새로운 미디어 전략의 진화 과정, 배경, 과제 등을 살펴본다.

## 1. 격변하는 미디어 환경에 대한 적응

### 1) 디지털 시대의 새로운 목표

공공의 이익을 위해 진력한다는 BBC의 존재 이유는 어느 시대나 변하

그림 11-1 | BBC의 공공 목적

| 1. 시민권·시민사회 유지 | 2. 교육·학습 추진 | 3. 창조성·문화적 탁월성 촉진 | 4. 영국 및 지역의 표상 | 5. 영국을 세계에, 세계를 영국에 전달 |
| --- | --- | --- | --- | --- |

| 6. 새로운 정보통신 기술과 서비스의 혜택을 국민에게 제공 |
| --- |

자료: BBC 트러스트 PVT 자료(2008년 11월).

지 않는다. 그러나 공익이란 무엇인가 하면, 그 답은 시대에 따라 변할 것
이다. 디지털화가 진전되는 오늘날, BBC는 새로운 미디어의 보급, 이용 촉
진에 적극적으로 대응하는 것으로 그 존재 의의를 이행하고자 한다.

2007년 1월 발표된 BBC의 특허장에는 '시민권·시민사회 유지', '교육·
학습 추진' 등 다섯 가지 전통적인 목적에 대응하는 가운데, '새로운 정보통
신 기술과 서비스가 불러일으키는 이익을 적극적으로 전달하고, 디지털 방
송 시대에 주도적인 역할을 다한다'는 것을 BBC의 여섯 번째 목적으로 덧
붙이고 있다(그림 11-1). 이 새로운 목적은 BBC의 미래 전략의 토대가 되고
있다.

BBC는 설립 이후 영국에서 TV와 라디오의 보급에 크게 공헌해왔다. 특
허장에 추가된 새로운 목적은 그 역할을 인터넷을 비롯한 새로운 미디어의
보급으로 확대하는 것을 의미한다. 2006년 3월에 발표된 BBC 백서『모두
를 위한 공공 서비스를: 디지털 시대의 BBC(A public service for all: the BBC
in the digital age)』에는 BBC가 새로운 테크놀로지와 서비스의 세계로 이끄
는 '신뢰할 수 있는 안내자(trusted guide)'라는 평가가 들어 있다. 디지털 격
차 문제가 나타나면서 이러한 BBC의 역할은 더욱 중요해지고 있다고 할
수 있다.

그림 11-2 | BBC의 조직도

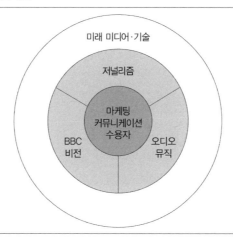

자료: BBC 보도자료(2007년 7월 19일).

## 2) 조직·제도상의 대응

BBC는 디지털 시대에 대한 대응을 조직·제도의 측면에서도 추진해왔다. 눈부신 기술혁신과 시청자 습관의 변화에 유연하면서도 신속하게 대응하기 위한 기반 정비가 그 목적이다.

BBC는 2006년 4월 '창조적 미래(Creative Future)'라는 제목의 프로그램·콘텐츠 편집 미래 비전을 발표했다. 이에 따라 그해 7월 그림 11-2와 같은 새로운 조직 구상을 내세웠다. 마크 톰슨 사장은 조직 개편의 의도를 "BBC를 세계에서 가장 창조적인 조직으로 만드는 것"이라고 말했다.[1]

새로운 조직의 특징은 우선 시청자, 시장과의 관계를 중심에 둔 수평적 구조에 있다. 또한 기존의 뉴미디어 부문이 미래 미디어·기술(Future Media

---

1 2006년 7월 19일 회견, http://www.bbc.co.uk/pressoffice/speeches/stories/thompson_future.shtml.

and Technologies, 이하 FM & T) 부문으로 개편되어 BBC의 새로운 미디어 전략을 이끄는 역할을 하게 되었다. FM & T 부문은 BBC가 가진 모든 미디어의 운영, 개별 콘텐츠가 가진 메타데이터 관리, BBC 아카이브의 온라인 공개 등의 임무를 맡고 있다. 저널리즘 부문, 오디오·뮤직 부문, BBC 비전(TV 부문 등을 통합한 부문)을 뛰어넘어 기반 구조로 확대하고, 각 부문과 협력하면서 서비스를 제고하기로 했다. BBC는 FM & T 부문에 기술자를 집중시켜 효율적이고 전략적인 미디어 개발을 추진하고 있다.

또한 BBC는 '창조적 미래'에서 '360도 위탁(360 Degree Commissioning)'을 제기하며 개별 프로그램·콘텐츠 제작팀이 미디어별 수직 체계에서 탈피해 모든 플랫폼을 대상으로 제작한다는 전략도 내세우고 있다.

BBC가 시대에 맞는 서비스를 제공하기 위해서는 사업의 추가와 변경을 유연하게 추진할 필요가 있다. 제도적 측면에서 이러한 필요성에 대응하고 있는 것이 이번 특허장에 의거해 신설된 '공공가치심사(Public Value Test, 이하 PVT)'이다.

BBC 경영진이 서비스를 변경할 경우에는 BBC 감독 기관인 BBC 트러스트의 승인이 필요하다. BBC 트러스트는 경영진의 제안을 승인할지 거부할지 결정하기 전에 6개월이라는 기간 내에 PVT를 실시한다. 심의 과정이 불필요하게 길어져 새로운 서비스가 늦어지지 않도록 기한을 규정한 것이다. PVT 결과는 BBC 트러스트가 내리는 판단의 논거가 된다. 즉, 시청자 조사나 시장 영향 예측 등을 종합해 "예상되는 (시장에 대한) 부정적 영향은 (새로운 서비스에 의해) 창출되는 공공적 가치로 정당화된다"는 결론이 내려진 경우에 승인된다.

PVT 결과는 모두 공표되며, BBC 트러스트가 최종적인 결단을 내리기 전에 국민과 산업계로부터 의견을 모집하는 기간이 마련되어 있다. 이를 통해 승인 과정의 투명성과 공개성을 높이려는 의도가 들어 있지만, 새로운 서비스를 승인하는 권한이 최종적으로 BBC 트러스트에 주어져 있기 때문에 일부에서는 자의적이라고 비판한다.

## 2. BBC의 새로운 미디어 서비스

BBC는 TV와 라디오를 운영하는 방송국이며, 새로운 미디어 서비스는 부업에 불과하다고 생각하는 시대는 지났다. 미디어와 정보기기의 차이에도 불구하고, 시청자가 가정에 있든, 이동 중이든 거기에 공공성이 있는 콘텐츠를 제공하도록 노력하지 않으면 안 된다고 마크 톰슨 사장은 말한다.[2]

공영방송의 핵심은 말할 것도 없이 공공성이 높은 프로그램과 콘텐츠에 있다. 미디어의 다양화에 따라 수용자가 파편화될 경우, TV나 라디오만을 고집해서는 공공성이 높은 프로그램과 콘텐츠를 널리 시민에게 제공하기가 어려워진다. 공공성이 높은 프로그램과 콘텐츠를 제공하기 위해 BBC가 TV와 라디오를 뛰어넘는 새로운 미디어를 어떻게 이용하고 있는지, BBC의 대표적인 미디어 서비스를 설명한다.

### 1) BBC 웹사이트(bbc.co.uk)

1997년 후반, 당시 존 버트 사장 시대에 BBC의 온라인 서비스가 본격적

---

2  2006년 4월 25일 회견, http://www.bbc.co.uk/pressoffice/speeches/stories/thompson_ fleming.shtml.

으로 시작되었다. 이후 10년이 지난 2008년 5월 BBC 트러스트가 발표한 서비스 리뷰에 따르면, 2007년 후반을 기준으로 BBC 웹사이트를 방문한 이용자는 월평균 1650만 명이며, 이는 영국 내의 인터넷 이용자 3300만 명의 절반에 해당한다. 콘텐츠 제공형 웹사이트에서는 영국 최대이며, BBC보다 순위가 앞서는 것은 구글(Google)과 마이크로소프트(Microsoft) 사이트뿐이었다. 또한 해외 이용자 수는 5000만 명이라고 한다. 모바일 홈페이지의 보급도 높아 영국 내에서 휴대전화의 데이터 통신을 사용하는 이용자의 40%에 해당하는 230만 명이 매달 정기적으로 방문하고 있다고 한다.

BBC의 웹사이트는 지금까지 BBC Online, BBCi, 현재의 bbc.co.uk로 명칭을 바꾸면서 발전해왔다. 뉴스를 비롯해 스포츠, 역사, 과학, 영어 교육, 어린이용 콘텐츠 등을 담은 400개 섹션을 포함하고 있다.[3] 또한 TV와 라디오의 인터넷 동시 방송, 온디맨드 서비스, BBC 아카이브 등의 서비스에 대한 게이트웨이이기도 하다. 나아가 뉴스에 대한 댓글 기능 등 포럼으로서의 기능도 추가해 이용자가 만드는 콘텐츠에 대한 대응에도 나서고 있다. 서비스 품질에 대해서는 2005년 이후 BBC 사이트를 방문한 이용자의 2/3가 10점 만점에 8점 이상으로 높게 평가했다고 한다. 콘텐츠의 영향력이라는 점에서도 '생각하게 만든다', '사람을 끌어당긴다'라는 항목에서 평균 7점 이상을 얻었다.

이상과 같이 BBC는 이미 인터넷 세계에서도 높은 지위를 확립하고 있

---

3  비대화 비판에 대한 대응으로 FM&T 부문의 디렉터인 에릭 허거스(Erik Huggers)는 BBC 사이트 내의 최상위 도메인(http://www.bbc.co.uk/□□□/○○○의 ×××부분) 400개를 2012년까지 절반으로 줄일 계획이라고 ≪가디언≫과의 인터뷰에서 밝혔다. ≪가디언≫ 2010년 3월 7일 자 인터넷판, http://www.guardian.co.uk/media/2010/mar/07/bbc-erik-huggers-web-cuts.

는 한편, 몇 가지 과제도 안고 있다. BBC의 온라인 사업에서 전환점이 된 것이 2004년에 공표된 필립 그라프(Philip Graf)의 보고서이다. 독립적 입장에서 BBC의 웹사이트 운영을 평가하도록 영국 정부로부터 지명을 받은 '트리니티 미러(Trinity Mirror)'의 CEO를 역임한 필립 그라프가 정리한 보고서는 팽창하는 BBC 온라인 사업에 궤도 수정을 요구한 것이었다.

그라프 보고서는 우선 BBC 웹사이트의 콘텐츠는 민간 사업자의 서비스와 차별화가 불충분하며, 일부 스포츠와 게임 등의 사이트는 공공 목적에 적합하지 않다고 지적했다. 나아가 인터넷에 익숙하지 않은 사람을 안내하는 역할에서도 충분하지 않고, 외부 사이트 링크,[4] 사이트 내 검색 기능 등을 확충하도록 요구했다. 이는 2008년 BBC 트러스트의 서비스 리뷰에서도 계속해서 과제로 제시되었다.

그라프 보고서를 수용해 BBC는 웹사이트 콘텐츠를 개선하고, 공익성이 낮은 사이트를 폐쇄하는 등 대책에 나섰다. 당시 마이클 그레이드(Michael Grade) BBC 경영위원장은 그라프 보고서의 지적을 수용해 "시장이 성숙한 현재, 지금까지와는 다른 접근 방법이 필요하다"[5]라며 인터넷 보급에서 성숙기로 접어든 가운데 팽창에서 민간 서비스와의 공존에 더 무게를 둔 전략으로 전환을 시사했다.

BBC 웹사이트 운영 비용의 문제점도 부상했다. 전술한 BBC 트러스트의 리뷰에 따르면, 2007~2008년도 웹사이트 사업 관련 지출이 당초 예산을

---

4  BBC 경영진은 2010년 BBC 트러스트에 제출한 새로운 전략 방안 『품질 제일주의(Putting Quality First)』에서 모든 웹페이지에 외부 사이트 링크를 적어도 하나 이상 단다는 목표를 내세웠다. 또한 이용자가 BBC 사이트를 경유해 외부 사이트를 방문하는 '클릭스루 (click-through)'의 횟수를 배로 늘리겠다고 했다.

5  2004년 11월 8일 회견, http://www.bbc.co.uk/pressoffice/speeches/stories/grade_cbi.shtml.

48%나 초과한 것으로 드러났다. BBC 트러스트는 그 주요 원인이 BBC의 조직 개편에 따른 예산 배분상의 문제에 있다며, 차년도 기본 예산에 초과분을 얹는 것을 인정하는 한편, BBC 경영진에게는 책무성 제고를 요구했다.

## 2) 인터넷 동시방송

BBC의 미디어 전략에는 멀티플랫폼, 온디맨드 서비스, BBC 아카이브 공개와 같은 세 가지 축이 있다. BBC는 이들이 하나로 묶여 최종적으로 시청자가 과거에서 현재까지 BBC의 모든 프로그램을 방송 시간과 플랫폼에 제한 없이 시청할 수 있도록 한다는 청사진을 그리고 있다.

BBC는 멀티플랫폼 전략으로 우선 TV와 라디오의 인터넷 동시방송을 추진하고 있다. 라디오의 인터넷 전송은 BBC가 온라인 서비스를 시작한 초기부터 실시해왔지만, TV에 대해서도 인터넷에서 시청 가능한 채널을 늘려왔다.

BBC는 영국에서 9개 디지털 TV 채널을 보유하고 있지만, 2007년 12월 방송을 시작한 하이비전 채널인 BBC HD를 제외한 8개 채널의 인터넷 방송을 단계적으로 시작해왔다. 젊은 층을 타깃으로 한 BBC3의 인터넷 방송은 2008년 2월부터 시작되었으며, 그해 9월부터 다큐멘터리 등을 중심으로 한 BBC4와 어린이 대상의 2개 채널(CBBC, CBeebies)이 새롭게 인터넷 방송에 추가되었다. 나아가 11월부터 아날로그 방송 시대부터 계속되고 있는 간판 채널 BBC1과 BBC2의 인터넷 방송도 시작했다. 또한 BBC의 뉴스 전문 채널은 인터넷에서 시청이 가능할 뿐만 아니라 좀 더 자세한 뉴스 배경 정보 등을 웹사이트에 제공하고, TV와 인터넷이 연동한 형태로 운영되고 있다.

## 3) VOD 서비스, BBC iPlayer

BBC가 '디지털 제2기'로 주력하는 것이 프로그램의 VOD 서비스이다. 제1기는 시청자에게 더 많은 선택의 폭을 제공하는 것이었던 반면, 제2기는 시청자 이용 행태 자체에 큰 변화가 일어나고 있다는 판단에 기인한다. 2007년 12월 BBC는 방송을 마친 프로그램을 무료로 원하는 때에 볼 수 있는 VOD 서비스 BBC iPlayer를 본격적으로 시작했다. BBC iPlayer는 인터넷과 케이블 TV를 경유해 방송 후 7일 이내의 프로그램을 스트리밍으로 시청할 수 있으며, 다운로드의 경우는 파일을 30일간 저장해 시청할 수 있다.

BBC iPlayer는 서비스 시작 6개월 만에 프로그램 시청 건수가 1억 건을 넘었고, 2008년 11월 말 기준으로 2억 4000만 건에 이르렀다. 2008년 11월을 기준으로 하루 평균 건수는 100만 건 이상이었다고 한다. 이러한 BBC iPlayer의 성공은 영국에서 VOD 서비스 이용 촉진과 브로드밴드 보급에 크게 공헌할 것으로 기대된다. 이에 편승해 BBC는 2008년 6월 TV 프로그램에 이어 라디오 프로그램도 하나의 인터페이스로 시청 가능한 새로운 버전의 iPlayer를 발표했으며, 일부 드라마는 과거의 방송분 모두를 시청할 수 있는 서비스(Series Stacking)도 9월부터 시작했다.

BBC iPlayer 자체의 멀티플랫폼도 추진되고 있다. PC뿐만 아니라 버진 미디어(Virgin Media)에서 운영하는 케이블 TV, 애플(Apple)의 iPhone, 닌텐도의 게임기 Wii 등에서도 이용이 가능해졌다. 2008년 10월부터 최대 경쟁사인 루퍼트 머독의 BskyB가 제공하는 VOD 서비스 Sky Player를 경유해 BBC iPlayer에 액세스하는 것이 가능해졌다. 나아가 향후 지상파 디지털 방송 Freeview에서 VOD 서비스가 제공되도록 DVR(digital video recorder) 등을 이용한 시스템도 개발 중이라고 한다.

BBC iPlayer의 서비스를 시작하면서 PVT가 처음으로 적용되었다. PVT의 보고서에 따르면, 일반으로부터 의견을 청취했을 때 디지털 저작권 관리(Digital Rights Management, 이하 DRM)를 이용한 콘텐츠 이용 제한에 반대하는 의견이 다수였다. 이러한 결과로부터 수신료로 제작된 BBC의 콘텐츠는 수신료를 납부하는 시민의 소유물이며, 자유롭게 사용할 수 있다는 의견이 일반 시청자에게 강하다는 사실을 엿볼 수 있다. 또한 BBC iPlayer에는 다운로드한 프로그램 파일을 30일 후에 삭제하기 위해 DRM 기술이 사용되었지만, 마이크로소프트의 시스템을 채용했기 때문에 당초에는 다운로드 서비스는 윈도(Windows)밖에 사용할 수 없었다. 이에 중립성의 관점에서 문제가 있다는 지적이 나왔으며, 2008년 12월부터 맥(Mac), 리눅스(Linux)에서도 사용이 가능해졌다.

## 4) BBC 아카이브 공개

BBC에는 과거 80년 이상 제작·방송해온 100만 시간을 넘는 영상과 음악 파일이 존재하며, 이를 보관한 아카이브의 개방이 오랫동안 BBC의 과제였다. 디지털 기술의 발달로 온라인 공개를 통한 아카이브 이용 촉진이 기대되고 있다.

2003년 8월 그레그 다이크 BBC 사장은 간단한 허가 절차를 거치면 BBC 콘텐츠를 개인적 이용과 교육 목적에 한해 이용자가 재편집하고 공유할 수 있는 'BBC 크리에이티브 아카이브(BBC Creative Archive)' 구상을 발표했다. 미국에서 탄생한 '크리에이티브 커먼즈(Creative Commons)' 모델을 바탕으로 개방형 라이선스 제도를 채용했으며, 아카이브에는 크리에이티브 커먼즈의 제창자인 스탠퍼드 대학의 로런스 레식(Lawrence Lessig) 교수도 관여했다.

BBC는 2005년 4월 채널 4와 영국영화협회 등 다른 공공 섹터의 단체와 함께 크리에이티브 아카이브의 시행 서비스를 시작했다. 2006년 9월까지 시범 기간에 역사적인 뉴스 영상과 자연환경, 과학 분야의 영상 클립 등 500개 작품을 인터넷에 공개했으며, 10만여 명이 이용했다. 시범 서비스 종료 후 재차 아카이브에 대한 수요와 아카이브 공개로 창출한 공공적 가치를 조사하기 위해 2만 명을 대상으로 한 시범 서비스를 실시했다. 그 뒤 정식 서비스를 위한 PVT는 실시하지 않았지만, bbc.co.uk에 BBC 아카이브 사이트가 마련되어 아카이브의 일부가 단계적으로 공개되고 있다.

## 5) '공공 서비스'와 '상업 서비스'의 경계

BBC는 수신료를 징수하는 영국 국내용에는 무료 공공 서비스로 제공하는 한편, 국제방송(TV) 등 해외 서비스는 상업 서비스로 구별하고 있다. 이러한 방침은 온라인 서비스에서도 적용되고 있으며, IP 주소로 지리 정보를 조회하는 Geo-IP 테크놀로지를 이용해 해외에서 뉴스 사이트에 액세스할 경우, 광고를 표시하고 있으며, TV 프로그램의 인터넷 동시방송이나 BBC iPlayer, 아카이브 사이트 등은 해외에서는 이용할 수 없도록 했다. 그러나 FM&T 부문 디렉터 에릭 허거스는 "인터넷은 글로벌 미디어이지만, 현재 해외에서 iPlayer에 액세스하는 것은 인위적으로 차단되고 있다. 이는 내 생각으로는 문제가 있으며, 방송업계에서도 큰 과제"[6]라고 밝히고 있어 향후 변화가 있을 수도 있다.

---

6  ≪가디언≫ 2008년 11월 7일 자 인터넷판, http://www.guardian.co.uk/media/2008/nov/07/bbc-erikhuggers.

## 3. 시장에 대한 영향

### 1) 시장의 반발

BBC가 미디어 사업을 전개할 때마다 항상 논의를 부른 것이 시장에 대한 영향이다. 신문, 상업방송 채널 4 각 사는 발행 부수나 시청률 감소, 광고 수입 축소에 직면하는 한편, 인터넷 사업에서는 충분한 수익을 얻지 못했다. 다른 한편으로 BBC에게는 안정적인 수신료 수입이 있기 때문에 민간 사업자와 같은 온라인 서비스에서도 낮은 리스크에서 제공할 수 있다.[7] 또한 공중(public)의 강한 신뢰로 지탱되는 BBC 브랜드는 BBC와 경쟁하게 되는 신규 인터넷 사업자 등에게는 위협으로 비친다. 이에 BBC의 새로운 서비스 계획은 항상 반발을 불렀다.

BBC는 2006년 1월 특허장에 제시된 목적 중 하나인 '교육과 학습 추진'을 수행하는 일환으로 5세부터 16세까지 어린이 대상으로 학교 커리큘럼에 맞춰 학습 보조 콘텐츠를 온라인으로 제공하는 'BBC Jam'이라는 서비스를 시작했다. 그러나 민간의 교재 사업자로부터 반발을 받아 2007년 3월 BBC 트러스트는 서비스 일시 중지를 결정했고, 4월에는 BBC Jam 사이트가 폐쇄되었다.

BBC Jam은 서비스 시작 전에 시장에 대한 영향을 고려해 콘텐츠 제작의 절반을 외부 업자에게 위탁해야 하다는 조건이 붙었다. 그러나 서비스를 시작한 이후 BBC Jam은 시장의 기존 서비스와의 차별성과 보완성을 충

---

7 『품질 제일주의』에 따르면, BBC는 온라인 서비스 관련 지출을 2013년까지 25% 삭감한다는 계획을 내세웠다. 에릭 허거스는 전술한 인터뷰에서 2009~2010년도 1억 3500만 파운드에서 25% 삭감할 것이라고 설명했다. 또한 이에 따라 스태프도 줄일 방침이다.

족하지 못한다는 비판이 높아졌다. 이러한 불만을 민간 사업자 등이 유럽 위원회에 제소하자, BBC 트러스트는 영국 정부, 유럽위원회 등과 협의를 거듭한 결과, 제소를 무시할 수 없다고 판단해 BBC Jam을 폐쇄하기로 결정했다. 그러나 BBC Jam은 신뢰성이 높은 BBC가 제공하는 교육 콘텐츠를 무료로 이용할 수 있었기 때문에 학생과 교사의 평가가 높아 17만여 명이 등록해 이용했다고 한다.

BBC 경영진의 새로운 서비스 계획이 시장에 미치는 부정적 영향으로 인해 BBC 트러스트의 PVT 단계에서 거부되는 사례도 나왔다. BBC의 런던 편향에 대한 비판으로 영국 국내의 다른 지역도 고려한 충실한 서비스가 요구되었다. 이에 BBC 경영진은 지방 대상의 비디오 뉴스를 웹사이트에서 제공하는 '로컬 비디오' 프로젝트를 제안했다. 이에 2008년 6월 PVT가 시작되었지만, 신문업계는 크게 반발했다. BBC 트러스트는 그해 11월 지역 미디어에 대한 영향을 고려해 BBC 로컬 비디오는 부적절하다는 결론을 잠정적으로 내렸다.

BBC는 지역 대상의 사이트를 개설해왔지만, BBC 로컬 비디오에서는 이를 확충하는 형태로 연간 약 2300만 파운드의 예산으로 65개 지역 사이트에 VOD의 동영상 뉴스와 이용자가 제작한 비디오를 게재하는 사이트를 계속했었다. 한편 영국의 신문협회는 BBC 로컬 비디오가 이미 지역신문의 웹사이트에서 제공되는 서비스의 복제에 불과해 BBC 트러스트와 규제기관인 오프컴에 PVT 중지를 요구했다. BBC가 인터넷에서 지역 미디어를 약화시켜 다양성을 해칠 것이라는 우려도 제시되었다.

오프컴이 실시한 시장 영향 평가에서는 BBC 로컬 비디오의 영향으로 지역 미디어의 연간 수입 하락률이 4% 미만으로 예측되었다. 사업 부분별로 보면, 가장 심각한 영향을 입을 것으로 보였던 신문사의 온라인 사업은 하락률이 2% 미만으로 예상외로 적을 것으로 나타났다. 그러나 오프컴이 더 심각하게 본 것은 온라인 뉴스의 이노베이션 저해였다. BBC 로컬 비디오는 신문사에게 무료로도 수익을 올리기 어려운 웹사이트 사업에 대한 투자 리스크를 더욱 올리게 될 것이라는 우려를 제시했다.

시장에 대한 영향을 완화하기 위해 BBC 경영진은 비디오 뉴스를 다른 뉴스 사이트 등에 전송하고, 연간 80만 파운드의 예산을 마련해 지역 미디어에서 비디오 뉴스를 구입하는 등의 조치를 함께 제안했다. 그러나 이러한 대응책에 대한 미디어 각사의 반응은 차가웠으며, 오프컴은 그 효과가 한정적이라고 일축했다. 비디오 뉴스 전송의 경우, BBC의 콘텐츠에는 온라인 광고가 허용되지 않기 때문에 수익 면에서는 부정적 영향이 커질 것이라는 지적이 나왔다.

BBC의 상업 부문인 BBC 월드와이드가 ITV, 채널 4와 같은 지상파방송사와 공동으로 추진하는 VOD 서비스 프로젝트 '캥거루(Kangaroo)'도 시장의 반발로 서비스 시작이 늦어지고 있다. 이 프로젝트는 방송 3사가 보유하고 있는 프로그램 아카이브의 콘텐츠를 인터넷에서 무료로(일부는 유료) 제공한다는 계획으로 2008년에 시작할 예정이었다. 그러나 BskyB 등이 반발한 결과, 영국경쟁위원회(Competition Commission)가 프로젝트에 대한 조사에 착수하게 되었다.

경쟁위원회는 2008년 12월 잠정적인 조사 결과를 발표해 경쟁하는 3사의 공동 사업으로 VOD 시장의 경쟁이 현저하게 사라질 것이라며 프로젝트에 대한 개선책을 요구했다.

BBC, ITV, 채널 4는 이미 개별적으로 VOD 서비스를 추진하고 있지만, 플랫폼을 단일화해 이용자의 편리성을 높이고 애플과 마이크로소프트, 아마존 등 미국의 미디어 기업이 추진하는 VOD 사업에 맞서려고 했다. 이러한 배경으로 경쟁위원회가 조사를 시작했을 때, 당시 마이클 그레이드 ITV 사장(전 BBC 경영위원장)은 "프로젝트가 늦어지는 동안에도 구글, 애플 등과 같은 해외 기업이 영국의 VOD 시장에서 독점적인 지위를 구축하고 있다"[8]라며 위기감을 드러냈다.

## 2) 경제에 미치는 긍정적 영향

BBC의 서비스 확대에 대해 시장에 부정적 영향이 강조되는 경우가 많지만, BBC는 전체적으로 영국 경제에 긍정적인 영향을 미칠 것이라는 분석도 있다. BBC 트러스트는 2008년 7월 프라이스워터하우스 쿠퍼스(Price-waterhouse Coopers, 이하 PwC)에 위탁한 경제에 미치는 BBC의 영향 조사결과를 발표했다. 이에 따르면, 영국 경제의 창조 분야(creative sector)에 대한 영향으로 ① 탤런트 발굴 및 육성, ② BBC 내외의 인재 트레이닝, ③ 소수 언어의 표현 활동 등 특정 창조 활동에 대한 투자, ④ 새로운 기술의 이용 촉진, ⑤ 프로그램 및 콘텐츠 제작 위탁 등에 대한 지출, ⑥ 산업 미디어의 광고 수입에 대한 영향, ⑦ 새로운 수익 모델 형성 저해 등을 들었다. ①~⑤가 긍정적 영향으로 볼 수 있으며, PwC는 이들을 '크리에이티브 기반'의 역할이라고 정리했다. BBC는 2004년에 발표한 디지털 시대를 대비한 경영 전략 '공공적 가치의 구축'에서 "열린 크리에이티브 자원으로서의 BBC"라는 견해를 넓히겠다고 제시한 바 있다.

창조 부문의 기반 구조로서 BBC의 역할은 TV 분야에서 현저하지만,

---

8  ≪가디언≫ 2008년 7월 1일 인터넷판, http://www.guardian.co.uk/media/2008/jul/01/televisionindustry.

VOD 분야에서도 동일한 효과가 예상된다고 PwC는 보고서에서 밝혔다. 또한 톰슨 사장은 미성숙한 뉴미디어 시장에서 거대 상업 미디어가 추진하기에 어려운 창조 산업을 위한 리스크를 BBC가 솔선해 추진해야 한다고도 말했다.[9]

경제에 긍정적인 효과를 불러일으킨다는 것은 물론 BBC의 본래 목적이 아니라 이른바 부산물이다. 그러나 BBC는 그러한 효과를 더욱 늘리는 것으로 시장의 비판에 대처하려고 했다.

경제에 미치는 긍정적 효과를 늘리기 위해 BBC가 특히 주력하는 것이 파트너십 추진이다. 뉴미디어 분야에서는 2004년 그라프 보고서의 지적을 수용한 이후, 웹사이트 총제작비의 25% 정도를 외부 업자에게 위탁하고 있다. 또한 다른 사업자가 운영하는 플랫폼과 포털사이트에 콘텐츠를 전송하고 기술 개발 등에서도 협력을 추진하고 있다. 한편 BBC가 보유하고 있는 소프트웨어 일부의 오픈소스 추진도 내세웠다. 그러나 전술한 BBC 로컬 비디오 관련 제안에 대한 반응이 좋지 않았다는 것에서 알 수 있듯이 BBC가 제창하는 파트너십의 이념이 아직 충분하게 인정받고 있다고는 할 수 없다.

BBC는 2008년 12월 사업 안건마다 제휴하는 형태를 넘는 좀 더 포괄적인 파트너십 계획을 발표했다. 제작 기술에서 연구 개발, 인재 육성까지 다양한 분야에서 제휴를 추진해 BBC의 자원을 타 방송사나 신문사, 제작 프로덕션 등에 개방하겠다고 제안했다. 이러한 파트너십에서는 우선 BBC의 테크놀로지를 토대로 플랫폼의 일원화를 추진해 서비스의 공익성을 높이

---

9  2007년 7월 10일 회견, http://www.bbc.co.uk/pressoffice/speeches/stories/thompson_
   qe2.shtml.

려는 의도가 있는 것으로 보인다. 또한 타 방송사에게는 비용 경감을 통해 경제적 혜택이 돌아갈 것이라고 제안했다. 뉴스 미디어에서는 특히 BBC iPlayer의 공유화와 IPTV의 공공 개발, 브로드밴드 보급에 대한 공헌을 들고 있다.

2009년 1월 공표된 『디지털 브리튼(Digital Britain)』 중간보고서에서 영국 정부는 BBC에 대해 브로드밴드 보급에서 주도적인 역할을 다하도록 촉구하고, 다른 공공단체와 함께 모든 콘텐츠 제공업자와 디바이스 제공업자에게 열린 오픈 스탠더드의 플랫폼 개발을 기대하고 있다.

디지털 미디어가 보급되고 있는 현재, 공익성이 높은 정보 서비스 제공은 이미 공영방송 BBC의 전매특허가 아니다. 인터넷 정보는 옥석혼효(玉石混淆) 상태라고 하지만, 공공성이 높은 콘텐츠를 제공하는 사이트도 다수 존재한다. 이러한 새로운 환경 속에서 공공 정보 서비스의 네트워크를 형성해가는 것도 BBC에게 기대되는 것 중 하나라고 할 수 있다.

## 참고문헌

BBC. 2004. Building public value: Renewing the BBC for a digital world.
_____. 2008. Public service partnerships: Helping sustain UK PSB.
_____. 2010. Putting Quality First: The BBC and Public Space.
BBC Press Office, Press Release on 25 April 2006, *Creative Future: detailed press briefing.*
BBC Trust. 2007. BBC on-demand proposals: Public Value Test final conclusions.
_____. 2008a. Service Review of bbc.co.uk.
_____. 2008b. The BBC Trust Conclusions: The economic impact of the BBC on the UK creative and broadcasting sector (including an independent assessment and report by Pricewaterhouse Coopers).
_____. 2008c. Local Video: Public Value Test provisional conclusions. Competition Com-

mission, News Release on 3 December 2008, 'Project Kangaroo'? Provisional Findings.

Department for Culture, Media and Sport. 2006a. BBC White Paper, *A public service for all: the BBC in the digital age*.

_____. 2006b. Royal Charter for the Continuation of the BBC.

Graf, Philip. 2004. Report of the Independent Review of BBC Online.

Office of Communications. 2008. Market Impact Assessment of the BBC's Local Video Service.

12장

# BBC와 저널리즘 교육

파키스탄의 사례

이와사키 고헤이

## 1. 국립예술대학 NCA

### 1) 영상학부 개설

파키스탄의 대도시 라호르에 있는 국립예술대학 NCA(National College of Arts)는 'Film & TV Department'를 2005년 1월에 신설했다. 쉽게 말해 '영화·TV 학부'라고 할 수 있다. 학부를 신설한 의도는 2000년대에 접어들어 영상 미디어에 대한 파키스탄 정부의 규제가 완화됨에 따라 우수한 방송 인력을 육성하고, 뛰어난 저널리스트를 배출하는 것에 있다. 동시에 이 대학은 일본의 JICA(국제협력기구)에 TV 프로그램 제작을 지도하는 스태프로 주니어 해외 봉사단의 파견을 요청했다. 파키스탄의 국립대학에서 영상

학부가 개설된 것은 처음이었다. 파키스탄 전국에서 지도자로 선발된 학자, 방송 관계자, 연구자, 그리고 필자는 2004년 4월에 취임했다. 학부가 신설되기 9개월 전이었다.

NCA는 라호르의 옛 시가지 한쪽에 자리 잡고 있다. 수도 이슬라마바드에서 남동으로 250km, 인도 국경에서는 동으로 25km에 위치한 라호르는 현재 인구가 500만 명이다. 아라비아 해에 면한 카라치 다음으로 큰 도시이다. 과거 인도령이었던 라호르 지역에는 무굴 왕조가 번창했으며, 지금도 세계문화유산으로 지정된 라호르 성과 성벽으로 둘러싸인 성벽 도시(Walled City)가 중세와 같은 모습과 활기를 보이고 있다.

NCA의 전신은 1875년에 개교한 마요 예술학교이다. 이 지역은 1800년대에 인도를 대표하는 예술가와 문화인이 모여 사는 곳이었다. 예술학교를 신설한 것은 라호르를 문화의 중심지로 만들겠다는 당시 종주국 영국의 강한 의향이 반영되어 있다. NCA에서 가까운 중앙우체국, 라호르 박물관, 펀자브 대학(University of The Punjab) 등 빅토리아 왕조풍의 사암을 곁들인 건물 앞에 서면 (대영제국이 군림했다는 증거이긴 하지만) 매우 단정한 영국의 도시 정비를 느끼지 않을 수 없다. 130년 이상의 역사를 가진 NCA 캠퍼스도 외부는 거의 보수하지 않아 낡은 벽돌이 중후한 조화를 엮어낸다.

NCA는 독특한 '라호르의 유럽'이라 불린다고 한다. 돔 모양의 둥근 천정문을 지나 캠퍼스에 들어서면, 그곳에는 전혀 다른 자유롭고 활달한 공기가 흘러 다니는 것에 놀란다. 여 교수와 학생이 건강하고, 표정은 밝다. 일반적으로 이슬람 국가에는 여성의 사회 진출을 가로막는 여성 격리 제도와 습관이 뿌리 깊이 남아 있는데, 파키스탄에서도 예외는 아니다. 라호르에서도 도로를 끼고 NCA 맞은편에 있는 명문 펀자브 대학은 남녀 별도의 학생식당이 있다. 시민 마라톤에서도 남녀가 함께 달려서는 안 되는 등 강경

그림 12-1 | 파키스탄 지도

한 반대 의견도 적지 않다. 변두리 시장에서는 파는 사람이나 사는 사람이나 대부분이 남자이다. 그러나 NCA의 캠퍼스에서는 민족의상 대신에 거리에서는 쉽게 볼 수 없는 티셔츠에 청바지, 노트를 겨드랑이에 끼고 빠르게 걷는 여학생이 적지 않다. 연인인지 손을 잡고 걷는 커플도 있다.

물론 NCA에는 정치가나 저명한 예술가, 해외에서 성공한 사업자의 자녀가 많다. 금전적으로 어려움이 없는 만큼 '현대적인 학교생활'을 만끽할 수 있다고 해야 할까. 파키스탄에서는 4년제 대학을 졸업한 공무원 월급이 2만 파키스탄 루피를 웃돌 정도(약 2만 1600엔, 2009년 10월 기준)인데, 2009

년도 NCA 1학년 수업료는 입학금을 포함해 4만 3000엔 정도였다. 그러나 인구의 17%가 1일 1달러 이하로 살아가는 상황을 고려하면, 일반 시민에게 대학 생활은 그림의 떡이나 마찬가지다.

학부에서는 방송뿐만 아니라 신문과 출판업계에서 일하고 싶어 하는 학생도 적지 않다. 자유분방한 분위기 속에서 그동안 멀리했던 저널리즘 교육이 효과적일까, 학생은 어떻게 받아들일까, 일말의 불안도 남아 있었다.

## 2) 커리큘럼 작성

NCA는 미술, 디자인, 건축, 음악, 전통공예 등의 학부로 구성되어 있다. 필자가 부임할 당시 신설 학부 사무국에는 커리큘럼 작성과 교과서 선정 등 개강을 앞둔 준비 작업이 진행되고 있었다. 가까운 동료는 와지하 라자(Wajiha Raza)라는 여성이었다. 영국의 런던 대학에서 TV 저널리즘으로 석사 과정을 마쳤기 때문에 자신의 경험을 살린 제안은 설득력이 있었지만, 4년간 학습 내용을 연도별 구체적인 목표에 따라 구성해야 하는 커리큘럼 편성 작업은 무척 힘들었다.

현재 파키스탄에서 TV와 영화 등 영상 미디어를 둘러싼 환경에는 몇 가지 문제점이 있다. TV 방송의 경우, 1964년에 국영 파키스탄 TV(PTV)가 라호르에서 시험방송을 시작하면서 TV 시대의 막을 열게 되었다. 그러나 1947년 8월 독립 이후 라디오를 포함한 전파 미디어는 정부의 철저한 관리하에 놓이게 된다. 그 뒤 2001년 처음으로 상업 TV가 개국했다. 이후 케이블 TV가 보급되고, 현재는 가정에서 50채널을 시청할 수 있게 되었다. 각 방송사마다 정보와 오락 프로그램에 주력하고 있다. 그러나 오랫동안 '정부에 순응적인 프로그램'을 방송해온 TV 업계에서는 고품질 프로그램을 제작할 수 있는 기반이 약하다. 이에 우수한 인재를 확보해 고품질 프로그램을 제공하려고 절차탁마하는 방송사가 있는 반면, 옛날 영화를 재방송하거나 민족무용이나 음악 DVD를 방송하는 안일한 채널도 적지 않다.

한편 파키스탄 영화는 침체에서 벗어나지 못하고 있다. 예전에 라호르는 영화 산업의 중심지였다. 미국의 할리우드, 인도의 발리우드를 빗대 파키스탄 영화를 라호르의 머리글자를 빌려 롤리우드(Lollywood) 작품이라고 부르기도 했다. 라호르 시가지를 벗어나면, 지금도 촬영소 스튜디오가 가동되고 있지만 예전의 화려함을 느낄 수 없다. 예산도 없으며, 내용도 경박하고, 폭력과 에로를 무기로 하는 작품이 많다. 영화관에는 선정적이고 난잡한 그림판이 즐비하다. 관객도 남성이 대부분이며, 극장 안은 어두컴컴하다. 여성이나 어린이에게는 멀기만 하다. 공개 편수도 2008년에 연간 35편으로 감소하는 등 매년 줄고 있으며, 1980년대에는 전국에 750곳에 이르렀던 영화관도 80%가 문을 닫게 되었다.

이와 같은 상황에서 NCA의 신설 학부가 수행해야 할 역할은 애초에 정해져 있었다고 해도 지나친 말이 아니다.

현재 우리나라 영화 미디어를 둘러싼 환경을 고려해 학생들에게 파키스탄의 정체성을 세울 만한 프로그램 제작 능력을 높이도록 지도한다. 동시에 거대 미디어인 각국 위성방송의 프로그램 내용은 파키스탄의 문화, 민족적 자부심, 사상, 지성, 감정에 좋은 영향을 미치고 있다고는 할 수 없다는 사실을 전달하지 않으면 안 된다.

프로그램 제작을 위한 이론과 기술적 능력을 높이는 것과 병행해 건설적이면서 기탄없고 자유로운 발언을 가능하게 하지 않으면 안 된다.

**표 12-1 | NCA의 1학년 커리큘럼**

| 강좌 | 수업시간 |
|---|---|
| ① 영화 및 TV 프로그램 제작(Film and Television Production) | 11시간 / 주 |
| ② 시각·영상 개발 기초 강좌(Foundation Courses for Visual Development) | 12시간 / 주 |
| ③ 영화 이론과 역사(Film Theory and History) | 4시간 / 주 |
| ④ 영문학(English Literature) | 1.5시간 / 주 |
| ⑤ 우르두 문학(Urdu Literature) | 1.5시간 / 주 |
| ⑥ 파키스탄의 역사와 문화(History and Heritage of Pakistan) | 2시간 / 주 |
| ⑦ 이슬람 연구(Islamic Studies) | 2시간 / 주 |

이는 사지다 반달(Sajida H. Vandal) 학장을 위원장으로 하는 학부개설준비위원회에 제출한 커리큘럼 '4년제 학사 과정 프로그램(4 Year Bachelors Degree Program)'의 도입부에 있는 글이다. 이를 통해 저널리즘 교육에 대한 NCA의 기본자세를 엿볼 수 있다. 1학년 커리큘럼을 살펴보면(표 12-1), 학기는 여름방학을 끼고 전후기로 나뉘며, 수업 기간은 18주씩이며, 내용과 시간 수는 크게 7개 부문으로 구성된다.

결과적으로 총수업시간은 전후기 모두 매주 34시간이며, 강의 10시간, 스튜디오와 로케이션 촬영 등의 실기연습 24시간으로 구성된다. 금요일 오후에는 예배로 인해 수업이 오전 중에 끝나기 때문에, 월요일부터 토요일까지 1일 수업은 평균 6시간이다. 각 수업 내용의 개요는 다음과 같다.

(1) 영화 및 TV 프로그램 제작

프로그램 제작은 수업 과정의 중심 주제이며 학생의 관심도 높을 것으로 보인다. 개설 목적은 로케이션 촬영과 스튜디오를 이용한 보도, 정보 프로그램을 제작하면서 기본적인 제작 방법을 습득하는 것에 있다. 과정도 기획 입안, 취재처와의 협상, 원고·시나리오·콘티 작성 등의 준비 단계 작업에서부터 촬영, 녹음, 조명, 편집, 스튜디오 레이아웃에 이른다. 나아

농촌에서 촬영 취재(라호르 교외에서)
자료: 필자 촬영.

가 기자재·비품·식사·예산 작성의 관리 업무 등 다양하다.


### (2) 시각·영상 개발 기초 강좌

이 강좌도 NCA만의 교과목이라고 할 수 있을까? 이미지와 아이디어를 구체화하고, 카메라의 파인더에서 본 피사체를 어떻게 포착하면 좋을까, 미술 실습에서 몸에 익히기 위한 것이다.

데생, 스케치 펜 사용법과 함께, 조각 제작에서는 대상물의 볼륨감과 입체상의 포착 능력도 배운다. 아트 디렉터, 세트 디자이너, 분장 디자이너 등의 길도 가능하다.


### (3) 영화 이론과 역사

미국, 유럽, 남아시아의 영화사에 대한 강좌와 함께 학내에서 영국, 프랑스, 스페인, 이탈리아, 이란 영화 등의 상영회를 정기적으로 개최한다. TV의 경우 파키스탄의 TV 방송사를 강의한다.


### (4) 영문학

엘리자베스 왕조 시대와 프랑스 혁명을 주제로 한 무대극과 소설을 배우면서 연기와 줄거리 작성, 스토리 전개 등의 기법을 검증하려는 것이다. 소설의 경우, 찰스 디킨스(Charles Dickens), 대니얼 디포(Daniel Defoe), 헨리 필딩(Henry Fielding)의 『기아(棄兒) 톰 존스의 이야기(The History of Tom Jones, a Foundling)』등 저널리즘 측면에서도 학생의 관심을 부를 만한 교재로 구성되어 있다.

### (5) 우르두 문학

파키스탄의 국어이며 인도 북부에서도 공용어로 사용되고 있는 우르두(Urdu)어로 쓰인 드라마와 소설에 등장하는 고유의 문화와 생활습관을 참고한 것이다.

### (6) 파키스탄의 역사와 문화

파키스탄에는 유네스코가 지정한 세계문화유산이 꽤 많다. 모헨조다로(Mohenjo-Daro), 탁실라(Taxila, 간다라), 라호르 성(무굴 문명), 로타스 요새(Rohtas Fort, 무굴 문명) 등 일일이 셀 수 없을 정도다. 이 강좌에서는 국가 흥망사, 문화유산과의 연관성을 고찰한다.

### (7) 이슬람 연구

파키스탄의 공식 명칭은 파키스탄 이슬람 공화국이다. 국민의 97%가 이슬람교도이다. 유일 절대신 알라에 대한 신앙을 기초로 한 생활규범 등을 고찰하는 강좌이다.

파키스탄에서 처음 시도되는 대학의 영상 제작 기법 관련 교육을 실현시키기 위해 치열한 논의 등 상당한 시행착오가 있었다는 것은 말할 필요도 없다. 그러나 시간을 들여 검토한 결과, "진지하게 대상물에 접근하는 자세를 학생에게 심어주기 위해서는 다양한 각도에서 학습하도록 하지 않으면 안 된다"라는 당초 방침은 합의가 이루어졌으며, 남은 것은 실행하는 것뿐이었다.


## 2. BBC와 파키스탄

### 1) BBC의 강한 영향

파키스탄에서는 TV 방송의 위상과 보도 관련 프로그램 제작에 관한 문서 등 수업에 필요한 참고자료를 구하기란 거의 불가능에 가깝다. 건국 이후 네 번이나 일어난 쿠데타에 따른 군사정권의 출범 등으로 정치적으로도 불안정한 상황이 계속되었다. 이에 TV는 장기간 정부의 강한 규제를 받아왔으며, 특히 '보도의 자유와 민주주의'를 다룬 보고서나 문헌은 금기였다. 그 대신 지금 일부 젊은 세대 사이에서 인기 있는 것은 영국 BBC의 프로그램이다. NCA에도 위성방송과 인터넷을 통해 프로그램을 시청하는 학생이 적지 않다. 대학이 선택한 교과서의 대부분도 영국의 출판사나 BBC가 발행한 것이다. 읽어도 기술적으로 급변하는 TV 방송을 따라잡을 수는 없을지도 모른다.

그러나 BBC의 신랄한 논평과 참신한 영상 처리가 젊은 세대의 마음을 끌고, 저널리즘 교육에 신선한 소재가 되고 있다. 즉, 파키스탄의 저널리즘 교육을 고려하는 과정에서 BBC의 존재는 무시할 수 없다는 것이다.

나아가 파키스탄에서는 국어인 우르두어 외에 영어가 공용어로 사용되

입학시험을 치르는 모습
자료: 필자 촬영.

고 있다는 점이 시청자를 늘리려는 BBC에게 대단히 유리한 측면을 만들고
있다. NCA에서도 입학시험의 필기와 면접, 입학식 연설은 영어로 이루어
진다. 강의도 내용에 따라서는 영어 중심이다. 당연히 영어를 구사하지 못
하면 수업에 참여할 수 없다.

파키스탄은 1947년 8월 인도와 함께 영국에서 독립했으며, 현재는 영연
방의 일원이다. 종주국 영국의 언어를 공용어로 사용하는 최대 이유는 파
키스탄에서 좋은 직장에 취업하기 위해서는 영어 실력이 불가결하기 때문
이다. NCA를 졸업하고 BBC 특파원이 되려고 할 경우나 인도의 영화 회사
를 지망하는 경우, 대학 교수가 되기 위해서도, 은행원이 되고 싶어도 영어
를 구사하지 않으면 안 된다. 즉, 파키스탄에서는 외국어를 배운다는 의미
보다는 커뮤니케이션 능력을 높이기 위한 목적으로 영어를 공부하고 있는
것이다. 정부는 2008년 6월 전국 18개 대학과 전문대학에서 국어(우르두어)
와 이슬람교 관련 과목을 제외한 모든 수업을 영어로 진행할 것이라고 발
표했다. 초등학교에서는 1학년부터 영어가 필수이며, 영어만을 사용하는
사립학교에 자녀를 보내는 가정도 많다. 무샤라프(Pervez Musharraf) 전 대
통령도 가장 좋아하고 잘할 수 있는 언어는 영어라고 답했다.

그러나 파키스탄의 국어는 페르시아어의 영향을 강하게 받았으며, 표기할 때에는 아라비아 문자를 이용한 우르두어이다. '파키스탄 건국의 아버지'로 불리는 무하마드 알리 진나(Muhammad Ali Jinnah)는 1948년 3월 연설에서 "우르두어는 아시아에서 수천만의 무슬림이 육성해온 언어이며, 파키스탄의 구석구석까지 이해할 수 있는 언어이다. 이 언어는 다른 지역의 언어와 비교해 이슬람 문화와 이슬람의 전통에서 가장 훌륭한 자산으로 지원받고 있으며, 다른 이슬람 국가의 언어와 가장 가까운 언어"라고 말했다. 현재 인도의 공용어인 힌디어와의 결별과 함께 새로운 무슬림 국가의 상징으로 우르두어에 국가 통일의 운명을 맡기고 있다고 할 수 있다.

BBC도 이러한 파키스탄의 위상을 무시할 수가 없다. 이러한 이유로 인도 대륙을 대상으로 한 우르두어 방송에도 주력하고 있다.

그렇다면 학생들은 어떻게 BBC의 영어 국제방송을 시청하고 있을까? TV에는 24시간 방송의 'BBC 월드 뉴스(BBC World News)'가 있다. 뉴스, 시사 해설, 인터뷰, 다큐멘터리가 중심이며, 1991년에 'BBC 월드서비스 텔레비전(BBC World Service Television)'으로 출발했다. 필자가 BBC에 재직했던 1988년 당시 한 간부 직원이 "BBC는 몇 년 후에 국제적인 TV 방송을 시작할 예정이지만, 예산 확보가 생각만큼 진행되지 않고 있다"라며 어려움을 토로했지만, 이젠 옛날이야기가 되었다.

그리고 방송을 시작한 지 20여 년, 시청 가구가 2억 5000만을 넘는다고 하는 BBC 월드 뉴스는 저널리스트로 성공하려는 젊은 세대에게는 절호의 생생한 교재이기도 하다. 케이블 TV의 보급과 함께 가정에서 시청할 수 있는 학생도 늘어나고 있으며, 프로그램에서는 시간 정보에 이은 30여 분의 뉴스가 인기다. BBC에서는 '퀸스 잉글리시'를 기준으로 한 누구나 이해할 수 있는 BBC 영어로 세계 59개 지국, 250명의 특파원, 통신원을 동원해 세계에서 일어난 사건을 냉정하게 불편부당의 입장에서 보도하고 있다고 설명한다. 파키스탄에서 질문해보면, 취재 현장에서 기자의 언어 선택, 표정과 몸짓, 복장 또는 손 마이크를 사용하지 않는 인터뷰 기술은 참고할 만하다는 답이 돌아왔다. 학생다운 감상이지만, 이 밖에 아시아 대륙과 오세아니아를 취재하는 특파원 리포트 〈아시아 투데이(Asia Today)〉와 토론 프로그램 〈하드 토크(HARD Talk)〉도 관심이 높다. 이 중 〈하드 토크〉는 팔레스타인 문제와 같은 민족 분쟁, 핵 개발, 에이즈 만연, 인권침해 문제 등을 도마 위에 올려놓고 BBC의 사회자가 당사자와 토론을 전개하는 프로그램으로, 때로 날카로운 질문을 던지는 등 첨예하게 대립한다. 파키스탄 사람은 토론을 좋아한다. 자연스러운 영어도 그렇지만, 문제를 어떻게 제기하는지 등 프로그램에는 공부할 만한 과제가 많다고 한다.

한편 라디오 국제방송에는 단파 중심의 'BBC 월드서비스(BBC World Service)'가 있다. 영어를 포함해 2009년 4월 현재 32개 언어로 방송되고 있는데, 2007년 조사에 따르면 파키스탄 국어인 우르두어 방송의 시청자 수는 1200만 명이다. BBC에서는 파키스탄 이외에 인도, 방글라데시, 아프가니스탄, 부탄 등 남아시아의 옛 식민지 대상의 프로그램을 강화하고 시간대를 확대하고 있지만, 파키스탄의 경우 중계국에서 프로그램 송출은 주간에 한정된다.

그 대신 학생에게 가장 접근이 용이한 것은 24시간 내내 인터넷에서 제공되는 웹사이트이다. 단파방송과는 프로그램 편성 내용이 조금 다르지만, 뉴스와 다큐멘터리 등 보도 프로그램을 집중적으로 편성하고 있기 때문에 영어 듣기 연습으로도 놓칠 수 없는 채널이다. 또한 웹사이트 'BBC 월드서비스 아카이브'도 귀중한 교재이다. 오스트레일리아, 뉴질랜드 등을 포함한 아시아, 오세아니아에서 일어난 일을 소재로 한 다양한 프로그램을 온디맨드로 들을 수 있다.

한편 학생뿐만 아니라 경험 많은 교원 사이에서도 관심을 부르는 것은 BBC가 영국 국내용으로 방송하는 Radio 2의 음악 프로그램이다. 아카이브와 마찬가지로 원하는 프로그램을 언제나 검색할 수 있지만, 〈빅밴드 시대(Big Band Era)〉와 〈팝스 명곡선(Pick of the Pops)〉에서 흘러나오는 재즈와 달콤한 리듬을 들으면서 조각과 세밀화를 제작하는 학생도 적지 않다.

이와 같이 파키스탄에서 BBC와의 다양한 관계를 보고 있노라면, 'BBC의 국제 전략'이라는 딱딱한 이미지는 떠오르지 않는다. 자연스러운 내용을 부담 없는 교재로 즐겁게 공부할 수 있다.

## 2) BBC의 인재 육성: 월드서비스 트러스트

1999년 BBC는 'BBC의 국제적인 자선사업'이라는 관점에서 'BBC 월드서비스 트러스트(BBC World Service Trust)'를 시작했다. 전파 미디어를 비롯한 커뮤니케이션 매체를 구사해 개발도상국의 다양한 문제를 제기하며, 최종적으로는 빈곤을 없애고 인권 향상에 노력하는 것에 그 목적이 있다. 즉, 정보 통제나 경제적 제약 등으로 TV와 라디오, 인터넷, 휴대전화 등의 보급이 뒤처지는 '정보격차'를 줄이려는 목적도 있다. 구체적으로 실업, 문맹률, 전염병, 식량 증산, 자연재해 등 삶과 밀착된 문제 해결에 대한 이해와 해결의 단초를 프로그램을 통해 생각한다는 것이다. 대상이 되는 국가는 아시아, 아프리카, 중동, 중남미, 동유럽 등 40여 개국이 넘는다. 활동 자금은 영국 정부, EU, 유엔 등의 원조와 개인의 모금으로도 마련된다.

이 활동의 특징은 기존 국제방송과 달리 대상이 되는 국가나 지역에 깊이 참여하고, 현지 스태프를 지도하면서 공동으로 프로젝트를 실시하는 것이다. 이러한 활동에는 신문, 잡지 등의 활자 미디어에서 일하는 저널리스트가 참여하는 경우도 많으며, 문자 그대로 개발도상국의 미디어가 총동원하여 과제에 임하는 것도 가능해진다.

사실 이것은 BBC가 가장 강조하는 것이며, 미디어에 종사하는 인재를 육성하는 것이야말로 트러스트 활동의 본래 목적이다. 런던에서 라디오와 TV 프로그램을 송출하는 것뿐만 아니라 기획에서부터 취재, 구성, 편집, 프로그램 완성에 이르기까지 모든 과정의 노하우를 갈고닦아 해당 국가에서 전파 미디어의 질을 높이는 것이다. 다시 말하면, 이 프로젝트는 BBC의 확실한 '저널리스트 교육'인 것이다. 그리고 월드서비스 트러스트에 따르면, 2006년에 트러스트에서 제작한 라디오, TV, 인터넷의 프로그램은 28개 언어에 이르며, 1억 1900만 명이 시청했고, 지도한 저널리스트는 1500명 이상이라고 한다.

그렇다면 BBC 월드서비스 트러스트에서는 어떠한 주제를 다루고 있을까? 예를 들면, 문맹률이 극단적으로 높은 아프리카의 소말리아에서는 현지 교육 관계자와 공동으로 라디오 텍스트를 작성, 시리즈로 초보적인 읽기와 쓰기를 방송하고 있다. 또한 인도에서는 NPO의 협력을 얻어 환경 개선에 관한 보도 노하우를 현지의 저널리스트에게 지도하고 있다. 나이지리아에서는 지구온난화와 생태사회의 위상, 자연재해, 전염병 대책 등과 관련된 TV 프로그램을 제작하는 것을 구체적인 사례로 들 수 있다.

이 밖에 트러스트가 가장 주력하는 사업 가운데 하나는 TV와 비디오를 통해 에이즈 문제를 다루는 것이다. 그것도 이해하기 쉽게 콘돔 영상이나 일러스트레이션을 화면으로 보여주는 작품이 많다. 예전에 필자도 문맹률이 높은 방글라데시의 농촌을 가족계획 순회지도원과 함께 방문한 적이 있다. 그때 남자 성기 모형과 콘돔을 사용하며 설명했었다. 문자를 몰라 언어만으로는 충분히 이해하지 못하는 경우에 손쉬운 방법이라고 할 수 있다.

인도에서 콘돔을 의인화한 코미컬 뮤직비디오, 나이지리아의 수도 아부자(Abuja)를 무대로 한, 에이즈와 싸우는 TV 드라마, 앙고라의 라디오국과 공동으로 제작한 에이즈 캠페인 시리즈 등 콘텐츠는 많다.

최근 몇 년간 파키스탄의 경제성장에는 주목할 것이 있다고 한다. 특히 중국과 한국의 경제성장이 진행되는 가운데 중산계급의 소득도 크게 늘어나고 있다. 자동차도 한때는 일본의 도요타 코롤라를 소유하는 것이 사회적 지위의 상징이었다. 그러나 2005년부터 독일을 비롯한 유럽의 고급 승용차를 길거리에서 흔히 발견할 수 있게 되었다. 실질 GDP의 높은 성장률을 배경으로 한 '안정된 국가 건설'을 추진하고 있으며, 일본의 금융기관도 자산 운용의 측면에서 잠재력이 있다며 진출하고 있다. 그러나 리먼 쇼크 이후 세계적인 금융 위기가 파키스탄의 경제에도 먹구름을 드리워 국가 경제는 최악의 사태에까지 몰리게 되었다. 급속한 물가 상승률과 불안정한 정세, 종교 대립은 빈부 격차를 벌렸으며, 빈곤층 등 사회적 약자는 정보가 도달하지 않는 구습에 갇혀 있다.

그날그날 양식을 걱정해야 하는 극빈 생활자가 상당하고, 5세 이하 유아의 37.8%가 영양실조 상태에 빠져 있으며, 15세부터 24세까지의 문맹률은 65.1%나 된다. 그리고 이와 같은 생활수준을 끌어올리기 위한 정보와 방법을 제공하는 것이 월드서비스 트러스트의 긴급한 과제이다.

트러스트는 2005년부터 6년간 파키스탄 여성이 놓인 상황을 드라마로 제작해 라디오 국제방송 BBC 월드서비스의 우르두어 방송을 통해 12회 시리즈로 방송했다. 파키스탄의 프로듀서, 각본가, 성우 등이 참여해 라호르의 스튜디오에서 제작한 드라마 〈사랑의 패스포트〉였다. 이 드라마는 부모 간에 결정한 '강제 결혼'의 실태, 가사와 육아에 쫓겨 공부는 물론 외출조차 어려운, 부자유한 가정생활, 빈발하는 강간 사건 등 특히 농촌 지역의 여성이 놓여 있는 상황을 고발하고 있다. 시청자로부터 미비한 교육, 치안 악화를 강하게 비판하는 의견이 많았으며, 적지 않은 반향을 불렀다.

트러스트에서는 시리즈가 끝난 뒤에도 라호르와 런던을 연결해 여성 문제에 관한 공개 토론 프로그램을 방송했다. 회의장에는 일반 주부 이외에 NGO 회원, 학생, 정치가도 참가했으며, 권력투쟁과 부패로 가득 찬 정계를 비판했고, 시민의 인권을 지켜야 한다는 발언에 관심이 집중했다. 이 프로그램은 파키스탄의 FM 라디오 4사에서도 방송되었고, BBC 아시아 네트워크에서 다루어졌으며, 파키스탄 사람뿐만 아니라 인도, 스리랑카 등 남아시아 사람들 사이에서도 반향을 불렀다. 역시 월드서비스 트러스트의 진면목을 드러낸 기획이었다.


## 3. 박해와 저널리즘

### 1) 생명을 거는 저널리스트

2003년 1월 무샤라프 대통령이 전파 미디어에 대한 규제 완화 방안을 내놓았다. 파키스탄에서는 상업 TV가 잇따라 탄생했으며, 활자 미디어와 함께 '보도의 자유'도 보장되었다. 그러나 다른 한편으로 아프가니스탄 국경에서 반정부 활동과 과격파의 습격 사건으로 저널리스트가 생명에 위험을 느끼는 사례도 적지 않다.

앤젤리나 졸리(Angelina Jolie) 주연의 미국 영화 〈마이티 하트(A Mighty Heart)〉는 ≪월스트리트 저널(The Wall Street Journal)≫의 대니얼 펄(Daniel Pearl) 기자가 2002년 파키스탄에서 취재하던 중에 테러리스트에게 납치당한 사건을 그린 작품이다. 이러한 사건은 파키스탄에서 몇 년 전부터 계속해서 발생하고 있다.

라호르 중심부에는 저널리스트가 모이는 프레스 클럽이 있다. 장소는 옛 시가지에서 가까운 복잡한 곳이지만, 가까이에는 관청과 국가를 대표하는 기업의 빌딩이 늘어서 있으며, 현대적인 호텔도 있다. 미국을 비롯한 각국의 영사관도 있어 뉴스와 화제를 포착하기에는 절호의 장소이다. 시장이나 예배당에서 종교 대립으로 인해 발생한 자폭 테러, 지방선거 운동원 간의 살해 사건, 전력 부족과 정전, 힌두교 행사 등 인구 500만 명의 대도시 라호르에서는 취재에 쫓기는 날이 계속된다.

NCA에서도 때로 저널리스트를 초대하고, 미술전 등 파키스탄에서 활동을 선보이는 경우도 있다. 이는 저널리스트가 되겠다는 꿈을 가진 학생에게 실제 PD나 신문기자의 이야기에 귀를 기울일 수 있는 장을 제공해 귀중한 경험을 가지게 한다. 특히 위험 상황에서의 체험담, 즉 정세가 불안하고 치안이 악화되는 현장에서 겪은 증언은 많은 지식과 교훈을 제공하며, 생생한 저널리즘 교육으로 작용한다.

2005년 2월에는 북서부 국경 지대의 와지리스탄에서 현지 TV 방송국과 AFP 통신 기자 등 5명이 타고 있던 차가 취재를 마치고 돌아가는 길에 무장 세력에게 총격을 받아 2명이 즉사하고 2명이 부상을 입었다. 아프가니스탄과 접경해 있는 북서부는 부족자치지역(FATA: Federally Administered Tribal Areas)으로 불리며, 파키스탄 정부의 관할에서 벗어나 각 부족이 지배하고 있는 특수 지역이다. 이 때문에 이곳에서는 알카에다나 탈레반의 과격파가 잠입해 있을 가능성이 높으며, 취재 중 저널리스트가 위험에 노출되는 경우가 많다고 한다. 이날도 1년 반에 걸친 정부군의 소탕 작전이 끝나 과격파의 무장이 해제된 지 얼마 되지 않은 때였다. 사건은 결사항전을 주장하는 일부 과격파의 소행으로 전해졌다.

또한 부족자치지역에서는 취재 중인 지역신문의 기자가 실종되어 6개월 뒤인 2005년 12월 아프가니스탄과의 국경 지역에서 피살당한 채 발견되었다. 이 사건 이후 저널리스트 협회 등에서는 전국적인 항의 시위를 전개하며 정부는 기자와 카메라맨이 안전한 환경에서 취재할 수 있도록 노력해야 한다고 주장했다.

BBC 통신원도 납치를 당했다. 2006년 11월 26일 딜라와르 칸 와지르(Dilawar Khan Wazir) 기자가 정부군의 탈레반 과격파 소탕 작전을 취재한 이후에 무장 세력에 납치당한 뒤, 이틀이 지나 풀려난 사건이 일어났다. 속보를 접한 BBC 월드서비스의 나이절 채프먼(Nigel Chapman) 국장은 파키스탄 정부에 전력을 다해 와지르 기자를 구출해달라고 요청했다. 와지르 기자에 따르면, 6~7명으로 구성된 무장 세력은 눈가리개를 한 기자를 폭행했으며, 정부군이 어떻게 과격파의 잠복 지역을 알아냈는지 집요하게 추궁했다고 한다. 사실 와지르 기자는 과거에도 몇 번이나 신변의 위협을 느꼈다고 한다. 그해 8월에는 동생이 살해되었는데, 이러한 상황을 통해 범행은 보도 내용과 관계가 있을 것으로 보였다. 또한 전술한 와지리스탄 남부 지역에서 4명이 살상된 사건에서도 와지르 기자는 같은 차에 타고 있었지만, 화를 면했다. 와지르 기자는 주거를 바꾸는 등 피신했지만, 과격파는 집요하게 행방을 추적한 것이다. BBC 월드서비스의 짧은 보도 이면에도 목숨을 건 드라마가 있다는 것이다.

## 2) 하시미 기자의 증언

GEO라는 상업 TV의 카와르 하시미(Khawar N. Hashimi) 라호르 지국장을 NCA 학생과 함께 방문한 적이 있다. GEO는 뉴스 전문 채널로 불릴 만큼 보도 프로그램을 다수 편성하고 있는 우르두어 방송국이며, 본사는 카라치에 있다. 개국 전에는 BBC로부터 프로그램을 제작하는 PD와 기술자를 불러오는 등 인재 육성의 측면에서도 치밀한 계획을 추진했다.

미국의 여론조사 회사 갤럽이 실시한 2006년 조사 결과에 따르면, 파키스탄의 상업 TV 가운데 GEO의 시청률이 다른 사업자를 크게 앞섰다. BBC나 CNN과 같이 신속하게 뉴스를 전달할 수 있는 스튜디오의 앵커맨을 중심으로 전문가의 해설과 데이터 분석, 현장중계 등을 뒤섞는 등 가볍고 이해하기 쉬운 뉴스가 시청자의 관심을 부르고 있다고 할 수 있다.

그러나 하시미 기자의 경험을 더듬어보면, 모든 것이 순조롭게 진행된 것만은 아니었다. 정부의 강한 언론 통제 속에서 고생한 시기도 적지 않았다. 당시 저널리즘이 직면한 상황을 듣는 것은 젊은 세대에게는 무익하지 않다. 저널리스트로서 '역사의 증언'을 들을 수 있기 때문이다.

1977년 7월 지아 울하크(Muhammad Zia ul-Haq) 육군참모총장의 군사 쿠데타로 파키스탄은 혹독한 군정 체제에 놓이게 되었다. 이슬람이 퍼져 나갔으며, 반체제 언론은 탄압을 받았다.

당시 20대 후반에 지역신문에 있던 하시미 기자는 다른 3명의 저널리스트와 함께 군부에 체포되었다. 시민 그룹 '보도의 자유 수호 운동'을 지지한 것이 체포 이유였다. 군사재판에서 4명에게는 태형이 선고되었다. 그 외에 파키스탄에서 수백 명의 보도 관계자가 구류되었다. 각국 보도 관계자는 저널리스트에 대한 선전포고라고 비판했다.

1982년 하시미 기자는 우르두어 일간지인 ≪장(JANG)≫에 입사했다. 인도 델리에서 창간된 ≪장≫은 파키스탄을 대표하는 유력 신문이지만, 하시미 기자는 이곳에서도 체포·연행되었다. 당시에는 저널리스트나 반체제

단체의 움직임을 견제하기 위해 눈에 띄는 저널리스트에게 전혀 관련 없는 살인과 강도 사건의 혐의를 씌워 본보기로 체포했다.

"태형을 받은 동료의 비명과 사형을 선고받은 사람의 일그러진 표정을 잊을 수 없다"라고 말하는 하시미 기자는 "파키스탄에서는 언론을 통해 군사정권에 대항하는 저널리스트의 활동은 그다지 관심을 받지 못했다. 우리는 특정 개인이나 조직과 대립하는 것이 아니라, 저널리즘을 조작하려는 모든 자와 맞섰다. 여기에는 학생, 문필가, 노동자 등의 모습도 있었다"라고 당시를 회상했다. 끝으로 "그러나 지금 저널리스트는 선배가 생명을 걸고 수호한, 보도의 자유를 추구하려 하지 않는다"라고 이야기하면서 참석한 학생들의 얼굴을 둘러보았다.

## 4. 제작 실습

### 1) 파키스탄 지진

2년째를 맞이하며 학부 수업도 충실해졌다. 저널리즘의 기초를 배우는 강좌에 이어 봄에는 2개월간의 다큐멘터리 워크숍(documentary workshop)이 개최되었으며, 학생의 관심을 불렀다. 영국, 미국, 캐나다 등 '다큐멘터리 선진국의 프로그램'을 시청한 뒤 토론과 다큐멘터리 역사, 제작 과정 등을 배우는 강좌는 약간 재미없는 교양 강좌와 달리 자극도 많았던 것 같다.

여름부터 가을까지 첫 현장 교육인 제작 실습을 준비하기 시작했다. 실습 지역은 성벽에 둘러싸인 시가지로 결정했다. 학생 16명을 4명씩 4팀(제작 총괄, 연출, 촬영, 음성)으로 나눠 시민의 표정을 있는 그대로 담으려 했다. 성벽으로 둘러싸인 지역은 성벽 도시로 불리고 있으며, 미로와 같은 좁은 길을 따라 상점과 주택이 빈틈없이 늘어서 있어 마치 중세로 되돌아간 듯한 느낌을 받는다. 때로 40도를 넘는 더위 속에서 소음과 먼지가 가득해 결코 위생적이라고는 할 수 없는 생활환경을 더듬어가며, 라호르의 생활이 응축된 이 지역을 다시 소개하는 것이 프로그램의 주제였다. 조사가 끝나고 촬영이 시작되었다.

10년 전 파키스탄에 미증유의 피해를 일으킨 대지진이 일어났다. 2005년 10월 8일 오전 8시 55분 파키스탄 북부 산간의 구릉지대를 중심으로 7.7의 진도가 기록되었으며, 인도와의 영토 분쟁 지역에서 가까운 무자파라바드(Muzaffarabad)와 발라코트(Balakot)에서는 걷잡을 수 없는 피해를 입었다. 산사태가 일어나고, 지진에 무방비 상태인 벽돌과 흙벽으로 지은 건물이 붕괴하면서 사망자가 매일 늘어났다. 지진 발생 이틀 후에 TV와 신문은 사망자가 4만 명을 넘었다고 보도했다.

지진이 발생한 지 일주일 뒤에 반달 학장으로부터 취재반을 피해 지역에 보내는 것이 어떻겠느냐는 제안을 받았다. 설립된 지 얼마 안 된 저널리즘 교육기관에서 학생들이 정보원과 접촉해 판단력과 책임감을 가지도록 한다는 참신한 아이디어였다.

선발된 2팀의 10명을 태운 승합차는 수도 이슬라마바드를 경유해 9시간 달려 드디어 발라코트에 도착했다. 발라코트는 고도 900m인 곳이다. 이곳에서 북으로 150km에 이르는 계곡이 뻗어 있다. 숨죽일 정도의 광경이 펼쳐져 있다. 푸른 산은 도려낸 듯 갈색으로 변했으며, 무너진 학교의 잔해 밑에는 어린이 수십 명이 갇혀 있다고 했다. 전염병이 유행할 징조가 보이기 시작했으며, 노인과 어린이 가운데는 중증 환자도 나왔다. 처음 보는 광경에 학생들은 얼빠진 표정이었다. 학생들은 놀란 상태였다. 어떻게 취재

교원을 둘러싼 토론
자료: 필자 촬영.

대상을 선정하면 좋을까, 어떻게 접근해야 할까 판단할 수가 없었다. BBC
와 CNN, NHK 등의 취재진과 신문기자들은 당당하게 일하는 듯이 보였다.
현장감 넘치는 취재 현장에서 실제 저널리스트의 이야기에 귀를 기울이고
싶었지만, 그들의 위압적인 모습 앞에는 다가갈 방법이 없었다.

"침착하세요! 여러분은 학생입니다. 프로의 움직임을 흉내 낼 필요가 없
어요. 특정 피해 가족을 취재 대상으로 선정해 협력을 요청해보세요. 가족
생활을 살펴보면 주변 상황도 알게 될 겁니다"라고 인솔 교원인 시린 파샤
(Shireen Pasha)가 구체적으로 지시했다. 그녀는 NCA 선배이며, 파키스탄
에서는 대표적인 다큐멘터리 작가이기도 하다. 미국에서 예술사를 전공했
고, 귀국 후에는 국립 파키스탄 TV(PTV)에서 다수의 다큐멘터리 프로그램
을 제작해왔다. 특히 사막 지대에 사는 사람들의 생활환경과 인구 문제를
담은 〈촐리스탄(Cholistan)〉은 국제상을 다수 수상했다. 그러나 지아 울하
크 대통령 시대의 군정하에서는 많은 저널리스트가 그랬던 것처럼, 가혹한
언론 통제 속에서 의도한 작품을 제작하지 못했다고 한다. 그런 만큼 현재
의 자유로운 환경을 학생들이 맘껏 호흡하도록 해서 파키스탄에 건전한 저
널리즘이 뿌리내리기를 바라고 있다.

일주일이 지났을 때, 재해 현장에 익숙해지기 시작한 학생들은 몇 가지
보도 뉴스나 화제를 붙잡게 되었다. 군부가 재해 복구 대책에 대한 모든 권

한을 쥐고 있기 때문에 군 관계자 이외에 관여하지 못하는 상황이다. 군 헬기는 부상당한 병사를 후송하는 데 사용할 뿐, 산간 지역에서 고립된 주민은 방치 상태에 놓여 있었다. 한편 이슬람 과격파는 이재민을 위한 천막을 설치하고, 식료품과 물자를 제공하는 등 평가를 받았다. 먹을 것을 제공해 안심시킨 뒤, 어린이를 유괴하려는 집단도 출몰하고 있다. 남자아이는 낙타 경주 대회의 기수로 두바이에 팔리며, 여자아이는 매춘부로 거래되고 있다.

그러나 시린 파샤는 이러한 정보원에는 접근하지 않도록 당부했다. 학생이 취재하기에 적합한 소재를 담담하게 추적하는 것이 뛰어난 프로그램을 만들 수 있으며, 저널리즘을 배우는 기초가 된다는 사실을 가르치고 싶었던 것이다.

30분으로 편집한 〈카슈미르 지방의 지진과 피해자〉의 상영회는 성벽 도시의 문화재보호회관에서 개최되었다. 노화된 주택을 개량한 회관에는 지역 주민 이외에 BBC와 PTV의 스태프도 참석했으며, NGO 회원도 찾아오는 등 성황을 누렸으며, 열기는 뜨거웠다. 다큐멘터리는 거친 편집과 구성, 미숙한 촬영과 녹음 기술이 두드러졌지만, 영상에서는 정열이 넘쳤으며, 직선적인 메시지에 장내는 침묵이 흘렀다. 파키스탄의 손때가 묻지 않은 새로운 영상 저널리즘이 시작된 것이다.

그 뒤에도 파키스탄에서는 정권에 대항하는 과격파의 움직임에서 눈을 뗄 수가 없으며, 자폭 테러로 희생자도 속출하고 있다. 2007년 말에는 민주화를 요구하며 귀국한 베나지르 부토(Benazir Bhutto) 전 총리가 지지자들이 모인 집회에서 암살을 당했으며, 다음 해에는 이슬라마바드에 있는 미국 계열의 호텔에서 폭탄 테러가 발생해 60명 이상이 숨졌다. 치안이 비교적 안정된 라호르에서도 테러 사건은 피할 수 없게 되었다.

취약한 경제 기반과 과격해지는 폭력, 가중되는 혼란으로 국민의 불안도 커지는 파키스탄의 정세 속에서 미디어 관계자가 되고자 하는 젊은 세대의 정열에 기대하지 않으면 안 된다.

## 참고문헌

Halliday, T. 2004. *Pakistan*. Lahore: Vanguard Books Pvt Ltd.

*Newsline*, 1 Nov. 2005.

*Daily Times*, 10 Oct. 2005.

*The News*, 29 Sep. 2003.

*The Washington Post*, 9 Jan. 2008.

BBC World Service, http://www.bbc.co.uk/worldservice/trust.

BBC New, http://www.news.bbc.co.uk.

黒崎卓・子島進・山根聡 編. 2004. 『現代パキスタン分析 ─ 民族・国民・国家』. 岩波書店.

日本ユニセフ協会. 2008. 「世界子供白書2007」. 日本ユニセフ協会.

原麻里子. 2008. 「BBC ワールドサービスの新しい展開」. ≪月刊民報≫, 2008年 5月号.

広瀬崇子・山根聡・小田尚也 編. 2003. 『パキスタンを知るための60章』. 明石書店.

13장

# BBC 월드서비스
### 21세기 영국의 공공 외교기관

하라 마리코

## 1. BBC 월드서비스

빅벤(Big Ben)의 종소리에 이어 "여기는 런던입니다(This is London)", "런던의 소리(London Calling)" 등의 아나운스로 시작되는 BBC 월드서비스(국제 라디오 방송, 이하 WS)는 1932년에 엠파이어 서비스로 설립되었다. 뉴스와 시사 문제, 특집 보도를 전 세계로 방송해왔으며, 해외에서 BBC의 '불편부당', '객관적', '정확한' 보도의 명성을 구축하는 데 중요한 역할을 해왔다. WS는 전통적으로 '문화 외교'의 기능을 발휘해왔으며, 국제 보도와 함께 영국의 가치관도 제공해왔다.

"부시하우스(Bush House, WS의 별칭)는 세계의 BBC 청취자에게 아나운서로 상징되는 목소리만으로 진실과 권력, 문화의 중심"으로 간주되어왔다

(Rigert, 2007: 13). 필자도 BBC에서 근무할 때 "영국에는 세계적으로 자랑할 수 있는 것이 세 개 있다. 이는 영어, 옥스브리지(옥스퍼드 대학 + 케임브리지 대학), BBC 월드서비스(WS)이다"라는 말을 끊임없이 들었다. WS는 영국의 자부심이다.

2001년 미국에서 일어난 9·11 테러 이후 영국에서는 공공 외교(public diplomacy) 정책이 강화되었으며, WS도 공공 외교기관으로 일익을 담당하고 있다. 현재 WS는 단파 라디오 방송에서 국제적인 멀티미디어 플랫폼으로 이행하고 있으며, 다문화 간의 대화를 추진하고 있다. 나아가 아라비아어와 페르시아어로 국제 TV 방송을 실시하여 '이슬람과의 대화'를 촉진하려 한다. 여기에서는 공공 외교기관으로서 21세기의 WS에 대해 고찰한다.


## 2. 공공 외교와 월드서비스

### 1) 공공 외교의 정의

냉전 종식 이후, 특히 1990년대 후반에 영국에서는 노동당 정권하에서 국가 브랜드에 대한 논의가 있었으며, 공공 외교에 대한 관심이 고조되었다. 나아가 2001년 9·11 이후 그 중요성이 더욱 강하게 인식되었다.

폴 샤프(Paul Sharp)에 따르면, 공공 외교란 자국인의 이익을 확보하고 자국의 가치관을 확대시키기 위해, 다른 나라 사람들과 직접적인 관계를 추구하는 과정이다(Sharp, 2007: 106). 그리고 영국에서 공공정책에 종사하는 마크 레너드(Mark Leonard)에 따르면, 공공 외교는 관계를 구축하고, 타국의 필요와 문화 및 사람들을 이해하고, 우리의 관점에서 커뮤니케이션을 하며, 잘못 전달된 것을 정정하고, 공통의 목표를 발견할 수 있는 분야를 찾는 것이다(Leonard et al., 2002: 8). 나아가 공공 외교는 다른 나라의 이미지와 평판은 공공재(개개인의 거래와 교류를 가능하게 하거나 불가능하게 하는 환경을 창조할 수 있는 것)라는 가정을 기초로 한다(Leoard et al., 2002: 9). 또한 레너드는 공공 외교의 세 가지 중요한 목적 및 실천은 일상의 커뮤니케이션, 전략적 커뮤니케이션, 지속적 관계라고 했다.[1] 2005년 12월 영국 정부에 제출된 『카터 보고서(Lord Carter of Coles Public Diplomacy Review)』에서는 공공 외교를 "정부의 중·장기적 목표를 적합한 형태로 영국에 대한 이해를 향상시켜 영국을 위한 영향을 미치도록 해외의 조직과 개인에게 정보를 전달하고, 이들에 관여하기 위한 활동"이라고 정의한다.[2]

공공 외교에는 대상국 문화의 이해, 시민들의 필요성에 대한 이해, 정보 제공, 잘못된 인식의 정정, 쌍방향 대화와 교류 등의 형태로 장기간에 걸쳐 관계를 구축할 필요가 있다. 목표 집단은 메시지를 일방적으로 내보내는 것이 아니라, 쌍방향이면서도 국제적으로 공유될 수 있는 생각을 제시하지 않으면 효과를 얻을 수 없다.

영국의 신문에서는 WS를 소프트 파워(soft power)를 행사하는 기관으로 간주하는 경우가 많다. 소프트 파워를 제창한 조지프 나이(Joseph S. Nye Jr.)는 이를 "자국이 원하는 결과를 타국도 원하도록 만드는 힘이며, 타국을 무리하게 따르도록 하지 않고 같은 편으로 만드는 힘"이라고 했다(Nye,

---

1  B. Scott, "Public Diplomacy: the problem of definition revisited", p.4, http://www. diplomacy.edu/workshops/md/presentations/scott2.pdf.

2  Lord Carter of Coles Public Diplomacy Review, http://collections.europarchive. org/tna/20080205132101/fco.gov.uk/Files/kfile/Definitions%20of%20Public%20 Diplomacy.pdf.

BBC 월드서비스 사옥(부시하우스)

2004: 26). 그리고 국제정치 무대에서 소프트 파워를 가진 국가는 문제를 규정할 수 있고, 주류가 되는 문화와 생각이 세계의 규범에 근접한 나라(현재는 자유주의, 다원주의, 자치를 중심으로 한다), 국내적·국제적 가치관과 정책을 통해 신뢰를 받고 있는 나라라고 한다(Nye, 2004: 63). 공공 외교는 소프트 파워의 중요한 수단이며(Milissen, 2007: 4), 브라이언 호킹(Brian Hocking)에 따르면, 공공 외교는 국가 전략이고 소프트 파워를 정교하게 한 것이며, 외교정책의 수단으로 '공중(public)'과 정부가 중대한 관계에 있다는 것이다(Hocking, 2007: 41). 즉, 공공 외교란 국가가 관여하고 있는 것이다. 이 장에서는 BBC 월드서비스(WS)를 공공 외교의 기관으로서 검토하고자 한다.

## 2) 영국의 공공 외교와 월드서비스

영국은 정부 차원에서 현재의 공공 외교정책을 최초로 채택한 국가이다. 2002년 정부는 정책과 실천의 코디네이션 효과를 최대화하기 위해 공공외교전략위원회를 설립했다. 나아가 2006년 정부는 『카터 보고서』를 수용해 공공외교회의를 설립했으며, 공공 외교의 목적은 정부의 목표를 전달하는 것이라고 규정했다. 의장은 외교부 장관이며, 그 외 5명의 위원 중에는 WS 국장도 옵서버로 참석했다.

영국에는 세계에서 가장 효과적이며 부러움을 사는 공공 외교 조직이 여럿 있으며, 그중에서도 BBC 브랜드는 세계에서 인지도가 가장 높다. WS는 영국과 외국 사람들의 정치적·문화적 관계 구축에 주도적인 역할을 수십 년간 담당했으며, 항상 시청자 도달률, 영향, 평가에서 다른 경쟁 조직보다 뛰어난 활동을 하고 있다. WS는 세계 정책 입안자 사이에 충실한 신봉자를 만들었으며, 국경을 뛰어넘어 그 신뢰도가 높다.

WS는 외교부에서 받는 교부금(2008년 2억 6500만 파운드)으로 운영된다. 그러나 수신료로 운영되는 BBC의 일부이며, BBC와 같은 왕실 특허장에 의거해 운영되며, BBC 트러스트에 설명 의무를 짊어지고 있다. WS는 독립적인 편집권을 가지고 있지만, 외교부와의 관계는 'BBC 협정서'[3]와 3년마다 체결되는 '외교부 BBC 월드서비스 협정서'[4]에 규정된다. 이 협정서에서 WS의 목적은 영국 정부가 마련한 '전략적 국제 우선 사항'에 규정되어 있다. WS는 외교부 장관과의 합의를 통해 설정된 목표와 우선 사항에 따라 방송을 실시하고 있다. 또한 중·장기적 우선 지역은 지역과 시청자층에 따라 규정된다. 매년 WS는 국내외 보도에서 편집권 독립 유지를 자체 이

---

3  The Agreement between Her Majesty's Secretary of State for Culture, Media and Sport and the British Broadcasting Corporation(July 2006), http://www.bbc.co.uk/bbctrust/assets/files/pdf/regulatory_framework/charter_agreement/bbcagreement_july06.pdf.

4  Broadcasting agreement for the provision of the BBC World Service, http://downloads.bbc.co.uk/worldservice/WS_Broadcasting_Agreement02FINAL.pdf.

념으로 삼고 있지만, WS의 재원을 정부에 의존하고 있어 국제방송의 중점 대상 지역을 선택하는 것은 정부의 외교정책에 규제를 받으며, 재원과 편집권의 독립에서 모순을 가지고 있다.


## 3. 월드서비스의 역사와 가치관

### 1) 엠파이어 서비스의 설립

1932년 12월 BBC는 영국 본토와 자치령, 식민지를 연결하는 엠파이어 서비스를 시작했다. 당시 엠파이어 서비스는 대영제국에 사는 백인, 즉 영국인 디아스포라에게 정보를 제공하는 수단으로 제국 커뮤니티 상호 간의 관계를 강화하기 위한 서비스로 탄생했다(Robertson, 2008: 460; Potter, 2008: 475, 485). 이후 몇 가지 통합 기능을 가지게 되었다(Taussig, 2008: 594).

'브리티시니스(Britishness, 영국적인 것)'의 청각적인 상징은 '빅벤'이었다 (Robertson, 2008: 461).[5] 1930년대 장기간 조사에서는 빅벤이 청취자가 가장 좋아하는 것이었으며, 청취자의 희망으로 빅벤의 시보가 정기적으로 사용되기 시작했다. 빅벤은 대영제국의 종주국에 어울리는 상징이며, '영국적인 것'의 문장(紋章)이었다. 종소리는 그리니치 표준시(GMT)를 알리지만, 이는 런던의 시간 감각이 중요한 시간이라는 것을 나타낸다. 즉, 식민지의 시간을 구성하고 규정하는 수단이 될 수도 있다. 청취자는 해외에 있을지

---

5  1980년대 중반부터 브리티시니스와 잉글리시니스(Englishness)에 대한 논의가 있었지만, 여기에서는 브리티시니스가 지구 규모의 현상과 관련 있다고 본다(Robertson, 2008: 460).

모르지만, 그들은 영국의 제도 속에서 일하며, 정확성을 고집해 영국의 정체성(British identity)을 연출했다(Robertson, 2008: 463).

또한 방송을 시작한 지 6일 뒤에 조지 5세의 성탄 메시지가 대영제국의 청취자에게 전달되었다. 빅벤은 고향의 향수를 생각나게 하며, 왕의 목소리는 청취자를 대영제국의 신민으로, 제국의 가족으로 '고향'에 있는 것 같은 마음을 가지게 했다(Robertson, 2008: 464~465).

1930년대 식민지 관리부는 영어 이외의 방송을 하는 것은 BBC의 권위를 저하시킨다는 우려를 표명했으며, BBC에서도 이러한 견해에 찬성하는 사람도 있었지만, 많은 방송 관계자는 방송 지역에서 가장 많이 사용되는 언어로 방송하는 것이 효과가 높다고 생각했다(Taussig, 2008: 594). 이에 해외방송은 다국어 국제방송이 되었다.

## 2) 제2차 세계대전

1934년 이탈리아는 에티오피아 침략을 정당화하기 위해 팔레스타인과 이집트 등 영국의 권익이 컸던 중근동을 대상으로 아라비아어 방송(Radio Bri)을 시작했다. 1935년 말까지 독일은 아시아, 아프리카, 남북 아메리카를 대상으로 독일어, 영어, 스페인어, 포르투갈어, 네덜란드어로 정규방송을 시작했다(Bumpus and Skelt, 1984). 1939년 독일은 영국과 미국을 대상으로 한 영어 라디오 방송(Germany Calling)을 시작했으며, 당시 호호 경(Lord Haw-Haw, 아나운서의 별명)이 활약했다. 그해 독일은 아라비아어 방송도 시작했다.

1938년 1월 전쟁 발발이 임박한 가운데, 영국은 적대국 라디오 방송의 프로파간다에 대항하기 위해 중동을 대상으로 아라비아어 방송을 시작했다. 당초 외교부는 중동 대상의 뉴스 항목으로 영국에 유리한 것만을 방송하려고 생각했다. 그러나 BBC 초대 사장 존 리스는 크게 반발해 "BBC는 국내 방송과 동일하게, 아라비아어 방송에서도 정부의 지배하에서 독립적이지 않으면 안 된다. 진실이 넘치고, 포용력을 가진 방송만이 권위를 가진다"라고 주장했다(大藏, 1983: 58). 그해 9월 유럽을 대상으로 프랑스어, 독일어, 이탈리아어 방송이 시작되었다. 전쟁이 시작되기 전에는 7개 언어(아라비아, 프랑스, 독일, 이탈리아, 아프리칸스, 스페인, 포르투갈)가 방송되고 있었지만, 다양한 언어 방송이 시작되었다. 1939년 엠파이어 서비스는 해외 방송(external service)으로 명칭을 바꾸었으며, 1941년에는 유로피언 서비스도 통합했다. 1943년 7월에는 일본어 방송도 시작했으며, 6년 뒤 전쟁이 끝난 이후에는 전 세계에 45개 언어로 방송을 시작했다(原, 2006: 70~71; 大藏, 1983: 114~129).

나치스 점령하의 유럽에서 BBC 방송은 '런던의 소리', 정부의 소리, 희망과 용기의 원천으로 저항운동을 적극적으로 지원했다. BBC의 유럽 방송은 유럽에서는 신뢰할 수 있는 유일한 정보원이었으며, 저항운동의 대표적인 상징은 BBC의 소리였다.

더글러스 커(Douglas Kerr)에 따르면, 당시 동양어 방송부에서 일했던 조지 오웰(George Orwell)은 WS가 "중심에 있는 종주국의 언어와 세계관을 주변부의 속국 국민에게 선전하는 식민지적 담론 조직"이라고 말했다(Kerr, 2002: 473~490). 또한 오웰 자신이 일본군이 소련을 공격하려고 한다는 등 근거 없는 정보를 '거짓말'이라는 것을 알면서도 방송했다고 한다(Orwell, 1970: 394). 그러나 오웰은 그의 뉴스 프로그램은 프로파간다라기보다는 진실을 전했다고 단언했다. 그에게 진실은 증명된 사실을 기초로 한 것이었다. 예를 들면, 그들의 프로그램 제작과 번역 과정(오웰이 집필한 원고는 힌디어와 우르두어로 번역되어 인도 출신의 무슬림이 낭독해, 마치 청취자에게는 인도 사람이 인도 사람에게 이야기하는 듯 들린다)을 숨겨 영국의 세계관을 자연스러운 것으로 설명하고 있었다는 것이다(Baumann and Gillespie, 2007: 21~22).

BBC가 보인 최고의 프로파간다 기술은 전시의 해외방송에 있다(Born, 2004: 33). 각 언어 방송과 검열 사이에는 다양한 문제가 있었지만, 각 프로그램의 책임을 맡은 영국인 스태프가 방송의 스위치를 끄지 않으면 안 되는 상황은 없었다. 방송을 시작한 당초에는 수신료로 운영되었지만, 아라비아어 방송 시기를 전후해 전액을 외교부에서 지원받는 정부 교부금으로 충당되게 되었다. 또한 1940년에 BBC 방송 센터가 폭격을 당했기 때문에, 우선 1941년 3월 유로피언 서비스가 부시하우스로 옮겼고, 1958년 다른 언어부도 이동했다. 현재도 WS의 런던 본부는 부시하우스에 있다. 이에 WS는 부시하우스라고도 불린다.

### 3) 냉전 시대와 냉전 종식 이후

냉전 시대에 WS는 소비에트 지역과 중국 등 폐쇄 사회에서 현지 정부로부터 입수할 수 있는 정보와는 다른 또 하나의 정보원, '자유세계'의 라디오로 필요해졌다. 제2차 세계대전에 이어 냉전 시대에도 해외방송의 매력과 지성의 대부분은 디아스포라의 지식인 스태프가 맡았다(原, 2006: 80~83).

1980년대부터 1990년대까지는 WS에게 불확실한 시대였다. 1980년대, WS는 대처 정권이 내세우는 자유시장주의로 인해 폐지될 위기에 직면했다. 이어 냉전과 동서 유럽의 분할이 종결되자, 공영방송으로서 WS의 존속에 의문이 제기되었다. 그러나 WS는 '문화 외교'가 영국의 공영방송에 본질적으로 가치 있는 활동이라고 주장해 존속에 성공했다. WS는 1991년부터 1993년까지 예산을 늘리고, 물가인상률을 웃도는 자금을 증액할 수 있었다. 또한 정부로부터 장기간 지지도 확보했으며, 월드서비스로 명칭을 변경했다. 그러나 새로운 위협으로 CNN과 같은 국경을 초월한 방송국이 출현했다.

## 4) 2001년 9·11 동시다발 테러 이후

미국의 9·11 동시다발 테러, 세계적인 '테러와의 전쟁', '문명의 충돌'이 외쳐지는 가운데 WS의 '문화 외교' 방침에 대한 평가가 대단히 높았다. 냉전 종결이 WS와 같은 조직의 필요성에 대한 의문을 제기한 반면, '이슬람 원리주의'의 대두는 영국의 글로벌 시점의 전달과 보급 수단으로서 공공 외교의 에이전트 기능을 발휘하는 WS의 가치를 강화했다.

2002년 당시 잭 스토로(Jack Straw) 외무장관이 "위성 TV용 안테나와 인터넷이 전제정치의 최대의 적"(Role of the Free Press in Foreign Policy, Jack Straw, 2002.11.26)이라고 했듯이, 온라인 활동과 위성 TV 방송이 중요하다는 인식이 높아졌다. 또한 동유럽에선 정치적 안정과 경제적 번영이 이루어졌고, EU가 동쪽으로 확대되었으며, 동구권의 대부분은 독립적이고 자유로운 미디어를 가지고 있다며, 2006년 3월까지 WS는 불가리아, 체코, 헝가리, 폴란드, 크로아티아, 슬로바키아, 슬로베니아, 그리스, 카자흐, 타이, 브라질 대상 포르투갈어 등의 방송을 종료했다(2008년 7월에는 루마니아). 또한 WS는 특별한 자금을 새로운 아라비아어와 페르시아어 위성 TV 채널에 투입했다. 이러한 변혁은 냉전 종결 이후 정부가 이슬람 세계에서 영국의 위상을 높인다는 우선 사항을 반영한 것이다(原, 2006: 83~85). 나아가

WS의 중요한 언어 방송은 청취자 수를 늘렸으며, 온라인 서비스를 발전시키기 위해 특별 자금을 확보했다. 또한 중동 이외 전략적으로 중요한 언어의 플랫폼을 TV로(나중에는 온라인) 전환하는 것도 정당화되었다.

1992년(BBC World Service, 1993: 3)과 2007년의 문서(BBC World Service, 2007: 3)를 비교하면, 전자는 자유로운 정보는 인권이라고 강조했으며, 이것이 세계의 안정에 본질적인 가치이며 중요하기 때문에 WS가 추진해야 할 것을 추진한다고 한 반면, 후자는 영국과 BBC의 이익을 청취자보다 우선하고 있다고 지적하고 있다(Mytton, 2008: 578~579). WS는 공공 외교로 이행하고 있다.

### 5) 가치관: 불편부당과 객관성

WS는 보도의 정확성, 독립성, 불편부당, 고품질 프로그램으로 신뢰받고 있으며, 세계의 국제방송 중에서 최고의 평가를 받고 있다. 청취자는 WS가 영국 정부의 교부금으로 운영되고 있지만, 편집 방침은 대단히 독립적이라고 믿고 있다. 그러나 국제 라디오 방송과 외교가 밀접한 관계에 있다는 것은 부정할 수 없다. 한편 아프가니스탄 전쟁, 이라크 전쟁에 관한 미국 지상파 네트워크의 '애국적' 보도와 대조를 보인 BBC의 보도가 세계적으로 BBC에 대한 평가를 높였으며, WS의 평가도 높아졌다. 또한 WS는 특정 지역에서 장기간 방송해 청취자 사이에서 정확성과 신뢰를 확립해왔다. 평화 시나 전시나 가장 효과적인 공공 외교는 정확성, 객관성, 진실 위에 구축되는 것이다.

BBC 저널리즘은 불편부당과 객관성이라는 전문적 윤리 위에 구축되어 있으며, 이들 이념은 전문 저널리스트의 문화로 의무화된 '수사적인 도덕적 합의'(Born, 2004: 381), '전략적 의례'(Tuchman, 1972; Lichtenberg, 2000: 238~254)인 동시에, 저널리스트에게는 윤리적 지렛대로, 그들에 대한 신뢰성을 늘리고 있다(Born, 2004: 381). 편집의 독립을 유지한다는 것은 전문가의 강력한 가치관이며, 균형과 객관성을 잃었다고 보이지 않고, 편향된 판단을 보류하는 것은 국제적인 다문화의 콘텍스트에서는 국내에서보다 훨씬 어렵다. 예를 들면, 'BBC 편집 가이드라인(BBC Editorial Guidelines)'은 테러리즘에 대해 다음과 같이 규정하고 있다. "BBC에 대한 신뢰는 감정적 또는 가치 판단을 포함하는 말을 부주의하게 사용하면 손상된다. '테러리스트'라는 말은 속성을 엄격하게 규정하지 않은 채 사용해서는 안 된다. 우리는 보도 중에 다른 사람들에게 성격을 규정하도록 해서는 안 된다. BBC는 다른 사람들의 말을 우리 자신의 말로 사용해서는 안 된다. 범인은 특히 특징을 나타내는 '폭발범', '공격자', '총을 가진 남자', '유괴범', '반란자', '무장집단'과 같은 말로 전달해야 한다. 또한 '해방', '군법회의', '처형'과 같은 말을 명확한 법률적 절차가 없을 때에 사용하는 것은 부적절하다. BBC의 책임은 객관적이며, 시청자에게 누가 무엇을 누구에게 했는가의 평가를 스스로 할 수 있는 방법으로 보도하는 것이다." 또한 '테러리스트'라는 말을 사용할 때는 편집 책임자에게 상담하도록 했다.[6]

월리 말레이(Willy Maley)는 BBC가 검열 조직이기도 하다면서 "테러리즘과 민주주의 사이에 명확하게 선을 그을 수 있는 것은 BBC 덕분"이라며, "투명함과 명철이라는 것은 영국의 방송 시스템에서 중요한 점"이라고 했다(Maley, 1986: 34).

---

6  'Guidance terrorism' in BBC editorial guidelines, http://www.bbc.co.uk/guidelines/editorialguidelines/advice/terrorismlanguage/ourapproach/shtml.

영국 유학 중에 필자가 '괴뢰국가 만주'라고 논문에 아무 생각 없이 기술한 것에 대해 케임브리지 대학 사회인류학과 캐롤라인 험프리(Caroline Humphrey) 교수는 "이 괴뢰국가라는 말은 정치적 의미가 있는 것이며, 일본의 지배력이 강한 국가라고 수정하라"고 지적했다. 또한 같은 학과의 앨런 맥팔레인(Alan Macfarlane) 교수도 젊은 층 대상의 사회인류학 개론서에서 "자유를 위해 싸운 전사도 적의 입장에서 보면 테러리스트"라고 기술하고 있다(Macfarlane, 2005: 115). 이러한 정치적 의미가 있는 말을 사용할 때는 주의해야 하며, 개념을 정의할 때는 엄격하게 규정해야 한다는 것을 영국의 교육 과정에서 가르치고 있다.

아무튼 정확성, 객관성, 불편부당 등의 이념은 아마도 방송 저널리즘에서 최대 테스트이다(Taussig, 2008: 592). 진 시튼(Jean Seaton)은 BBC를 "실천적인 윤리의 엔지니어"(Seaton, 2008)로 간주한다. WS의 '불편부당', '신뢰성'을 가진 뉴스라는 브랜드는 영국을 해외에 선전하는 공공 외교의 중요한 요소이다. 그러나 WS 스태프는 WS를 '이데올로기' 조직이라기보다는 '이상주의적' 조직으로 인식해왔다(McNair, 2009: 134).

## 4. 월드서비스의 새로운 사업

### 1) 멀티미디어 플랫폼 전개

WS는 단파 라디오 방송에서 주요 국제 멀티미디어 플랫폼으로 이행하고 있다. WS는 콘텐츠를 영어와 다른 언어로 팟캐스트, 웹 콘텐츠, 휴대전화 등 수용자가 원하는 형식으로 얻을 수 있도록 하고 있다.

현재 영어를 포함한 32개 언어의 단파방송뿐만 아니라 154개 도시에서 FM 재방송, 위성방송, 인터넷을 통해 제공하고 있으며, 2008~2009년 주간 청취자 수는 1억 7700만 명(2008년 7월 루마니아어 방송이 중단되었지만, 청취자 수는 이를 포함한다)이었다. 나아가 유튜브 등 UCC를 통해 비디오 뉴스를 6개국에서 방송하고 있다. 각 언어별 온라인의 순방문자(unique visitor)는 주간 530만 명에 이른다.[7] 멀티미디어를 통한 세계 도달률(global reach)은 1억 8800만 명이다. 라디오 방송에서 TV 방송으로 전환하는 데 필요한 자금은 확정적이지 않으며, 동남아시아 대상과 아프리카 대상의 TV 방송 계획은 당분간 보류되었다. 그러나 터키어 방송은 터키의 전국 방송 뉴스 채널인 NTV(Turkish News TV)와의 제휴를 통해 시사 문제를 다루는 TV 프로그램을 주 3회 제작해 현재 터키어 채널로 방송 중이다. 2009년에 WS는 아프리카의 중요한 5개 언어(하우사, 스와힐리, 소말리, 키룬디, 키냐르완다)로 휴대전화를 통해 뉴스와 프로그램 정보를 제공하기 시작했다. WS는 모두 18개의 모바일 사이트를 시작했다.[8]

BBC의 온라인 뉴스는 고품질로 유명하다. 해외용 뉴스 사이트와 모바일 사이트의 순방문자 수가 1700만 명이며, 이는 전년 대비 28% 증가한 것이다(BBC, 2009). BBC는 뉴스 웹사이트를 국내용과 해외용으로 개설하고 있다. 해외에서 방문한 경우, 영어판은 웹상에 게재된 광고 수입으로, 영어이외의 31개 언어는 외교부 자금으로 운영된다. 광고 도입은 영국의 납세

---

7 특정 기간에 같은 웹사이트를 방문한 이용자의 수를 말한다. 이 지표에서는 기간 내에 같은 이용자가 몇 번을 방문해도 1회 방문으로 계산되기 때문에 순수한 사이트 이용자를 계산할 수 있다.

8 BBC World Service shelves television expansion plans, http://www.guardian.co.uk/global/2009/apr/06/bbc-world-service-television.

자가 해외용 온라인 서비스의 비용을 부담하는 것에 대한 비판에 대처하기 위해 수입 증가를 목적으로 실시되었지만, BBC의 '불편부당'의 평가가 광고 도입으로 타협하게 되었다는 비판도 있다. 또한 공공 재원을 충당하는 온라인 뉴스가 영국 이외에서 자유롭게 접근 가능한 것은 공정무역에 위배된다는 불만의 소리도 나오고 있다.

WS는 32개 언어 가운데 전략적으로 중요한 9개 언어를 7일간 24시간 업데이트를 하며, 텍스트와 오디오·비디오를 포함한 멀티미디어 플랫폼을 제공하고 있다. 페르시아어, 아라비아어 웹사이트는 절반 이상의 이용자가 목표 시장 이외의 디아스포라이다. 이와 같이 온라인 뉴스는 보는 사람들에 따라 뉴스의 중요도가 다르다.

또한 외교부는 BBC 뉴스 웹사이트를 국제적 미디어로 설정, BBC의 다른 부문 간의 제휴 강화를 요구하고 있다. WS 온라인 서비스의 주요 목표는 콘텐츠를 새로운 타깃 청취자에게 전달하는 것과 세계적으로 모든 언어 서비스에 대한 액세스를 늘리는 것이다. 따라서 온라인 서비스의 디자인은 이용자가 WS와 BBC 뉴스 웹사이트를 방문하기 편하게 되어 있다. 이는 의도적이며, 두 부문의 편집자는 BBC 온라인 뉴스의 다른 서비스에 들어가는 관문으로, 어떤 뉴스 서비스를 우선할 것인가에 대해 논쟁하고 있다.

나아가 웹의 발달에 따라 해외에서 BBC 신뢰에 대한 태도도 변화하고 있다고 한다. 터키 사람들 사이에서는 BBC의 '신뢰성'에 대해 세대 간에 특징적인 태도가 보인다고 한다. 20세기 중반에 태어난 사람들은 아날로그 미디어, 특히 라디오를 통해 BBC로부터 '객관적인' 정보를 얻으려 한다. 그러나 지적 테크놀로지가 대중화되고 세계적으로 보급되자, 아직 어린 디지털 세대는 복잡한 멀티미디어의 생태계 속에서 사회화가 이루어지고, '객관적인' 정보를 요구하기보다는 뉴스를 서로 다른 복수의 정보원을 통해 얻어 이를 비교한다는 것이다(Nohl, 2007: 22~23).

## 2) 뉴스룸 통합

2002년 말 이후 BBC의 뉴스 취재와 방송 활동이 통합되었으며, WS와 월드 뉴스, BBC 뉴스 웹사이트는 글로벌 뉴스 텔레비전(GND) 산하로 통합되고 있다. 현재 국내 정시 뉴스, 온라인 뉴스, 라디오 뉴스, 월드 뉴스의 제작을 천정이 높은 거대한 뉴스룸에서 집중적으로 추진하고 있지만, WS는 독자적인 뉴스룸에서 기사를 쓰고 있다. 그런데 2012년에 WS는 거대한 뉴스룸으로 통합, 상징적인 부시하우스에서 브로드캐스팅 하우스 콤플렉스로 이동한다.[9]

BBC 저널리즘 내부의 다양성, 국제성, 현지 전문가와의 연결을 상징하는 WS의 뉴스룸이 사라지는 것에 대해 다방면에서 강한 비판이 제기되었다. WS의 가치는 국내 뉴스보다는 더 좋은 정보를 가진 현지 정보원, 거대한 정치적·지적 독립에 있다는 것이다. WS의 성공은 이러한 통신원과 기자의 네트워크, 국제 뉴스 취재망에 의존하고 있지만, 이번 개혁은 그러한 네트워크를 도태시킨다는 것이다.

세계적으로 해외 72개 지국 250명 이상의 특파원, 현지 기자와 특파원의 네트워크로 모인 지역 전문가도 있다. 그 속에는 WS가 독자적으로 설치한 지국도 있으며, 기존 지국에 독자적으로 특파원을 파견하거나 통신원을 상주시키고 있다. 예를 들면, 아라비아어 방송은 아라비아어를 사용하는 모든 국가에 특파원과 통신원을 두고 있다. WS는 독자적인 취재 활동도 추

---

9   2012년 7월에 이전했다. - 옮긴이

진하고 있으며, 현재 WS의 프로그램 제작 스태프 중 30%가 현지에 있다.

WS가 '객관적인' 뉴스 제작자라는 평가를 얻는 것은 각 언어 방송의 디아스포라 스태프가 논쟁을 부르는 문제와 사실에 대해 '로비스트'로 기능한다는 조직 내 문화가 있었기 때문이라는 의견도 있다(Hayton, 2007: 6). 실제로 필자의 WS 근무 기간 중에도 영국인 스태프가 일본에 대한 스테레오타입에 가까운 논평을 했을 때 일본어부가 해당 부서에 불만을 표시한 적이 있다. 영국은 "내부에서 세계주의자(cosmopolitan)로 변했다"(Ash, 2004: 3, 5)라고 하지만, WS도 내부가 세계주의자로 변하고 있다.

나아가 9·11 이후 BBC 내부에서 후퇴했던 국제성, 시사 문제를 다루는 심층 보도의 가치와 필요성이 중시되고 있다. WS의 공헌과 WS의 지역 특파원과 전문가 네트워크, '지적으로 중개하는 저널리즘'이 주목을 받고 있다고 할 수 있다(Kampfner, 2001).

WS의 스태프는 이러한 뉴스룸의 집중화에 대해 WS와 BBC 뉴스 웹사이트의 업무 중복을 피하고, 글로벌 도달률을 극대화하기 위해 WS가 BBC 뉴스 웹사이트에 뉴스를 제공하도록 하는 것을 목적으로 한다고 강하게 인식하고 있다(Herbert and Black, 2007b: 5). 즉, 현재 BBC의 특파원은 온라인을 포함한 모든 프로그램의 뉴스를 제작해 방송해야 한다. 이러한 점을 포함해 WS에서는 외국의 청취자를 대상으로 최고의 방송을 유지할 수 있을지 우려하고 있다. 한 WS 편집자는 WS가 영어 방송의 뉴스룸과 다른 관점에서 뉴스를 전달하려고 해도 BBC 뉴스 웹사이트는 해당국의 국내 문제라고 하거나, 청취자 수가 극히 적은 WS를 위한 뉴스를 제작하는 가치를 거의 인정하지 않는다고 말해주었다(Herbert and Black, 2007b: 5).

왕실 특허장은 BBC의 자금에 대해 엄격한 규칙을 가지고 있다. 월드 뉴스와 WS는 서로 다른 자금으로 운영되고 있고 수신료를 지원받는 부문에서 제외되어 있기 때문에, 이러한 서비스 통합에는 적지 않은 문제가 있다.

현재 외국어 방송에서는 뉴스 제작을 방송 대상국에 위탁하는 방안이 진행되고 있고, 네팔어와 힌디어 방송의 외부 위탁 문제가 적지 않은 긴장을 불러일으키고 있다. 이에 대해 시튼은 "BBC는 자치권과 의제 통제력을 잃는 것은 아닌지 중대한 우려를 낳고 있다"라고 말한다(Brown, 2009). 또한 외국의 지국에서 불편부당을 유지하는 것은 런던보다 어렵다. 현재 나이지리아의 수도 아부자에서 하우사어 방송 프로그램의 절반을 제작하고 있지만, 그들은 런던의 동료보다 정치적 압력에 노출되기 쉽다(Cameron, 2007: 2).

## 5. 글로벌 대화의 중시: 글로벌 공론장 구축

### 1) 문화 간 대화와 공공정책 전략

WS는 온라인과 연계한 쌍방향의 간판 토론 프로그램으로 세계적인 시민의 참가를 추진하고 있다. 지리, 언어, 문화로 분할되어 있는 커뮤니티를 초월해 청취자들은 자신의 견해와 이야기를 공표하고 공유할 기회를 얻는다. '우리들'이 이를 '공유하고 있다'는 '가상적 접근'이 창출된다(Appadurai, 2004: 346). 그리고 이는 네트워크가 이루어진 청취자 간의 국경을 초월한 교류나 의견과 정보의 쌍방향 대화를 시각화한 '아레나'(서로 경쟁하는 장)를 제공하고 있다(Herbert and Black, 2007a: 6).

위르겐 하버마스(Jürgen Habermas)에 따르면, "모든 기회를 이용해 이루어지는 대화를 통해 개개인들을 하나의 공중으로 묶어내는 영역으로 구성되는 것"이 사회생활의 영역으로서 공론장의 영역이다. 또한 이러한 공론장은 사회와 국가를 매개하는 영역을 이루고 있으며, 그 담당자가 공중으로 간주되는 것이다. 이는 공개성을 통해 담보되는 것이었으며, 그 본질은 '비판적인 공론장'이라는 것이 강조된다[Habermas, 1978; 山本, 1999: 339, 하버마스는 야마모토(山本啓)의 글에서 재인용]. 하버마스의 공론장은 많은 비판에 노출되었지만, 허버트(D. Herbert)와 블랙(T. Black)은 BBC의 게시판을 분석하면서 다음과 같이 말한다. BBC 게시판을 통해 창조된 커뮤니케이션 '공동체'는 국경을 초월한 시민사회, 공론장이며, 여기에서 공론장의 개념은 공통의 현안을 가진 문제에 대해 토론하는 시민사회 내의 사이트로 이해된다. 그리고 '포럼'이란 공통의 현안을 가진 문제를 개방적이고 자유롭게, 협박을 두려워하지 않고, 지위·신분에도 불구하고 다양한 정체성을 가진 개인들이 토의하는 장이라는 것이다(Herbert and Black, 2007b: 2).

## 2) Have Your Say: 부문 간 연계

Have Your Say(이하 HYS)는 영어 포럼으로 그 게시판은 BBC 뉴스 웹사이트에 있지만, HYS는 WS의 메인 웹페이지에 링크되는 유일한 포럼이다. WS에는 WS가 자금과 공간을 제공하는 'World Have Your Say(WHYS)'와 'Africa Have Your Say(AHYS)' 등의 포럼도 있지만, WS의 메인 페이지에 인덱스는 없다. HYS의 온라인 사이트는 매주 TV 센터의 스튜디오에서 TV(월드 뉴스), 라디오(WS), 인터넷으로 동시에 방송되는 프로그램과 연계한다. 청취자는 전화와 온라인을 통해 TV 프로그램에 공헌할 수 있으며, 프로그램 종료 이후에도 계속적인 토론이 가능한 포럼이다.

1998년에 BBC 뉴스 온라인은 HYS의 전신인 'Talking Point(이하 TP)'를 시작했다. 당초 TP는 활발한 프로그램이 아니었지만, 2001년 인도 구자라트(Gujarat) 대지진, 9·11, 2004년 수마트라의 쓰나미 이후 쌍방향 커뮤니케이션이 대폭 증가했다. 그 결과, 인덱스가 새롭게 디자인을 바꾸었으며, 다량의 메일을 처리하는 소프트웨어가 도입되었다. 이후 프로그램은 HYS로 명칭을 바꾸었고, 2005년 WHYS와 AHYS가 시작되었다. 현재 HYS의 온라인 사이트는 매달 1100만 페이지뷰를 기록하고 있으며, 매일 6000건의 댓글이 게시되고 있다(Herbert and Black, 2007b: 7).

온라인 포럼은 세계적 토론의 장이며, 디아스포라의 접촉점(contact zone)으로 기능하고 있다. 예를 들면, 터키의 세속화에 관한 토론에 공헌하는 사람들은 자신을 터키 국내외에 사는 터키인이라고 말하는 비율이 높다. 실제로 많은 참가자가 이러한 토론을 '세계주의(cosmopolitan)'라고 평가할지 모른다. 참가자는 서로 다른 국적·문화·종교의 배경과 의견을 가진 사람들과 대화한다. 그러나 참가자는 지리적으로 가까운 문제를 토론하는 데 편향되는 경향이 있다. 이는 온라인 정치 포럼의 연구 결과와 유사하다.

또한 HYS는 사람들에게 토의 의제를 제안하고 있지만, 대부분 스레드(thread)[10]는 HYS의 스태프에 의해 그날의 뉴스에 입각해 구성된다. HYS에는 국내·국제 인덱스가 있지만, 각각 서로 다른 토론에 우선권을 둔다. 매일 포럼에는 6개의 토론 의제가 제기되며, 매일 편집회의에서 새로운 화제가 선정된다. 게시판을 '공론장'으로 삼는 개념은 BBC가 의제를 설정하는 것으로 제한된다.

투고된 댓글은 스태프가 사전에 읽어야 인증된다. 이는 포럼을 검열하는 것이라는 비판을 받는다. 포럼에서 취향과 인격을 해칠 것으로 생각되

---

10 '스레드'는 전자 게시판이나 메일링 리스트에서 특정 화제에 관한 투고의 집합을 말한다. 특정 화제에 대해 처음으로 투고한 것은 '스레드를 세운다'라고 하며, 이 투고에 관한 답장이나 그 답장에 대한 답장을 하면 스레드가 형성된다.

는 화제를 토론하는 것을 제한하려는 의도는 온라인 서비스가 옛 종주국이나 도시 엘리트의 '민주주의'라는 견해를 통해 형성되었으며, 이는 '받아들이기 어려운' 견해를 표명하는 사람들을 제외한 민주주의 모델이라는 담론을 통해 '세계적인 대화'가 이루어지고 있다는 문제를 제기한다. 어떤 토론에서 제기된 댓글은 비슷한 규모의 다른 토론과 비교하면 그 비중은 적다. 예를 들면 "영국은 이슬람(이슬람교 성직자) 연수에 자금을 제공해야 하는가"에는 2352건의 댓글이 있었지만, 이 가운데 241건(10.2%)만이 게재되었으며, 53건은 공식적으로 거부되었다. 한편 "사람은 가끔 교회에 가야 하는가"에는 2234건의 댓글 중 695건(31%)이 게재되었으며, 64건은 거부되었다(Herbert and Black, 2007b: 7).

HYS의 게시판에는 등록된 이용자만 이용할 수 있는 추천 기능이 있으며, 그들은 이름으로 신분을 확인한다. 포럼에서 토론이 이루어지는 기간은 많은 경우에 1~3일, 일부는 3~6일, 긴 경우에는 8일이다. 토의 제목을 바꿔 다시 게시하는 경우도 있다. "터키의 정치적 위기를 어떻게 해결할 수 있을까?"는 15일 동안 게시되었다. 토론 기간은 보도 미디어의 관심과 독자가 흥미를 가지는 정도에 따라 결정된다.[11]

## 3) Africa Have Your Say

'Africa Have Your Say'(이하 AHYS)는 주 3회 라디오 생방송 프로그램과 관련된 토의를 게재하는 영어 포럼이다. WS의 아프리카 인덱스에 링크되

---

11 2009년 3월 19일 WS 미래 미디어 인터랙티브 편집자 산토시 신하(Santosh Sinha) 인터뷰.

어 있지만, AHYS를 클릭하면 HYS의 포럼으로 넘어가며, AHYS에 보낸 메일은 HYS를 통해 온다.

AHYS에서는 아프리카 대륙에서 일어난 이슈로 의제가 제기되며, 아프리카 내외의 개인으로부터 전화와 이메일, 모바일 메일 등을 통해 도착한 댓글이 채용된다. 예를 들면, "종교 지도자는 법 위의 존재인가"(2007년 1월 15~17일)라는 주제로 댓글을 모집한 결과, 17일 청취자가 전화로 생방송에 참여하는(phone-in) 프로그램이 방송되었다. 이는 종교인이 강하게 비판받는 사건이 빈발하자 방송된 것이다. 게시판에 접수된 댓글은 비교적 적었으며, 30개 국가에서 75명이 86개의 댓글을 달았고, 이 중 16건이 아프리카에서 온 것이었다(Herbert and Black, 2007b: 12).

토론 규모는 적어도 지금까지 불가능했던 범아프리카(Pan-Africa), 아프리카의 디아스포라 포럼을 제공하는 것에 게시판의 가치가 있다. 게시판은 공론장으로 기능하지만, 참가자의 쌍방향 대화는 활발하다고 할 수는 없다. 그러나 이러한 토론은 지구 규모의 주류 미디어에서 뉴스로 다루지 않는 공동체와 사람들에게 중요한 문제를 의제로 제공하는 것에 가치가 있다(Herbert and Black, 2007b: 14). 아프리카의 현지 사람들, 디아스포라는 새로운 기술을 이용해 지정학적 문제를 뛰어넘어 공론 관리에 관여하기 위해 그들 자신의 '접촉점'을 만들고 '가상 커뮤니티'에서 대화한다. 또한 주류 미디어는 현지 사람과 디아스포라 간의 글로벌 에이전트가 되어야 하며, 온라인의 가능성을 실현하고 있다(Ogunyemi, 2007: 10).

## 4) World Have Your Say

WS는 지구상에 산재하는 청취자로부터 다양한 의견을 접수해 분쟁과

토론 사이트를 설치해 중개한다. 사실 'World Have Your Say(이하 WHYS)'
는 매일 블로그를 갱신하고, 매일 밤 전화 참가 프로그램의 토론 의제를 논
의하며, 프로그램 종료 후에도 2주간 포럼을 개방하고 있다. 토론은 HYS
보다 참가자 간의 쌍방향 정도가 상당히 높지만, 포럼은 몇 개의 공론장으
로 분할되어 있을지도 모른다. WHYS 참가자는 의제를 설정할 수도 있다.

영국 정부는 온라인 서비스를 영국에 거주하는 외국인(디아스포라)이 비
영국 뉴스와 시사 문제에 액세스하는 방법으로 인정해왔다.[12] 영어 이외의
언어에 액세스하는 50%는 디아스포라 시민으로 보인다. 현재 온라인 포럼
은 디아스포라가 모국 사회와 디아스포라에 관한 문제에 대해 쌍방향 대화
가 가능한 가상 환경을 제공한다. 이를 통해 WS는 새로운 디아스포라의 정
체성 형성에 공헌하고 있다고 할 수 있다. 공공 외교의 관점에서 보면, 디
아스포라는 친척, 친구, 사업 파트너 등의 생생한 관계이며, 그들의 협력으
로 국내에서 세계주의가 가속될 수 있다. 그들의 언어, 문화적 지식, 정치
적 통찰, 지성을 이용하면, 외교정책이든 경제적인 활동이든 성공할 수 있
다. 나아가 능력 있는 사람을 영국에 데리고 올 수 있다(Leonard et al., 2002:
59~61). 어려움은 있지만, 외국 문화와의 대화, 이슬람과의 대화는 디아스
포라 커뮤니티의 협력으로 더욱 잘 이루어질 수도 있다.

다언어의 글로벌 포럼이 영어만을 이용할 때보다 '글로벌 대화'는 풍요
로워진다. 그러나 어떤 댓글을 번역할 것인가는 각 언어부에 맡겨져 있으
며, 언어와 번역의 선택, 장르와 담론이 텍스트의 의미에 영향을 주는 것도
부정할 수 없다.

---

12 "Promoting the World Service to Britain's ethnic communities", Baroness Scotland,
    22/11/00(Herbert and Black, 2007b: 4).

## 5) '글로벌 대화'의 가치

BBC 뉴스 웹사이트와 WS는 '글로벌 대화'에 대한 인식이 다르다. BBC 뉴스 웹사이트는 다양한 뉴스에 의견을 표명하는 포럼의 게시판 기능을 강조하고, WS는 지구상에 산재한 개인 간, WS팀과의 대화라고 생각한다.[13]

BBC 게시판은 글로벌 시민사회의 공론장으로 기능한다. 첫째, 사람들에게 이집트의 정치와 같은 토의 기능이 제한되는 논쟁에 참여하는 기회를 제공한다. 다음 쌍방향 대화를 하지 않을 것 같은 개인 간에 쌍방향 대화를 제공한다. 즉, 디아스포라 내에서, 디아스포라 간에 접촉점을 제공한다. 그리고 쌍방향성을 가진 구속성과 뉴스 미디어의 디아스포라(때로 논의의 틀이 된다)에도 불구하고, 게시판은 복잡한 토론을 하는 포럼이 된다. 이는 하버마스가 말한 공론장의 중요한 요소이다(Herbert and Black, 2007b: 20).

BBC가 투고 댓글을 미리 체크하는 것에 대해 직접적 비판은 거의 없다 (Herbert and Black, 2007b: 18). 그러나 '글로벌 대화'의 장에서 언론 자유와 이를 통제하려는 BBC 간의 긴장 관계가 있다. 또한 BBC가 다른 견해와 표현을 중개하는 역할은 특정 가치관에 의해서도 손상된다. 예를 들어 정치가들의 견해에 반대하는 것은 전 세계에서 보편적인 것은 아니다. BBC 뉴스 웹사이트의 편집자들은 정부 관료들이 댓글을 읽거나, 혹은 익명으로 투고해 포럼을 여론의 지표로 사용한다고 한다. 그리고 이러한 온라인 포럼은 원칙적으로 개방적이지만, 참가하기 위해서는 국제적인 네트워크에 접속이 필요하며, 회원은 초국적인 지식인 계층에 제한되는 경향이 있다.

---

13 Turning In: Religious Transnationalism Strand Annual Report 2008, pp.4~5, http:// www.open.ac.uk/socialsciences/diasporas/events/Religious%20TN%20report%20 June%202008.pdf.

그러나 '글로벌 대화'의 진정한 가치는 경험이 주변화된 사람들을 토론에 불러들이는 능력이다. WS는 서로 다른 언어 방송 간의 협력을 통해 이런 토론에서 지금까지 거의 표현되지 않았던 커뮤니티의 견해와 경험을 제기한다. 이를 통해 대화를 확대하는 능력을 가지고 있다(Herbert and Black, 2007b: 21). 포럼은 주변화된 사람들에게 그들의 건강, 사회, 경제, 정치 문제에 관한 발언을 하도록 유도해 논의를 불러일으켜 그들의 지도자에게 문제를 생각하도록 하거나, 그러한 논의를 세계에 전송할 수 있다. 이는 사람들이 원리주의, 군사화, 신자유주의 등에 의한 다양한 형태의 차별과 인권침해, 사회적·경제적 정의와 싸우기 위해 국경을 뛰어넘어 서로 협력하는 초국가적·세계주의적 민주주의와 새로운 사회운동으로도 이어진다.

나아가 WS는 2010년 3월 18일 오후 1시(GMT)부터 6시간 동안 런던 동부에 있는 쇼디치 타운홀(Shoreditch Town Hall)에서 '슈퍼파워 네이션 데이(SuperPower Nation Day)'를 생방송했으며, 자동 번역 시스템을 이용해 다국어 토론·토의를 실험했다. 이 이벤트는 가능한 한 그들이 자신들의 언어로 자유롭게 이야기할 수 있다면 어떤 논의가 가능할까 하는 생각에서 시작되었으며, 아라비아어 방송과 페르시아어 방송, 월드서비스, WS의 15개 언어로 생방송되었다.[14]

---

14 'Hi Rafiki'(스와힐리어로 '안녕! 친구'를 의미)라는 이름의 자동 번역 게시판에 표준 메시지 보드 기능이 있다. 여기에 모든 투고 메시지를 구글의 자동 번역 시스템(Google Translate API)을 이용해 영어, 스페인어, 포르투갈어, 아라비아어, 중국어, 페르시아어, 인도네시아어 등 7개 언어로 상호 번역한 글이 게재되었다. 시청자는 그들 자신의 언어로 메시지를 읽고 투고하며, 메시지에 답해왔다. 물론 번역은 항상 완벽하다고는 할 수 없지만, 많은 경우에 글이 의미하는 것을 이해하는 것은 충분했다(Pettersson, 2010).
하나의 웹페이지에는 3개의 비디오 영상이 라이브로 방송되고 있다. 이들 영상은 이벤트 현장을 생방송으로 제공하며(비디오 컨퍼런스 영상과 음악 연주 등을 포함), 이용자는 이 중 하나를 선택해 시청할 수 있다.

최근에 청취자는 BBC의 프로그램에서 모바일 메시지, 트위터(Twitter), 페이스북(Facebook) 등 소셜 미디어를 통해 점점 더 쌍방향성이 높아지고 있다.

---

이 게시판의 인기는 기대보다 높아 이벤트가 개최되는 동안 1만 2000건의 댓글을 기록했다. 이는 라이브 방송에서 2초당 1건에 해당한다. 30초 이내에 6건의 서로 다른 언어로 번역해 라이브로 시청자에게 보내졌다. 이 시스템으로 번역한 것은 10만 건이었다. 주제는 '웹은 권리인가, 사치인가', '온라인으로 사랑을 찾을 수 있을까' 등이었다.

번역은 7개 언어로 이루어지고 있지만, 이용자는 타 언어에서도 투고하기 때문에 투고된 언어 수는 51개에 이르며, 20개 언어 이상의 방송 스태프도 번역에 참여했다. 투고 메시지는 영어 5626건, 스페인어 2767건, 포르투갈어 1781건, 아라비아어 208건, 페르시아어 146건, 중국어 126건, 인도네시아어 31건이었다(Lee, 2010). 142개 국가에서 참가했으며, 그 내역은 영국이 가장 많았고 이어서 브라질, 미국 순서였다.

BBC는 참가자 등록 없이 투고하도록 했으며, 게시 전에 내용을 수정하지 않았다. 그러나 감정적으로 폭발한 이용자의 댓글을 체크하는 기능을 설정했다. 생방송 중에 7개 번역 언어의 편집 대표가 댓글 내용을 체크, BBC의 규칙을 위반한 것은 수정했지만, 1.8%의 메시지를 수정했을 뿐이다. 또한 그들은 재미있는 댓글을 편집 담당자에게 제공했다. 포르투갈에서 온 댓글은 "우리는 살아 있는 동안 사람들이 언어의 벽을 뛰어넘는 것을 볼 것이라고는 생각하지 못했습니다. 간단하게 말해 대단합니다!"(포르투갈어에서 영어로 번역)라는 것이었다. BBC의 담당 스태프는 "때로는 전혀 다른 복수의 언어를 사용하는 시청자를 전 세계적인 논의로 묶을 수 있는 것은 대단하다"라고 했다(Pettersson, 2010).

BBC는 이어 트위터(Twitter)에서 해시태그(주제나 화제의 해시태그를 정하고 — 예를 들면 고양이에 대한 화제에는 #cat으로 하는 등 — 이러한 화제에 대한 트윗 속에 이러한 해시태그를 넣으면 읽는 사람은 해시태그를 이용해 정리하며 읽을 수 있다)를 이용해 토의 포털에서 제공하며, 거기에는 번역한 메시지를 표시, 토의의 주제를 특집으로 토의를 그대로 진행한다고 했다.

현시점(2010년 5월 14일)에서 이 프로그램에 대한 검증을 발견하지 못했지만, 유럽의 언어 간에는 자동 번역 시스템도 상당히 기능한 것 같다.

프로젝트 홈페이지는 "SuperPower Nation HP", 19 March 2010, http://www.bbc.co.uk/worldservice/specialreports/superpower.shtml.

구글의 논평은 "An experiment in cross-language communication with the BBC", The Official Google translate blog, 25 March 2010, http://googletranslate.blogspot.com/2010/03/experiment-in-cross-language.html.

프로그램 중의 타임라인은 S. Khalil, "SuperPower Nation: Live", 18 March 2010, http://www.bbc.co.uk/blogs/blogworld/2010/03/superpower_nation_live.html.

## 6. 중동 대상 TV 방송

### 1) 아라비아어 TV 방송: 시청자 참여형 미디어

2008년 3월 WS는 아라비아어 TV 방송(BBC Arabic TV, 이하 Arabic TV)을 런던과 카이로에 본거지를 두고 1일 24시간 방송하기 시작했다. 북아프리카와 중동에서 위성과 케이블 TV를 통해 무료로 시청할 수 있다. 이는 영국 정부의 자금으로 운영되는 국제방송으로는 첫 TV 방송이다. 연간 예산은 2500만 파운드이며, 스태프는 250여 명이다.[15] 1994년에 BBC는 사우디아라비아의 위성 TV 사업자 오비트(Orbit Communication Company)와 합병해 아라비아어 뉴스 채널을 개설했지만, 오비트와의 편집권 대립으로 방송은 겨우 18개월 만에 중지된 적이 있다.

중동의 미디어 조사에 따르면, BBC의 아라비아어 라디오 방송은 인기가 높다. 2001년 이후 아라비아어 라디오 방송은 뉴스, 분석, 특집 프로그램과 영어 교육 프로그램 등을 24시간 방송하고 있다. 또한 1998년 처음으로 개설한 외국어 웹사이트도 아라비아어였다. BBCArabic.com은 24시간 뉴스와 분석을 게재해 인기를 끌고 있다. 현재는 모바일 미디어로도 정보를 제공하고 있다. 중동의 방송 시장은 100채널 이상의 아라비아어 방송이 치열하게 경쟁하고 있으며, 전략적으로 중요한 중동, 아라비아어를 사용하는 북아프리카에서 정확한 시청자 수를 파악하기 어렵다. Arabic TV가 방송을 시작한 직후 실시한 조사에서 1200만 명이 시청하는 것으로 나타났

---

15 아라비아어 방송은 멀티미디어의 플랫폼이며, TV 방송만의 예산과 스태프의 인원은 명확하지 않다(BBC Trust, 2009: 4).

다. 이에 따르면, 1주간 Arabic TV를 시청한 사람은 시장의 23%, 알자지라는 75%, 알아라비아는 73%였다("Quantitative Audience Measurement, fieldwork in March~April 2008, D3 Systems", BBC Trust, 2009: 4). BBC에 따르면, 2009년도 WS의 멀티미디어 전체 액세스 수는 1억 8000만 명이었고, 이 중 Arabic TV의 주간 시청자 수는 1200만 명이며, 아라비아어 멀티미디어 방문 수는 2200만 명이었다(BBC World Service, 2010: 1, 28).

Arabic TV는 전통적인 BBC 뉴스의 가치관에 따르는 논조로 뉴스를 제공하는 동시에 시청자 참여형으로 이루어진다. Arabic TV의 부장은 시청자도 쌍방향으로 대화하며, 뉴스 제작에 참여할 기회도 제공하는 참여형 미디어라고 강조한다.[16] 또한 '토의의 핵심'(특정 문제에 대한 토의에 시청자를 참가시키는 포럼)은 '정치적인 견해를 옹호하지 않는다', '시청자가 제공하는 정보와 생각이 우리의 작품'이라고 말하며, 이는 BBC 아라비아어 방송이 '세계를 재창조하는' 과정이라고 이야기한다.[17]

대부분 아랍 사회에서는 민주적 정치 활동이 엄격한 규제를 받고 있다. 수십 년간 아랍의 공적 생활(public life)은 국가의 지배를 받아왔지만, 알자지라가 새로운 종류의 열린 논의를 불러일으키는 공공의 정치(public politics)의 선구자로 기능하고 있다. 아랍 정치에 대한 알자지라의 접근 방식은 가장 섬세한 문제에 대한 열린 토론(논쟁의 쌍방 대표를 포함)이다. 또한 알자지라에 이어 새로운 위성 TV는 신문, 인터넷, 많은 공공 커뮤니케이션(public communication) 사이트와 함께 아랍 사람들에게 압도적인 의견의

---

16  2009년 3월 17일 WS 아라비아어 방송부장 호삼 엘 소카리(Hosam El Sokkari) 인터뷰.
17  호삼 엘 소카리 인터뷰; 'Setting the Arab news agenda' conference, SOAS, May 2008, Hill and Alshaer, 2008: 2. 일반 시청자는 뉴스 이외의 프로그램도 시청하기를 바라고 있다(BBC Trust, 2009: 20, 22).

일치를 강요하기보다는 현 상황에 대해 토론하고 반대 의견을 제기하며 질문하도록 만들고 있다. 그러나 정치 문제의 토의가 개방되었지만, 사회적 영향은 적다.

마크 린치(Marc Lynch)는 "이러한 공공의 토론 ─ 부당하게 상처를 받고 고뇌에 가득 찬 아랍 정체성의 발동에 열띠며, 때로는 체제 순응적으로, 때로는 신랄하게 분파적으로, 선정주의적이기는 하지만, 자유주의적이다 ─ 이 새로운 종류의 아랍 퍼블릭(Arab public), 그리고 새로운 종류의 아랍 정치"라고 정의한다(Lynch, 2006: 2).

린치가 '뉴 아랍 퍼블릭(new Arab public)'으로 부르는 것은 아랍의 정치적 문화를 분명히 변혁하고 있다. 이는 정부가 정보의 흐름을 독점하는 것을 막고, 시대착오적인 정보부 장관을 배제하며, 국가의 압도적 검열을 폐지하고, 공적 논쟁을 가로막는 장애를 제거했다. 현재 '뉴 아랍 퍼블릭'은 장기간 강제를 받아온 공중의 총의라는 전통을 거부하고, 공식적인 정책과 포고에 이의를 제기하는 것은 정당하다고 주장하고 있다(Lynch, 2006: 2). 이러한 새로운 아랍의 정치는 아랍 지도자들에게 예전에는 없던 그들의 지위에 대한 정당성에 의문을 제기하고, 아랍 정치에 설명책임을 요구하게 되었다. 예를 들면 '뉴 아랍 퍼블릭'이 이집트의 정치 변혁을 요구하는 항의 행동, 시리아의 레바논 점령에 반대하는 대규모 시위, 이라크 선거, 사우디아라비아의 불안 상태를 제기함에 따라, 아랍 국가가 이러한 요구를 무시하는 것은 불가능해지고 있다. '뉴 아랍 퍼블릭'은 선거의 민주화를 대신하는 것은 불가능하지만, 다양한 방법으로 더 중요한 것을 추진하고 있다. 이는 목소리가 커지고 있는 비판적 공론장에 뿌리를 둔, 좀 더 자유주의적이며 다원적인 정치의 지지·토대를 구축하는 것이다(Lynch, 2006: 3).

'뉴 아랍 퍼블릭'의 논쟁은 아랍 정체성이라는 공통적인 인물 증명서의 틀 속에서 이루어진다. 아랍 정체성의 담론은 모든 토의와 분석과 취재 보도를 형성하고 색칠하며, 이와 함께 정체성에 갇힌 고립된 집단, 내적으로 열리고, 외부에서는 알기 어려운 형태의 독특한 정치적 공론장을 낳았다(Lynch, 2006: 3).

'뉴 아랍 퍼블릭'에 대한 정체성의 정치는 억압받은, 장기간 침묵을 강요당한 아랍의 정치 사회에 의견을 제공한다는 잘 알려진, 스스로 인정한 목표이지만, 그 역할은 사회 통념에 반하는 의견으로 확산되고 있다(Lynch, 2006: 3). 동시에 정체성의 정치는 너무나 간단하게 아래로부터의 폭력적인 행동으로 전락하고, 내부의 통합을 강요하려는 외부 사람들에게 동의하지 않고, 그러한 외부의 사람들을 악으로 추방하려 하는 문제도 있다(Lynch, 2006: 4).

그러나 '아랍 민족'이라는 정체성의 역사는 오래되지 않았다. 19세기 말에 오스만 제국이 쇠퇴하고, 서양 열강이 이 지역에 진출하려는 움직임에 대응해 일부 지식인의 아라비아어 부흥운동이 일어나 민족적인 의미를 가지기 시작했다. 나아가 20세기에 접어들어 팔레스타인에 이스라엘 국가를 건설하려는 계획에 반발해 '아랍인' 정체성이 확립되었다. 이러한 정체성은 겉으로는 아라비아어 사용과 이슬람교 신앙을 내세우고 있지만, '아랍인'에 포함되는 사람들 가운데는 아라비아어가 모국어가 아닌 사람도, 무슬림이 아닌 사람도 다수 있었다. '아랍 민족'이라는 의식은 이러한 애매한 민족적 정체성 위에 1990년경부터 급속하게 세력을 확대한 이슬람 원리주의가 얽히기 시작했으며, 민족적 구성은 복잡해졌다. 또한 아랍 민족을 강하게 의식한 것은 도시에 주거하는 지식인이었으며, 이른바 하층 민중을 하나로 묶은 것은 이슬람 원리주의였다. 아랍인, 아랍 민족, 무슬림이라는 다양한 정체성 사이에도 미묘한 차이가 있다(Henry, 2002: 46).

새로운 미디어는 아랍과 무슬림의 정체성에 극적인 영향을 주고 있다. 지리적으로 떨어진 문제를 하나로 묶고, 이들을 아랍에 공통의 '기사(記事)'로 삼고 있는 것이다. 아랍의 TV 뉴스를 시청하는 사람들은 타국에 사는 아랍인과의 긴밀한 감정을 높이는 한편으로, 상호 간의 차이가 확대할 것이라는 감정도 높아지고 있다(Lynch, 2006: 4). 즉, '뉴 아랍 퍼블릭'에서 아랍과 이슬람교의 정체성은 인물 증명서로 기능하고 있지만, 정치와 방향성은 이러한 정체성을 따르지 않는다. 즉, 아랍 사람들은 팔레스타인과 이라크의 문제를 아랍의 문제로 인정하고 있다. 그러나 아랍이 해야 할 것에 대한 의견은 엇갈리고 있다(Lynch, 2006: 4). 한편 2005년까지 정치적인 토크쇼가 아랍의 여론을 바꾸고, 새로운 보도의 충격은 정치적인 습관을 혁명적으로 변혁했다(Lynch, 2006: 5). 여론조사에 따르면, 위성 TV에 항상 접근하고 있는 아랍인들은 민주주의에 대한 태도는 좀 더 우호적이지만, 미국의 외교정책에 대해 긍정적이지 않았다(Tessler, 2003).

아무튼 이전 아랍 민족주의의 시대, 아랍의 냉전 시대, 그리고 현재의 공적 정치 토론은 아랍이란 무엇인가 하는 기본적인 문제에 질문을 던지고 있다(Lynch, 2006: 4).

현재 아라비아어 미디어의 특징은 대화 프로그램의 중요시이다. 그 이유에 대해 알자지라의 가장 저명한 이슬람 원리주의자 논평가인 알카라다위(Yusuf al-Qaradawi)는 대화가 이슬람교 사회 이론과 실천의 기초이기 때문이라고 생각한다. 알카라다위는 "이슬람은 대화의 종교", "코란은 기본적으로 대화에 관한 책"[18]이라고 말하며, "모든 무슬림이 대화를 믿고 있다는

---

18 Yusuf al-Qaradawi, Sharia and life, al-Jazeera, July 11 1999. Lynch(2006: 87)에서 인용.

것은 우리들이 샤리아(이슬람법)에 의해 그렇게 하도록 명령을 받고 있기 때문이다. 그리고 코란은 신의 예언자와 그 커뮤니티 간의 대화, 신과 그의 노예, 신과 그 악마 간의 대화로 넘치고 있다"라고 말한다.[19]

'뉴 아랍 퍼블릭'의 공론장은 권위주의적인 현 상황을 날카롭게 비판하는 아랍 여론에 대해 전례가 없는 토론의 장을 제공하고 있다. 이슬람 세계에서는 금기시되었던 화제를 굳이 제기함에 따라 이슬람에 관한 정부의 공식적인 견해가 해체되기 시작했다. Arabic TV는 분명 다른 아랍 미디어의 공간에서는 토론되지 않는 문제를 논의하기 위한 포럼을 제공하고 있다.

## 2) 페르시아어 TV 방송

제2차 세계대전이 한창이던 1940년 11월 페르시아어 방송이 시작되었으며, 2009년 1월 페르시아어 위성 TV 방송(이하 PTV)이 연간 예산 1500만 파운드로 시작했다.[20] WS에서는 아라비아어 방송에 이어 영어 이외의 두 번째 언어를 통한 TV 방송으로 런던에서 매일 8시간 방송하고 있다. 페르시아어 라디오 방송과 페르시아어 웹(BBCPersian.com) 등 모두 3개의 플랫폼이 연동하게 되었다. PTV는 국제정치적으로, 지정학적으로 극히 중요한 이란뿐만 아니라 아프가니스탄이나 타지키스탄과 같은 페르시아어를 사용하는 지역에서 방송하고 있다.

BBC는 이란의 지식인에게 존경을 받고 있으며, 브랜드의 지명도는 높

---

19 Yusuf al-Qaradawi, "Dialogue between Islam and Christianity", Islam Online 2001. Lynch(2006: 87)에서 인용.

20 페르시아어 방송도 아라비아어 방송과 마찬가지로 멀티미디어 플랫폼이며, TV 방송만의 예산과 인원은 명확하지 않다.

다. 이란 정부가 미디어 활동을 제한하고 있기 때문에, BBC는 PTV가 WS의 전통적인 역할인 자유롭고 독립적이며 불편부당한 뉴스와 정보를 제공해 이란의 시청자에게 세계로 열린 창을 제공한다고 한다.

그러나 이란의 청취자는 BBC를 국가의 정보 조작과 달리 신뢰할 만한 정보이지만, 영국의 간섭이 강하게 작용하는 곳으로도 본다. 1941년 8월 영국과 소련의 이란 점령에 이어 모하마드 레자 샤 팔라비(Mohammad Reza Shah Pahlavi)가 즉위하도록 강요한 것에 대해 이란의 청취자는 BBC 라디오 방송이 국민에게 샤 팔라비에 반대하도록 하는 도구였다고 간주하고 있다(Shahidi, 2001a). 1953년에도 BBC 라디오 방송은 CIA가 지원한 모하마드 모사데크(Mohammad Mosaddeq) 정권의 붕괴에서도 유사한 기능을 했다(Shahidi, 2001b). 나아가 1979년 2월 팔라비 왕조가 타도될 때에도 페르시아어 방송은 혁명 진영의 호메이니를 지원했다는 비난을 받았다. 또한 BBC 라디오 방송은 영국 정부와 영국·이란 석유회사(현 BP)의 관점에서 석유 국영화는 불법이며, 이란의 이익이 되지 않는다고 청취자를 설득했다고 한다(Shahidi, 2001b; Sreberny and Torfeh, 2008; Vaughan, 2008: 505~507).

이란 당국은 PTV를 '스파이를 통한 첩보 활동과 심리전'의 도구라고 비난했고, 특파원을 감시했다.[21] 나아가 2009년 1월 초에 문화종교부(Ministry of Culture and Islamic Guidance) 장관은 PTV가 면허를 취득하지 않았다고 발표했다. 이란 정부는 "이란 국내에서는 PTV의 특파원과 TV 보도를 허가하지 않는다. 테헤란 지국에 있는 BBC 뉴스의 면허를 무효로 할 수도 있다"라며 PTV에 취업하기 위해 지원한 이란인의 이름을 첨부했다(Mansouri,

---

21 2009년 초에 이란과 미국의 이중국적을 가진 프리랜서 저널리스트 록사나 사베리(Roxana Saberi)는 미국을 위해 간첩 활동을 했다는 혐의로 체포되었다. 사베리는 BBC를 위해서 일한 적도 있다.

2009). 당국은 이란 국내의 협력자를 협박해 억압하려 하고 있다. 편집을 담당하는 중견 스태프는 이란에는 좋은 정보원이 많이 있기 때문에, 뉴스를 수집하고 확인하기에는 문제가 없지만, TV 방송에 사용할 만한 금방 촬영한 영상이 없는 것은 문제라고 한다.

나아가 문화종교부 장관은 테헤란에서 BBC 영어 방송과 PTV의 차이에 대해 "우리 국민의 언어로 정보를 전달하는 미디어는 이란의 다양한 문제를 주로 다루며, 이러한 방송 활동은 BBC 영어 방송과 다르다. 실제 (이들 간에는) 서로 다른 이용(목적)이 있다. 그들(영국)은 '작전'을 실행하고 있다. BBC 페르시아어 방송은 '작전'을 실행하고 있다. 우리는 이에 대해 무지해서는 안 된다"라고 말했다.[22] 2009년 6월 이란에서는 12일 실시된 대통령 선거 결과를 둘러싼 개혁파의 항의 행동이 계속되었고, 당국은 외국인 기자의 취재 활동을 제한했으며, 저널리스트의 구속이 계속되었다. 선거 이후 며칠간 PTV는 이란 국내에서 전파 방해를 받았기 때문에, BBC는 PTV 방송용 위성의 수를 늘렸다. 이란 정부 당국은 영국과 BBC를 "이란 민족의 분열을 노리고 혼란을 선동하고 있다"라고 비난했으며, 20일 BBC 특파원에 대해 24시간 이내에 출국할 것을 명했다. 나아가 이란 당국은 두바이에 본부를 둔 위성 TV 방송 알아라비아에 대해서도 선거를 '불공정하게 보도했다'며 테헤란 지국의 폐쇄를 명령했다. 그 뒤 BBC 등 국제방송에 스크램블이 걸렸으며, 웹사이트도 차단되었다. 다른 한편으로 대통령 선거 이후, 페르시아어 방송부에는 1분간 최대 8명의 이용자에게 비디오, 휴대전화 메일, 이메일이 전송되었으며, 이를 통합한 뉴스와 정보 서비스가 시민 저널

---

22 "문화종교부 장관, BBC 페르시아어 방송은 '작전'을 실행하고 있다", ≪에테마데 멜리 (Etemad-e Melli)≫, 2009년 1월 22일 자, 번역자: 사토 나루미(佐藤成実), 기사 ID: 15685, http://www.el.tufs.ac.jp/prmeis/html/pc/NeWS20090129_180938.html.

리즘의 초점이 되었다. 웹에서 TV 영상의 클릭 수는 1개월에 800만 건에 이르렀다(BBC World Service, 2010: 10). 2009년 11월 18일 현재 BBC의 테헤란 지국에는 특파원이 없으며, 현지 스태프 2명이 일하고 있다.

이란에서는 가정의 60%가 불법적으로 보유한 위성방송 수신기로 위성 TV를 보고 있는데, 선거 기간 중 정부는 비정부 채널의 전파를 방해했다 (Cochrane, 2009: 1). BBC는 방송 시작 이후 1개월간 위성방송을 시청한 사람의 20%가 PTV를 시청했다고 했다. 2009년 이란 국내에서 페르시아어 TV 주간 시청자 수는 310만 명이며, 페르시아어 멀티미디어 액세스 수는 2500만 명이었다(BBC World Service, 2010: 29).

그런데 Arabic TV는 뉴스를 중심으로 경직된 프로그램 편성을 하고 있지만, PTV의 편성은 뉴스가 절반에 그치며, 나머지는 다큐멘터리와 기술, 문화, 쌍방향 프로그램, 스포츠, 팝 음악 등을 편성하고 있다. 매시 정각에 뉴스를 편성하는 것은 이란에서는 일반적이지 않다. 쌍방향 프로그램은 웹 카메라와 이메일, 휴대전화 메일, 전화로 시청자를 연결하며, 서로 떨어져 있던 이산가족의 상봉을 추진하는 등, 이란 사람들에게 방송된 적이 없는 화제를 제공했다(Ash, 2009). 또한 PTV는 런던에 있는 이란 정부의 고위 관료에게도 인터뷰를 요청했다. 필자가 PTV를 취재하기 위해 방문한 날, 이란의 문화종교부 장관이 "BBC 프로그램을 배우라"고 했다는 뉴스가 온라인에 게재되어 스태프 사이에서 화제가 된 바 있다.[23]

BBCPersian.com은 WS의 사이트에서 가장 인기 있는 사이트 중 하나이며, 매달 2200만 페이지뷰를 기록하고 있고, 그중 70%는 이란의 디아스포라가 방문하고 있다고 한다. 호메이니 혁명 이후 400여 만 명이 디아스포

---

23 2009년 3월 17일 WS 페르시아어 방송부 취재.

라로 이란을 떠나 해외에서 살고 있다. 이란 국내에서는 BBCPersian.com
이 차단된 상태지만, IT 관련 지식이 있으면 온라인 뉴스를 보거나 BBC 월
드서비스 트러스트가 제공하는 온라인 대상 저널리즘 교육인 ZIGZAG를
받을 수도 있다고 한다. PTV에는 ZIGZAG로 저널리스트 교육을 받은 뒤,
PTV에 프로듀서로 취업한 20대 남녀가 많다.

또한 페르시아어 방송부의 프로듀서 자체가 이란에서 온 디아스포라로
구성되어 있으며, 최근에도 TV 방송 시작에 맞춰 이란에서 채용했다. 전자
는 이란에서 벗어난 세계주의적 시각에서 이란에 대해 보도하며, 후자는
최근까지 이란에 있었기 때문에 이란의 국내 정치에 깊이 관여한 저널리스
트(Zeydabadi-Nejad and Sreberny, 2007: 21~22)와 젊고 TV 관련 경험이 없는
사람들이다. 특히 PTV는 스태프를 호메이니 혁명 이후에 태어난 젊은 이
란인으로 채용해 이란의 젊은 층에게 소구해 페르시아어 라디오 방송이 축
적해온 중년층 남성의 방송이라는 이미지를 불식시켰다. 이란은 인구의
70%가 30세 이하로 추정된다. 그리고 영국은 이슬람 과격파가 지원하는
이슬람 국가의 청년층을 특히 중시하고 있다. 이슬람 사회의 온건화를 추
진하기 위한 가교 역할에 잠재적인 능력을 가진 것은 서방 사회의 이슬람
커뮤니티이기 때문이다(Riordan, 2007: 183).

PTV는 워싱턴, 이스탄불, 베이루트, 두샨베(Dushanbe), 카불에 지국이
있으며, 예루살렘에는 특파원이 있지만, 테헤란에 지국을 설치하기 위한
노력을 계속하고 있다고 한다. 한편 타지키스탄에서는 PTV의 뉴스에 허를
찔렸다고 실망하고 있다. 이는 PTV가 압도적으로 많은 이란인 스태프로
구성되어 있기 때문이다. 아무튼 PTV에는 1일 1000통 이상의 이메일과 휴
대전화 메일, 웹 카메라 메시지가 상호 프로그램으로 전송되고 있다. 페르
시아어를 사용하는 사람들의 글로벌 대화를 구축하고 있다고 할 수 있다.

1999년 이후 미국의 라디오 방송 VOA가 페르시아어 TV 방송으로 뉴스와 토론 프로그램을 위성으로 워싱턴에서 이란을 향해 방송하고 있다. 또한 이란인의 커뮤니티가 있는 로스앤젤레스로부터 이란을 향해 방송하는 민간의 50개 페르시아어 위성 TV 채널 '테헤란젤'이 있다. 이들 채널의 대부분은 이란 정부에 반대하며, 팔라비 왕조의 복귀를 원하는 채널도 있다 (Cochrane, 2009: 1). 그러나 외국 정부나 미디어 자본이 이란의 TV 시장에 진출하는 경우는 드물다. 현재 알자지라와 CNN에는 페르시아어 채널이 없지만, CNN은 CNN 터키와 같은 지국을 설치할 것이라는 이야기도 있다. 2009년 4월에는 사우디아라비아가 사우디 사회, 경제, 정치, 안전을 알리기 위해 페르시아어와 터키어로 방송하는 다섯 번째 국영 위성 채널을 시작할 계획이라고 발표했다.[24] 향후 페르시아어 TV 방송 시장이 치열해질 것으로 보인다.

WS는 중동 대상의 방송을 통해 이슬람과 민주적 거버넌스에 관한 토론 프로그램을 편성해 '이슬람과의 대화'를 추진하는 등 중·장기적으로 중동의 민주화, 시민사회 구축을 목적으로 하는 영국 외교부의 전략을 반영하고 있다.


## 7. '월드 아일랜드'의 공공 외교기관

현재 WS는 멀티미디어 플랫폼 구축과 중동 대상 국제위성 TV 방송을

---

24 "Saudis planning to launch Turkish, Persian-language TV channel", *al-Hayat*, April 22, 2009 Translated, http://www.mideastwire.com. Cochrane(2009: 7)에서 인용.

추진하고 있으며, BBC의 가치관에 따른 뉴스와 보도를 제공하고 있을 뿐만 아니라 '타 문화 간의 대화', '이슬람과의 대화'를 담당하고 있다. WS는 '글로벌 대화'의 장을 제공해 청취자를 연계하도록 만들어 초국가적 공론장을 구축하려 하고 있다. 세계적으로 '타자'로 취급받고 '주변화된' 사회집단과 정체성이 미디어 기술의 발달을 통해 국내외적으로 연결되어 '중심'에 이의를 제기하는 움직임이 있다. 또한 다양한 주장을 가진 지식인과 일반 시민이 토론해 사람들의 관심을 불러일으켜 대항적인 담론을 주고받는 정보 공간을 구축하려는 움직임도 있다. BBC는 이러한 움직임의 중요한 담당자가 되려 한다. 그리고 초국가적인 담론의 정보 공간을 구축하는 데는 환경, 인권, 여성운동도 있지만, 최강의 요인은 계몽주의적 세계관, 자유, 복지, 권리, 주권, 대표, 민주주의와 같은 개념이다. BBC는 불편부당, 공정, 정의와 같은 '윤리적 위신'과 함께 상상의 초국가적 공론장 구축에도 관여하고 있다. 이는 하버마스가 말한 공론장의 위상과 유사하며, 방송의 민주적 목적이라는 좁은 의미의 모델을 채용하고 있다고 할 수 있다.

WS가 정부의 교부금으로 운영되며 번역 등에 문제도 있지만, 세계적으로 많은 사람들이 WS가 세계주의적 객관성을 가지고 있다고 보는 것은 왜일까(Baumann and Gillespie, 2007: 28). WS를 세계적으로 가장 신뢰할 만한 디아스포라의 접촉 지점으로 삼아 글로벌 의견으로 세계주의적 객관성의 권위를 유지하고 재창조한 것은 WS 스태프의 디아스포라 내부, 디아스포라 간을 다루는 스킬과, 그 이용자와의 제휴, 그리고 그들 자신은 세계주의자라는 확신이 있기 때문이다(Baumann and Gillespie, 2007: 12~13). 만약 WS가 제국주의적·포스트 식민주의적 세계주의의 분위기에서 자라나 WS에 이러한 분위기를 호흡하도록 하지 않았다면, WS는 금방 생명이 끊어졌을 것이다. 수백 명의 비범한 망명자와 마지못해 디아스포라가 된 사람들이 계몽된 세계주의자의 에토스와 윤리를 담은 목소리를 WS에 불어넣었다. 이러한 관계성은 연구할 필요가 있다(Baumann and Gillespie, 2007: 25).

WS와 관련된 다큐멘터리를 제작하기 위해 2005년 말부터 18개월간 WS에서 취재한 독립 프로듀서는 WS가 영국의 공공 외교에서 주요 부분을 담당하고 있지만, WS의 스태프는 '전 세계' '인권 조직'을 위해 일하고 있다고 말했다(Cameron, 2007: 1).[25] 이에 대해서는 필자도 BBC 근무 시절의 동료 의식과 필자의 경험을 통해 동의할 수 있다. 그리고 WS에는 많은 영국인 이외의 디아스포라가 일하고 있다는 것이 WS의 공공 외교기관으로 신용을 높이고 있다.

그러나 영국의 미디어 업계에서는 이러한 글로벌 시장에서 BBC의 거대화에 대해 비판하는 의견도 적지 않다. 이에 대해 시튼은 "BBC는 거대한 글로벌 경쟁에서 크게 성공했으며, 아마도 영국보다 유명하다. …… 세계적으로 존경받는 영국 주식회사 중 하나……. BBC는 세계의 재산으로, 보도와 가치는 세계적 가치의 기준"이라고 했다(Seaton, 2009; 原, 2008: 39).

1999년 BBC가 워싱턴에 새로운 지국을 개설할 당시에 코피 아난(Kofi Atta Annan) 유엔 사무총장은 "BBC 월드서비스는 현 세기(20세기) 영국이 세계에 내놓은 최고의 선물"이라고 말했다.[26] 인류학의 관점에서는 선물이란 주는 사람이 제공해 위신을 높이는 한편, 받는 사람은 선물을 받아 도덕적 의리를 느끼고 답례를 하지 않으면 안 된다고 생각하는 것이다. 21세기 초에 세계주의적인 영국은 '월드 아일랜드'이지만, 이는 완고하게 섬나라이

---

25 2007년 BBC 4에서 WS 설립 75주년을 기념해 WS 관련 다큐멘터리 4편이 방송되었다. 일본에서는 연말 NHK 월드(현 월드 뉴스)에서 그중 세 편이 방송되었다.

26 "The World's Reference Point" Key Facts BBC World Service information pack, http://www.bbc.co.uk/pressoffice/keyfacts/stories/ws.shtml.

면서 냉혹한 국제주의자라는 것을 말한다(Ash, 2004: 3, 5). 지금 WS는 영국의 공공 외교기관으로 국제사회에 대한 영국의 영향력을 강화하고 있다.

* 2009년 3월과 9월에 실시한 필자의 영국 현지 조사는 과학연구비조성금[기초연구(A), 과제번호 20243030, 연구 대표자: 게이오 대학 문학부 후지타 히로오(藤田弘夫) 교수, '도시환경에서의 생활 공공성에 관한 비교사회학적 연구']에서 자금을 받았다. 이 자리를 빌려 감사를 표한다.

## 참고문헌

Ash, T. G. 2004. "The Janus dilemma." *Guardian*, 5 June 2004, pp.3, 5.

_____. 2009. "If Obama and Khamenei want to get along, they should start watching TV." *Guardian*, 15 January 2009. http://www.guardian.co.uk/commentisfree/2009/jan/15/bbc-perian-television-iran.

Baumann, G. and M. Gillespie. 2007. "Diasporic citizenships, cosmopolitanisms, and the paradox of mediated objectivity: interdisciplinary study of the BBC World Service." http://www.open.ac.uk/socialsciences/diasporas/publications/bbcws_180407_paper.pdf.

BBC. 2009. *BBC Annual Report and Accounts 2008/09.* http://www.bbc.co.uk/annualreport/exec/performance/journalism/bbc_global.shtml.

BBC Trust. 2009. "BBC World Service: Arabic Television research: a report from the BBC Trust."

BBC World Service. 1993. *BBC World Sevice Annual Review 1992~93.*

_____. 2007. *BBC World Service Annual Review 2006~2007.*

_____. 2010. *BBC World Service Annual Review 2009/10.*

Born, G. 2004. *Uncertain vision: Birt, Dyke, and the reinvention of the BBC.* London: Secker & Warburg.

Brown, M. 2009. "International rescue." *Guardian*, 6 April 2009. http://www.guardian.co.uk/media/2009/apr/06/bbc-world-service-relocation-funding.

Bumpus, B. and B. Skelt. 1984. *Seventy years of international broadcasting.* Paris: Unesco.

Cameron, N. 2007. "London Calling: Inside the BBC World Service — A film-maker's view of the World service in action." in *International broadcasting, public diplomacy and cultural exchange — An international conference to evaluate 75 years of the British overseas broadcasting paper abstracts*(이하 *PA*). http://www.cresc.ac.uk/events/broad casting/documents/Conferencecollatedabstractsfinal.doc.

Cochrane, P. 2009. "BBC Persian television launches." No.8, spring 2009. http://arabmedia society.sqgd.co.uk/articles/downloads/20090506153700_AMS8_Paul_Cochrane.pdf.

Foreign and Commonwealth Office. 2005. *Lord Carter of Coles Public Diplomacy Review*. http://www.britishcouncil.org/home-carter-report(2010.6.24).

Habermas, J. 1978. "Öffentlichkeit." in *Staat und Politik*, her. E. von Fraenkel und K. D. Bracher. Fischer Verlag. S.220f.

Hayton, B. 2007. "Manufacturing consensus and telling stories: Producing news in the broadcast media." in *PA*.

Herbert, D. and T. Black. 2007a. "Arguing about religion: BBC WS 'Have Your Say' message boards as diasporic contact zone and global public sphere." in *PA*.

_____. 2007b. *Arguing about religion: 'Have Your Say' message boards as a diasporic contact zone and global public sphere*. http://www.open.ac.uk.socialsciences/diasporas/ conference/pdf/arguing_about_religion_pdf.

Hill, A. and A. Alshaer. 2008. *BBC Arabic TV*. http://www.poen.ac.uk/socialsciences/ diasporas/enents/BBCArptb.pdf.

Hocking, B. 2007/2005. "Rethinking the 'new' public diplomacy." in J. Milissen(ed.). *The New public diplomacy: soft power in international relations*. Hampshire & NY: Palgrave Macmillan.

Kampfner, J. 2001. "The callow youths have had their day in the sun." *Guardian*, 5 November 2001.

Kerr, D. 2002. "Orwell's BBC broadcasts: colonial discourse and the rhetoric of propaganda." *Textual practice*, Vol.16, No.3.

Lee, D. 2010. "Language software powers BBC debate." 18 March 2010.http://news.bbc.co. uk/go/pr/fr/-/2/hi/technology/8575526.stm(2010.5.14).

Leonard, M., C. Stead and C. Smewing, 2002. *Public diplomacy*. London: The Foreign Policy Centre.

Lichtenberg, J. 2000. "In defence of objectivity revisited." in J. Curran and M. Gurevitch (eds.). *Mass media and society*, 3rd ed. London: Arnold.

Lynch, M. 2006. *Voices of the New Arab Public: Iraq, Al-jazeera, and Middle East politics today*. NY & Chichester, West Sussex: Colombia University Press.

Maley, W. 1986. "Cetralisation and censorship." in C. MacCabe and S. Olivia(eds.). *The BBC and public service broadcasting*. Oxford: Manchester UP.

Mansouri, A. 2009. "Who's afraid of BBC Persian TV?" http://www.payvand.com/news/09/feb/1080.html.

McNair, B. 2009. *News and journalism in the UK*, 5th ed. London/NY: Routledge.

Milissen, J. 2007/2005. "The new public diplomacy: between theory and practice." in J. Milissen(ed.). *The new public diplomacy: soft power in international relations*. Hampshire & NY: Palgrave Macmillan.

Mytton, G. 2008. "The BBC and ITS cultural, social and political framework." *Historical Journal of Film, Radio and Television*, Vol.28, No.4(이하 *HJFRT*).

Nohl, A. -M. 2007. "Generation-specific media practices: perceptions of the validity of the BBC WS Turkish News Programme." http://www.open.ac.uk/socialsciences/diasporas/publications/generation_specific_media_practices_nohl.pdf.

Ogunyemi, O. 2007. "The BBC World Service and the African global audiences: A case study of 'Africa Have Your Say' website." in *PA*.

Omid, H. 2008. "BBC Persian TV is launching!" 30 September 2008. http://2006omid.blogspot.com/2008/09/BBC-persian-tv-is-launching.html.

Pettersson, H. 2010. "SuperPower Nation: an experiment in multi-lingual debate." 26 March 2010. http://www.bbc.co.uk/blogs/bbcinternet/2010/03/superpoweer_nation_an_experimen.html(2010.5.14).

Potter, S. J. 2008. "Who listened when London called? reactions to the BBC Empire Service in Canada, Australia and New Zealand, 1932~1939." *HJFRT*.

Rigert, K. 2007. "Bush House: the end of the iconic home of empire." in *PA*.

Robertson, E. 2008. "'I get a real kick out of Big Ben': BBC versions of Britishness on the empire and general overseas service, 1932~1948." *HJFRT*.

Seaton, J. 2008. "Journeys to truth: the BBC as a pragmatic ethical engineer at home and abroad." *HJFRT*.

_____. 2009. "An insidious attack on the jewel in our crown." *Guardian*, 16 June 2009. http://www.guardian.co.ku/commentisfree/2009/jun/16/digital-britain-BBC-licence-feel.

Shahidi, H. 2001a. "The BBC Persian Service, 1940~1953, and the nationalisation of Iranian oil." *Journal of Iranian research and analysis*, Vol.17, No.1.

_____. 2001b. "Injaa landan ast: BBC Persian Service 60 years on." *The Iranian*. http://www. iranian.com/History/2001/September/BBC/.

Sharp, P. 2007/2005. "Revolutionary states, outlaw regimes and the techniques of public diplomacy." in J. Milissen(ed.). *The New public diplomacy: soft power in international relations*. Hampshire & NY: Palgrave Macmillan.

Sreberny, A. and M. Torfeh. 2008. "The BBC Persian Service 1941~1979." *HJFRT*.

Riordan, S. 2007/2005. "Dialogue-based public diplomacy: a new foreign policy paradigm?" in J. Milissen(ed.) *The New public diplomacy: soft power in international relations*. Hampshire & NY: Palgrave Macmillan.

Taussig, A. 2008. "You lose some, you win some — 1989 and after." *HJFRT*.

Tessler, M. 2003. "Arab and Muslim political attitudes." *International studies perspectives*, Vol.4, No.3.

Tuchman, G. 1972. "Objectivity as strategic ritual: an examination of newsmen's notions of objectivity." *American journal of sociology*, Vol.77, No.4.

Vaughan, J. R. 2008. "The BBC's External services and the Middle East before the Suez crisis." *HJFRT*.

Zeydabadi-Nejad, S. and A. Sreberny. 2007. "Between home and diaspora: the expanding BBC Persian Service." in *PA*.

アパデュライ, アルジュン(Appadurai, Arjun). 2004. 『さまよえる近代』. 門田健一 譯. 平凡社.

オーウェル, ジョージ(Orwell, George). 1970. 「戦時日記」(1942年3月14日). 橋口稔 譯. 『オーウェル著作集』, 第2巻, 鮎沢乗光 外 譯. 平凡社.

大蔵雄之助. 1983. 『こちらロンドンBBC』. サイマル出版会.

大庭定男. 2003. 「第二次大戦期BBCの対日放送」. ≪Intelligence≫, 第2号.

ナイ, ジョセフ・S(Nye, Joseph S. Jr.). 2004. 『ソフト・パワー』. 山岡洋一 譯. 日本経済新聞社.

原麻里子. 2006. 「BBCワールドサービス — こちらはロンドン」. ≪ソフィア≫, 第54巻 第2号 (2005年 夏季号).

_____. 2008. 「BBCワールドサービスの新しい展開 — アラビア語テレビ放送と国際的な慈善活動」. ≪月刊民放≫, 第38巻 第5号.

_____. 2009. 「『公共放送』概念の転換? — デジタル・ブリテンが示す放送の未来像」. ≪月刊民

放≫, 第39巻 第9号.

ヘンリ, スチュアート(Henry, Stewart). 2002. 『民族幻想論 ― あいまいな民族 つくられた人種』. 解放出版社.

マクファーレン, アラン(Macfarlane, Alan). 2005. 『リリーへの手紙』. 田口俊樹 譯. ソフトバンク・クリエイティブ.

山本啓. 1999. 「訳者あとがき」. クレイグ・キャルホーン(Craig Calhoun) 編. 『ハーバマスと公共圏』. 山本啓・新田滋 譯. 未来社.

# 르완다의 방송과 저널리즘 교육의 현재

마쓰우라 사토코

BBC 월드서비스 트러스트가 아프리카를 지원하는 것은 저널리즘이 민주화에 공헌할 수 있도록 미디어가 자립하게 돕고, 방송이 아프리카 사람들의 삶과 건강에 도움을 주는 존재가 되도록 현지어 방송을 돕는 것이다. 르완다는 내분으로 인해, 그것도 라디오가 선동해 80만 명에 이르는 대학살로 인해 저널리즘도 교육도 시스템 전체가 완전히 파괴되었다. 그 비참함을 극복하고 새로운 사회를 만들려는 젊은이를 BBC의 프로젝트팀이 찾아가 미래에 어떠한 희망을 가지는가에 대한 인터뷰를 실시했다고 한다. 사건 이후 르완다의 방송은 어떻게 성장해 어떠한 한계를 가지고 있을까? 필자가 2007년에 실시한 현지 조사를 바탕으로 보고한다.

## 미디어 소유권?: 권력이 소유한 방송의 위험성

대학살 이후 유엔 인권위원회 보고는 RTLMC(Radio Télévision Libre des Mille Collines)가 증오의 라디오(hate radio)로 변해 선동했다며 비판했다. RTLMC는 노골적인 차별과 증오를 선동하는 한편, 이를 가능하게 만든 토양을 함양한 후투족 강경파인 하비아리마나(Juvénal Habyarimana) 대통령과 그 가족이 출자한 프로파간다 미디어였다. 대통령 일가가 대외적인 시선을 흐리고 '민족 대립'을 선동하는 장치로 방송국을 소유한 것이다.

문맹률이 높은 농촌 지역에서 신문을 읽지 못하고 TV 수신기도 거의 소유하지 못한 사람들은 라디오에 의존할 수밖에 없다. 1980년대 유럽에서는 커뮤니티 라디오와 비합법적인 '자유 라디오'가 합법화되었으며, 르완다에서는 정치권력이 이러한 흐름을 악용했다고 할 수 있다.

## 대학살 이후 르완다의 미디어 정책

새 정부 아래에서는 2000년대에 하나둘씩 정비된 미디어 관련 법에 따라 저널리스트가 언론 자유를 가지게 되었으며, 어떻게 국가 질서 유지에 공헌해야 할까를 강조한다. 그러나 이는 다음과 같이 국가가 고압적으로 저널리스트에게 윤리를 강요하는 도식이었고, 미디어에 대한 으름장이 진행되는 것처럼 보인다.

2003년의 헌법 제34조에는 '언론과 정보의 자유는 국가에 의해 인정되고 보호된다'는 조건부의 자유임이 명시되었으며, 2004년 미디어 정책에서도 미디어의 목적은 저널리즘이 아니라 정보 전달, 교육과 연수, 스포츠와 여가 및 오락 장려라고 했으며, 대학살로 이어진 사회적 분열을 미디어가 불러일으켰다는 것을 상기해야 한다고 했다. '르완다의 미디어는 과거에 분열주의를 조장했고 대학살의 앞잡이였던 추악한 과거를 근절하기 위해 해야 할 것이 많이 있다'는 것이다.

2005년 미디어 윤리 규정에서도 사건 당시의 정권을 비판하는 것을 회피한 채, 저널리스트가 선동했다고 단언한다. 이처럼 1994년 이후 국민은 사회와 국가를 붕괴시킨 것은 대학살보다는 미디어에 기인했다고 오도하고 있다.

정부에 보도의 자유를 조언하는 기관도 설립되었지만, 참가한 인권 NGO는 정부가 이 기관의 의견을 중요하게 받아들이지 않는다고 느끼고 있으며, 민주화의 구색을 맞추기 위한 기관이라고 받아들인다.

## 정부로부터 자립하기 어려운 방송국

정보부의 조사에 따르면, 국민의 90%가 라디오를 가지고 있다. 라디오를 이용하면 사람들에게 정보 전달은 어느 정도 성공한다. 또한 커뮤니티 라디오가 날씨와 농산물 가격 정보를 전달하면 농촌의 빈곤을 줄이는 데 도움이 되기 때문에, 정부는 적극적으로 라디오를 활용한다. 그러나 정부의 정보를 전달하는 역할에 의존하는 한, 라디오 방송사는 경제적으로 자립하기 어렵다.

또 생방송의 경우는 비판적인 의견을 막을 수가 없다. 대학살로 국민 전체가 애도하는 시기에 시청자 참여 프로그램에서 익명으로 '대학살을 완성하라'는 전화가 왔다. 전화한 사람은 곧 검거되었지만, 이 사례에서 주목해야 할 점은 방송국이 취재원, 정보원을 행정 권력에 간단하게 공개하는 체제라는 것이다.

### 생존을 위한 미디어 리터러시: 주민 인터뷰

대학살로 아이를 잃거나 인근 주민이라고 숨기며 살았던 사람들이 사는 지역에서 인터뷰를 실시했다. 무엇을 의식하며 라디오를 듣고 있는지를 물었더니 "이전의 라디오, TV는 정부의 프로파간다였다", "지금은 방송국이 많다. 토론 프로그램에서는 의견을 내놓을 수도 있다. 무슨 말을 해도 처벌받지 않는다. 옛날에는 라디오에서 흘러나오는 것은 명령으로 따를 수밖에 없었지만, 지금은 라디오의 정보를 통째로 삼키지는 않는다"라고 한다.

주민은 선택이 늘었고 분석을 더할 수 있게 되어 미디어가 자유롭고 민주화되고 있다고 생각한다. 그러나 미디어에 대해 수동적이며, 스스로 공동체의 미디어를 자율적으로 지원한다는 발상은 아직 자라지 않고 있다.

### 대학살 이후 저널리즘 교육

르완다 국립대학의 커뮤니케이션 학과는 1996년에 설립되었다. 대학살로 희생을 당했으며, 사건에 가담한 저널리스트는 투옥되었고 일부는 도망쳤기 때문에 급하게 수준 높은 저널리스트를 다수 육성하지 않으면 안 되었다. 어려운 입학시험을 실시해 우수한 학생을 선정했다.

실천 교육이 중시되며, 공동체 라디오 '라디오 사라스'의 지역 프로그램을 자율적으로 운영하며, 학생이 프로그램을 제작하고 유네스코의 지원으로 지역 주민에게 마이크를 들이댄다. 르완다에서 가장 먼저 설립된 대학 공동체 라디오로 일본으로부터 자금도 제공받아 남부 지방에서 가장 중요한 공동체 라디오가 되었다. 다른 공동체 라디오는 정부가 추진하는 정책 홍보를 위해 이용되고 있다. 따라서 민간의 공동체 라디오에 대한 기대는 이들 대학생의 라디오에 집중되고 있다.

### 우려스러운 저널리즘 저하

저널리즘의 교육이 높은 수준에서 실천되고 있지만, 문제는 졸업생이 저널리스트로 취업하지 못한다는 것이다. 급여 수준이 낮기 때문에 졸업생은 좀 더 높은 수입이 기대되는 정부 직원이나 원조를 받는 NGO에 취직하는 경향이 강하다.

이러한 배경 속에서 르완다의 언론 자유도 순위는 프랑스의 '국경 없는 기자단(Reporters Without Borders)'이나 미국의 언론 단체인 '프리덤 하우스(Freedom House)'의 2006년 보고서에 따르면 매년 저하되고 있다. '언론인보호위원회(The Committee to Protect Journalists)'는 상업방송국 설립이 늦어지는 것에 대해 '대학살의 역사를 탄압에 이용하고, 분열주의의 죄명을 씌우고 있다'고 보도하고 있다. 르완다 미디어가 민주화와는 반대 방향으로 진행하고 있다는 것을 우려한다. 언론의 자유, 커뮤니케이션 권리와 같은 인권이 '빈곤'에 의해 현저하게 손상되는 가운데, BBC가 르완다 사람들의 자발성을 불러일으켜 어떻게 저널리즘의 성장을 위한 지원과 교류를 추진할지 주목된다.

2005년 BBC 등이 협력해 대학살 사건 당시를 그린 영화 〈슈팅 독스(Shooting Dogs)〉에서는 사건에 휘말린 뒤 살아남은 당사자가 제작에 협력했다. 2009년 10월에는 순회 버스와 교실에서 어린이들이 웃으며 인터넷에 접속하는 모습을 BBC가 보도하기도 했다. 저널리즘과 미디어 환경에서 르완다 사람들이 '자립'을 추진하는 과정을 영국인들은 불안과 기대를 가지고 BBC를 통해 지켜보고 있다.

# 후기

시바야마 데쓰야

정보화 사회에서 미디어의 영향력은 절대적이다. 신문은 오랫동안 저널리즘의 왕자로 여론에 미치는 영향력을 자랑해왔지만, 지금은 방송, 특히 TV가 미디어의 왕좌를 빼앗고 있다. 그러나 이러한 TV도 그림자를 드리우기 시작했다. 상업 TV의 광고 수입은 감소하고, 경영 위기와 시청자 이탈 등이 가속되고 있으며, 새롭게 대두하는 인터넷 미디어의 가능성이 주목을 받고 있다. 위키리크스(Wikileaks)의 국가 기밀 폭로도 중요한 영향력을 가지고 있다.

신구(新舊) 미디어의 대립은 일본뿐만 아니라 세계적으로도 현저한 현상이다. 미디어 업계는 신구 미디어가 뒤섞인 재편을 향한 격동기를 맞이하고 있다. 이러한 가운데 방송 저널리즘 분야에서 챔피언으로 주목받는 오랜 전통을 자랑하는 영국의 공영방송 BBC 관련 연구 결과를 세상에 내놓은 의의는 크다고 생각한다.

언론의 자유가 보장된 민주주의 국가에서 정부와 권력자, 상업 자본이 직접 미디어에 관여하는 것은 금물이지만, 음으로 양으로 다양한 방법을 구사하며 미디어에 영향력을 보유하기 위해 안간힘을 쓰고 있다.

좋은 저널리즘은 이러한 다양한 권력과 상업 자본으로부터 거리를 두고 세상의 사실을 보도하며, 은폐된 사실을 폭로하기 위해 권력과의 싸움도 불사한다. 이러한 미디어는 국민의 존경과 신뢰를 확보해 점점 영향력을 가진 저널리즘의 지위를 구축할 수 있다.

최근 BBC를 둘러싼 대사건을 꼽자면, 이라크 전쟁 보도를 둘러싼 영국 정부(블레어 정권 시대)와 펼친 치열한 대결을 잊을 수가 없다. 이라크 전쟁이 시작된 이후 미국 신문, TV 보도를 조사한 적이 있다. 거의 100%의 미국 미디어가 이라크에 대량살상무기가 존재한다며 부시 정권이 주장한 개전 이유를 믿고 있었다. 9·11 동시다발 테러의 공포에 떨었던 미국 미디어에게 어쩔 수 없는 일인지도 모른다.

그러나 부시 정권과 함께 전쟁을 추진한 영국의 블레어 정권 아래 있던 BBC는 이러한 개전 이유에 대해 회의적이었다. BBC의 길리건 기자는 '이라크에 (즉시 배치 가능한) 대량살상무기는 존재하지 않는다'는 것을 밝혀냈으며, 이러한 개전 이유에는 조작과 허위가 있었다는 것을 세계의 미디어 가운데 처음으로 보도했다.

국가의 통제 관리가 가장 강할 수밖에 없는 공영방송 BBC와 블레어 정권은 격렬한 언론 대결을 주고받았으며, 그레그 다이크 BBC 사장은 파면에 가까운 형태로 사임에 몰렸다. 그러나 머지않아 이라크에 대량살상무기가 존재하지 않았다는 것이 드러났으며, BBC 보도가 옳았다는 것이 증명되었다. 이 사건을 통해 권력과의 대결을 두려워하지 않고 진실을 추구하는 저널리스트의 혼을 보여준 BBC는 양심적인 저널리즘의 모범과 같은 존재로 거듭 인식되었다.

오늘날 일본의 저널리스트는 누구나 BBC가 뛰어난 미디어라는 것을 알고 있다. 그럼에도 도대체 BBC는 어떤 조직을 가진 방송사이고, 어떤 역사적 배경을 가지며, 어떻게 세계적으로 인정받는 좋은 저널리즘을 만들어냈는지는 제대로 알려져 있지 않다.

이에 이 책은 세간에 퍼진 다양한 BBC 관련 전설을 사실에 입각해 심층적으로 해명하고 그러한 사실에 접근하려 했다. 아마도 일본에서는 BBC와 관련된 최초의 종합적 연구서가 아닐까 자부한다.

필진도 다채롭다. BBC 관련 연구의 전문가를 비롯해 영국 유학을 통해 최신 정보를 입수하고 돌아온 연구자, 영국 특파원을 경험한 저널리스트, BBC와 같은 공영방송 NHK의 전·현직 직원, 왕실 보도 전문가 등이 집필을 맡았다.

이 책은 편찬을 생각한 이후 많은 시간이 지나버려 미네르바 출판사(ミネルヴァ書房) 편집부의 호리카와 겐타로(堀川健太郎), 시모무라 마유코(下村麻優子)에게 상당한 지장을 주었다. 두 사람의 열의 덕분에 출판이 마무리될 수 있었다. 다시 한 번 감사의 인사를 전한다.

# BBC 관련 연표

작성: 하라 마리코(BBC, 영국 방송업계, 일반 사항), 다카이 유스케(일반 사항)

| | BBC, 영국 방송업계 | | 일반 사항 |
|---|---|---|---|
| | | 1920 | · 국제연맹 설립 |
| 1922 | · 2LO(런던 마르코니의 실험방송국) 방송 시작<br>· 영국방송회사(British Broadcasting Company Ltd) 설립, 수신료 10실링 (0.5파운드)<br>· BBC가 2LO에서 방송, 최초 정시 뉴스 시작<br>· 다음 날 버밍엄(5IT), 맨체스터(2ZY)에서 방송 시작<br>· 총지배인으로 존 리스(John Reith) 임명 | 1922 | · 데이비드 로이드 조지(David Lloyd George, 자유당) 총리 사임<br>· 앤드루 보너 로(Andrew Bonar Law, 보수당) 총리 취임<br>· 소비에트사회주의공화국연방 수립 |
| 1923 | · 스튜디오 밖에서 첫 방송<br>· 매일 일기예보 시작<br>· ≪라디오 타임스(Radio Times)≫ 창간<br>· 카디프에서 웨일스어로 첫 방송<br>· 애버딘에서 게일어로 첫 방송 | 1923 | · 스탠리 볼드윈(Stanley Baldwin, 보수당) 총리 취임<br>· 영일 동맹 효력 상실(1902~)<br>· 일본 관동대지진 발생 |
| 1924 | · 첫 종교 프로그램 방송<br>· 그리니치 표준시를 첫 방송<br>· 빅벤의 종소리를 시보로 사용, 국왕 조지 5세의 연설을 첫 방송<br>· 외부에서 첫 실황 생중계 방송(The Lord Mayor's Show), 미국에서 첫 중계방송 | 1924 | · 제임스 램지 맥도널드(James Ramsay MacDonald, 노동당) 총리 취임<br>· 스탠리 볼드윈(보수당) 총리 취임 |
| | | 1925 | · 보통선거법, 치안유지법(일본) |
| 1926 | · TV 영상 실험 성공<br>· 총파업으로 신문 휴간 중에 BBC가 뉴스 보도<br>· 영국방송회사 해산 | 1926 | · 일본방송협회(NHK) 설립 |
| 1927 | · 왕실 특허장에 의거, 영국방송협회(British Broadcasting Corporation) 설립<br>· 초대 사장으로 존 리스 취임 | | |

| BBC, 영국 방송업계 | | 일반 사항 | |
|---|---|---|---|
| | · 첫 스포츠 이벤트 실황중계 (럭비 국제 경기 잉글랜드 대 웨일스)<br>· BBC 프롬스 첫 방송<br>· 제국 대상의 실험방송 시작 | | |
| 1928 | · 매주 정기 종교방송 시작 | | |
| 1929 | · BBC 첫 TV(30-line) 실험방송 | 1929 | · 제임스 램지 맥도널드(노동당) 총리 취임<br>· 세계 공황 |
| 1930 | · 2LO에서 BBC National Programme (전국 라디오 방송)<br>· Regional Programme 시작<br>· BBC 교향악단 첫 방송 | | |
| 1931 | · 첫 원예 프로그램 〈In Your Garden〉 시작 | 1931 | · 만주사변 발발(일본) |
| 1932 | · 본부를 브로드캐스팅 하우스(Broad-casting House)로 이전<br>· 하샤겐(The Hashagen) 문제[1]<br>· 엠파이어 서비스(Empire Service) 시작<br>· 조지 5세의 성탄 메시지 첫 방송 | 1932 | · 5·15 사건(일본) |
| 1933 | · 첫 여성 아나운서 탄생, 버넌 바틀릿 (Vernon Bartlett) 발언 문제[2] | 1933 | · 독일 나치 정권 발족<br>· 미국 루스벨트 대통령 취임, 뉴딜 정책<br>· 상업방송 '라디오 룩셈부르크(Radio Luxembourg)'가 영국 대상 영어 방송 시작 |
| 1934 | · 왕실 결혼식(Duke of Kent & Princess Marina)을 라디오로 첫 방송 | 1934 | · 이탈리아, 아라비아어 방송(Radio Bri) 시작(~1943) |
| 1935 | · BBC, 공산당과 파시스트당의 지도자 출연 예정 프로그램 중지(~1936)[3] | 1935 | · 스탠리 볼드윈(보수당) 총리 취임<br>· 연말까지 독일에서 아시아, 아프리카, 북미, 남미 대상의 독일어, 영어, 스페인어, 포르투갈어, 네덜란드어로 정규 프로그램 방송 시작 |
| 1936 | · 존 리스가 조지 5세 작고를 라디오로 고지<br>· 첫 여성 TV 아나운서 탄생 | 1936 | · 2·26 사건(일본)<br>· 스페인 내전 시작(~1939) |

| | BBC, 영국 방송업계 | | 일반 사항 |
|---|---|---|---|
| | · 고화질 TV(40-line) 방송 시작<br>· 토킹 몽구스(Talking Mongoose) 재판[4]<br>· 존 리스가 에드워드 8세의 왕위 포기<br>를 라디오로 고지<br>· TV 첫 요리 프로그램 | | |
| 1937 | · 영국 첫 스포츠 이벤트 TV 생중계<br>(아마 복싱 잉글랜드 대 아일랜드)<br>· 조지 6세 대관식, 라디오 · TV 방송<br>· 윔블던 테니스 대회, TV 첫 방송 | 1937 | · 아서 네빌 체임벌린(Arthur Neville<br>Chamberlain, 보수당) 총리 취임<br>· 루거우차오(蘆溝橋) 사건, 중일전쟁<br>시작(~1945) |
| 1938 | · TV 뉴스 첫 방송<br>· 옥스퍼드 대 케임브리지 조정 경기,<br>FA Cup Final 첫 방송<br>· 엠파이어 서비스 첫 외국어 방송으로<br>아라비아어 방송 시작<br>· 리스 사장 사임<br>· 유럽어 방송(프랑스, 독일, 이탈리아)<br>시작<br>· 수신 허가료 납부 850만 건, 98%가 라<br>디오 청취 가능 | 1938 | · 국가총동원법(일본)<br>· 〈우주전쟁(The War of the World)〉<br>(미국)[5] |
| 1939 | · ≪런던의 소리(London Calling)≫ 발간<br>· BBC 모니터링 서비스 시작<br>· 체임벌린 총리와 조지 6세, 라디오로<br>대독 전쟁 고지<br>· 국방상의 이유로 TV 방송 중지<br>· 같은 이유로 Regional Programme, Na-<br>tional Programme 중지, Home Service<br>(전국 라디오 방송)로 통합<br>· 윈스턴 처칠의 첫 전시 방송<br>· 엠파이어 서비스는 External Service<br>(통칭 Overseas Service)로 명칭 변경 | 1939 | · 제2차 세계대전 시작(~1945)<br>· 독일, 영미 대상의 영어 라디오 프로<br>그램 〈Germany Calling〉 시작<br>· 호호 경(Lord Haw-Haw, 아나운서 별<br>명) 활약<br>· 독일, 아라비아어 방송 시작(~1945) |
| 1940 | · BBC Forces Programme(군인 대상의<br>오락 채널) 시작<br>· 처칠 총리의 하원 연설인 "대영제국과<br>영연방이 계속해서 존재한다면, 미래<br>에도 구성원은 '이때가 가장 찬란했던<br>때'였다고 할 것"을 방송 | 1940 | · 윈스턴 처칠(Winston Churchill, 보수<br>당) 총리 취임<br>· 연립 내각(coalition government) 수립 |

| BBC, 영국 방송업계 | | 일반 사항 |
|---|---|---|
| | · '자유 프랑스'(샤를 드골 장군)가 프랑스어 독자 프로그램 시작 | |
| | · 독일 공군의 영국 도시 공습 시작, BBC 시설도 피해 | |
| | · 원예 프로그램 〈In Your Garden〉에서 미들턴(C. H. Middleton)이 농업부가 제창한 'the dig for Victory' 캠페인(전쟁 장기화를 대비해 정원에서 식물을 재배하자는 캠페인) 시작 | |
| | · 처칠 총리, 프랑스를 향해 프랑스어로 방송 | |
| | · 오후 9시 뉴스 중에 브로드캐스팅 하우스에서 시한폭탄 폭발, 7명 사망 | |
| | · 이어서 지뢰로 피해 | |
| | · 34개 언어로 방송 | |
| 1941 | · 벨기에어 방송 스태프가 V 사인(V-For-Victory) 캠페인 시작 | 1941 · 진주만 공격, 태평양전쟁 시작(~1945) |
| | · 프로그램 〈Desert Island Discs〉 시작 | |
| | · European Service는 External Service로 통합, 현재 부시하우스(Bush House)로 이전 | |
| | · 유럽 저항운동 지원 시작 | |
| | · 처칠 총리가 라디오를 통해 대일 전쟁 고지 | |
| 1942 | · 모스 신호를 통해 유럽 언어로 뉴스 속보 시작 | |
| 1943 | · BBC War Reporting Unit 설립 | 1943 · 카이로 회담, 테헤란 회담 |
| | · BBC가 점령하의 유럽 지하신문 편집자를 위한 특별 뉴스 시작 | |
| | · 일본어 방송 시작 | |
| 1944 | · BBC 자율규제 '14일간 규칙' 도입[6] | 1944 · 브레턴우즈 협정 |
| | · BBC Forces Programme 종료, BBC General Forces Programme(라디오) 시작 | |
| | · 디데이(D-Day)에 〈War Report〉가 라디오로 첫 방송 | |

| BBC, 영국 방송업계 | | 일반 사항 |
| --- | --- | --- |
| | · Allied Expeditionary Forces Programme [영국 주둔 연합군을 위해 American Forces Network(AFN), BBC, Canadian Broadcasting Corporation(CBC)을 통합, BBC가 운영] 탄생<br>· European Service가 있는 부시하우스가 폭탄을 맞아 스태프 다수가 중상 | |
| 1945 | · External Service, 45개 언어로 방송<br>· 유럽 전승 기념일(VE-day)에 조지 6세와 처칠 총리가 대독 전승 고지 방송<br>· Allied Expeditionary Forces Programme 해체, British Forces Network와 AFN, CBC가 자국 주둔군의 점령하에서 각각 방송 시작, Home Service로 지역 방송 재개(주파수는 이전으로 복귀)<br>· BBC Light Programme(라디오) 시작<br>· 대일 전승 기념일(VJ-day)에 조지 6세와 애틀리 총리가 대일 전승 고지 방송 | 1945 · 얄타 회담, 독일 패전 총선거 이후 노동당 정권 탄생, 클레멘트 리처드 애틀리(Clement Richard Attlee, 노동당) 총리 취임<br>· 포츠담 회담<br>· 국제연합 설립<br>· 히로시마와 나가사키에 원폭 투하, 일본 패전 |
| 1946 | · TV 방송 재개<br>· 라디오·TV 통합 수신료 도입<br>· 제2차 세계대전 승리 행진, TV 방송<br>· 첫 TV 어린이 프로그램 방송<br>· Third Programme 시작<br>· General Forces Programme 종료 | 1946 · 일본헌법 공포 |
| 1947 | · 엘리자베스 공주(Princess Elizabeth) 결혼식, TV와 라디오로 방송 | 1947 · 인도, 파키스탄 분리 독립 |
| 1948 | · BBC 첫 TV 뉴스 〈Television Newsreel〉 시작<br>· 런던올림픽, 올림픽 첫 TV 중계(런던 지역만 시청 가능) | 1948 · 제1차 중동전쟁(~1949)<br>· 소설 『1984』(조지 오웰) 발표 |
| 1949 | · 첫 TV 일기예보 | 1949 · 북대서양조약기구(NATO) 설립<br>· 서독 건국, 동서독 독립<br>· 중화인민공화국 건국<br>· 독일민주공화국(동독) 건국 |
| 1950 | · 유럽방송연합 설립 | 1950 · 한국전쟁 발발(~1953) |

| BBC, 영국 방송업계 | | 일반 사항 | |
| --- | --- | --- | --- |
| | · 총선거 결과 첫 TV 보도 | | |
| | · 유럽 대륙에서 첫 TV 중계방송 | | |
| | · 수신료 납부 가구 수 라디오 1200만, 라디오+TV 35만 | | |
| | · 'Party Manners' 문제[7] | | |
| | · 베버리지(Beveridge) 위원회 보고서[8] | | |
| | · 재건한 하원의회, 라디오·TV 첫 방송 (그 뒤 음성·영상 취재 허가까지 25년, 35년), 하늘에서 TV 첫 방송 | | |
| | | 1951 | · 샌프란시스코 강화조약 |
| | | | · 윈스털 처칠(보수당) 총리 취임 |
| 1953 | · 엘리자베스 2세(Queen Elizabeth II) 대관식 첫 TV 완전중계, 2000만 명 시청 | 1953 | · 일본, TV 본방송 시작 |
| | · TV 시청자 수가 라디오 청취자를 처음으로 초월 | | |
| | · 〈파노라마(Panorama)〉 시작 | | |
| 1954 | · 첫 일일 TV 뉴스 시작, Television Act 1954 ITA(Independent Television Authority) 성립 | 1954 | · 일본 자위대 발족 |
| | · TV 프로그램 〈1984〉(조지 오웰) 방영 | | |
| 1955 | · BBC VHF(FM) 방송 시작 | 1955 | · 바르샤바 조약기구 설립 |
| | · 상업방송 ITV[Associated-Rediffusion (뒤에 Rediffusion)이 평일 런던과 주변 지역, Associated Television(ATV)이 주말] BBC 방송 시작 | | · 앤소니 이든(Anthony Eden, 보수당) 총리 취임 |
| | · 컬러 TV 실험방송 | | · ABC가 주 1회 〈The Mickey Mouse Club〉 TV 쇼를 방송 시작(미국) |
| | · 여왕의 성탄 메시지 첫 TV 방송(음성만 사용) | | · 호경기(~1957) |
| | | | · 일본의 고도경제성장 시작 |
| 1956 | · 그라나다 텔레비전(Granada Television, 본사는 맨체스터, ITV 계열) 개국 | 1956 | · 헝가리 혁명 |
| | · 수에즈 위기 보도로 정부와 대립[9] | | · 수에즈 위기(제2차 중동전쟁) |
| | · '14일간 규칙' 시험적으로 중지 | | · 일소 공동선언 |
| | | | · 일본, 국제연합 가맹 |
| 1957 | · 맥밀런 내각 '14일간 규칙' 폐지 | 1957 | · 모리스 해럴드 맥밀런(Maurice Harold MacMillan, 보수당) 총리 취임 |
| | · BBC Network 3(Third Programme이 방송하지 않는 시간대에 방송) 시작 | | |

| BBC, 영국 방송업계 | | 일반 사항 | |
| --- | --- | --- | --- |
| | · 여왕의 성탄 메시지를 영상과 함께 TV로 첫 방송<br>· 상업방송 시작으로 BBC 시청 점유율이 28% 감소 | | |
| 1958 | · External Service를 부시하우스로 이동 | 1958 | · 유럽경제공동체(EEC) 설립 |
| 1959 | · BBC 뉴스에서 총선 선거운동 첫 보도 | 1959 | · 카스트로 혁명정권 발족(쿠바)<br>· 남아프리카의 인종분리정권 TV 방송 금지 |
| 1960 | · BBC 첫 여성 TV 뉴스 아나운서 등장<br>· 현 BBC TV 센터 개장<br>· 〈코로네이션 스트리트(Coronation Street)〉 방송 시작(ITV 계열) | 1960 | · 미일 안전보장조약(신안보) 체결<br>· 프랑스, 첫 핵실험<br>· 일본, 컬러 TV 본방송 시작<br>· 미국 대선 TV 토론(닉슨 대 케네디) 개최<br>· 베트남 전쟁 시작(~1975) |
| 1961 | · BBC 〈파노라마〉에서 왕족 첫 TV 인터뷰(Duke of Edinburgh) | 1961 | · 베를린 장벽 건설 |
| 1962 | · BBC, 미국에서 텔스타(Telstar) 경유로 첫 TV 위성중계 방송<br>· BBC 스테레오라디오 실험방송 시작 | 1962 | · 통신위성 텔스타(Telstar) 발사<br>· 쿠바 위기 |
| | | 1963 | · 앨릭 더글러스 흄(Alec Douglas-Home, 보수당) 총리 취임<br>· 미국 케네디 대통령 암살 |
| 1964 | · BBC 2 방송 시작<br>· 〈Match of the Day〉 방송 시작 | 1964 | · 해럴드 윌슨(Harold Wilson, 노동당) 총리 취임<br>· 도쿄올림픽<br>· 중국 첫 핵실험 |
| 1965 | · General Oversea Service에서 World Service로 변경(행정상은 External Service)<br>· 달에서 첫 TV 생중계 방송<br>· 라디오와 TV로 이민자를 위한 프로그램 시작 | 1965 | · 한일기본조약 체결 |
| | | 1966 | · 중국에서 문화대혁명 시작 |
| 1967 | · BBC Radio 1 방송 시작 | 1967 | · 제3차 중동전쟁 |

| BBC, 영국 방송업계 | | 일반 사항 |
|---|---|---|
| | · 기존 Light Programme, Third Programme, Home Service는 Radio 2, 3, 4로 변경<br>· BBC 첫 지방 라디오 설치<br>(Radio Leicester)<br>· BBC 2 컬러 TV로 완전 전환 | · 유럽공동체(EC) 설립<br>· ASEAN 5개국 발족 |
| 1968 | · 런던과 주변 지역의 ITV 계열 방송사 교체: Rediffusion에서 Thames Television으로(월요일 아침부터 금요일 저녁까지), ATV(주말)와 Rediffusion(금요일 저녁)에서 London Weekend Television(LWT)으로(금요일 저녁부터 월요일 새벽까지) | 1968 · 체코슬로바키아에서 '프라하의 봄' |
| 1969 | · BBC, 달 착륙을 TV로 방송<br>· BBC 1, ITV, 컬러 TV 방송 시작 | 1969 · 미국 아폴로 11호, 달 착륙 |
| 1970 | · Radio 3 & Radio 4, BBC Network 3 완전 흡수 | 1970 · 일본, 오사카 박람회 개최<br>· 에드워드 히스(Edward Heath, 보수당) 총리 취임 |
| 1971 | · 개방대학(Open University)의 프로그램을 BBC TV와 라디오로 방송 시작,〈어제의 사람들(Yesterday's Men)〉,[10] BBC 프로그램불만위원회(Programme Complaints Commission) 설립 | 1971 · 미국 금-달러 교환 금지 선언(달러 쇼크) |
| 1972 | · 정부가 방송 시간 제한제 폐지<br>· ITA가 IBA(Independent Broadcasting Authority)로 재편 | 1972 · 닉슨 대통령, 중국 방문<br>· 오키나와 반환(일본)<br>· 워터게이트 사건<br>· 중일 공동성명 |
| 1973 | · 런던에서 첫 상업 라디오(LBC, Capital Radio) 방송 시작 | 1973 · 제4차 중동전쟁, 제1차 오일쇼크 |
| 1974 | · BBC, 문자방송 CEEFAX 시작[11] | 1974 · 해럴드 윌슨(노동당) 총리 취임<br>· 인도, 첫 지하 핵실험 |
| 1975 | · BBC Radio Ulster 개국(BBC Radio 4 승계)<br>· BBC Radio Foyle(북아일랜드) 개국<br>· 의회 실험 라디오 방송 | 1975 · '첫 TV전쟁'으로 불린 베트남 전쟁 종식 |

| BBC, 영국 방송업계 | | 일반 사항 | |
|---|---|---|---|
| | | 1976 | · 제임스 캘러헌(James Callaghan, 노동당) 총리 취임<br>· 록히드 사건으로 다나카 가쿠에이 체포(일본) |
| 1977 | · Radio Cymru 개국<br>· 애넌(Annan) 위원회 보고서[12] | | |
| 1978 | · BBC 불가리아어 방송 스태프·반체제 극작가 게오르기 마르코프(Georgi Markov) 암살, 의회 정기 라디오 방송 시작, 하원에서 라디오 중계 시작<br>· BBC Radio Wales 개국(BBC Radio 4 승계)<br>· BBC Radio Scotland 개국(BBC Radio 4 승계)<br>· BBC Radio 2 영국 최초로 24시간 전국 방송 시작 | 1978 | · 중일 평화우호조약 조인 |
| 1979 | · 〈에머데일 팜(Emmerdale Farm)〉 방송 시작(ITV 계열)<br>· 〈퀘스천 타임(Question Time)〉 시작<br>· BBC Enterprises Ltd(현 BBC Worldwide) 설립<br>· 캐릭모어(Carrickmore) 사건[13] | 1979 | · 이란 혁명, 제2차 오일쇼크<br>· 마거릿 대처(Margaret Thatcher, 보수당) 총리 취임<br>· 소련, 아프가니스탄 침공 |
| 1980 | · 〈뉴스나이트(Newsnight)〉 시작 | 1980 | · 광주 민주화 운동(한국)<br>· CNN 개국<br>· 모스크바올림픽 서방 국가 불참<br>· 이란·이라크 전쟁 시작(~1988) |
| 1981 | · Broadcasting Act 1981 Broadcasting Complaints Commission 설립<br>· 찰스 왕세자와 다이애나 스펜서의 결혼식, 버킹엄 궁전 '발코니 키스' 방송<br>· BBC TV 〈텐코(Tenko)〉[14] 방송 시작 (~1985) | | |
| 1982 | · 보수당, 포클랜드 분쟁 보도 이유로 BBC '애국심' 공격[15]<br>· Channel 4 방송 시작 | 1982 | · 포클랜드 분쟁 |

| BBC, 영국 방송업계 | | 일반 사항 |
|---|---|---|
| | · BBC의 웨일스어 TV 프로그램이 S4C (Siandel Pedwar Cymru)로 이동, 뉴스 제작과 라디오는 BBC에 잔존 | |
| 1983 | · BBC TV 프로그램 〈Breakfast Television〉 시작 | |
| 1984 | · 〈매기의 전투부대(Maggie's Militant Tendency)〉 문제[16] <br> · 마이클 뷰크(Michael Buerk) 특파원과 모하메드 아민(Mohammed Amin) 카메라맨의 에티오피아 기근 보도 <br> · Cable Authority 설립 | 1984 · 영국 전국 탄광 파업(~1985) |
| 1985 | · 귀족원에서 카메라 취재 시범적 허가 (6개월 뒤 허가) <br> · 드라마 〈이스트엔더스(EastEnders)〉 방송 시작 <br> · BBC 〈라이브 에이드(Live Aid)〉[밥 겔도프(Bob Geldof) 중심의 에티오피아 기근 지원 콘서트] 전 세계에서 15억 명 생방송 시청 <br> · Children's BBC(후에 CBBC) 브랜드 시작 <br> · 다큐멘터리 〈리얼 라이브(Real Lives)〉 문제[17] <br> · Radio nan Gàidheal 개국 | 1985 · 플라자 합의 <br> · 일본항공 추락 사고 |
| 1986 | · 상업 부문을 BBC Enterprises로 통합 <br> · 피콕(Peacock) 위원회 보고서[18] <br> · BBC 전일 방송 시작 <br> · BBC TV 〈Neighbours〉 시작 <br> · BBC 리비아 폭격 보도로 정부와 대립[19] <br> · BSB(British Satellite Broadcasting) 위성 TV 방송 시작 | 1986 · 챌린저호 폭발 사건 <br> · 일본, 남녀고용기회균등법 시행 <br> · 체르노빌 원전 사고 |
| 1987 | · 지르콘(The Zircon) 문제(1986~1987)[20] <br> · BBC TV Europe 설립 <br> · 정부 주도로 BBC와 IBA가 프로그램 25%를 독립제작사에 맡기기로 합의 | 1987 · 일본 아사히 신문 한신 지국 습격 사건 <br> · 세계 동시 주가 폭락(블랙 먼데이) <br> · 아이슬란드 주 7일 방송 시작 |

| BBC, 영국 방송업계 | 일반 사항 |
|---|---|
| 1988 · 수신료, 소매물가지수와 연동<br>· Broadcasting Standards Council 설립<br>· External Service에서 World Service (이하 WS)로 변경<br>· BBC Radio 1이 FM 전국 네트워크 방송 시작<br>· 대처 정권, 방송사에 신페인당을 포함해 11개 아일랜드 조직의 육성 방송 금지(~1994)<br>· Radio Data System을 FM으로 시작 (자동 관리) | 1988 · 리쿠르트 사건 발각(일본) |
| 1989 · Sky Television plc(위성 TV) · Sky News 시작<br>· 'Incremental'(광역방송국 할당대역에 부가된 독립지방라디오, 기초지자체와 소수집단을 위해 설치) 상업방송 개국 (런던, 버밍엄, 맨체스터, 브리스틀, 브래드포드)<br>· 하원에서 TV 카메라 취재를 시범적으로 허가 | 1989 · 베를린 장벽 붕괴<br>· 미소 정상, 냉전 종식 선언<br>· 니케이 지수, 사상 최고치 3만 8915엔 기록 |
| 1990 · 하원에서 TV 카메라 취재 허가 가결<br>· BBC Radio 5 방송 시작<br>· Broadcasting Act 1990 시행, 이후 ITV의 법적 명칭은 Channel 3로 변경<br>· Sky Television과 BSB 통합, British Sky Broadcasting(BSkyB, Sky) 설립 | 1990 · 동독과 서독 통일<br>· 존 메이저(John Major, 보수당) 총리 취임 |
| 1991 · IBA가 ITC[Independent Television Commission(폐지된 Cable Authority 업무 포함)]와 Radio Authority로 분할<br>· 걸프 전쟁 중 Radio 4 전파를 2개로 나누어 통상의 방송과 Radio 4 Gulf FM(SCUD FM)으로 하루 17시간 전쟁 보도<br>· BBC World Service Television News Service 방송 시작<br>· WS 일본어 방송 폐지 | 1991 · 걸프 전쟁<br>· 국제평화협력법(PKO협력법) 성립(일본)<br>· 미하일 고르바초프(Mikhail Gorbachev) 대통령, 크림 반도의 별장에서 구금 중 WS의 러시아어 방송으로 정보 수집<br>· 소비에트연방 붕괴 |

| BBC, 영국 방송업계 | 일반 사항 |
|---|---|
| · BBC World Service Television(WSTV 국제위성 TV) 방송 시작(유럽용, BBC TV Europe에서 변경)<br>· WSTV, Asian Service(뒤에 BBC 24-hour TV channel) 방송 시작 | |
| **1992** · BBC TV Select Service[BBC 1과 BBC 2의 방송 시간 외(보통 오전 2시~오전 6시에 방송)] 시작(~1994)<br>· Radio Berkshire(마지막 BBC 지방라디오) 설립<br>· WSTV 첫 동시통역 방송 시작(중국어)<br>· Classic FM(첫 상업 라디오 전국 방송) 개국, Thames Television 방송 면허 종료 | **1992** · 보스니아 내전 시작(~1995) |
| **1993** · Carlton TV(ITV 계열, 런던과 주변 지역에서 월요일 오전 9시 25분~금요일 오후 5시 15분) 방송 시작<br>· 존 버트(John Birt) 사장 취임<br>· 프로듀서 선택제(Producer choice) 도입<br>· Virgin 1215(현 Virgin Radio) 개국 | **1993** · 일본 호소카와 정권 발족, 55년 체제 종결<br>· 유럽연합(EU) 발족 |
| **1994** · WSTV는 BBC World와 BBC Prime(뒤에 BBC Entertainment)으로 분리<br>· 그라나다(Granada)가 LWT 인수<br>· BBC Radio 5가 Radio Five Live로 변경<br>· BBC 온라인 서비스를 유료로 시작<br>· BBC Radio 1, MW 방송 종료, 그 주파수를 상업방송에 할당<br>· BBC Arabic Television(Orbit Communications가 자금 지원) 시작<br>· 범죄 재판을 TV로 첫 방송(스코틀랜드) | **1994** · 르완다 대학살<br>· 팔레스타인 자치정부 수립<br>· 마쓰모토 사린 사건(일본)<br>· 북한 김일성 사망 |
| **1995** · Talk Radio UK(현 TalkSport) 개국<br>· 유럽 전승 기념일, 대일 전승 기념일 50주년 기념 프로그램 | **1995** · 일본 한신·아와지 대지진<br>· 일본 지하철 사린 사건 |

| BBC, 영국 방송업계 | | 일반 사항 | |
|---|---|---|---|
| | · BBC DAB, 디지털 라디오 방송 시작<br>· 〈파노라마〉에서 다이애나 인터뷰<br>(1500만 명 시청) | | |
| 1996 | · BBC Arabic Television 종료, Broad-casting Act 1996 성립 | | |
| 1997 | · Broadcasting Standards Commission 설립<br>· Channel 5 방송 시작(영국에서 5번째로 전국 아날로그 TV 방송국, 2002년 Five로 변경)<br>· BBC TV 〈텔레토비(Teletubbies)〉 방송 시작<br>· 다이애나비 장례 프로그램(1900만 명 시청)<br>· BBC News 24(현 BBC News) 아날로그, 뒤에 디지털 방송 시작<br>· BBC 설립 75주년 기념<br>· BBC Online, 본격 서비스 | 1997 | · 노동당 정권 탄생, 토니 블레어(Tony Blair, 노동당) 총리 취임<br>· 아시아 통화 위기<br>· 다이애나, 파리에서 교통사고로 사망 |
| 1998 | · BBC Choice(디지털 채널) 방송 시작<br>· BBC Parliament(Parliament Channel 승계) 방송 시작 | 1998 | · 인도, 파키스탄, 지하 핵실험<br>· 구글(Google) 설립 |
| 1999 | · BBC, Digital Ceefax service 시작(Teletext의 디지털화)<br>· BBC Knowledge(디지털 TV) 방송 시작<br>· BBC World Service Trust 설립<br>· Digital One(전국 상업 디지털 라디오 멀티플렉스) 개국 | 1999 | · 코소보 내전에서 NATO의 세르비아 폭격<br>· 국기국가법 성립(일본) |
| 2000 | · 그레그 다이크(Greg Dyke) 사장 취임<br>· 통신백서(New Future for Communi-cations: ITC Comments) 발표 | 2000 | · 남북정상회담(한국)<br>· 미국 대선 속보에서 ABC 네트워크가 앨 고어(Al Gore) 승리 오보<br>· 선거보도의 속보성 · 정확성 문제 부상 |
| 2001 | · BBC TV 〈The Office〉(mockumentary) 시작<br>· BBCi 시작(BBC Text 승계) | 2001 | · 미국 동시다발 테러 |

| BBC, 영국 방송업계 | 일반 사항 |
|---|---|
| 2002 · BBC Radio 5 Live Sports Extra(디지털) 방송 시작<br>· BBC Knowledge 종료, BBC Four(디지털 TV)가 뒤를 이어 방송<br>· BBC 6 Music(디지털 라디오) 방송 시작<br>· Office of Communications Act 2002 성립<br>· 공동체 라디오(액세스 라디오) 시범 계획 시작<br>· 〈Prom at the Palace〉(여왕 즉위 50주년 기념 프롬 콘서트를 버킹엄에서 중계)<br>· BBC 1 Xtra(블랙 뮤직 DAB), BBC 아시안 네트워크(아시아 거주 영국인 대상 DAB) 방송 시작<br>· LWT, Carton TV는 ITV로 방송 시작<br>· Freeview 시작<br>· BBC 디지털 TV CBBC Channel(6~12세), CBeebies(2~6세) 방송 시작<br>· BBC 7(현 BBC Radio 7, 2008년부터 디지털 라디오) 방송 시작<br>· BBC Blast!(13~19세) 시작 | 2002 · 인도네시아에서 동티모르 독립<br>· 한일 월드컵 축구 대회 개최<br>· 첫 북일 정상회담 |
| 2003 · BBC Three 방송 시작<br>· BBC Choice 방송 종료 대체<br>· Communications Act 2003 제정<br>· BBC Radio 4 〈투데이(Today)〉에서 앤드루 길리건(Andrew Gilligan) 기자가 이라크 대량살상무기 문제로 정부 비판<br>· Contract Rights Renewal 업무 인가<br>· BSC, ITC, Oftel, RA를 폐지, 오프컴 설립 | 2003 · 컬럼비아호 공중 폭발 사고<br>· 이라크 전쟁<br>· 이라크에서 일본인 외교관 살해 |
| 2004 · 허턴(Hutton) 위원회 보고서, 데이비스 경영위원장, 다이크 사장 사임<br>· 마크 톰슨(Mark Thompson)이 사장으로 취임 | 2004 · 수마트라 지진 |

| BBC, 영국 방송업계 | | 일반 사항 |
|---|---|---|
| | · Granada Limited(Granada TV 소유)가 Carlton Communications와 통합, ITV plc를 설립(ITV Broadcasting, 산하의 ITV plc가 방송 면허를 소유, 경영)<br>· BBC Online 브랜드 시작<br>· BBC 'Building public value' 발표<br>· Community Radio Order 2004 | |
| 2005 | · 'Lord Carter of Coles Public Diplomacy Review' 제출 | 2005 · 일본 아이치 박람회 개최<br>· 미국 허리케인 카트리나 피해<br>· 일본 우정선거에서 자유민주당 압승 |
| 2006 | · BBC Jam(BBC Digital Curriculum) 서비스 시작(~2007)<br>· 브로드캐스팅 하우스, 새로운 디지털 라디오 센터로 재개<br>· BBC HD 실험방송 시작 | 2006 · 북한, 첫 지하 핵실험<br>· 사담 후세인(Saddam Hussein) 사형 집행 |
| 2007 | · BBC Trust 설립<br>· WS 10개 언어 방송 종료<br>· 가자 지구에서 BBC World Service의 앨런 존스턴(Alan Johnston)이 유괴당한 뒤, 114일 뒤에 석방<br>· 크라운게이트(Crowngate) 스캔들[21]<br>· BBC Switch(13~19세 대상 브랜드) 시작<br>· BBC 완전 HD 시작<br>· BBC iPlayer 서비스 시작 | 2007 · 일본 간사이 TV 프로그램 조작 사건<br>· 고든 브라운(Gordon Brown, 노동당) 총리 취임<br>· 리먼 쇼크 발생 |
| 2008 | · BBC Arabic TV 방송 시작<br>· BBC World가 BBC World News로 변경<br>· Freesat 시작<br>· 멀티플랫폼으로 베이징올림픽 방송<br>· BBC Alba(스코틀랜드에서 게일어 TV 방송) 개국<br>· BBC Red Button 시작(BBCi 계승) | 2008 · 중국 쓰촨 성 대지진 |
| 2009 | · BBC Persian TV(PTV) 시작 | |

| BBC, 영국 방송업계 | 일반 사항 |
|---|---|
| · Competition Commission, VOD 서비스 Project Kangaroo(BBC Worldwide, ITV, Channel 4의 조인트 벤처) 중지 명령<br>· ITV와 BBC, 10년간 ITV의 지방 뉴스 제작비 삭감 지원 합의<br>· 'Digital Britain Final Report' 발표<br>· 상반기 광고비, 인터넷이 TV 제치고 1위 | |
| **2010**<br>· Trust 'BBC Strategy Review' 발표<br>· BBC 'Putting Quality First' 발표<br>· 'Digital Economy Act 2010' 성립<br>· 'Putting Quality First: The BBC's year 2009~2010' 발표 | **2010**<br>· 보수당·자유민주당 연립정권 탄생, 데이비드 캐머런(David Cameron, 보수당) 총리 취임 |
| **2011**<br>· YouView(Internet Protocol Television, Project Canvas 명칭 바꾸고 BBC, ITV, Channel 4, Five, ISP의 TalkTalk의 7사의 조인트 벤처) 서비스 시작 | |
| **2012**<br>· 지상파 아날로그 방송 종료<br>· BBC, 인기 진행자 지미 새빌(Jimmy Savile)의 성 추문 발각, 조지 엔트위슬(George Entwistle) 사장이 취임 54일 만에 사퇴 | **2012**<br>· Netflix, 영국에서 서비스 시작<br>· 엘리자베스 여왕 즉위 60주년<br>· 런던 하계올림픽 개최 |
| **2013**<br>· Virgin Media, Liberty Global 인수<br>· BBC, TV 기능을 브로드캐스팅 하우스로 이전<br>· 토니 홀(Tony Hall)이 BBC 신임 사장으로 취임 | **2013**<br>· 에드워드 스노든(Edward Snowden)이 《가디언》을 통해 기밀문서 폭로<br>· 시리아 내전 확대 |
| **2014**<br>· 온라인 판매 서비스 BBC Store 시작<br>· BBC 월드서비스, 재원을 수신료로 전환<br>· BSkyB, 독일·이탈리아의 위성 사업을 통합해 Sky Europe 설립<br>· BBC 트러스트 회장으로 로나 페어헤트(Rona Fairhead) 취임 | **2014**<br>· 소치 동계올림픽 개최<br>· 러시아, 크림 반도 합병<br>· 브라질 월드컵 축구 대회 개최<br>· 스코틀랜드 독립 국민투표 부결 |
| **2015**<br>· BBC 월드와이드, iPlayer 해외 서비스 종료 | **2015**<br>· 샤를리 에브도 테러 사건 발생<br>· 보수당, 총선에서 대승 단독 내각 출범 |

| BBC, 영국 방송업계 | 일반 사항 |
|---|---|
| · 영국 정부(DCMS), Green Paper 발표<br>· BBC, 'BBC 미래 비전' 발표<br>· Ofcom, PBS Review 발표<br>· BBC 월드서비스, 대북 라디오 뉴스 시작<br>· BBC iPlayer Radio 시작<br>· BBC 트러스트, BBC 3의 온라인 이행 계획 승인 | · 파리 동시다발 테러<br>· 니혼게이자이신문이 파이낸셜 타임스 인수<br>· 유럽 난민 유입 사태 |

주: 2012년 이후는 옮긴이가 추가했다.

## 주

1 정부가 제1차 세계대전 중에 독일군 유보트(U-boat) 사령관의 토크쇼 출연을 저지했다(Wilby, 2006a).

2 저명한 저널리스트이며, 국제연맹 런던 사무실의 디렉터를 10년간 역임한 외교 문제 기자 버넌 바틀릿이 제네바에서 열린 국제연맹 군축회의에서 아돌프 히틀러가 독일 대표에게 국제연맹 탈퇴를 발표하도록 했다는 뉴스에 이어, "나는 영국이 같은 입장에 있었다면 독일과 유사한 행동을 했을 것으로 믿는다"라고 말했다. 이 발언이 매스미디어와 정부로부터 강한 비판을 받았으며, 바틀릿은 BBC를 떠나게 된다(Wilby, 2006b).

3 BBC는 공산당과 파시스트당(British Union Fascists)의 지도자들이 그들의 정치적 신조를 말할 기회를 주는 것에 대해 정부와 대립하고 있었다. 왕실 특허장이 기다리고 있었기 때문에 BBC는 정부와의 대립을 해결했고, 프로그램을 제작하지 않았다(Wilby, 2006c).

4 재판 결과, 스탬프 보고서(The Stamp Report)에 따르면, BBC와 스태프의 관계가 자유로워졌으며, 스태프 임명은 광고와 면접을 통하도록 정해졌고, 직위와 봉급은 명시되었으며, 이혼은 스태프의 사직이나 이동의 이유가 되지 않게 되었다.

5 오선 웰스(Orson Welles)가 뉴스 진행 형식을 빌려 실제 상황처럼 연출한 것이다. 방송을 통해 화성인의 침공으로 미국 동해안이 파괴되고 사망자가 나오고 있다고 읽었으며, 이 때문에 한때 패닉이 발생했다(미국 WABC, New York, the Columbia Broadcasting System Network).

6 전시에 BBC는 14일 이내에 의회에서 토의 예정인 의제를 방송하지 않기로 합의했다. 그 뒤 BBC는 문제를 공중에게 전달하는 결정권을 주장했다. 일부 사람들은 방송이 신문과 다른 대접을 받아야 한다는 이유는 의문이라고 주장했으며, 1957년 맥밀런 내각은 이 규칙을 폐지했다.

7 노동당이 BBC TV의 코미디 프로그램 〈Party Manners〉는 노동당에 대해 편견을 가지고 있다는 불만을 내뱉었다. 사이먼(Simon) 경영위원장은 윌리엄 할리(William Haley) 사장의 반대에도 불구하고, 재방송을 금지했다. 뒤에 사이먼은 잘못이었다고 인정했다. 당시 보수당의 울턴 경(Lord Woolton)은 사이먼의 행위로 BBC TV의 독점 종결을 납득했다고 말했다. 1951년에 보수당이 정권을 탈환했으며, BBC의 TV 방송 독점은 종언으로 움직였다(Wilby, 2006e).

8 베버리지 위원회에서는 BBC의 독점방송과 자금에 대해 토의했고, BBC의 독점방송 계속을 보고했다. 소수 의견 중에는 독점방송의 종료를 지지하는 의견이 있었다. 결과적으로 1951년 보수당이 정권을 탈환했을 때, 이 의견이 백서에 포함되었으며, ITV가 설립되었다.

9 External Service가 영불 정부의 군대 파견에 이의를 제기했으며, 외무부와 보수당 의원으로부터 비판을 받았다. 하원에서도 '편향 보도'로 논란이 일었다. BBC는 예산 삭감 위협에 노출되었다(Wilby, 2006f).

10 총선거에서 패배하고 야당이 된 노동당이 1년간 어떻게 야당으로 적응해가는지를 다룬 다큐멘터리 〈어제의 사람들〉이 노동당과 BBC 경영위원들 사이에서 논란을 불러일으켰다(Wilby, 2006g).

11 CEEFAX teletex의 버튼을 누르면 화면에 나오는 뉴스와 정보를 읽을 수 있는 문자방송.

12 애년 위원회는 TV 산업 전반, 기술과 재원, BBC와 IBA의 역할과 자금, 프로그램 품질에 대해 논의했다. 결과적으로 수신료가 인상되었다. Channel 4는 노동당 정권이 결정을 내리지 않고, 1979년 보수당 정권으로 바뀐 뒤에 설립되었다.

13 〈파노라마〉에서 BBC 저널리스트는 IRA의 무력시위(아일랜드 공화국과의 국경 지역에서 두건을 두르고 총을 든 12명의 남자들이 20분간 나타나 도로를 봉쇄하고, 최근 육군의 치안 부대가 국경 지역을 지배하에 두었다는 성명문은 거짓이라고 주장했다)를 취재했다. 이 장면과 IRA의 프로그램은 방송되지 않았지만, 이후 북아일랜드에 속한 테러리스트의 인터뷰 촬영과 방송에는 북아일랜드 방송국장과 BBC 사장의 허가가 필요해졌다(Wilby, 2006h).

14 일본 점령하의 동남아시아에서 여성 포로수용소를 그린 드라마(8장 참조).

15 포클랜드 전쟁 관련 BBC의 '불편부당' 보도에 대해 보수당 내에서 BBC의 애국심이 의심된다고 비판했다(Wilby, 2006i).

16 젊은 보수당원들이 보수당은 우파로 가고 있으며, 1983년 총선거에서 일부 보수당 후보는 우파와 인종차별 집단의 조직원이었다고 이의를 제기한 것을 바탕으로 제작한 프로그램이다. 보수당원은 소송을 제기하겠다고 위협했지만, 앨러스데어 밀른(Alasdair Milne) 사장은 프로그램을 지지했다. 그러나 1983년에 처음으로 당선된 보수당 하원의원 2명이 BBC를 제소했다(Wilby, 2006j). 방송 후 2년 뒤 재판 결과, BBC는 의원 2명에게 2만 파운드와 소송비 등 24만 파운드를 지급하고, 사과하기로 합의했다("Panorama: A History", http://www.bbc.co.uk/panorama/hi/front_page/newsid_7753000/7753038.stm).

17 〈At the Edge of the Union〉은 다큐멘터리 시리즈 〈리얼 라이브〉의 하나인데, 이 프로그
램은 IRA의 지도자이며 1970년 런던데리에서 13명이 숨진 '피의 일요일(Bloody Sunday)'
사건에서 부사령관으로 밝혀진 마틴 맥기니스(Martin McGuinness)와 활동가 그레고리
캠벨(Gregory Campbell)을 특집으로 다뤘다. 1985년 7월 대처 총리는 방송국에 테러리
스트로부터 '그들이 의존하는 홍보의 공기'를 빼앗으라고 말했다. 나아가 프로그램 스태
프는 BBC의 가이드라인을 위반했다. 밀른 사장에게는 비밀리에 프로그램을 제작했으며,
방송 며칠 전에 내용이 알려졌다(O'Carroll, 2005). 정부의 동의를 얻은 경영위원회, 관
리직 스태프가 대립했다. BBC 스태프뿐만 아니라 상업방송의 뉴스를 제작하는 ITN과 라
디오국의 스태프도 정부의 개입에 반대하며 파업을 호소했다. 결국 프로그램은 방송되었
다. 몇 개월 뒤에 대처 총리는 방송을 담당하는 리언 브리튼(Leon Brittan) 내무장관을
강등했다. 1988년 가을 대처 정권은 방송사에 신페인당을 포함한 11개 아일랜드 조직에
속한 자의 육성을 직접 방송하지 않도록 지시했으며, 이는 1994년까지 계속되었다(Wilby,
2006k).
18 피콕 위원회는 BBC의 재원(세금, 프로그램 스폰서, 광고, 수신료)과 효율성, 케이블, 위
성방송 등을 논의했다. 보고서에서는 대처 정권이 바라는 BBC에 광고 도입은 권고하지
않았다. 또한 왕실 특허장의 갱신, 수신료 인상, BBC 인원 삭감과 효율성, 독립제작센터
의 성장, ITV의 규제 완화, 위성방송 추진을 제언했다. 오프컴은 'child of Peacock'라고
도 불리고 있다(O'Malley and Jones, 2009).
19 1986년 미군이 리비아를 폭격했을 때 영국의 공군 기지를 사용했다. 이 공격은 미군 병사
가 이용하는 독일의 나이트클럽을 테러리스트가 폭격하자 보복한 것으로 100명이 사망
했다. 보수당 노먼 테빗(Norman Beresford Tebbit) 의원은 대처 총리가 미군의 영국 기
지 이용을 허가한 것에는 반대했다. 그러나 그는 BBC가 이 공습을 국제 테러로 연결되는
독재정권에 대한 보복이라기보다는 불법을 저지른 약자에 대한 괴롭힘이라고 해석했다
며 "편향되어 있다"라고 강하게 비난했다. 이 논쟁 이후 밀른 사장은 정치권력을 자극하
지 않고 사장직을 연명했다(Wilby, 2006j).
20 지르콘(Zircon)은 보수당 정권하에서 소련의 통신을 모니터링하기 위해 개발된 비밀첩
보 위성의 이름이며, 개발 비용은 5억 파운드였다. 이를 전문 저널리스트인 덩컨 캠벨
(Duncan Campbell)에게 폭로했고, 그는 BBC 프로그램에서 이 계획을 의회와 재정감
시조직(Public Accounts Committee)이 은폐했다고 고발했다. 공안경찰(Special Branch)
이 BBC를 조사했으며, 밀른 사장은 사임하게 되었다(Wilby, 2006l).
21 2007년 7월 BBC1 〈여왕과의 1년(A Year With the Queen)〉(RDF Media 제작)의 홍보
용 동영상에서 여왕이 촬영 중에 화를 내며 퇴장하는 듯한 장면을 잘못 편집하여 방송해
문제가 되었다. 10월 BBC1 편성 책임자인 피터 핀챔(Peter Fincham)이 사임했다.

## 참고문헌

*BBC Committees of Enquiry*, http://www.bbc.co.uk/historyofthebbc/resources/factsheets/committees_of_enquiry.pdf.

O'Carroll, L. 2005. "The truth behind Real Lives." *Guardian*, 12, December 2005. http://www.guardian.co.uk/media/2005/dec/12/mondaymediasection.northernireland.

O'Malley, T. and J. Jones(eds.). 2009. *The Peacock Committee and UK Broadcasting Policy*. Hampshire: Palgrave Macmillan.

Wilby, D. 2006a. "The Hashgen Affair 1932." in D. WIlby. *The BBC Under Pressure*, BBC(이하 *BUP*). http://www.bbc.co.uk/historyofthebbc/resources/pressure/pdf/hashagen.pdf.

_____. 2006b. "Vernon Bartlett comments 1933." in *BUP*. http://www.bbc.co.uk/historyofthebbc/resources/pressure/pdf/bartlett.pdf.

_____. 2006c. "The Citizen and His Government 1935." in *BUP*. http://www.bbc.co.uk/historyofthebbc/resources/pressure/pdf/citizen.pdf.

_____. 2006d. "Ramber v Levita 1936." in *BUP*. http://www.bbc.co.uk/historyofthebbc/resources/pressure/pdf/mongoes.pdf.

_____. 2006e. "Party Manners in October 1950." in *BUP*. http://www.bbc.co.uk/historyofthebbc/resources/pressure/pdf/party_manners.pdf.

_____. 2006f. "The Suez Crisis 1956." in *BUP*. http://www.bbc.co.uk/historyofthebbc/resources/pressure/pdf/suez.pdf.

_____. 2006g. "Yesterday's Men 1971." in *BUP*. http://www.bbc.co.uk/historyofthebbc/resources/pressure/pdf/yesterday.pdf.

_____. 2006h. "The Carrick more Incident 1979." in *BUP*. http://www.bbc.co.uk/historyofthebbc/resources/pressure/pdf/carrickmore.pdf.

_____. 2006i. "The Falklands Conflict 1982." in *BUP*. http://www.bbc.co.uk/historyofthebbc/resources/pressure/pdf/falklands.pdf.

_____. 2006j. "The Libyan bombing 1986." in *BUP*. http://www.bbc.co.uk/historyofthebbc/resources/pressure/pdf/libya.pdf.

_____. 2006k. "Real Lives 1985." in *BUP*. http://www.bbc.co.uk/historyofthebbc/resources/pressure/pdf/lives.pdf.

_____. 2006l. "The Zircon Affair 1986~7." in *BUP*. http://www.bbc.co.uk/historyofthebbc/resources/pressure/pdf/zircon.pdf.

(작성: 하라 마리코)

# 참고자료

작성: 하라 마리코

## 역대 영국 총리(British Prime Minister)

| 총리명 | 재임 기간 | 정당 | 비고 |
|---|---|---|---|
| David Lloyd George | 1916~1922 | 자유당 | |
| Andrew Bonar Law | 1922~1923 | 보수당 | |
| Stanley Baldwin | 1923 | 보수당 | |
| James Ramsay MacDonald | 1924 | 노동당 | |
| Stanley Baldwin | 1924~1929 | 보수당 | |
| James Ramsay MacDonald | 1929~1935 | 노동당 | |
| National Government(국민정부) | 1931~1940 | | |
| Stanley Baldwin | 1935~1937 | 보수당 | |
| Arthur Neville Chamberlain | 1937~1940 | 보수당 | |
| Sir Winston Churchill | 1940~1945 | 보수당 | 연립정부 |
| Clement Richard Attlee | 1945~1951 | 노동당 | |
| Sir Winston Churchill | 1951~1955 | 보수당 | |
| Anthony Eden | 1955~1957 | 보수당 | |
| Harold Macmillan | 1957~1963 | 보수당 | |
| Sir Alec Douglas-Home | 1963~1964 | 보수당 | |
| Harold Wilson | 1964~1970 | 노동당 | |
| Edward Heath | 1970~1974 | 보수당 | |
| Harold Wilson | 1974~1976 | 노동당 | |
| James Callaghan | 1976~1979 | 노동당 | |
| Margaret Thatcher | 1979~1990 | 보수당 | |
| John Major | 1990~1997 | 보수당 | |
| Tony Blair | 1997~2007 | 노동당 | |
| Gordon Brown | 2007~2010 | 노동당 | |
| David Cameron | 2010~ | 보수당 | 보수당·자유민주당 연립정부 |

자료: Martin Davies and Richard Kelly, Prime Ministers, House of Commons Library, http://www.parliament.uk/documents/commons/lib/research/briefings/snpc-04256.pdf.

## 왕실 특허장(Royal Charter)

| | |
|---|---|
| 제1차 | 1927~1936 |
| 제2차 | 1937~1947 |
| 제3차 | 1947~1952 |
| 제4차 | 1952~1964 |
| 제5차 | 1964~1981 |
| 제6차 | 1981~1996 |
| 제7차 | 1996~2006 |
| 제8차 | 2007~2016 |

## 역대 BBC 경영위원장(BBC Chairman)

| | |
|---|---|
| Lord Gainford | Lord Gainford of Headlam, Joseph Albert Pease, 1860~1943<br>Lloyd George 내각 Postmaster-General<br>BBC 설립 후에도 Vice-Chairman 역임 |
| Earl of Clarendon | George Herbert Hyde Villiers, Sixth Earl of Clarendon, 1877~1955<br>Chairman 1927~1930 |
| Rt Hon JH Whitley | Rt Hon, John Henry Whitley, 1866~1935<br>Chairman 1930~1935 |
| Viscount Bridgeman | Lord Bridgeman of Leigh, 1st Viscount, William Clive Bridgeman, 1864~1935<br>Chairman 1935 |
| RC Norman | Ronald Collet Norman, 1873~1963<br>Chairman 1935~1939 |
| Sir Allan Powell | Sir George Allan Powell, 1876~1948<br>Chairman 1939~1946 |
| Lord Inman | Lord Inman of Knaresborough, Philip Albert Inman, 1892~1979<br>Chairman 1947 |
| Lord Simon of Wythenshawe | Lord Simon of Wythenshawe, Sir Ernest Emil Darwin Simon, 1879~1960<br>Chairman 1947~1952 |

| | |
|---|---|
| Sir Alexander Cadogan | Rt Hon. Sir Alexander George Montagu Cadogan, 1884~1968<br>Chairman 1952~1957 |
| Sir Arthur fforde | Sir Arthur Frederic Brownlow fforde, 1900~1985<br>Chairman 1957~1964 |
| Lord Normanbrook | Lord Normanbrook of Chelsea, Norman Craven Brook, 1902~1967<br>Chairman 1964~1967 |
| Lord Hill | Lord Hill of Luton, Charles Hill, 1904~1989<br>Chairman 1967~1972 |
| Sir Michael Swann | Lord Swann of Coln St Denys, Sir Michael Meredith Swann, 1920~1990<br>Chairman 1973~1980 |
| George Howard | Lord Howard of Henderskelfe, George Howard, 1920~1984<br>Chairman 1980~1983 |
| Stuart Young | Stuart Young, 1934~1986<br>Chairman 1983~1986 |
| Marmaduke Hussey | Lord Hussey of North Bradley, Marmaduke Hussey, 1923~<br>Chairman 1986~1996 |
| Christopher Bland | Sir Francis Christopher Buchan Bland, 1938~<br>Chairman 1996~2001 |
| Gavyn Davies | Gavyn Davies OBE, 1950~<br>Chairman 2001~2004 |
| Michael Grade | Michael Ian Grade CBE, 1943~<br>Chairman 2004~2006 |
| Michael Lyons | Sir Michael Lyons, 1950~<br>Chairman 2007~2011 |
| Christopher Patten | Lord Patten of Barnes, 1944~<br>Chairman 2011~ |

자료: BBC Chairmen listing, http://www.bbc.co.uk/historyofthebbc/resources/factsheets/ chairmen.pdf.

## 역대 BBC 사장(BBC Director-General)

| | |
|---|---|
| John Reith | Lord Reith of Stonehaven, Sir John Reith, 1889~1971<br>General Manager/Managing Director, British Broadcasting Company 1922~1927<br>Director-General 1927~1938 |
| FW Ogilvie | Sir Frederick Wolff Ogilvie, 1893~1949<br>Director-General 1938~1942 |
| Cecil Graves | Captain Sir Cecil George Graves 1892~1957<br>Joint Director-General 1942~1943 |
| RW Foot | Robert William Foot OBE, 1889~1973<br>Joint Director-General 1942~1943<br>Director-General 1943~1944 |
| William Haley | Sir William John Haley KCMG, 1901~1987<br>Director-General 1944~1952 |
| Ian Jacob | Lt-Gen. Sir Edward Ian Claud Jacob, 1899~1993<br>Director-General 1952~1959 |
| Hugh Carleton Greene | Sir Hugh Carleton Greene OBE KCMG, 1910~1987<br>Director-General 1960~1969 |
| Charles Curran | Sir Charles John Curran 1921~1980<br>Director-General 1969~1977 |
| Ian Trethowan | Sir James Ian Raley Trethowan, 1922~1990<br>Director-General 1977~1982 |
| Alasdair Milne | Alasdair David Gordon Milne, 1930~2013<br>Director-General 1982~1987 |
| Michael Checkland | Sir Michael Checkland, 1936~<br>Director-General 1987~1992 |
| John Birt | Lord Birt of Liverpool, Sir John, 1944~<br>Director-General 1992~2000 |
| Greg Dyke | Gregory Dyke, 1947~<br>Director-General 2000~2004 |
| Mark Thompson | Mark John Thompson, 1957~<br>Director-General 2004~2012 |
| George Entwistle | George Entwistle, 1962~<br>Director-General 2012 |
| Tony Hall | Tony Hall, Baron Hall of Birkenhead CBE, 1951~<br>Director-General 2013~ |

자료: BBC Director-General listing, http://www.bbc.co.uk/historyofthebbc/resources/factsheets/director-generals.pdf.

## 역대 BBC 조사위원회(Committee of Enquiry)

| | |
|---|---|
| Sykes Committee (1923) | *Broadcasting Committee: report* (1923년 8월 25일 발표) |
| Crawford Committee (1925) | *Report of the Broadcasting Committee, 1925* (1926년 3월 2일 발표) |
| Selsdon Televison Committee (1934~1935) | *Report of the Television Committee* (1935년 1월 14일 발표) |
| Ullswater Committee (1935) | *Report of the Broadcasting Committee, 1935* (1935년 12월 31일 발표) |
| Hankey Television Committee (1943~1944) | *Television* (1944년 12월 29일 발표) |
| Beveridge Committee (1949~1950) | *Report of the Broadcasting Committee 1949* (1950년 12월 15일 발표) |
| Pilkington Committee (1960~1962) | *Report of the Committee on Broadcasting* (1962년 6월 1일 발표) |
| Annan Committee (1974~1977) | *Report of the Committee on the future of broadcasting* (1977년 2월 24일 발표) |
| Hunt Committee (1982) | *Report of the Inquiry into Cable Expansion and Broadcasting Policy* (1982년 9월 28일 발표) |
| Peacock Committee (1985~1986) | *Report of the Committee on Financing the BBC* (1986년 5월 29일 발표) |
| Davies Committee [independent review panel] (1998~1999) | *The Future Funding of the BBC* (1999년 7월 28일 발표) |

자료: Committees of Enquiry, http://www.bbc.co.uk/historyofthebbc/resources/factsheets/committees_of_enquiry.pdf.


## 수신료를 통해 운영되는 BBC의 서비스

| 미디어 | 서비스 예 |
|---|---|
| TV | BBC One, BBC Two, BBC Three, BBC Four, CBBC, CBeebies, BBC HD, BBC ALBA |
| Radio | Radio 1, Radio 2, Radio 3, Radio 4, Radio 5 live, Radio 5 live sports extra, 1Xtra, Radio 6 Music, BBC 7, BBC Asian Network |
| Journalism | BBC News(TV channel), BBC Parliament(TV channel), BBC Local Radio, Radio Ulster/Foyle, Radio Scotland, Radio nan Gàidheal, Radio Wales, Raido Cymru |
| Future media | BBC Red Button, BBC Online |

자료: BBC Trust, *Putting Quality First: The BBC's Year 2009~2010*, p.4, http://www.bbc.co.uk/bbctrust/assets/files/pdf/review_report_research/ara2009_10/leaflet.pdf.

# 찾아보기

| 지은이 |

**하라 마리코**(原麻里子)  서론, 13장, 연표, 참고자료
게이오 대학 문학부를 졸업했으며, 영국 케임브리지 대학 대학원 고고인류학부 사회인류학과
에서 석사 학위를 받았다. 현재 게이오 대학 법학부 강사로 있으며, 사회인류학자이자 아나운
서로 활동하고 있다.

**시바야마 데쓰야**(柴山哲也)  9장, 후기
1970년 도시샤 대학 대학원 신문학과 석사과정을 중퇴하고, 같은 해 아사히 신문에 입사해 언
론인으로 활약했다. 현재 리쓰메이칸 대학 객원교수로 있다.

**나카무라 요시코**(中村美子)  1장
게이오 대학 법학부 정치학과를 졸업했고, 현재 NHK 방송문화연구소 미디어연구부 주임연구
원으로 재직 중이다.

**오쿠라 유노스케**(大藏雄之助)  2장
1931년생. 1957년 히토쓰바시 대학 대학원 사회학 연구과 석사과정을 마쳤고, 현재 이문화(異
文化) 연구소 대표이며, 도쿄의 스미다(杉並) 구 교육위원장으로 있다.

**사쿠라이 다케시**(櫻井武)  3장
1944년생. 1998년 아오야마 학원대학 대학원 국제정치경제학연구과 국제 커뮤니케이션 전공
석사과정을 마쳤고, 도쿄 도시대학 명예교수로 있다.

**무라세 마후미**(村瀨眞文)  4장
1946년생. 1971년 메이지 대학 대학원 법학연구과 박사과정을 수료했고, 현재 릿쿄 대학 사회
학부 미디어사회학과 교수로 재직하고 있다.

**쓰다 쇼타로**(津田正太郎)  5장
1973년생. 2003년 게이오 대학 대학원 법학연구과 정치학 전공 박사과정을 수료했고, 현재 호
세이 대학 사회학부 미디어사회학과 준교수로 있다.

**간다 히데카즈**(神田秀一)  6장
1935년생. 1958년 와세다 대학 문학부 일본문학과를 졸업했으며(일본어학 전공, 와세다 대학
일본어학회 회원), 현재 오비린 대학 오픈칼리지 강사이며, 왕실 저널리스트(일본기자클럽 회
원)로 활동하고 있다.

**아키시마 유리코(秋島百合子)  7장**

1950년생. 1974년 아오야마 학원대학 문학부 영미문학과를 졸업했고, 현재 영국 주재 저널리스트로 활동하고 있다.

**나카오 도모요(中尾知代)  8장**

1960년생. 1988년 도쿄 대학 대학원 영어영문학과를 졸업했으며, 현재 오카야마 대학 대학원 사회문화과학연구과 준교수로 재직하고 있다.

**히라노 지로(平野次郎)  10장**

1940년생. 1963년 국제기독교대학 교양학부 사회학과를 졸업했으며, 현재 학습원여자대학 국제문화교류학부 특별전임교수로 있다.

**다카이 유스케(高井祐介)  11장, 연표**

1976년생. 2007년 런던 대학(LSE) 미디어커뮤니케이션학 석사과정을 수료했고, 현재 지지통신사 기자로 근무하고 있다.

**이와사키 고헤이(岩崎広平)  12장**

1936년생. 1959년 간세이 학원대학 문학부를 졸업했으며, 마이니치 방송에서 국제부장을 지냈다.


| 칼럼 집필자 |

**야마다 아쓰시(山田厚史)**

1948년생. 1971년 도시샤 대학 법학부 정치학과를 졸업했고, 현재 아사히 신문의 시사 주간지 AERA 기자로 근무하고 있다.

**스에노부 요시마사(末延吉正)**

1954년생. 1979년 와세다 대학 사회학부를 졸업했으며, 현재 주오 대학 경제학부 특임교수이며, 정치 저널리스트(일본기자클럽 회원)로 활동하고 있다.

**네모토 가오루(根本かおる)**

1963년생. 1996년 미국 컬럼비아 대학 대학원 국제관계론(인권·인도 문제 전공) 석사과정을 수료했고, UNHCR 사무국장을 지낸 바 있으며, 지금도 UNHCR에서 근무하고 있다.

**하기타니 준(萩谷順)**
1948년생. 1971년 도쿄 대학 법학부를 졸업했고, 현재 호세이 대학 법학부 국제정치학과 교수로 있다.

**마쓰우라 사토코(松浦さと子)**
1999년 나고야 대학 대학원 인간정보학연구과 사회정보학 박사과정을 마쳤고, 현재 류코쿠 대학 경제학부 현대경제학과 준교수로 재직하고 있다.


| 옮긴이 |


**안창현**
연세대학교에서 신문방송학으로 석사 학위를 받았으며, 도쿄 대학 대학원 학제정보학부에서 박사과정을 수료했다. 전공은 미디어 제도와 저널리즘이다. 한국방송영상산업진흥원과 민주화운동보상심의위원회, KBS방송문화연구소, 미디어미래연구소 등에서 연구했으며, 일본 스루가다이 대학과 연세대학교에서 강사를 지낸 바 있다. 현재 한국행정연구원에서 일하고 있다. 저서로는『디지털 시대의 케이블 콘텐츠 전략』(공저)이 있으며, 번역서로는『디지털방송과 스포츠중계』,『낙하산 인사』(공역) 등이 있다.

한울아카데미 1895

# 공영방송의 모델, BBC를 읽다

엮은이 | 하라 마리코·시바야마 데쓰야
옮긴이 | 안창현
펴낸이 | 김종수
펴낸곳 | 한울엠플러스(주)
편  집 | 이수동

초판 1쇄 인쇄 | 2016년 5월 25일
초판 1쇄 발행 | 2016년 5월 31일

주소 | 10881 경기도 파주시 광인사길 153 한울시소빌딩 3층
전화 | 031-955-0655
팩스 | 031-955-0656
홈페이지 | www.hanulmplus.kr
등록번호 | 제406-2015-000143호

Printed in Korea.
ISBN 978-89-460-5895-8 93070 (양장)
      978-89-460-6170-5 93070 (학생판)

* 책값은 겉표지에 표시되어 있습니다.
* 이 책은 강의를 위한 학생판 교재를 따로 준비했습니다.
  강의 교재로 사용하실 때에는 본사로 연락해주십시오.